学科服务进展与创新

《图书情报工作》杂志社　编

海洋出版社

2013年·北京

图书在版编目（CIP）数据

学科服务进展与创新/《图书情报工作》杂志社编著.
—北京：海洋出版社，2013.10
（名家视点．第4辑）
ISBN 978-7-5027-8653-3

Ⅰ.①学… Ⅱ.①图… Ⅲ.①图书馆服务-文集
Ⅳ.①G252-53

中国版本图书馆 CIP 数据核字（2013）第215185号

责任编辑：杨海萍
责任印制：赵麟苏

海洋出版社 出版发行

http://www.oceanpress.com.cn
北京市海淀区大慧寺路8号　邮编：100081
北京旺都印务有限公司印刷　新华书店北京发行所经销
2013年10月第1版　2013年10月第1次印刷
开本：787 mm×1092 mm　1/16　印张：21.75
字数：512千字　定价：45.00元
发行部：62132549　邮购部：68038093　总编室：62114335

海洋版图书印、装错误可随时退换

《名家视点丛书》编委会

主　任：初景利
委　员：易　飞　　杜杏叶　　徐　健　　王传清
　　　　王善军　　刘远颖　　魏　蕊　　胡　芳
　　　　袁贺菊　　王　瑜　　邹中才　　贾　茹
　　　　刘　超

序

由《图书情报工作》杂志社编辑、海洋出版社出版的《名家视点：图书馆学情报学档案学理论与实践系列丛书》第4辑即将付梓问世。作为我担任《图书情报工作》杂志社社长、主编后经手策划的第一套丛书，我很高兴看到，经过相当长时间的讨论、选题、编辑、加工、出版等一系列环节，第4辑共5本书，就要正式出版。我有种释然的感觉，又觉得有必要多说几句话。

近些年，我们所处的信息环境和文献情报领域发生了非常重大的变化。大英图书馆2008—2011年的战略规划指出：我们所处的环境在过去的二十年里发生的变化超过了过去两百年的变化（初景利、吴冬曼．国际图书馆发展趋势调研报告（一）：环境分析与主要战略．国家图书馆学刊，2010年第1期）；美国一位学者Scott Nicholson也曾提出：图书馆界在过去五年的变化超过了前面一百年的变化，而未来五年的变化将使过去五年的变化微不足道（张晓林．颠覆数字图书馆的大趋势．中国图书馆学报，2011第5期）。

我们需要敏感地认识到这种变化，并积极地应对变化，直面变化所带来的挑战。变化是永恒的（change is constant），但变化也是机会。没有一个学科、一个领域不受快速发展的信息技术所影响，不受快速变化的信息环境所影响。文献情报工作在这种大变革的环境下很可能受到的冲击最大，但也可能是孕育的机会最多的领域。关键是，我们能不能抓住变化的机会，寻求新的业务生长点和自我创新发展的路径。

图书馆学、情报学、档案学的研究者、从业人员、教师、学生和管理者，必须从自身业务上的例行事务中跳出来，睁大眼睛看世界，跟踪和了解国际国内学界业界正在思考的问题，正在发生的变化，正在设计的未来路线。近年来文献情报及相关领域发生的变化可以从《图书情报工作》每年发表的众多文章中感受到这种律动，也可从我们精选的部分文章编辑出版的这套丛书可见一斑。无论是作为图书馆服务的热点的学科服务、知识服务，还是与文献情报有密切关系信息环境和信息化的微博、电子政务、电子商务，都在经历着变革与创新，而正是这种变革与创新不断地推动着文献情报工作及相关领域工作的不断深化和不断向前发展。

我们编辑的这套丛书共5本，分别为《知识服务的现在与未来》、《学科服务进展与创新》、《微博与信息传播》、《电子政务研究与实践进展》、《电子商务研究与实践进展》，基本都是从《图书情报工作》2009年到2013年初所正式发表的文章精选出来的。5个主题所研究的问题各有侧重，但都注重理论与实践的结合，体现了作者对相关问题的理论思考和实践探索，反映了当前业界学界对这些问题的研究水平和业务进展。相信会对广大读者有一定的帮助，或具有一定的启示作用。他山之石，可以攻玉。我们也都需要通过学习、交流和借鉴，相互沟通，取长补短，共同成长，共同提高。《图书情报工作》是严谨的学术期刊。作为半月刊，每年发文在700篇左右（来稿有7000篇左右），同时我们还创办了纯网络的电子期刊《知识管理论坛》（原名《图书情报工作网刊》）。这么多的文章全部阅读完，还是有些困难的。为此，我们选择了5个专题，从大量的发表的文章中筛选出一些质量好、有特色的文章，编辑了一个专辑5本书。读者可以选择其中感兴趣的主题阅读相关的文章，并追踪阅读和利用该领域更多的研究成果与实践进展。

这是自2009年《图书情报工作》杂志社与海洋出版社首次合作出版第1辑（4本）、2011年出版第2辑（5本）、2012年出版第3辑（4本）之后的再度合作。我们希望通过对《图书情报工作》所发表的文章的精华部分以书的形式出版，形成对这些研究成果的再利用，更充分地发挥这些研究成果的价值和影响力，为读者提供增值的服务，使这些论文的学术思想、理论创新、实践经验、专业成就得到最大限度地利用。

感谢本丛书的多位作者为丛书所提供的重要的科研成果与实践创新案例，这些成果尽管只是《图书情报工作》发表的，但也一定程度上代表了国内这些领域最新的研究成果和取得的学术成就，为读者了解、学习、借鉴和应用这些成果提供了有价值的参考源，并在此基础上进行深入的研究与探索，不断深化所研究的问题，不断创造出更多更好的成果。

丛书的出版，是《图书情报工作》杂志社、海洋出版社和广大作者共同努力的结果，是我们三方共同奉献给业内广大读者的一份礼物。感谢本专辑的作者，感谢海洋出版社。但愿本专辑的出版，能对图书馆学情报学档案学的相关理论研究与实践创新有所裨益、有所推动，体现出其应有的社会价值，为人们的学习、研究、实践提供必要的支持，为发展壮大我们的学科，为图书情报服务的持续创新，做出应有的贡献。

初景利
《图书情报工作》杂志社社长、主编
2013年7月3日于中关村

目　次

基　础　篇

第二代学科馆员与学科化服务 …………………………… 初景利　张冬荣(3)
知识嵌入视角的学科化服务研究 ……………………………………… 郭艳秋(14)
渗透·互动·个性化——Lib2.0时代学科馆员学科服务研究 …………
……………………………………………………… 许军林　蒋　玲(22)
中美高校图书馆数字化学科服务比较分析 ……………………… 熊欣欣(30)
面向研究生信息素质教育的学科化知识服务 ………………………………
………………………………………… 张　群　张逸新　吴信岚(40)
认知偏差对图书馆学科知识服务的影响及克服 ………………… 韦楠华(48)
国内图书馆学科服务现状可视化分析 ……………………………… 王　磊(59)
国内图书馆学科知识服务领域演进路径、研究热点与前沿的可视化分析
……………………………………………………………………… 薛　调(73)

实　务　篇

嵌入式学科服务创新模式研究——基于嵌入性理论的思考 ……… 刘　颖(89)
院所协同的学科化服务发展模式 …… 杨志萍　钟永恒　吴　鸣　张冬荣(99)
基于科研用户需求的学科化服务模式与保障机制 ……………………………
……………………………… 吴跃伟　张　吉　李印结　邱　天(108)

基于结构洞视角的学科服务模式研究 ………………………… 曹学艳(116)

高校图书馆学科化知识服务模式探究 ………………… 徐 璟 郭 晶(125)

高校图书馆联合体学科化服务合作探析 ……………………… 王艳秀(134)

高校图书馆学科服务之"双伙伴"计划的探索与实践

………………………………………………… 邬宁芬 陈 欣(142)

面向科研团队的嵌入式学科服务实践探索 … 宋海艳 郭 晶 潘 卫(151)

构建四级学科服务体系 全面服务高校教学科研——地方多科性大学学科

服务理论与实践 …………………………… 潘幼乔 郑邦坤(159)

学科馆员—用户关系紧密度及其对学科化服务优化的启示 ……………

………………………………… 张 吉 吴跃伟 黄德四(168)

基于CNKI的学科知识服务平台构建与学科化服务研究 ……… 陈恩满(177)

案 例 篇

学科服务发展趋势与学科馆员新角色:康奈尔范例研究 ………………

………………………………… 范爱红 Deborah J. Schmidle(189)

图书馆学科服务组织设计:耶鲁大学医学院范例研究 ………… 马晓敏(201)

学科服务的特色与进展:奥克兰大学图书馆范例研究 ……………………

………………………………………………… 郭 晶 余晓蔚(211)

嵌入式学科信息服务:Welch医学图书馆范例研究 …………… 王保成(222)

中国科学院国家科学图书馆学科服务的创新实践 ……………………………

………………………………… 吴 鸣 杨志萍 张冬荣(231)

清华大学图书馆学科服务架构与学科馆员队伍建设 …………… 邵 敏(238)

国家农业图书馆学科化服务的探索与实践 …………………………………

…………………………… 孟宪学 皮介郑 朱 遐 周爱莲(247)

解放军医学图书馆学科化服务实践与体会 …………… 陈 锐 程 瑾(256)
创建学科服务基地 助力创新服务起航——杭州师范大学图书馆学科服务
  实施与推广实践 ………………………………………… 彭丽文(266)
Libguides 学科服务平台的应用实践和优化策略 … 袁晔 郭晶 余晓蔚(273)
面向创新的信息素养教育规划与实践——以上海交通大学图书馆为例
  ………………………………………… 高协 宋海艳 郭晶 李丽(284)
学科馆员参与资源建设的探索与创新 ………………… 艾春艳 刘素清(293)
学科服务的践行与创新——沈阳师范大学图书馆学科服务发展历程
  ……………………………………………………………… 王 宇(300)
面向国际化院系的嵌入式学科服务创新实践与特色——以上海交通大学
  图书馆机械动力学科服务为例 ………………………………………
黄琴玲 李 丽 郑燕华 高 协 郭 晶 李贵凤 李亚军 周 焱(307)
高校图书馆嵌入式学科服务模式的实践与思考——以厦门大学图书馆为例
  ………………………………………………………………… 陈全松(318)
高校图书馆学科化知识服务模式探究 ………………… 徐 璟 郭 晶(327)

基　础　篇

第二代学科馆员与学科化服务

初景利　张冬荣

(中国科学院国家科学图书馆　北京　100080)

摘　要　在分析学科化服务背景的基础上，提出第二代学科馆员的概念，阐释了两代学科馆员在服务地点、服务的逻辑起点、服务深度、服务内容、服务的责任、角色定位和服务手段等方面的区别，从实践中总结国家科学图书馆在建立基于第二代学科馆员的学科化服务方面的探索，包括战略目标、战略任务和措施、服务要求、管理保障和服务效果。

关键词　学科馆员　第二代学科馆员　学科化服务　国家科学图书馆

分类号　G251

学科馆员制度在过去的年代里已经发生了深刻的变化[1]。传统学科馆员主要职能是学科资源建设、与用户联络、参考咨询、用户培训等。这样一种模式改进了图书馆与院系和校领导的关系，促进了图书馆与学术界的交流，增强了图书馆面向用户的形象[2]。但传统学科馆员的角色定位、职责要求以及工作方式都无法适应新的环境的变化和用户需求，而必须进行变革和创新。学科馆员必须在学术交流的背景之下，从用户的立场和需求出发，协调全馆和各方面的力量，融入一线，嵌入过程，提供学科化、个性化、知识化、泛在化的服务，提升用户的能力，为科学研究提供全方位的信息保障环境。

如果把传统的以联络人为主要特征的学科馆员称为第一代学科馆员的话，那么以融入一线、嵌入过程为主要特征的学科馆员可被称为第二代学科馆员。应该说，第二代学科馆员仍在形成之中，目前还只是一种雏形。我们对其定位、职能、作用的认识还十分有限。但我们认为，从第一代学科馆员，逐步过渡到第二代学科馆员，才能更好地适应用户需求和行为的变化，适应用户信息环境的变化，适应图书馆服务模式与机制创新变革的需要。中国科学院国家科学图书馆（文中简称国家科学图书馆）学科化服务的实践，也初步证明了第二代学科馆员的重要意义和作用。

1 学科化服务的背景与第二代学科馆员

对图书馆而言,当今最大的变化就是用户信息环境的变化。长期以来图书馆一直被作为信息获取不可替代的机构。今天,这样一种地位已经被打破或发生了动摇。OCLC 的"用户对图书馆和信息资源的认知"报告提供了一个明确的结论:用户已经将搜索引擎作为信息获取的首选[3]。带来的结果是用户与搜索引擎的关系日渐亲近和密切,而对图书馆则变得愈加疏远和陌生,图书馆将因此而失去越来越多的赖以生存和发展的用户,图书馆也将因此而失去信息社会和网络化时代的竞争力,这显然不是我们愿意看到的。

今天的用户生存在网络化环境下。用户获取信息就是要求方便、快捷、简单[4]。用户往往认为,网上无所不有[5]。即使找不到所需要的信息,也想不起来或不愿意求助利用起来颇为不便的图书馆,包括数字图书馆。用户希望能足不出户,可以在办公室、实验室、家中、出差途中随时随地获取和利用所需要的信息;希望所需信息直接到桌面,而不用到物理的图书馆中或登录图书馆的网站;希望他的需求能得到及时、专业的帮助。用户所在的信息环境不是信息贫乏,而是信息富有,但他需要解决的问题常常得不到及时、有效地解决。用户的信息需求本质上是知识需求,但知识常常遗失在信息的汪洋大海中(knowledge lost in information)[6]。

这样一种环境,对图书馆的组织模式和服务模式提出了新的挑战。图书馆可能会以网络型态出现(称为 Cybrary[7]),可能是泛在图书馆(Ubiquitous Library[8])。图书馆必须充分认识环境发展的严峻性和自身变革的紧迫性,充分认识用户需求与行为变化所产生的影响,积极地应对变革,加快图书馆从面向图书馆到面向用户的转型。为此,图书馆必须面向未来,思考并提出创新发展的对策。美国大学与研究图书馆协会(ACRL)2007 年 4 月一将会议上提出的关于大学图书馆未来的十大假设,应引发我们对图书馆未来发展方向和趋势进行更多的关注[9]。

2 两代学科馆员的区别

第一代、第二代学科馆员只是相对的概念,两者之间的界限并非泾渭分明。第二代学科馆员也还是一个发展中的概念。第二代学科馆员的工作是第一代学科馆员工作的延伸和深化。但第二代学科馆员在服务地点、服务的逻辑起点、服务深度、服务内容、服务的责任、角色定位和服务手段等方面,都与第一代学科馆员有着本质的不同。

在服务地点上,第一代学科馆员主要是在物理的图书馆中提供服务,仍然是以图书馆（物理图书馆或数字图书馆）为中心的服务。第二代学科馆员在提供阵地服务同时，工作重点转向用户的社区，延伸到用户的一切空间，融入用户的虚拟社区和用户的场景：办公室、实验室、野外台站以及用户的BBS、RSS、Blog、Wiki、Folksonomies、Tagging等，成为学科馆员2.0[10]。用户在哪里，服务就在哪里。有用户的地方就有图书馆的服务。

在服务逻辑起点上，第一代的学科馆员是从图书馆的资源出发，从宣传推广本馆的资源和服务出发，仍然没有超越一个图书馆或图书馆的限制。第二代学科馆员尽管很强调图书馆本身的资源和服务，但逻辑起点是基于用户的需求。用户需要什么，学科馆员就提供什么。学科馆员所提供的信息来自整个信息世界，充分地利用网络和其他图书馆的资源，并为此建立必要的渠道。

在服务深度上，第一代学科馆员基本上提供的是文献服务或信息服务，解决的是基于文献单元或信息单元的需求问题，而没有深入到用户需求的内容之中，提供基于知识单元的服务。第二代学科馆员则需要运用自己的学科知识，深入到用户的科研课题之中，跟踪服务需求，综合运用各方面的资源和各种信息工具，面向用户问题的解决提供方案和对策，深入到用户的知识需求的解决过程之中，善于挖掘用户的真实和潜在需求，与用户互动协作，进行知识捕获、分析、重组和应用[11]。

在服务内容上，第一代学科馆员主要从事图书馆与院系和用户的沟通联络、学科资源建设、参考咨询、用户培训等工作，服务内容仍然是单一的，缺乏系统性和整体性。而第二代学科馆员服务的核心是追寻用户的学术交流过程，构建用户信息环境，将服务内容与用户的整个学术交流过程紧密结合起来，包括课题策划、内容分析、创新性论证、研究过程、论文发表、成果评价、知识产权等等，为此提供全程式的服务。

在服务责任上，第一代学科馆员只是整个图书馆服务责任的链条中的一环。有多个部门、多个人员对用户的需求或用户的问题负责。结果可能是责任不清，谁都可以逃避责任，用户的需求和问题仍不能及时有效地解决。而第二代学科馆员则是用户服务的策划者、实施者、推动者和第一责任人。特定学科领域用户的所有需求和问题都是由该领域的学科馆员负起全责，自己或协调解决所有相关的服务问题。

在角色定位上，第一代学科馆员角色定位是面向图书馆的用户信息需求，仍以图书馆为中心，以信息为中心。第二代学科馆员则应充当用户的整体信息环境的战略顾问，将学术出版、信息组织、知识发现、开放获取、知识产权、知识管理（如机构仓储）等纳入自己的服务范畴，象社区民警一样融入到用户之中，为用户提供家庭医生般的周到、及时、全方位的呵护，善于知识的营销设计和推广，扮演图书馆馆长的角色，对资源与服务的综合利用策划、协调与创新管理[12]。

在服务手段上，第一代学科馆员主要依赖个人的知识和能力。第二代学科馆员在提供到身边的人员服务的同时，强调运用一定的技术手段，利用网络平台，提供各种形式的服务。即使物理上不在用户身边，学科馆员利用电子邮件、MSN、QQ、虚拟参考咨询及其他各种沟通联络方式，与用户之间建立起紧密互动、形影不离的服务关系。

3 国家科学图书馆基于第二代学科馆员的学科化服务的探索

国家科学图书馆建立学科馆员制度晚于某些高校。由于中国科学院知识创新工程的要求和其研究所的分散性以及用户需求和行为的变化，国家科学图书馆的学科馆员制度具有自身的特殊性，也必须站在一个新的角度，从很多方面体现了第二代学科馆员的某些特点和要求。实践证明，国家科学图书馆实行学科馆员制度和学科化服务是一种必然选择。

3.1 国家科学图书馆学科化服务简况

国家科学图书馆的学科馆员制度始建于 2004 年 3 月。为适应中国科学院知识创新工程的需要，当时的文献情报中心建立了由 10 人组成的兼职学科馆员队伍，人员来自资源建设部和信息服务部。他们在承担本部门的正常工作职责的同时，面向部分研究所，探索性地开展资源与服务的宣传推介工作，沟通研究所与文献情报中心的联系，为学科馆员制度的正式建立积累了初步的经验。但这种兼职的学科馆员难以协调学科馆员工作与所在部门工作的矛盾，工作目标与职责不甚明确，而且由于人数太少，无法满足众多用户多样化的信息需求。

2006 年 6 月，随着中国科学院国家科学图书馆的组建和将工作重点转移到战略情报研究和学科化服务上来，国家科学图书馆新组建学科咨询服务部，全馆设立创新岗位 42 个，其中总馆 20 个，分馆 22 个，先后招聘四批专职学科馆员，其中面向社会公开招聘 10 人（总馆），目前共到位学科馆员 34 人，平均年龄 37 岁。具有本科学历 13 人，硕士 14 人，博士 7 人（其中博士后 2 人）；具有自然科学背景 21 人，语言背景 2 人，图情背景 11 人。学科馆员在经过短暂的学科馆员工作技能强化培训后即走向服务一线，面向全院 28 个城市 116 个研究单元（其中京外研究所 56 个）8 万名用户（科研人员 4.7 万人，研究生 3.3 万人）提供学科化服务，平均每人服务 3.5 个所，平均服务的用户数 2 300 多人。

国家科学图书馆的学科化服务是一种新的服务模式和新的服务机制。它以用户为中心，以学科馆员服务为基本模式，背靠国家文献平台，依托院公共平台，面向科技创新基地、研究所、研究室、课题组和个人，建立基于研究所的、院所协同的、面向一线的服务机制，以个性化、学科化、知识化服务为手段，以提升用户信息获取与利用能力为目标，为科学研究的自主创新提供有力的信息保障。

首批全职学科馆员于2006年7月10日正式走上工作岗位，从参考咨询开始做起，从与研究所的图书馆沟通开始做起，边学习，边调研，边服务。9月6日全院武汉会议（资源建设与服务工作会议）后，学科馆员开始正式走向用户之中。10月20日，物理所"学科化服务工作站"挂牌，在全院第一个启动学科化服务，标志着学科化服务开始真正得到研究所的接纳和认可。自11月10日开始，国家科学图书馆领导与学科馆员组成学科化服务5个小分队，深入全院外地各研究所，召开学科化服务座谈会，进行资源与服务的宣传推广，拉开了全院大规模开展学科化服务工作的序幕。目前，国家科学图书馆已经在全院所有研究所全面启动了学科化服务工作，其中在78个研究所已经建立了"学科化信息服务站"（挂牌）。

3.2 国家科学图书馆学科化服务战略目标

国家科学图书馆的学科化服务有三大战略目标。三大目标相辅相成。不同时期以及不同的服务对象，战略目标的侧重点会有所不同。

一是打通资源与服务的通道，向广大的科研人员和研究生广泛地宣传、推介、揭示已有的各种资源（各种数据库）、服务系统（如网络参考咨询、跨库检索、集成期刊目录、文献传递与馆际互借等）和信息工具（随易通、e划通、科技新闻聚合服务系统、文献管理软件 endnote 等），并根据研究所和用户的特定需要，定制、重组和集成所需要的资源，疏通资源与用户之间的"最后一公里"，使信息资源、服务系统和信息工具得到有效而充分地利用。

二是开展参考咨询和信息素质教育，授之以渔，提升用户能力。学科馆员要教会用户信息获取和利用的方法，而不是替代用户查找和利用文献。只有将学科馆员的能力转化为用户的能力，学科化服务才会产生更大的影响，学科馆员才能实现自己的使命和价值。

三是根据用户的个性化需要，提供知识化深层次的服务，建立VIP通道。要面向重点课题组和学科带头人，提供学科或课题的情报研究服务，跟踪学科领域的前沿发展，对学科信息进行比较、分析、综合和提炼，形成知识产品,为重点用户和课题提供知识服务。

3.3 学科化服务战略任务与措施

学科化服务的战略任务是普遍服务与重点服务相结合。目前阶段主要是面向所有用户的普遍服务,并逐渐侧重在学科或课题情报研究的重点服务。

3.3.1 普遍服务

普遍服务的背景在于,我伞兵许多用户仍处于信息的饥渴状态,仍找不到所需要的信息和途径,一些用户的信息行为处于"非常态",我们的系统、平台、服务也不够强大,相当数量的用户不知道我们的资源和服务,大量的信息资源没有得到有效的发掘和利用。为此,学科馆员要通过自己的服务,使更多的用户受益,使用户了解并学会利用与其相关的资源和服务,打通用户资源获取的障碍,跨越资源利用上的本地限制,建立更多的自助式服务,并引导、指导用户的利用,培养用户具备学科馆员同样的能力。

国家科学图书馆积极鼓励学科馆员经常性、制度性地深入各科研究所,融入科研一线之中,密切与用户的联系,沟通图书馆的资源与用户的需求,采取馆长推荐信、业务名片、宣传彩页、学科馆员联系单、学科馆员网页、学科化服务站、视频课件、资源与服务指南、荧光笔、便签、小光盘等多样化的宣传推广手段,不仅宣传国家科学图书馆新网站,更主要的是宣传用户所需要的资源、服务和工具,形成用户培训的常规化、系列化、品牌化,扩大培训的受众面,同时在研究生院开设学分课程,及早培养用户的信息素质。

为适应用户的需要,2006 年 7 月 10 日,首批学科馆员上岗后,网上实时咨询从原来的每天 2 小时延长到 4 小时。同年 10 月 30 日,实时咨询时间又增至为每个工作日 12 小时(周末每天 6 小时),这种 9-9(上午 9 点到晚上 9 点)的实时咨询(面向社会的实时咨询仍为每天 4 小时),极大方便了用户随时随地的需要。科学院研究人员和研究生在院内 IP 范围内,无须登录,就可以直接进入"中国科学院国家科学图书馆风上咨询台",进入"实时咨询"。每周咨询服务时间达 72 小时。同时,将"问图书馆员"嵌入图书馆网站和资源的检索过程之中,用户可以随时启动情景敏感的网络实时咨询服务。

在普遍服务的过程中,学科馆员要能够建立一套发现用户需求、了解用户困难、推送信息服务的快速流畅的服务反应机制,随时随地了解用户的信息和服务需求,并将需求及时反馈给国家科学图书馆的有关部门,同时提出解决办法,落实解决措施,全程式督促和监控问题的解决。为此,学科馆员设计了用户需求登记表,集中反映用户的信息需求,设计了用户问题反馈交流登记单,随时地反馈用户的意见和建议。

3.3.2 用户信息环境的构建和优化设计

学科化服务的根本是用户信息环境的构建和优化设计。因此学科馆员要从文献服务（librarian）走向信息环境的构建服务（information architect），引导和指导用户学术信息流（课题信息、会议信息、同行信息、出版信息、自存储、投稿信息、评价信息……），融入用户的（虚拟）社会（Blog、BBS、MSN、QQ……）之中。国家科学图书馆的学科馆员重视与用户接触的每一次机会、每一个细节、每一次服务，建立了与用户在线沟通的 MSN 或 QQ，拥有中国科学院研究生院"空中课堂"、"科苑星空"（BBS）账号，与用户保持紧密互动。

为保障研究所的个性化信息需求，学科馆员与资源建设部的学科采访馆员一道，对研究所（特别是新建所、薄弱所）进行资源保障分析并提出资源保障建议，通过研究所科研人员发表论文的期刊、发表论文所引用的期刊以及目标机构所拥有的资源状况，结合用户调查、文献传递需求特点以及该所用户咨询的问题，提出该研究所合理的资源保障目标，并进一步提出采购、单点开通以及文献传递等资源保障建议。

学科馆员和相关部门还帮助研究所建立与当地图书馆的馆际互借与文献传递关系，帮助研究所打通信息资源与一线用户之间的服务链，为科研人员提供集成化的一站式信息服务。国家科学图书馆通过与国防科技信息中心建立国防科技信息服务系统，与中国标准研究院标准馆建立了标准文献信息服务系统，通过与国家图书馆、北京大学图书馆、清华大学图书馆、北京航空航天大学图书馆、中国农业科学院图书馆、中国地质图书馆等建立馆际互借关系，大大拓展了中国科学院用户资源利用的范围，提高了资源的保障水平。

在信息系统部的协助下，学科馆员还为没有图书馆网站的研究所建立了基于开放软件 SPT 的研究所图书馆网站。最近，技术部门还开发了专门的所级信息门户系统，正在一些研究所试验推广。汉化 MIT 的 D-Space 软件，开发了针对研究所自有知识资产的研究所机构知识仓储（institutional repository），收集管理、长期保存和开放利用研究所的学位论文、学术论文、研究报告、会议发言、专著以及其他知识资产。首先在力学研究所试点，目前正在更多的研究所进一步的试验，完善有关技术功能和政策制度，以期在全院更广泛的范围内推广建立机构知识仓储。

3.3.3 科研过程的合作伙伴

在用户的信息获取问题基本解决，用户的信息环境基本建立起来以后，学科馆员的工作重点将从普遍服务转移到重点服务，即支持用户对知识服务的需求，支持用户的科学创造。学科馆员此时将成为信息的高级专家，融入用户的科研过程，成为科研团队不可或缺的一部分，开展课题情报服务，建立真正的知识化服务，推动知识转化为生产力，在研究所的战略研究中发挥关键性作用，形成不可替代的核心竞争力。

建设嵌入到用户和科研过程的专门化、化性化、集成化学科服务机制。比如在开题与项目申报时，提供课题的研究背景、研究综述、研究进展；在课题进行中提供实验方案、数据分析，国内外研究进展与动态；在结题和论文撰写中提供比较研究、检索查新、投稿指南等；在新产品研发或申请专利中，提供市场竞争力分析；在项目时，提供有关评审报奖信息；在项目完成后，提供查新、引证分析等科研评价信息。

国家科学图书馆的学科馆员目前正在进行以上方面的尝试，还没有在更大的范围内推广。但面向学科或课题提供知识服务是图书馆服务的趋势。学科馆员要做到这一点还有很大的差距。要增强学科馆员的学术视野和情报分析的训练，加强学科馆员的学科情报研究能力，提升学科馆员面对综合复杂的环境进行前瞻性分析设计的战略情报研究能力，以此造就学科馆员的核心竞争力。学科情报研究是学科馆员学科化服务的更高目标和战略。

3.4 学科馆员服务要求

学科馆员所提供的学科化服务，要允许探索和创新，但也要有规范和制度。要将那些从实践中总结出来的好经验和做法，应用到更多的学科馆员实践之中。但也要善于发挥学科馆员自己的主动性和智慧，充分地体现学科馆员的创造性。国家科学图书馆对学科馆员没有特定具体的规定，但提出了一些原则性的要求：

• 融入一线、组织一线、服务一线。学科馆员要更多地到所里，到科研一线，到用户身边。只有融入一线，才能及时发现需求，沟通信息，解决用户的困难。要面向一线的需求组织人员、资源和服务，保障一线的信息需求。学科馆员要担负起全程服务的责任，把服务送到一线，为用户提供随时随地的服务。

• 责任绑定、服务绑定、创新绑定、考核绑定。学科馆员是所服务的研究所的第一责任人。该所用户的信息保障、信息需求、信息服务上存在的任何问题，服务该所的学科馆员都必须履行全责。学科馆员要为服务的过程和效果负责。解决不同研究所的不同问题，没有既定的模式可以遵循，没有现成的经验可以借鉴，只有学科馆员自己去探索，去创新。对学科馆员的考核，也与该所的服务效果直接关联。学科馆员在该所的知晓度、服务面、满意度都将是学科馆员的重要指标,学科馆员的考核评价主要是研究所和用户做出的。

- (广泛)知道你,(首先)想到你,(方便)找到你,(高效)用到你,(满意)评价你,(更多)利用你。学科馆员要善于利用多种推销方式,宣传推广自己作为学科馆员对用户的作用。用户知道学科馆员越多,学科馆员的服务对象就可能越多,利用学科馆员的机会就越多。在广泛地知道你的前提下,如果用户有需求,他才会首先想到学科馆员,将利用学科馆员的帮助作为一种习惯和常态。想到学科馆员以后,要能够随时方便地找到学科馆员,无论是办公电话、手机、MSN,还是其他形式。找到学科馆员以后,要能够得到高效的服务,及时帮助用户解决他迫切需要解决的问题,体现学科馆员应有的专业素养和服务能力。在此基础上,希望用户对学科馆员能有积极的评价,对职业精神、服务态度和服务水平表示认可或赞赏,这样他才有可能更多地利用学科馆员。这样就会形成一个良性的循环,学科化服务就会走上良好的发展道路。

3.5 管理保障

国家科学图书馆对学科馆员的上岗条件具有较高的要求。学科馆员要能够负责一个研究所或多个研究所学科化服务的需求分析、服务设计、服务组织管理、相关机制建设和服务考核,熟悉所服务的研究所的科研状况和用户的信息需求,提供参考咨询、用户培训、学科情报等服务工作。学科馆员要具有信息资源、信息服务、信息工具等方面的能力以及良好的用户沟通、服务组织、联络协调方面的能力。

国家科学图书馆为保障学科馆员的工作需要,设立专项经费用于支持学科馆员的办公条件、本地和京外研究到京外研究所的费用,如通讯和交通等方面的费用。设立专项经费,用于资源、服务和工具的宣传推广,印发各种宣传资料,定制少量有学科馆员联系方式的小礼品,增强了学科化服务宣传推广的力度和影响力。

学科馆员的协调工作对学科化服务的成效至关重要。国家科学图书馆在学科馆员内部按学科领域建立了6个学科团队,在总、分馆建立了4个地域团队。同时,还与资源建设部的学科采访馆员,文献服务部的文献传递、检索查新人员,情报部的动态监测快报人员、信息系统部门的技术人员建立了联动的工作关系。各团队密切配合,相互支持,协同工作,共同为一线的用户服务,为一线用户服务的效果负责。

学科馆员的学习能力将对学科馆员的职业发展有着很大的影响。除了上岗强化培训外，学科馆员还要接受各种新的资源、服务、工具以及各种政策、规范、流程的培训。同时，学科馆员不定期要学会应对压力，学会多任务工作，学会利用学科馆员工作平台开展工作。

制度建设对学科馆员的管理也是不可缺少的。国家科学图书馆学科咨询服务部在积累和不断修正学科馆员的相关的制度，包括学科馆员工作手册、参考咨询服务规范、宣传推广与用户培训方案、工作月报表等。制度和规范使得学科馆员开展服务工作有了基本的依据。

3.6 服务效果

学科化服务是一个持续而不断深入的过程，其服务效果的体现也不是立竿见影，总是需要一定的周期，服务的效果才会逐渐显现。一年多以来，国家科学图书馆的学科馆员从茫然困顿，到深刻感悟，从遭受冷遇，到受到欢迎，从倍受怀疑，到普遍认可，足迹遍布大江南北，初步闯出了一条学科化服务的路子，学科化服务已经在全院的用户中播下了希望的种子并初步获得了令人欣慰的收获。

学科化服务只有短短一年多的时间，但已经得到了中国科学院领导的充分肯定，得到了很多用户的欢迎和支持。我们的感受是，只要你真心为用户做事，你就会得到用户的欢迎、接纳、认可和好评。这种评价是对国家科学图书馆工作和全体科图人的肯定。有的研究所领导的评价道，"国家科学图书馆主动推行学科化服务机制，对知识创新工程和研究所产业化的发展都会起到有力的促进"。"学科化服务的介入，可以让研究人员方便、快捷地获取所需要的信息，节省大量的时间和精力，提高科研工作效率，更好地开展科学研究，多出创新成果和创造较好的经济效益"。"国科图的发展思路是清晰的，感受到信息服务的层次和质量出乎意料，服务这样周到，而且实地来做宣传，感受深刻"。"今后学科馆员更会是我们科研工作中得力的信息助手"。有的用户反映，你们的服务做得这样好，真的让人觉得就像上帝。有的科研人员说，回国以后发现，国内的图书馆服务水平与国外重要学术机构相比并不差。

4 结 语

用户信息环境发生根本变化，图书馆也必须因应而变，保持对用户需求变化的高度敏感，动态适应用户的变化。面对这样一种变化，图书馆服务能力和用户能力需要根本性提升。其中很重要的手段就是学科馆员服务及其模式的不断创新。新一代学科馆员的重要意义在于体现泛在图书馆、图书馆2.0和服务的泛在化的新的服务模式和机制。这样一种机制不仅将激发用户更多更高的需求,而且也将促使全馆业务布局的调整和业务与服务模式的转型。学科化服务不仅仅是学科馆员一个部门的事,而是全馆的合力所在,作用所在。学科馆员也需要在为化着的环境及用户需求中不断深化和拓展学科化服务的模式和机制。

参考文献:

[1] Martin J V. Subject specinlization in British university libraries: a second survey. Journal of Librarianship and Information. Science 1996,28(3):159-169.

[2] Stebelman S, Siggins J, Nutty D, et al. Improving library relations with the faculty and university administrators: the role of the faculty outreach librarian. College & Research Libraries, 1999,60(2),121-130.

[3] OCLC. Perceptions of Libraries and Information Resources(2005). [2007-12-15]. http://www.oclc.org/reports/2005perceptions.htm.

[4] Doutherty R M. Being successful in the current turbulent environment. The Journal of Academic Librarianship,2001,27(4):263-267.

[5] Herring M Y. 10 Reasons Why the Internet Is No Substitute for a Library. [2007-12-15]. http://www.ala.org/ala/alonline/resources/selectedarticles/10reasonswhy.cfm.

[6] Chathan M A. Knowledge lost in information. [2007-12-15]. http://www2.sis.pitt.edu/~dlwkshop/report.pdf.

[7] Boone M D. Steering the cybrary into the twenty-first century: who is the leader? Library Hi Tech, 2001,19(3):286-289.

[8] Li L L. Building the Ubiquitous Library in the 21st Century. [2007-12-16]. http://www.ifla.org/IV/ifla72/papers/140-Li-en.pdf.

[9] ACRL. Top Ten Assumptions for the future of academic and research libraries. [2007-12-15]. http://www.ala.org/ala/pressreleases2007/march2007/acrlf107.htm.

[10] Johnson K. Subject Libratian 2.0?'The Song Remains the Same,'It's Just a Cover Song Using New Instruments. [2007-12-15]. http://www.higheredblogcon.com/index.php/subject-librarian-20/.

[11] 张晓林. 走向知识服务:21世纪中国学术信息服务的挑战与发展. 四川大学出版社, 2001.

[12] 初景利. 试论新一代学科馆员的角色定位. 图书馆理论与实践.2007(3):1-3.

作者简介

初景利,男,1962年生,博士,教授,博士生导师们,部主任,发表论文100余篇,出版著作3部;

张冬荣,女,1971年生,副研究馆员,部副主任,发表论文数10篇。

知识嵌入视角的学科化服务研究[*]

郭艳秋

(河南大学图书馆 开封 475001)

摘 要 知识嵌入性是学科化服务的基本特性。学科化服务的要素，如馆员、任务、技术、服务流程等，是知识的载体，或称为知识的嵌入对象。学科馆员知识、用户知识、组织（图书馆）知识（资源）与网络知识等组成知识网络，不同性质与层次的知识网络共同构成学科化服务的知识环境。学科化服务在知识网络和知识环境中运行。有知识的存在就有知识嵌入。知识嵌入理论为进行学科化服务研究、开展学科化服务评价提供理论基础，开辟了一条新思路。

关键词 知识嵌入 学科化服务 学科馆员 知识网络 知识环境

分类号 G251.5

数字信息环境下，用户需求发生变化，导致图书馆必须由传统的文献信息服务模式向知识服务模式转型。根据用户需求，面向知识内容，融入用户决策过程并帮助用户找到或形成问题解决方案的学科化服务，正在成为当代图书馆一种新的服务模式。近年来，学界围绕学科化服务的内容、机制、模式等问题从理论与实践方面展开了大量的研究和探索，许多图书馆已经形成了以学科馆员为基本架构的学科化服务机制，并正呈现出多样化和制度化发展态势。就图书馆来说，开展学科化服务的最终目的是满足用户需求，提高教学科研运作效率和创新能力，实现知识有效转移与共享。那么，如何从知识层面评估开展学科化服务的条件和制定服务策略，是个值得重视的问题。知识嵌入理论为探索这个问题提供了一个新的视角。

1 知识嵌入

1944年Polanyi在《大变革》一书中首次提出了"嵌入性"[1]概念，并将

---

[*] 本文系2011年度河南省教育厅人文社会科学规划项目"基于知识组织的学科化服务研究"（项目编号：2011-CH-125）研究成果之一。

此用于经济理论分析。他认为,"人类经济嵌入并缠结于经济与非经济的制度之中,将非经济的制度包括在内是极其重要的"。1985 年,Granovetter[2]在《经济行为和社会结构:嵌入问题》中重新对"嵌入"概念进行了阐述,指出在现实中,人的行动既不是外在于社会环境,像原子式个人那样进行决策和行动,也不是固执地坚守其已有的社会规则与信条,而是嵌入于具体的、当下的社会关系体系中并做出符合自己主观目的的行动选择。在嵌入关系中,"行动者的行为既是'自主'的,也嵌入在互动网络中,受到社会结构的约制"。Polanyi 和 Granovetter 在阐述他们的社会嵌入理论的时候,并没有具体到知识这种特定资源上来,只是一概地把嵌入人际关系以及社会网络结构中的资源称作"无形资源",即社会资本。直到 2000 年才出现了知识嵌入性对知识影响的系统说明,即"知识驻留"以及后来人们所说的"依附性"或"根植性"[3]。其实,嵌入性也是知识的特性之一,知识与其载体不可分割、不可分离。

对人来说,知识的嵌入性是指人的行为具有受知识因素影响和制约的特性。人们通过学习和社会实践获得知识,进而人的思维方式、行为模式成为一定知识因素和知识环境下的产物。也就是说,人一旦获得知识后,知识便可以左右人的思维和行动,即行为嵌入于知识,形成知识嵌入。这种嵌入关系中人成为知识载体。学习和社会实践是人获得知识的过程,嵌入于人员的知识,是人这一主体对周围环境的认识而形成的经验和体会,即"认知型知识"。但人不仅有认知知识的能力,还有创造知识的能力。人不仅仅是知识的载体,而且还是知识创造的主体。以人为载体的知识的转移是以人员的转移、隐性知识与显性知识的相互转化来实现的。除此以外,知识还嵌入于工具、任务和惯例等特定载体之中[4]。知识嵌入无处不在。

2 学科化服务的知识嵌入性

2.1 知识嵌入性是学科化服务的基本特性

学科化服务是图书馆为适应新的信息环境,以学科馆员为主体,以用户需求为中心而推出的一种新的服务模式。这种服务模式从对知识信息的挖掘、发现、鉴别,到关联、整合、转移、共享,体现的是一个知识化的组织过程和知识创新过程[5],其本质是实现知识的有效转移,而知识转移本身则是依赖于知识又"受制于"知识的。作为学科化服务的行为主体——(学科)馆员,一般是通过提供显性知识或隐性知识,或通过知识创造来实现这一服务的。由此可见,学科化服务行为以及行为主体必然内生于或根植于特定的知识中。知识嵌入性是学科化服务的基本特性。

知识生产、知识分享、知识应用以及知识创新是知识过程[6]的不同表现形式,学科化服务涵盖知识过程的所有形式。学科化服务中的知识生产主要包括图书馆与馆员对知识信息的收集、分类、存储和加工等;知识分享是通过显性知识的转移以及隐性知识的挖掘,使知识在馆员群体中得到共享或推送至用户;知识应用过程体现在知识活动的各个方面,既有利用知识生产得到显性知识解决问题的过程,也有发现整合知识、设计服务流程、制度建设等对知识的应用过程;知识创新是知识管理的最高境界,包括学科馆员通过对相关知识的学习理解掌握,与用户的沟通交流实现隐性知识与显性知识的相互转化以及新知识的生产,新思想、新方法的创新等。当然,学科馆员将文献信息资源知识化,知识内容学科化,服务内容"个性化"也属于知识创新过程。知识过程构成了学科化服务的核心,而知识应用、知识生产、知识分享和知识创新的前提,则是学科化服务的各个要素(任务、馆员、技术、流程等)的知识嵌入性。

2.2 学科化服务中不同层次的知识环境是知识嵌入的结果

学科化服务中的知识环境主要是个人知识环境、组织知识环境及组织以外的网络知识环境等。这些知识环境都具有知识嵌入性。其中,网络知识环境是空间尺度最大的知识环境,学科化服务依赖于这一环境中的开放工具、开放资源以及各种知识信息;组织知识环境主要指图书馆文献信息资源数量、资源结构,显性知识与隐性知识相互转化的条件以及知识转移共享氛围等,还包括图书馆的组织方式、规则、程序、习惯、战略行动等;个人的知识类型、知识结构以及馆员和用户之间知识的关联度与对接性等则构成学科化服务较小尺度的知识环境,如图1所示:

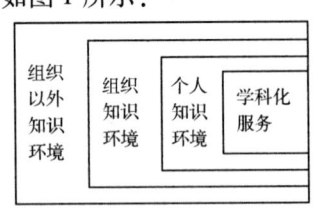

图1 学科化服务的知识环境

这些知识环境是知识嵌入的结果,它们对学科化服务既有直接影响,也有间接影响。学科化服务存在于这些知识环境中,无法摆脱对它们的依赖。个人知识、组织知识、组织以外更大尺度环境中的知识与馆员、用户、资源、信息相互联接形成知识网络，馆员、用户在其中成为知识结点。根据席运江、党延忠[7]和王众托[8]等人的观点，知识网络还包括技术网络、人际关系网络等，之所以将它们视为知识网络，是因为它们具有知识载体性。知识网络相互嵌入交织在一起，并且，知识自身就是一个庞大而广泛交叉的网络系统，其中的各种关系错综复杂，相互影响。知识网络又有多种类型和多种性质，多种知识网络共同构成学科化服务的知识环境，如图2所示：

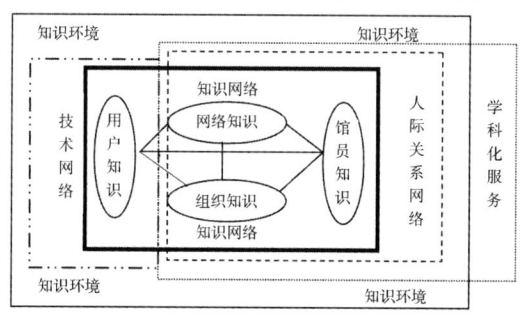

图2　学科化服务的知识环境与知识网络关系

2.3　学科馆员是多种知识嵌入体

学科馆员是学科化服务中的主体。学科馆员具有自己的知识背景和知识结构，是由不同知识、不同知识体系的嵌入决定的。在知识的类别上，一般有三类知识的嵌入：①专业知识。就是有一定的专业知识背景。专业知识嵌入使学科馆员具有挖掘、发现学科（专业）知识的能力。②信息知识。学科馆员掌握有丰富的文献信息资源，同时具有运用现代信息技术的手段和能力，是信息知识的载体，信息知识使他们成为学科服务的专家。③通识知识。开展学科化服务仅有专业知识、信息知识还不够，还要有通识知识的嵌入，因为在知识转移与共享过程中，需要大量的沟通、协调、组织、管理工作，这些都与通识知识的嵌入有关。

此外，学科馆员还是组织知识和社会网络知识的嵌入对象。例如图书馆组织的知识信息资源、组织文化、组织制度、服务方式、服务流程所隐含的知识，对网络技术的应用和从网络中获得的各种知识等，都能以馆员为知识载体。嵌入于学科馆员的知识具有多样性和广泛性，但专业知识和信息知识是他们知识构成中的核心。开展学科化服务不仅要求学科馆员有多种知识的嵌入，而且还要求一定深度的知识嵌入。

3 知识嵌入视角的学科化服务策略

3.1 重视知识嵌入性对学科化服务的制约

知识既是学科化服务的"根基",又是思想方法、技术应用的源泉。知识嵌入性使我们对知识在学科化服务中的作用有了更加清晰的认识。一方面,知识嵌入为学科化服务提供了知识基础,使其具备了"物质"条件;另一方面,也因知识嵌入对学科化服务形成约束,为其规定了知识流动的路径。在相同或相近的学科领域内,或在馆员与用户相通的学科或专业所限定的范畴内,知识可以畅通流动,服务可以有效开展。而且,知识嵌入程度越深,开展学科化服务的条件越充分。否则相反。尽管深度嵌入容易形成隐性知识,但是,隐性知识在一定条件下可以转化为显性知识,学科化服务是在二者的相互转化中实现的。知识嵌入性对学科化服务也会形成制约,表现在:知识转移与共享机制不健全或深度嵌入形成隐性知识,造成知识难以流动;跨学科(专业)的学科化服务难以开展,因知识嵌入使学科或专业领域之间存在天然的"知识壁垒"。正如 Bogenrieder[9] 和 Huber[10] 等所说,由于知识的嵌入性,一个专家群体能够利用一定的技术有效转移、协调和再利用知识,而另一个专家群体在利用同样技术时却会遇到不可克服的困难。知识嵌入性阻断、降低知识流动的作用不容忽视。

3.2 知识嵌入是选拔学科馆员的依据

学科馆员是多种知识的载体,又是学科化服务的主体,他们发挥着知识组织者、知识发现者、知识集成者的作用。Martin 认为,图书馆"将来提供最终用户的服务是十分系统化的内容,它必须由拥有新的组织结构,基于功能化协作的学科馆员团队来完成"[11]。可见馆员作用的发挥主要取决于他们多种知识的嵌入和关键知识的深度嵌入。因此,在学科馆员的选拔使用上应做到:①根据知识嵌入类型与嵌入程度选拔学科馆员、组织学科馆员。把工作年资长、学历高,知识转移与知识"输出"能力强,符合多种知识或某一专业知识深度嵌入条件的馆员选拔出来,根据知识类别组成学科化服务小组。②通过学习和继续教育增加馆员知识的承载量。从培养和打造知识精英和服务专家的角度,使馆员与一定的知识形成一种稳定的结构嵌入关系模式,并在这种模式下,不断丰富知识内容,完善知识体系。③确立学科馆员服务的主体地位。把学科馆员推到学科化服务的前台,把学科化服务上升到图书馆发展的战略层面,通过个性化、知识化的服务过程,以明确的岗位职责、服务目标要求他们对有关学科的文献信息资源进行挖掘、整合、创新,以达到获得知识的目的。知识嵌入可从根本上为他们发挥主导作用打下坚实基础。

3.3 进行知识组织，提高学科化服务知识嵌入的针对性和知识的关联度

开展学科化服务不仅仅是输出或共享知识，更重要的是建立知识关联，否则，与服务内容无关的知识再多也没有意义。知识组织是将知识系统化、显性化，提高知识关联性的过程。学科化知识组织的内容主要有两个：①对馆藏文献信息资源按照学科（专业）进行调整和重组，形成学科（专题）知识库。有了学科知识库，其知识表达、知识模式、递归信息元素、目标——定向模型、知识检索和知识传输[12]等，就可以与馆员、用户、服务课题、服务环境、技术条件形成知识关联。②根据用户需求对学科馆员的知识进行动态组织。不同的个体知识类型、知识体系、知识嵌入不同，用户的需求也会"因时因地"发生变化。所以，进行知识动态组织，是图书馆主观上提高学科化服务知识嵌入针对性的有效手段。通过以上的知识组织实现知识的重组再造（创新），建构出学科化服务的知识域和知识转移与共享的基本路径，在服务方与需求方的知识之间架起联结的桥梁。这样一来，就使一定的知识体系有针对性地嵌入于相关的学科化服务当中，为提高知识的关联度创造有利的条件。

3.4 在知识环境中解决学科化服务问题

邓滨等认为，"知识环境是指组织构建一个易于知识网络形成，便于知识活动、创新活动进行的组织环境"。"是指在组织内部建立一系列行为准则和激励机制，使组织建立起适应知识管理的文化及行为模式"[13]。实际上，广义的知识环境是图书馆等知识服务组织的物理环境、知识存储（资源库）、知识结构、知识服务与获取技术、图书馆组织文化和组织机构及相应的管理机制、用人机制等。知识环境可以分为知识硬环境与软环境、内部知识环境与外部知识环境等。学科化服务是在广义的知识环境下进行的，不同性质、不同层次的知识环境都有知识嵌入性，知识环境也可被认为是知识嵌入的结果。学科化服务与知识软环境和内部知识环境有更为密切的关系，学科化服务的一系列问题，是在一个结构完善、功能齐全的知识环境中得到解决的。如果知识环境有缺陷，各个要素不能有效配合，再豪华的物理空间、再丰富的物理存储、再先进的技术，也可能失去或降低它对学科化服务的意义。

从另一个方面来看，学科化服务的知识环境也是一种知识网络，知识网络中又有知识结点和知识之间的联接关系。其中，知识结点是核心，知识联接为人们解决问题提供思路和方法。在相关的知识环境中解决知识问题的过程，就是根据知识网络线索寻找相关的知识结点，由知识结点沿知识联接顺

藤摸瓜，找到知识问题解决办法的过程。由知识嵌入形成的不同性质、不同规模的多种知识网络构成网络系统，学科化服务一定是在知识网络系统中寻找答案的。不同的知识网络有不同的网络功能及应用价值。一般来说，知识网络覆盖的知识范围越广，知识链越长，与用户所需知识关联度越高，网络功能就越强，应用价值就越高。否则，网络功能就弱，应用价值就低。由于知识嵌入对知识流动的规定性，不同的服务任务所需要的知识网络不同，因此，知识之间的关系，知识能否被利用，知识有无创新性等，只能循着知识网络去探究，别无他途。根据服务目标构建知识网络或延伸知识链接，有效利用知识网络，集成利用各个领域的知识挖掘与分析工具，通过对复杂知识资源环境的理解、应用与评价[14]等，提炼出有价值的知识信息就成为解决知识问题的基本内容和方法。所以，我们不能把学科化服务只聚焦于服务机制、服务流程、知识组织的管理等这些问题上，一定要从知识嵌入视角，在制约学科化服务的根本原因上寻找问题的解决方案。

学科化服务不是一般意义上的知识信息的提供，更不是知识载体的借还、利用与被利用关系。它的知识生产、知识分享、知识应用以及知识创新的知识过程，对知识的依赖性很强，但受知识嵌入性的制约也很大。知识嵌入理论及其分析框架为学科化服务的研究提供了一个新视野，知识嵌入性也成为评价学科化服务工作开展条件及水平的一个重要理论依据。

参考文献：

[1] Polanyi K. The great transformation: The political and economic origins of our time[M]. Boston: Beacon Press, 1944:70.

[2] Granovetter M. Economic action and social structure:The problem of embeddedness[J]. American Journal of Sociology, 1985, 91(3):481 – 510.

[3] 肖冬平,顾新. 知识的嵌入性原理与知识网络的形成[J]. 情报科学, 2009, 27(9):1311 – 1317.

[4] 关涛. 跨国公司内部知识转移过程与影响因素的实证研究[M]. 上海：复旦大学出版社, 2007:63 – 64.

[5] 张晓林. 构建数字化知识化的信息服务模式[J]. 津图学刊, 2003(6):13 – 16, 80.

[6] 邱均平. 知识管理学[M]. 北京：科学技术文献出版社, 2006:375 – 388.

[7] 席运江,党延忠. 基于知识网络的专家领域知识发现及表示方法[J]. 系统工程, 2005, 23(8):124 – 126.

[8] 王众托. 无处不在的网络社会中的知识网络[J]. 信息系统学报, 2007, 1(1):1 – 7.

[9] Bogenrieder I, Nooteboom B. Learning groups: What types are there? A theoretical analysis and an empirical study in a consultancy firm[J]. Organization Studies, 2004, 25(2):287

-313.
[10] Huber G P. Transfer of knowledge in knowledge management systems: Unexplored issues and suggested studies[J]. European Journal of Information Systems, 2001, 10(2):72-79.
[11] Martin J V. Subject specialization in British university libraries: A second survey[J]. Journal of Librarianship and Information Science, 1996, 28(3):159-169.
[12] 张润彤,朱晓敏. 知识管理学[M]. 北京:中国铁道出版社,2002:134-138.
[13] 邓滨. 图书馆知识管理与知识环境的构建[J]. 图书馆建设,2002(5):95-97.
[14] 张晓林. 重新认识知识过程和知识服务[J]. 图书情报工作,2009,53(1):.6-8.

作者简介

　　郭艳秋,女,1959年生,研究馆员,发表论文20余篇。

渗透·互动·个性化
——Lib2.0时代学科馆员学科服务研究

许军林　蒋　玲

（乐山师范学院图书馆　乐山　614004）

摘　要　学科馆员在高校学科建设中起着重要的作用，是图书馆实现学科服务功能的关键岗位。实现Lib2.0的服务理念，就要遵循Lib2.0渗透、互动、个性化特征，将学科馆员的服务通过网络渗透到教学科研与用户，引导用户参与信息收集和知识创新，根据用户体验服务的效果来改进服务，实现与用户的互动，并利用虚拟信息平台开展个性化服务。

关键词　Web2.0　Lib2.0　渗透　互动　个性化

分类号　G250

随着互联网的普及与广泛运用，用户逐渐习惯于从网络获取信息资源，图书馆在学术交流环境中面临着被边缘化的风险。为了应对网络的挑战，高校图书馆必须把服务渗透到学科用户之中，实现与用户的互动，并为用户开展个性化服务。为实现这个目标，需要学科馆员深刻理解Lib2.0理念，把Lib2.0理念与学科服务结合起来，才能真正实现为学科服务的功能。

1　Lib2.0时代学科馆员的职责

高校图书馆的首要任务就是为学科建设服务。"学科建设是指学科主体根据社会发展的需要和学科发展的规律，结合自身实际，采取一切必要的、可行的措施和手段，促进学科发展和学科水平提高的一种社会实践活动。"[1] 图书文献资源作为学科建设的手段之一，必然要主动适应和满足学科建设的需要。

网络时代，Web2.0具有开放性与互动性以及信息的丰富性和服务的多样性等特点，这些特点已经渗透到用户信息获取之中。用户信息获取的途径和方式更加多元化、个性化；信息内容更加生动、新颖、丰富；信息交流与碰撞，知识的创新无处不在。在这样的背景下，学科用户对信息获取和信息服务提出了更高的要求，传统的学科馆员服务已经不适应网络时代的需求，因此，Lib2.0时代的学科馆员不仅需要懂得图书情报专业知识，更需要更新服务理念，掌握现代信息技术，并学会通过网络开展服务。

与传统学科馆员职能相比，Lib2.0要求在服务理念上强调运用Web2.0手段，更新服务理念；服务形式上渗透教学科研与用户，为学科建设服务；服务过程中强调与用户的互动，引导用户参与知识创造、体验知识服务；服务方式上注重以个性化的方式为用户提供个性化服务。

不同的高校对学科馆员有不同的要求。如"美国高校图书馆一般都设有学科馆员，学科馆员的职责十分明确，主要包括以下几个方面：①沟通与交流；②调研学科资源需求与揭示资源导航；③指导与合作；④专业课程及服务项目的咨询与评价；⑤大型课题的文献综述及建议；⑥长期跟踪服务等。"[3]康奈尔大学图书馆的学科馆员职责被鲜明地概括为"CRIO"，即Collection（C）——馆藏建设；Reference（R）——参考咨询；Instruction（I）——教学培训；Outreach（O）——院系联络[4]。从国外学科馆员服务职能来看，更加注重与用户的交流、互动，并通过Web2.0手段来实现学科服务。

综合上述分析，笔者认为学科馆员主要职责按照其服务实现的途径和方式可概括表述为：一是渗透：将服务渗透教学、嵌入科研、融入用户；二是互动：关注用户参与、用户表达、用户体验；三是个性化：利用Web2.0虚拟平台，对应用户个性化需求，开展个性化服务，成为学科信息作者与发布者、信息资源的管理者、虚拟交流的组织者等。

2　渗透是学科馆员实现服务的途径

渗透，就是指学科馆员为实现既定的目标，融入教学、科研和用户，围绕学科建设要求，提供信息和知识服务。渗透的本质就是融合，渗透的对象就是教学、科研与用户，渗透的目的是为学科建设和用户服务。

2.1　渗透教学

学科馆员要关注学科资源建设。根据学科建设需要和学科用户的使用情况，协助图书采编馆员选购适合学科建设和发展的纸质文献（包括图书、期刊、工具书和报纸）；试用和评价本学科的电子资源，提高资源配置的针对性和有效性；把资源和服务连接起来，如中国科学院国家科学图书馆提出学科服务要"广泛地宣传、推介、揭示已有的各种资源（各种数据库），服务系统（如网络参考咨询、跨库检索、集成期刊目录，文献传递与馆际互借等）和信息工具（随易通、e划通、科技新闻聚合服务系统、文献管理软件印dnate等）"[5]；同时，做到定期发布学科资源情况，为学科专业人员有效利用学科资源提供帮助。

学科馆员要参与学科教学活动。首先要作为图书馆学科代表深入教学活动之中，参与教学计划制订和教学研讨，掌握本学科培养方案、课程设置、师资状况等教学动态；了解学科的历史与发展趋势，为用户提供最新的国内外教学研究动态和前沿信息；通过深入课堂、与教师交流，提供教学必要的信息资源，帮助教师和学生搞好教和学。如乐山师院图书馆要求学科馆员填写工作日志，整理参加教学活动的情况，包括学科培养方案、主要课程、学科专业教师情况、提供服务情况等内容，目的是促进学科馆员渗透教学之中，为教学服务。

学科馆员要注重提升用户信息能力。提升用户信息能力，有助于减轻学科馆员的工作量，因而，学科馆员要"授人以渔"，教会用户信息获取和利用的方法。只有将学科馆员的信息获取利用能力转化为用户的能力，学科服务才能实现，学科馆员才能实现自己的使命和价值。

2.2 嵌入科研

• 掌握本学科科研动向。作为学科馆员，应通过向教师、学生了解科研课题和项目，作为制订工作目标的基础。经常参加本学科学术活动，如：学术研讨会、科研项目与课题评审会等，以科研合作伙伴的角色，甚至以课题组成员身份深入到科研一线，面向重点科研用户，主动与科研用户保持密切联系，了解用户需求。根据科研项目研究进展，提供信息资源，推动科研项目的实施和课题的顺利进行。

• 学术动态信息发布。掌握学科动态是体现学科馆员服务能力和价值的标志。学科馆员要根据本学科科研需要，密切跟踪相关课题的学术研究动态与学术前沿，利用信息分析工具，对学科发展现状、比较研究和发展态势等经过定量和定性分析，并通过发布学术研究动态信息，给用户的科研指明方向。

总之，学科馆员嵌入科研工作，要做到："在开题与项目申报时，提供课题的研究背景、研究综述与研究进展信息；在课题进行中提供实验方案、数据分析、国内外研究进展与动态；在结题和论文撰写中提供比较研究、检索查新、投稿指南等；在新产品研发或申请专利中，提供市场竞争力分析；在项目进行时，提供有关评审报奖信息；在项目完成后，提供查新、引证分析等科研评价信息。"[6]

2.3 融入用户

学科馆员应走近用户，与教师、科研人员结成合作伙伴，亲自参与到教学科研活动之中，在参与中准确把握教学科研活动信息需求的方向和特点，主动为他们的科研和教学活动提供相关的专业信息。学科馆员与服务对象之间的关系，应由明确的服务与被服务关系转变为相互协作、相互促进的关系。通过双方相互融合，成为一个和谐的有机整体。如美国康奈尔大学（CUL）图书馆的学科服务"强调主动与师生联系，走出图书馆，很多学科服务的机会都是学科馆员主动争取来的，例如，与教授合作授课、参加院系会议、在系馆设立咨询台等。CUL不仅强调走进读者的物理空间，而且重视将图书馆服务渗透到读者的虚拟空间"[4]。

美国著名的社会学家罗伯特·金·默顿说："在某种文化史境中，思想与思想的接触往往明显地刺激了观察与创造性，没有相互接触，观念和经验将严格地属于个人，但通过交流，观念和经验就可以变成创新和发现。"[7]因此，学科馆员要实现将服务渗透于学科建设，不能坐等用户提出要求，只有深入院系，走到用户身边，渗透教学、嵌入科研、融入用户并与用户互动，在互动中进行"创造和发现"，实现学科服务功能。

3 互动是学科馆员实现服务的重要特点

Web2.0技术的出现，使得用户的信息需求发生了很大变化，用户参与并创造信息，不再仅仅是信息的索取者，更是信息的提供者，因此，互动是Lib2.0的显著特点。学科馆员应充分利用这个特点，引导用户参与、用户表达、用户体验，增强用户与学科馆员的互动性，提高学科服务的水平。

3.1 强化用户参与，提高学科服务水平

Lib2.0利用互联网为用户提供服务，其服务内容不仅仅是来自图书馆的纸质资源、数据库商资源或二次文献资源，而且还包括由网络提供的个人化、平民化、草根化信息。用户自主编辑或标引资源，体现了用户参与信息生产的主导地位。因此，网络时代是一个互动的时代，用户参与信息和知识创造是显著特点。

学科馆员应利用互动特点，加强与用户沟通，也可以说是营销服务。一方面，要结合学科特点，向学科用户推展图书馆资源。因为传统纸质文献和纸质文献数字化资源具有较强的稳定性和可靠的质量，是学科建设可靠的信息来源，对学科建设起着主导作用。另一方面，要根据学科建设和用户需要对网络信息进行"过滤"，根据用户的要求对信息进行识别、组织和筛选，将

有价值的信息推荐给用户。然而，学科馆员毕竟不是本学科领域的专家，对于学科前沿理论、学术动态掌握的水平是有限的，因此，学科馆员要善于与学科专家进行互动，从他们那里吸取学科知识的营养，提升自己的学术修养，提高自己的学术能力，以期提高学科服务的水准。

3.2 关注用户体验，改善学科服务模式

"用户体验（user experience）指的是用户在操作或使用一件产品或一项服务时的所做、所想、所感，涉及到通过产品或服务提供给用户的理性价值和感性体验。"[8]学科馆员要融入用户，形成良好的互动关系，就应该关心用户，关注用户体验，不断调整服务策略。

学科馆员要关注用户体验的内容。用户体验一般可分为三个层次：功能体验——描述个性化系统或信息资源"能否帮助用户完成任务"的属性，包括系统或信息资源可供用户获取和使用的"可用"以及对用户来说具有价值的"有用"；技术体验——描述个性化系统或信息资源"能否帮助用户高效率地完成任务"的属性，包括系统或信息资源能使用户快速完成任务的"省时"，对用户来说操作简单的"省力"和花费较少的"省钱"；美学体验——描述个性化系统或信息资源"能否使用户身心愉悦地完成任务"的属性，包括系统或信息资源能给用户带来视觉享受的"好看"和听觉享受的"好听"以及满足用户心理需求的"好感"[9]。

良好的用户体验能促进不常利用图书馆的用户和潜在用户积极参与图书馆互动，拉近学科馆员与用户的心理距离，提高资源利用率。学科馆员在与用户资源服务的互动中，要注意引导用户参与知识创造，体验知识服务，满足用户的个性化信息需求，并根据用户体验效果进行服务策略和服务方式的调整。

4 个性化是学科馆员实现学科服务的手段

个性化是指用户通过网络获取信息的个人爱好、体验、兴趣、方式、行为习惯等。由于用户所具有的经验、知识、兴趣和爱好以及信息获取的目的的不同，对于信息的需求也会有差异，因而，就需要学科馆员提供个性化服务。"图书馆个性化服务就是针对用户的特定需求，主动地向用户提供经过集成的相对完整的信息集合或知识集合，或者说是根据网络用户的需求，定制相应的网页、信息资源，以达到服务的个性化。"[11]学科馆员要结合学科特点，进行用户需求分析，以个性化的方式，采用适当的个性化平台，开展好学科服务。

4.1 用户需求分析是个性化服务的前提

在网络环境下,不同类型的用户、不同地区的用户、不同文化的用户对服务有不同的要求,用户的个体特征及个体需求特征表现明显。因此,学科馆员开展个性化服务,要根据本学科特点,结合用户的个性化需要,提供知识化深层次的服务。

学科馆员掌握用户需求要注意"搜集用户的个人信息,生成用户个体特征描述,需要对用户的资料数据进行深入的统计与分析,找出不同用户兴趣所在,透视隐藏在这些数据之后的更重要的用户兴趣模式信息以及关于这些数据的整体特征的描述[10]。从用户信息来看,它不仅包括用户的基本情况(如姓名、联系方式及电话等),还包括用户与图书馆的资源使用记录、用户的个人爱好等。这些信息是进行用户分析的重要基础,它能帮助学科馆员准确地分析和定位用户信息,了解用户需求,并据此为用户制定相应的个性化服务策略。

4.2 个性化学科服务策略

根据高校学科建设的特点,个性化服务应实现普遍服务和重点服务相结合。

所谓普遍服务,就是指学科馆员要面向所有学科用户信息需求的共性而开展常规性的服务,如用户信息素养教育、资源动态、学科领域前沿动态等。普遍服务是对学科馆员服务的基本要求,其目的是通过普遍性的服务来提高学科建设的整体水平。

重点服务是学科馆员针对学科学术团队或学科用户个体进行针对性服务。搞好重点服务要注意面向教学骨干、重点课题组和学科带头人,提供学科或课题所需的信息情报,跟踪学科领域的前沿发展,对学科信息进行比较、分析、综合和提炼,形成知识产品,为重点用户和课题研究者提供个性化知识服务。

图书馆提供的个性化服务方式主要包括分类定制、界面定制、信息推送、信息检索帮助、个性空间等。近年来,图书馆个性化服务一个明显的发展趋势就是"一对一"的个别服务。例如浙江大学图书馆组织以咨询部老师为主的专家队伍,采取一一对应的服务方式,对读者提出的每一个个性化需求,都指定1-2位负责老师,与服务对象进行沟通和交流,直到解决相关问题为止[11]。强调针对性的个别服务不仅是Lib2.0时代对学科馆员的本质要求,而且通过个性化服务可以提升图书馆学科服务的层次,体现学科馆员服务的水平。

4.3 个性化服务实现途径

目前,Lib2.0 从理论到实践都还在不断探索、不断发展,因此,学科馆员开展学科服务也是一个不断探索和发展的服务理念。从研究文献来看,学科馆员开展个性化服务,主要是借助于 Web2.0 技术。成熟的网络虚拟平台包括:博客、播客、秀客、维客、信息聚合与推送、社会性网络、标签与民间分类、即时通讯等,其中常用的平台为 RSS 服务和 QQ 在线咨询。

网络信息纷繁复杂,应根据学科建设和用户需要对网络信息进行"过滤"。利用 RSS 信息聚合功能按学科分类将学科的信息聚合起来,使相关信息有序化,便于用户有效利用。"RSS 是一种基于 XML 的信息内容描述、发布和聚合技术,通过支持标准的 RSS Feed(RSS 信息源)格式实现信息内容的聚合和订阅"[12]。如台湾大学图书馆开通的 RSS 资讯服务,则集馆内新闻与分类新到资料通告于一体。传统的定题服务(SDI)采用 RSS 后可以最大限度地为用户提供丰富的内容,用户一次订阅后,无需每天浏览图书馆主页,只需利用 RSS 阅读器即可看到最新的消息[13]。

腾讯 QQ 是基于互联网的即时通信软件,也是一个收发及时、功能较全的信息交换平台。它具有聊天、留言、即时传送文件、共享文件、QQ 邮箱和语音、视频等功能,还可以发送短消息、与 IP 电话网互联等。建立学科服务QQ(MSN)群,可以实现与用户沟通,传递服务信息。学科馆员利用 QQ 功能实现文献传递、科技查新、代查代检、定题服务等工作,并整合学科信息资源、学科前沿理论、状态信息等通过共享方式提供给用户,用户也可以在群内交流信息,实现学科馆员与用户、用户与用户之间的信息交流互动。

高校图书馆应将这些技术综合应用到学科建设服务中,构建一个学科馆员和对口学科教师互动的学科交流平台,促进个性化服务。就学科馆员来说,掌握这些平台的使用,并根据用户的习惯和需求,选择一种或几种平台为学科用户服务,这是基本的要求。学科馆员要利用虚拟平台将服务理念、资源信息(包括收集的网络资源信息)通过网络手段为用户开展服务,并在与用户的互动中,再创造出新的知识信息,在与用户的密切联系中开展个性化服务。

参考文献:

[1] 罗云.中国重点大学与学科建设.北京:中国社会科学出版社,2005:42.
[2] 张晓林.走向知识服务:21 世纪中国学术信息服务的挑战与发展.成都:四川大学出版社,2001.
[3] 周敬治,石秀春.国内外高校图书馆学科馆员的比较研究.情报资料工作,2008(5):83

-86.
[4] 范爱红.美国康奈尔大学的学科馆员工作模式及其启示.图书馆杂志,2008(2):63-66.
[5] 初景利,张冬荣.第二代学科馆员与学科化服务.图书情报工作,2008(2):6-10,68.
[6] 苏建华.虚拟研究环境(VRE)影响下的图书馆.情报资料工作,2009(1):76-79.
[7] 默顿.十七世纪英格兰的科学、技术与社会.北京:商务印书馆,2000.
[8] Daniel L. Understanding user experience. Web Techniques,2000(8):42-43.
[9] 邓胜利,张敏.用户体验——信息服务的新视角.图书与情报,2008(4):18-22.
[10] 张莉萍.论图书馆个性化服务中用户信息的Web数据挖掘.情报资料工作,2007(2):101-104.
[11] 浙江大学图书馆.读者服务新举措:个性化服务.[2010-04-07]. http://libweb.zju.edu.cn/newportal/service/gxhfw.jsp.
[12] 赵阳,杨慧,林容,等.清华大学图书馆RSS服务实践.图书馆杂志,2006(6):52-55,72.
[13] 台湾大学图书馆.台大图书馆RSS资讯服务.[2010-04-07]. http://www.lib.ntu.edu.tw/rss/nturss.htm.

作者简介

许军林,男,1963年生,副研究员,副馆长,发表论文近20篇。

蒋　玲,女,1972年生,馆员,发表论文8篇。

中美高校图书馆数字化学科服务比较分析*

熊欣欣

(北京工商大学图书馆 北京 100048)

摘 要 引入图书馆数字化学科服务的概念，对中美各20所高校图书馆的数字化学科服务状况进行调查与统计，比较分析它们在学科导航（网页）、学科博客、学科馆员服务方式、学科资源整合等方面的差异，提出我国高校图书馆应从国外引进或自主开发内容管理工具、深入挖掘学科信息资源、借助 Web 2.0 技术的应用及网站的建设和改进来提高数字化学科服务水平。

关键词 高校 图书馆 数字化 学科服务 学科资源

分类号 G250

学科服务是高校图书馆服务创新的主阵地、先行军[1]，它以用户为中心，以学科馆员服务为基本模式，按照某一学科、专业而不再是文献工作流程来组织信息资源，使信息服务学科化、服务内容知识化[2]，为图书馆拓展出新的发展空间。近年来，随着信息网络不断普及、数字内容资源日益丰富，学科服务也日趋数字化与网络化，国外许多高校图书馆利用内容管理工具建立学科服务平台或学科导引（Subject Guide 或 Research Guide），以数字化手段协助用户获取与利用信息，支撑科研创新。国内高校图书馆也通过重点学科导航、学科博客、学科资源整合等数字化方式实现学科服务。

基于上述客观环境的变化，本文以数字化学科服务这个概念来统称此类型服务并描述为：学科馆员基于图书馆资源（纸本及数字）以及公共信息资源，通过开发或引入内容管理工具（Content Management System，简称 CMS）并利用 Web 2.0 技术等数字化手段提供的、无需读者到馆即可获得的学科信息服务。通过引入数字化学科服务的概念，笔者对中美各20所高校图书馆的

---

* 本文系北京工商大学科研管理资助项目"基于网络的高校科学研究信息保障环境建设研究"（项目编号：KYGL-201002）研究成果之一。

数字化学科服务状况进行了调查与统计，从学科导航（网页）、学科博客、学科馆员服务方式、学科资源整合等4个方面比较了彼此的差异并提出发展对策，旨在为图书馆更好地开展学科服务提供帮助。

1 中美高校图书馆数字化学科服务现状

本文参考多项中美大学间对比研究成果[3-7]，中国大学依据武书连的《2010中国大学排行榜》[8]，选取排名前20位的研究型大学作为研究对象，美国大学依据《美国新闻与世界报道》的2010美国大学排行榜[9]，选取前20名作为比较对象。本文调查的数据来源于中美各高校图书馆的网站，将其与学科相关的资源与服务提取并予以对比分析。

1.1 中国高校图书馆数字化学科服务现状

1.1.1 学科网页（导航）

调查显示中国的前20所高校图书馆中，清华大学、北京大学、浙江大学、上海交通大学、复旦大学、武汉大学、华中科技大学等7家图书馆建立了学科服务网页，学科分类平均为26个，涉及文献类型平均为6个，如纸本书刊、电子期刊、电子图书、学位论文、专利、标准等。其余13家馆仅建立了名称各异的学科导航或链接CALIS重点学科导航系统，如南京大学的主题网关、西安交大的学术资源在线等，学科分类平均为11个，文献类型平均为1-2个，内容多以网络资源为主。如表1所示：

1.1.2 学科博客

20所高校图书馆中，有4家馆建立学科博客，即上海交通大学、华中科技大学、中山大学、西安交通大学图书馆。清华大学图书馆已建立学科博客[10]，但在其外网站点中未体现。如表2所示：

1.1.3 学科馆员

20所高校馆中，13家馆在其网站上提供学科馆员列表，与用户的沟通方式为电话号码、邮箱，7所学校未提供学科馆员列表或在其外网站点中未体现。

1.1.4 学科资源整合

关于学科资源整合，国内20家高校图书馆均将馆藏数据库或电子期刊做了异构资源整合，同时实现按学科分类检索。

表1 中美20所高校图书馆学科网页(导航)建设现状对比

中国高校名称	学科网页 名称	学科	文献类型	美国高校名称	学科网页 名称	学科	文献类型
清华大学	学科服务网页;CA	25	6-9	哈佛及分馆	研究导引	29-50	4-17
北京大学	学科导航网页;CA	27	6	普林斯顿大学	研究导航	38	7-12
浙江大学	学科服务平台(外网无法打开);CA	-	-	耶鲁大学	学科导航	143	5-11
上海交通大学	学科服务网页(外网无法打开);导航;CA;导报	25	6	加州理工学院	学科导航	25	7-12
复旦大学	学科服务;CA	5	4	麻省理工学院	学科导航	100	3-7
南京大学	主题网关;网络资源导航;CA	11	1	斯坦福大学	研究导引	33	3-8
武汉大学	学科资源使用指南;CA	22	7	宾夕法尼亚大学	学科导航	85	5-16
华中科技大学	学科网站;CA	26	5-8	哥伦比亚大学	学科导航	178	2-8
中山大学	学科分馆	3	-	芝加哥大学	研究导引	55	5-13
四川大学	特色资源库;CA	7-11	1	杜克大学	研究导引	11	2-9
哈尔滨工业大学	学科资源导航库;CA	8-11	1	达特茅斯大学	研究导引	43	4-20
吉林大学	重点学科导航;CA	11	1	西北大学	学科导航	59	5-11
中国科技大学	CA;CSDL(外网无法打开)	-	-	圣路易斯大学	研究导引	63	5-13
西安交通大学	学术信息在线;法医学资源服务平台;CA	11	4	约翰霍普金斯大学	学科导航	53	4-15
山东大学	无	无	无	康奈尔大学	学科导航	38	3-8
南开大学	CA	11	1	布朗大学	资源导引	89	1-5
东南大学	重点学科导航;CA;主题网关	2-11	1	莱斯大学	研究导引	45	4-8
人民大学	学科专题综述;经济学门户;CA	12	4	范德比特	学科导引	48	4-16
北京师范大学	网络资源导航;教育信息摘编;CA	40	-	圣母大学	研究导引	64	3-6
天津大学	学科导航;CA	8	1	加州伯克利分校	学科导航	145	3-14

注:CA表示CALIS重点学科导航系统;T表示电话;E表示Email;F表示Facebook;研究导引译自Research Guides;学科导航译自Subject Guides;资源导引译自Resource Guides,下表同。

表 2 中美 20 所高校图书馆其他数字化学科服务项目建设情况对比

中国高校名称	学科博客	学科馆员	资源整合	美国高校名称	学科博客	学科馆员	资源整合
清华大学	无	T;E;资源链接	按学科	哈佛大学	有	T;E	按学科
北京大学	无	无馆员列表	按学科	普林斯顿大学	有	T;E; Chat online	按学科
浙江大学	无	T;E	按学科	耶鲁大学	有	T;E; AIM;Gtalk;Yahootalk	按学科
上海交通大学	有	T;E	按学科	加州理工学院	有	T;E; Meebo; RSS	按学科
复旦大学	无	无馆员列表	按学科	麻省理工学院	有	T;E; AIM;MSN;Gtalk	按学科
南京大学	无	无馆员列表	按学科	斯坦福大学	有	T;E; AIM;RSS)	按学科
武汉大学	无	T;E	按学科	宾夕法尼亚大学	有	T;E; AIM; MSN; Yahoo	按学科
华中科技大学	有	T;E; QQ	按学科	哥伦比亚大学	有	T;E	按学科
中山大学	有	无馆员列表	按学科	芝加哥大学	有	T;E; LiveChat; Yahoo; Aol	按学科
四川大学	无	T;E	按学科	杜克大学	有	T;E; LiveChat;	按学科
哈尔滨工业大学	无	无馆员列表	按学科	达特茅斯学院	有	T;E; LiveChat; Twitter	按学科
吉林大学	无	无馆员列表	按学科	西北大学	有	T;E; Meebo; Twitter; F	按学科
中国科技大学	无	无馆员列表	按学科	圣路易斯大学	有	T;E; LiveChat; Twitter; F	按学科
西安交通大学	有	T;E	按学科	约翰霍普金斯大学	有	T;E; LiveChat; Twitter; F	按学科
山东大学	无	T;E	按学科	康奈尔大学	有	T;E; LiveChat	按学科
南开大学	无	T;E	按学科	布朗大学	有	T;E; LiveChat	按学科
东南大学	无	T;E	按学科	莱斯大学	有	T;E; Meebo	按学科
人民大学	无	T;E	按学科	范德比特大学	有	T;E; Meebo	按学科
北京师范大学	无	T;E	按学科	圣母大学	有	T;E; LiveChat	按学科
天津大学	无	无馆员列表	按学科	加州伯克利分校	有	T;E; Chat Online	按学科

33

1.2 美国高校图书馆数字化学科服务现状

1.2.1 学科网页（导航）

通过调查分析发现，美国前20所高校图书馆全部建立学科网页（Subject guides 或 Research guides by subject），学科分类平均达到58个，文献类型平均达到8-10个。每个学科服务网页都是将纸本图书、期刊、数据库、电子刊、电子书、学位论文、会议论文、标准、专利、学协会信息、网络学术资源等各类型文献集成并整合到一个页面中，同时支持基于学科的浏览检索。

1.2.2 学科博客

在所调查的20所美国高校图书馆中，每家馆都建有学科博客，但不是每位学科馆员均建立学科博客，它的应用程度不及学科网页。根据笔者与布朗大学学科馆员的在线咨询调查，他们的学科网页建设是必须的，而学科博客是可以选择的。

1.2.3 学科馆员

美国前20所高校的图书馆网站全部提供学科馆员列表，与用户的沟通方式除电话、邮箱外，大多包括即时互动交流方式（IM）和信息推送（RSS）服务，如 Meebo、Yahoo Talk、Google Talk、MSN、Twitter 等。有的图书馆还将学科馆员列表同时链接到学科资源，读者通过点击学科馆员就可以查阅学科信息，如布朗大学图书馆的学科馆员链接。同时，学科馆员能够提供服务的学科较多，学科馆员人数也较多。

1.2.4 学科资源整合

美国20家图书馆的数据库或电子期刊全部实现按学科整合，即电子资源100%实现按学科进行检索利用。

2 中美数字化学科服务建设情况比较

由学科服务的现状可以看出，两国根据自身的实际情况，开展了不同形式的学科服务。调查表明，两国高校图书馆已把学科信息服务作为一项重要的服务来开展，都重视学科信息资源的整合与利用，较好地实现了学科化信息服务。但是，两国高校图书馆也还存在较大差异，具体表现在以下几个方面：

2.1 内容管理系统的应用

内容管理系统是基于 Web 的综合管理及信息发布系统，其核心思想就是将技术与内容分离开来，页面设计存储在模板里，而内容存储在数据库或独立的文件中。当图书馆员需要创建页面时，系统各部分会联合生成一个标准的 HTML 页面，馆员无需精深的技术背景与知识，他们只负责内容的筛选，同时可以联合院系师生共同参与内容建设。

中美高校图书馆数字化学科服务的主要差异就在于内容管理系统的应用。美国前 20 所高校图书馆中，15 所大学（75%）应用内容管理系统 LibGuides 建立学科导引，图书馆员不仅为读者筛选出与学科相关的各类型资源，而且能够将馆藏资源、网络资源以及学科馆员的博客、本学科的院系信息、书评等整合在一起，通过 LibGuides 系统建立并发布。读者登录学科导引即可查阅该学科所需要的任何信息。国内高校图书馆提供的多是以网络资源为主的学科导航中，内容仅限于网络资源。上海交通大学图书馆是唯一一家应用 LibGuides 系统管理学科资源的图书馆，目前已建立 7 个界面统一、内容各异的学科导引。

从 1998 年清华大学图书馆率先引入学科馆员制度以来，关于学科服务模式的探讨始终是图书馆界研究的热点。随着网络化、数字化环境的日益成熟，通过内容管理系统建立知识管理与共享平台不失为一个新的有效的服务模式。同时，图书馆为用户提供了丰富的信息资源，用户对于广泛而精深的信息服务产生了强烈需求，这也为图书馆利用内容管理工具开展学科服务提供了广阔的空间。

2.2 学科门类设置

纵观美国 20 所高校图书馆的学科网页，可以看出的另一个较大差异是其设立的学科门类非常齐全、覆盖面广、类别细化。加州大学伯克利分校图书馆的学科导引包括 145 个学科分类。麻省理工学院的重点学科在自然科学及工程领域，但其学科分类还包涵管理学、经济学、哲学、政治学、语言学等共计 100 个学科。耶鲁大学图书馆虽然只有 11 个类别，但每个类别又细化为若干个小类，如历史学科又分为欧洲史、英国史、一战、二战等 20 多个小类别。我国高校图书馆学科导航与美国相比涉及学科门类数量少，各高校图书馆大多以本校重点专业的特色学科为主，多学科与综合性学科信息门户较少。

2.3 与用户交互的方式与层次

中国大学图书馆在学科服务领域与用户的交互层次较低，学科馆员与读者之间的沟通与互动方式仅为电话与 E-mail，与读者的直接沟通较少。在线咨询通常为总咨询台的一位图书馆员，读者无法知道在线老师擅长的学科领域。美国大学图书馆的学科馆员大多提供在线咨询的互动交流方式，读者如果有深入的专业问题需要和学科馆员探讨，可以直接和学科馆员在线交流或预约时间后面对面交流，学科服务更具针对性、深入性与有效性。

2.4 按学科整合和检索资源

与学科网页、学科博客、学科馆员相比，中美两国在学科资源整合方面的差距较小，都能够实现数据库、电子刊的异构资源整合并按学科类别检索，方便读者浏览与检索。彼此的主要差别在于因资源整合系统不同而导致的检索界面、检索方式及检索功能的差异。美国高校图书馆大多使用以色列 Exlib 公司的 Metalib with SFX、Endeavor Information Systems 的 LinkFinderPlus、Sirsi 公司 SirsiResolver、Serials Solutions 公司的 Article Linker 等[11]；中国高校图书馆使用的系统包括有以色列 Exlib 公司的 Metalib with SFX、美国 Endeavor 公司的 LinkFinderPlus、Swets 公司的 SwetsWise Searcher 等以及国内的清华同方、万方、超星等公司的跨库检索产品。

3 提高我国高校图书馆数字化学科服务的对策

高校图书馆数字化学科服务的发展与完善是一个系统工程，它包括学科资源建设、学科内容管理系统的应用、学科内容的挖掘、学科馆员服务方式的多样化等诸多方面。通过调查可以看出，国内学科化服务存在的问题是探讨多、实践少，与美国高校图书馆相比较，缺少技术应用、缺乏实践研究。但是，这项缺口也为国内数字化学科服务提供了巨大的发展空间，可以考虑从以下几个方面优化我们的数字化学科服务：

3.1 学科内容管理系统的设计与构建

3.1.1 技术的应用

建议国内高校图书馆购买或自行开发适合于图书馆的内容管理系统，将技术应用于学科服务，促进学科化服务发展。LibGuides 是由美国 Springshare 公司开发的基于 Web 2.0 的内容管理与发布系统，它在 SpringShare 服务器上运行，公司为每个图书馆提供后台支持与升级，应用该系统可以整合图书馆的各类型资源，创建学科导引、课程指南、信息门户、科研导引等多个类型网页[14]。近些年，国内也自主研发了一些内容管理系统（CMS），如 DedeCMS 系统、CMSware 系统等，它们共有的特性是定制灵活、功能强大、操作简洁，国内高校图书馆可以尝试利用 CMS 系统整合学科资源，建立学科信息门户，提高与完善学科信息服务。笔者认为，这是构建学科服务体系的重中之重。

3.1.2 内容的挖掘

国内高校图书馆在构建学科服务系统的同时，还需要深入挖掘学科信息资源，细化学科分类，突破文献数字化及其网络化检索传递的局限，利用灵活的知识组织体系把各类信息对象组织起来，协助用户进行知识内容的发现、挖掘、试验和评价。美国普林斯顿大学图书馆将金融数据（financial data）类资源细化为股票数据、债券、对冲基金、风险投资与私募股权投资、房地产数据、企业研究数据等，方便读者发现资源、利用资源。当然，这样的挖掘对于不同的图书馆可以有不同的侧重，宗旨是发挥知识服务潜力、提升学科服务层次。

3.2 利用博客实现学科服务

博客作为一种十分简易的网络信息发布工具，用户可以"傻瓜式"地完成网页的创建、发布和更新，它以其技术门槛低、传播快、影响大、草根化等特点在信息组织与传播方面显示出强大的力量[12]。在没有应用内容管理系统之前，博客不失为一种好的方式实现学科服务。通过博客可以实现学科内容管理、资源与服务介绍、辅助教学科研等功能，搭建与读者交流与互动的渠道。国内高校中，华中科技大学图书馆建立了 26 个学科博客，并以此为基础搭建学科服务平台，很好地实现了学科内容管理与学科服务。美国的 Plymouth 州立大学图书馆的 Scriblio（旧称 Wpopac），以博客形式发布的馆藏目录，将每条书目记录以博客的方式呈现，用户可以借助博客日志的永久链接、评论等功能来实现与文献以及图书馆的交互。

3.3 建立多样化的沟通方式

应用 Web2.0 技术实现学科馆员服务的多样化是提升数字化学科服务水平的重要环节，国内学科馆员应打破仅仅是电话、邮箱的服务方式，充分利用 MSN、QQ、飞信等即时通讯手段，以最快捷的方式与相关学科读者打通渠道建立联系，提供有针对性的、深层次的信息咨询服务。同时，学科馆员还可以将自己的信息与学科资源一起整合到学科网页上，结合本馆的实际情况，选择如 Wiki、RSS、Tag、SNS、Bookmarklet 等 Web2.0 技术，将用户、内容、技术三方面有机地结合起来，实现沟通方式的多样化。

3.4 突出主页的学科资源与服务

大学图书馆主页是向用户推广和介绍图书馆的重要窗口，它要体现大学图书馆特色，为大学宗旨服务，为师生的学习、教学、科研提供优质的信息资源和知识服务[13]。纵观美国众多大学图书馆网站，网上目录、电子资源、学科导引、在线咨询都占据着首要且显著的位置，吸引读者的注意力，充分体现了信息资源是根本、用户是核心、服务是手段的大学图书馆特色。我国高校图书馆网站在资源整合、服务读者、学科导航以及 Web 2.0 技术应用方面还存在不足,检索窗口位置不显著、学科服务链接不醒目,缺少学科导引、科研导引等,还有待结合网络技术与用户需求完善网站建设,为提升学科服务水平搭建便利、简洁、清晰的网络环境。

4 结 语

数字信息环境为高校图书馆带来的变化不仅是海量知识内容本身,更为关键的是构建了基于数字内容的新型服务模式——数字化学科服务。美国高校图书馆在此领域起步早、发展快,积累了丰富的经验与技术。国内高校虽然存在诸多不足,但通过中美数字化学科服务的比较研究,可以发现我国高校图书馆在信息服务领域的薄弱环节,从而根据实际出发,发挥起步晚、起点高的后发优势,尽快应用先进技术再造学科信息服务,提升我国高校图书馆数字化学科服务水平。

参考文献:

[1] 王卉,吕秋培. 嵌入一线,融入过程. 科学时报,2009-06-18(1).

[2] 李春旺. 学科化服务模式研究. 图书情报工作,2006,50(10):14-18.

[3] 徐志玮,陈定权. 中美高校图书馆网络化学科信息导航服务比较研究. 图书馆论坛,2009,29(5):77-79.

[4] 冯东. 中美一流大学图书馆学科馆员比较研究,2008,28(2):113-116.

[5] 徐佩芳. 中美高校图书馆学科馆员制度研究,2007,12(12):214-218.

[6] 范翠玲,何宗玉,张仕君. 国内外高校图书馆学科馆员制度比较研究. 图书馆工作与研究,2009,159(5):82-85.

[7] 叶春峰,张西亚,张惠君,等. 国内外网络资源学科导航与信息门户研究分析. 情报杂志,2004,23(12):58-61.

[8] 武书连的博客. [2010-07-23] http://blog.sina.com.cn/s/blog_4b2cb00e0100k54l.html.

[9] National Universities Rankings. [2010-11-06]. http://colleges.usnews.rankingsandreviews.com/best-colleges/national-universities-rankings/.

[10] 张秋,韩丽风. 清华大学图书馆学科博客探索实践及理性思考. 图书情报工作,2009,53(15):88-91.

[11] 孟广均. 国外图书馆学情报学最新理论与实践研究. 北京:科学出版社,2009:202-203

[12] 黄传慧. Web 2.0 环境下图书馆学术信息服务研究. 武汉:湖北人民出版社,2010:118.

[13] 金旭东. 21 世纪美国大学图书馆动作的理论与实践. 北京:北京图书馆出版社,2007:76-78.

[14] Horne A K, Adams S M, Cook M, et al. Do the outcomes justify the buzz. ACRL Fourteenth National Conference, 2009:172-175.

作者简介

熊欣欣,女,1972年生,馆员,发表论文6篇,出版译著1部。

面向研究生信息素质教育的学科化知识服务[*]

张 群 张逸新 吴信岚

(江南大学图书馆 无锡 214122)

摘 要 针对研究生信息素质的现状,分析面向研究生信息素质教育的学科化知识服务的四个特点,提出开展面向研究生信息素质教育的学科化知识服务,必须建构学科知识服务"三级"人才队伍、深化发展学科化知识服务模式、建立集成化的学科化知识服务平台,最后指出高校图书馆应充分利用优势资源,循序渐进开展学科化知识服务,积极探索学科化知识服务新模式。

关键词 信息素质教育 学科 知识服务 高校图书馆

分类号 G250

研究生教育是在本科教育基础上展开的高层次教育,其教育的目的是使研究生能够把握本专业的最新进展,追踪学科前沿,取得创造性的科研成果,进而推动科学技术、经济文化的发展,促进社会的进步。因此培养研究生的信息意识和信息技能,是研究生教育的重要组成部分。可以说,信息素质教育是研究生教育的重要支撑。图书馆以其拥有的丰富的信息资源、先进的信息技术、专业的人力资源等优势,已成为高校开展信息素质教育的主要基地。但信息素质教育不是文献检索课教师等少数人的工作,而是与图书馆的其他知识服务工作,如参考咨询工作、学科馆员工作等密切相关、相辅相成。

为学科建设和教学、科研服务是高校图书馆工作的出发点和建设方向。学科化知识服务以"学科馆员制"为主要运行机制,在学科范围内实现最大程度的知识服务,具有资源集成、服务集成、交互性、动态性等特征,使高校图书馆学科资源、用户需求、信息素质教育、学科馆员、知识服务做到无缝联接,形成良性循环的学科知识服务动态交互系统,有力地支持高校的学

---

* 本文系江苏省教育科学"十一五"规划 2009 年度重点资助课题"面向大学生信息素质教育的高校图书馆知识服务研究"(项目编号:B-a/2009/01/006)研究成果之一。

科建设与发展[1]。如何深入开展面向研究生信息素质教育的学科化知识服务，是当前高校图书馆面临的重要研究课题。

1 高校研究生信息素质的现状

根据一些高校图书馆所做的研究生信息素质调查分析，研究生的信息素质状况不容乐观。北京交通大学图书馆通过对725名研究生连续三年的跟踪问卷调查发现，研究生在文献信息素质方面主要存在以下几方面的问题：①信息意识淡薄，知道并经常使用图书馆电子资源的不到50%；②信息知识短缺，有近60%的研究生未系统学习过文献信息检索与利用相关课程；③信息能力薄弱，目前研究生多使用搜索引擎来查找资料，725人中仅有194名学生通过查找专业数据库获取信息，占26.48%[2]。西北师范大学所做的西北地区15所高校的调查分析中，有39.3%的博士生和32.6%的硕士生认为自己"需要了解网络资源内容"，有56.9%的博士生和45.8%的硕士生认为自己"需要掌握文献检索技能"，这说明研究生在"利用信息资源检索，满足自身深层次需求方面仍存在诸多障碍"，信息素质需进一步提高[3]。2006年宁夏大学对本校研究生的信息素质状况进行了调查，发现"完全不知道如何获取外文资料的研究生接近40%，有63.44%的研究生在本科阶段没有上过文检课"，73.48%的研究生认为"文献检索知识和技能不熟练，需要专门学习和训练"[4]。

上述调查虽然只是反映个别院校的状况，但一斑窥全豹，我们不难看出研究生信息素质教育的欠缺。因此，高校必须充分重视研究生的信息素质教育，带动研究生学习、科研和创新能力的提高，从根本上提升我国科研队伍在国际科技舞台上的竞争力。

2 面向研究生信息素质教育的学科化知识服务的特点

由于服务对象为研究生这一特殊群体，笔者认为，面向研究生信息素质教育的学科化知识服务主要有如下四个特点：

2.1 阶段性

不同的生源构成导致研究生的信息素质参差不齐，因此在研究生学科化知识服务中必须结合研究生的特点开展"信息素质教育三段式教学模式"。第一阶段为入门教育，针对研究生新生着重介绍图书馆资源与利用以及文献检索的知识，培养学生的信息意识；第二阶段是专业信息素质教育，使研究生掌握获取和利用专业文献信息资源的基本方法；第三阶段是创新能力培养教育，研究生作为国家培养的高层次专门人才，不但要具有合理的知识结构与多种技能，更要求具有创新思维和创新能力，而创新思维和创新能力的养成与提高必须以良好的信息素质为基础，这一阶段的主要目标是使研究生能够对自己获得的信息进行鉴别与评价，并将确信有用的信息融入自己已有的知识，从而产生新的知识，实现科研创新。

2.2 专业性

在高校，学科与专业成为划分用户群最自然、最基本的依据[1]。在相同学科的研究领域中聚集着一批有着相近的科研环境、知识结构、心理特征、研究习惯等的人群，他们对于学科知识与服务有着相对集中的共同需求。并且，研究生的学习特点是以自学为主，教师授课为辅，边学习边参加课题研究，因此他们不仅应具备扎实的专业基础知识，了解和掌握前人的研究成果，更要站在科学研究的前沿，不断地丰富提高自己。Williams 的研究也表明，信息素养知识是内容敏感的，信息素养不仅跟几个业绩指标显著相关，而且体现了学科专业性[5]。这些决定了研究生信息素质教育的特点是专业性强。因此，图书馆的学科化知识服务更应强调学科专业特点，应依据学科专业划分服务对象，提供基于学科内容的专业化垂直服务。

2.3 创新性

为了有效配合研究生信息素质教育的开展，图书馆在知识服务中应以保障学科知识流为目标建立学科团队矩阵组织或项目组，重组组织机构；以重点学科研究生的知识需求为对象，以学科知识库群和知识集成系统为核心，开展重点学科知识整合和知识集成服务[6]，创新知识服务模式；以研究生的创新能力培养为出发点，及时收集信息加工处理，形成自主创新的知识内容，并在知识的再开发中不断注入新的想法和新的思维，使再生知识更具针对性和适用性，更能满足研究生知识创新的需求；以 Web2.0 技术为手段，开发新型的需求驱动的学科化、智能化知识服务平台，该平台包括学科知识门户、学科导航、学科知识库、信息资源库、RSS 定制与推送、网络资源揭示、知识挖掘、定题知识服务等资源和工具。

2.4 知识性

知识服务，即"以信息的搜索、组织、分析、重组的知识和能力为基础，根据用户的问题和环境，融入用户解决问题的过程，提供能够有效支持知识应用和知识创新的服务"[7]。知识性是其最显著的特性。面向研究生信息素质教育的学科化知识服务，不仅要提供显性知识服务，更要提供学科隐性知识挖掘服务。根据 Usama M. Fayyyad 给出的定义：知识挖掘是从数据集中识别出有效的、新颖的、潜在有用的以及最终可理解的模式的非平凡过程[8]。相比之下，它的特点主要是进行知识的创新，发现未知的知识间的关联。这种深层次的知识服务更多地依赖人工智能技术的成熟与发展，其核心技术是特征提取、分类、聚类和关联规则发现、知识评价等[9]。通过学科隐性知识挖掘服务，使研究生能够将隐性知识转化为显性知识，最终实现知识创新、科研创新。

3 面向研究生信息素质教育的学科化知识服务

学科化知识服务既是一种服务理念，也是一种实践，而设立学科馆员制度正是实现学科知识服务的一种重要方式。Hardy G 的调查显示：学科馆员工作内容范围很大，而学术联络和信息素质教育是其中心任务[10]。因此面向研究生信息素质教育的学科化知识服务应该以"学科馆员"为主体，形成以"学科"为中心的服务团队，从以下几方面展开工作：

3.1 建构学科知识服务"三级"人才队伍

人才队伍建设是开展学科化知识服务工作的主导因素。"三级"人才队伍由辅助学科馆员（由学科化知识服务的主要客体——研究生来充当）、学科馆员（即学科化知识服务的主体）以及专家级学科馆员（即外聘的学科专家）组成。

3.1.1 聘请研究生作辅助学科馆员

目前很多高校图书馆设立了学科馆员制度，一般是具有专业背景的资深馆员来担当学科馆员。但笔者认为，聘请研究生作辅助学科馆员会收到意想不到的效果。原因有五：①研究生具有较高的文化修养和专业水平，在经过信息素质强化教育后，能胜任辅助学科馆员的角色；②对于学生来讲，他们喜欢向同辈人而不是高于他们的人寻求帮助，学生工作人员更加容易接近，更容易开展信息素质教育；③研究生学科馆员的设置促使研究生积极主动提高自身的信息素质，以适应岗位的需求；④这种用户参与的形式，加强了研究生的体验感，必将带来一种"体验效应"，增强图书馆的用户友好性，提高图书馆的使用率；⑤研究生学科馆员的设置，减少了图书馆员服务的时间，有利于图书馆其他业务的扩展。辅助学科馆员负责专业信息咨询以及简单的信息加工等工作，难题和高深度问题则被指引到学科馆员或专家级学科馆员。

3.1.2 建设高素质的学科馆员队伍

学科馆员是学科化知识服务的主要实施者，其人员素质不仅关系到知识服务的效果，而且关系到信息素质教育的水平，同时也关系到图书馆的形象及其地位，因此，不仅在硬指标（学科专业背景、学历）上要求很高，而且在信息素养、沟通技巧、应变能力、继续学习能力和敬业精神等软指标方面要求也不低。为了提供高质量的学科化知识服务，图书馆应安排不同的专业培训，以拓展学科馆员的知识面。学科馆员也应发挥主观能动性，积极钻研专业知识和业务知识，不断提高自身的文化素质和业务技能。

3.1.3 建立学科专家知识服务体系

由于学科化知识服务涉及的专业广泛，任何图书馆都不可能配齐所需的专业背景人员；并且，研究生本身研究起点高，学术要求强，对于一些棘手的专题或专深的专业问题，他们希望得到更深层次的服务，甚至要求提供解决方案，这时仅有学科馆员还不足以满足其需求。建议图书馆根据专业背景、研究方向、擅长领域等内容，聘请学科专家作为学科化知识服务的专家级学科馆员，进行学科专业知识指导，建立学科专家知识服务体系。学科专家知识服务充分利用了学科专家的显性知识与隐性知识，提高了知识服务的质量，同时也使得学科馆员在接受专家指导的过程中，提高了学科专业知识水平，实现了知识效益的最大化。

3.2 深化发展学科化知识服务模式

学科化知识服务是当前高校图书馆工作创新的重要模式。笔者认为，深化发展面向研究生信息素质教育的学科化知识服务模式主要有以下3种：

3.2.1 尝试整合式信息素质教育模式

整合式信息素质教育模式即在专业课教学中整合信息素质教育内容。根据美国大学与研究图书馆协会（ACRL）的界定，整合式教学是指把图书馆资源的利用教学作为（学科）课程目标的有机组成部分，既要教授学科内容，又要培养顺利完成与图书馆有关的作业能力，而且对两方面的学习结果都要进行测试。这方面国外已有成功的案例，如，美国马里兰大学（简称UMD）建筑图书馆学科馆员Cossard副教授与建筑学院教师Gournay博士密切合作，建构了一门独具特色的建筑学荣誉课程。课程以建筑图书馆所收藏的世博会特藏文献资源为基础，在学科课程教学目标的基础上强调培养学生完成课程所需的信息素质能力。Cossard凭借自己特有的知识、能力结构和创新意识与Gournay博士平等对话，共同设计课程和作业，直接操作课程部分设计，并且承担信息素质方面的教学，在虚拟和现实环境中辅导答疑[11]。Hardy G 的研究也证实了学科馆员和学院同事密切的协作能提高信息素质教学水平[10]。由此可见，整合式信息素质教育模式的目标不仅是传授专业知识，更注重学生利用信息资源去发现和掌握新知识。这种教学方式一方面要求学科馆员积极地走进学科教学的课堂，全面深入地参与课程；另一方面要求教师把信息素质教育内容纳入自己的课程教学之中。

3.2.2 开展多层次个性化服务模式

一方面，可以针对研究生个性化的学习方式提供不同的信息素质教育方式，除面对面的授课方案，还可以采用馆内咨询、电子邮件、网上留言板、网上实时在线咨询等多种方式提供网上自助服务，也可以采取检索教学与实习课程多媒体培训课件的网络演示，将课件上载在图书馆主页，供用户下载、阅览，使用户掌握获取信息并进行分析、利用的技能；另一方面，可以提供定题追踪服务：根据研究生的个性化需求，就研究生参与的某一研究课题或研究方向为其量身定制新书通报、定题选报、推荐文献题录信息、主要研究领域信息、研究方向的新闻聚合、热点问题、代表论著、新思想新观点的采集分类信息，并可经过整合、加工，深入挖掘潜在信息，以二、三次文献的形式提供给用户。学科馆员需要积极与研究生展开互动，主动提供多层次个性化服务。

3.2.3 建立基于创新能力培养的动态化服务模式

研究生作为高层次专门人才，是未来科学技术创新的主力，因此培养研究生的创新能力将成为研究生信息素质教育的目标和方向。为了培养和提高研究生的创新素质，首先要使研究生掌握创新基本原则，熟悉创造过程，了解常用的创造方法，形成创新思维，并确定创新目标。其次，应该把科技查新内容安排在研究生信息素质教育课的教学中，通过实证和案例分析，使研究生了解科技查新的工作流程，学会科技查新的基本方法和步骤，尤其要学会发现并提炼科研项目技术内容的创新点。第三，可以提供科研项目参与式服务。一般来说，研究生的研究内容都是围绕导师的科研项目展开的，学科馆员的科研项目参与式服务可贯穿于整个项目的始终：①项目立项前，学科馆员对项目内容进行科技查新，帮助学科用户找到项目的切入点，提炼、确定项目的创新点，以有利于项目的申报；②项目立项后，学科馆员注意动态跟踪其研究进度，经常与项目负责人、研究生进行交流，了解他们的信息需求，并适时提醒他们把握项目的创新性。最后，结合研究生学位论文课题研究的需要，通过辅导研究生完成课题的立项检索，全面训练和检验研究生的专业信息检索能力，并通过对众多信息的归纳、综合、抽象、分析、评价等思维活动，找出倾向性、法则性、相关性、因果性等规律，得出创新的结论，提高研究生独立综合利用信息资源的水平，强化研究生的信息创新能力，为开展高水平课题研究提供重要的坚实基础。

3.3 建立集成化的学科化知识服务平台

为了更好地开展面向研究生信息素质教育的学科化知识服务，必须有一个集成化的技术平台。该平台利用知识元链接和语义关联不仅为知识构建建立了知识地图和知识库，也为知识网格对知识的动态检索利用建立了语义层和知识层的导航系统；既是学科资源的组织管理平台，又是学科信息发布的平台，还是学科馆员、学科用户共同交流的一个平台，支持学科馆员的学科需求分析、学科化信息选择与集成、个性化服务设计与管理等工作。值得一提的是，上海大学采用Web2.0技术开发了这样的学科服务平台：①鼓励各个学科的学科馆员、本校知名教授和研究生在该系统中建立博客，介绍本学科的最新发展动态、研究方向以及学生在学习过程中遇到的问题等；②学科馆员带领学科兴趣小组把本学科博客中有价值的学术信息、学术观点整理到WIKI系统中，其他使用者可根据自己的观点，对这些信息进行更改、提炼、创新，形成新的条目，从而将WIKI系统建设为学科知识平台，甚至是具有权威性的学科百科全书[12]。另外，在学科化知识服务平台的建设中，可以借鉴类似于百度"知道"、新浪"爱问"的奖惩制度，根据本校的服务对象和服务特色，制定合理有效的奖罚制度。例如，在奖励机制方面，采用荣誉头衔制、积分奖励制、知识专家特聘制等方式；而在惩罚机制方面，采用扣除积分、关闭部分权限、暂停账号等方式。这不仅有利于提高学科馆员、研究生等参与的积极性，还可以规范信息的发布和传播，有效减少或避免冗余信息、不良信息和非法信息的传播，使研究生加深对网络道德与法规的理解与影响，强化和自律网络观念与行为，从而有利于研究生信息道德素质的培养。

总之，面向学科的知识服务是高校图书馆可持续发展的一项长期战略。高校图书馆应充分利用优势资源，循序渐进开展学科化知识服务，积极探索学科化知识服务新模式，为培养创新型科研人才做出更大贡献。

参考文献：

[1] 吴凤玉. 面向学科的高校图书馆知识服务研究. 图书馆学研究，2005 (8)：29 – 31.

[2] 邓要武. 高校研究生文献信息素质培养研究. 晋图学刊，2008，(5)：43 – 44,52.

[3] 华凌. 网络环境下西北地区高校师生信息素质调查分析与思考.图书情报工作,2005，49 (9):121 – 124,41.

[4] 陈晓波. 研究生信息素质状况及继续教育的需求分析.图书馆理论与实践,2006 (5)：79 – 81.

[5] Williams M H, Evans J J. Factors in information literacy education. Journal of Political Sci-

ence Education,2008,4(1):116-130.
[6] 周威平,钱智勇.试论学科馆员重点学科知识集成服务.情报资料工作,2005(6):87-89.
[7] 张晓林.走向知识服务:寻找新世纪图书情报工作的生长点.中国图书馆学报,2000,26(5):32-37.
[8] 史忠植.知识发现.北京:清华大学出版社,2002:11-12.
[9] 鞠英杰.Web知识服务的数据采掘研究.图书馆建设,2003(1):16-l8.
[10] Hardy G, Corrall S. Revisiting the subject librarian: A study of English, law and chemistry. Journal of Librarianship and Information Science, 2007,39(2):79-91.
[11] 王朴.一个独具创意的信息素质教学案例——美国马里兰大学世博会荣誉课程探析.图书情报知识,2005(5):65-67.
[12] 高海峰,任树怀.Web2.0技术在高校图书馆学科建设中的应用.图书情报工作.2007,51(4):115-118.

作者简介

张 群,女,1976年生,馆员,硕士,发表论文10余篇,参与编写著作2部。

张逸新,男,1956年生,教授,馆长,博士,发表论文150篇。

吴信岚,女,1963年生,副研究员,副馆长,双学士,发表论文10篇。

认知偏差对图书馆学科知识服务的影响及克服

韦楠华

(桂林电子科技大学图书馆 桂林 541004)

摘 要 将图书馆学科知识服务置于认知心理学研究视角中，揭示学科馆员产生认知偏差的诱因。进而，阐释用户需求分析阶段、信息资源采集选择阶段、知识信息分析创新阶段以及服务反馈阶段中常见的认知偏差表现及影响。最后，从激励支持策略、认知改进策略、技术支持策略三面提出克服认知偏差的对策。

关键词 图书馆 知识服务 学科馆员 认知心理 认知偏差
分类号 G252

随着信息技术的发展、信息资源积累的日益丰富，图书馆开展学科知识服务的硬件条件日益成熟，但是服务的效果却往往达不到人们的预期。因此，针对知识过程的变化[1]，技术与信息资源的优化无法从根本上改变务效果不佳的现状，本文将研究的视角转向人的主观软因素。由于学科知识服务是以满足用户个性化需求为目标的，主要通过学科馆员对信息的加工处理来完成，并受到学科馆员自身心理、知识以及经验等的影响，因此其服务决策具有一定的主观性、预见性和选择性。换句话说，学科馆员的认知决策在学科知识服务中起到了关键的影响作用。但是，目前在已有研究中，尚少有人从认知的角度探讨学科馆员对学科知识服务的影响。因此，本文引入认知心理学、行为经济学等领域的研究成果，旨在揭示学科知识服务过程中学科馆员认知偏差的负面影响，进而提出克服的对策，以助学科馆员应对不确定性、复杂性、动态性的学科服务环境，提高学科知识服务的质量和效率。

1 学科知识服务中认知偏差的诱因

图书馆学科知识服务过程是一个学科馆员认知活动高度参与的过程。尽管每个图书馆的馆情不同，开展学科知识服务的实践相差也较大，但是都会遵循一个常见的服务流程，即始于捕获、定位用户知识信息需求，制定工作计划与服务目标，对相关知识信息进行采集、选择、整合、分析、创新等，从而动态、持续地为用户提供可理解的知识信息产品。从认知心理学的角度来看，这些步骤都需要经过学科馆员的信息加工系统来完成，是建立在学科馆员的认知基础之上的。学科馆员从感觉开始，通过知觉的整体反映、注意和控制，获取相关的用户需求信息和学科专业知识信息，通过记忆加以存储，再经过思维活动加工，运用可理解的言语方式展现知识，从而提供基于知识创新的服务。从这个角度来看，学科知识服务实质上是一个复杂的认知心理过程。

认知偏差是人们普遍存在的认知心理现象，由于学科知识服务本身就是知识信息的认知过程，因此，认知偏差根植于学科知识服务过程之中。所谓认知偏差，是指个体在认识和判断事物时，与事实本身、标准规则间所产生的某种差别和偏离，或偏离的倾向和趋势，是认知与被认知的事物之间应遵从的判断规则和人们的现实表现之间所存在的一种无法拟合的缺口，一种没有实现的不完全匹配，是人们的认知局限和认知风格、感觉机制和加工策略、个体动机和情绪情感等因素共同作用的结果[2]。学科知识服务过程是学科馆员对用户需求与知识信息资源两个问题空间进行探索匹配的过程，因而对这两个空间的理解变得十分重要。因此，在提供服务的过程中需要进行两种认知分析：①对环境的认知分析，即所谓知彼，包括用户需求和信息资源环境。网络环境下用户需求存在着不完全确定性和动态性，而信息资源环境则呈现复杂化、爆炸性增长态势，由于人的认知能力、信息处理能力等的局限性，在这种认知过程中很难进行完全意义上的穷尽性的信息搜索与理性思考，而是会尽力寻找一些思考捷径，采用把复杂问题简化的策略。这种简化策略对简单的服务决策可能是有效的，但是对于较为复杂的学科知识服务决策则可能是无效的，因为这种简化策略往往会产生难以避免的认知偏差，从而导致分析判断和决策上的失误，甚至错误。②学科馆员对自我的认知分析，也即是知己，包括自身的知识结构、认知风格、思维模式、情绪偏好等认知因素。他们需要运用各种认知策略来进行信息的搜寻、选择、分析、整合、表征等，他们自身的认知因素决定了其信息的认知策略以及处理方式。而在各种认知策略中，人们会运用自己掌握的知识和经验来处理信息，往往倾向于接收并选择那些同自己主观观念中一致或符合自己预期的信息，排斥或忽略相反意见的信息，倾向于高估自己的能力与判断力等非理性选择。这些认知倾向不可避免地导致各种认知偏差，从而影响知识服务的最终效果。

2 学科知识服务中认知偏差的表现

从以上的诱因分析中可知，认知偏差的产生，一方面与人的信息认知与处理能力有限性有关，另一方面人们对信息处理的认知策略倾向性也会导致"完美理性"行为的偏离。具体来说，认知倾向主要包括认知方式的启发式简化性、认知内容的一致性、认知趋同效应三个方面[3]，它们从不同的角度影响人们的信息处理，从而产生认知偏差影响人们实际行为的有效性。

2.1 用户信息需求分析阶段：代表性启发式偏差

用户知识信息需求的表述建立在用户信息认知基础上，并且与其工作任务、个性偏好、智力发展、知识结构、信息素养等方面密切相关，是一个主动的、持续变化的、复杂的认知过程，通常分为显性需求和潜性需求两种状态。其中潜性需求具有隐蔽性、随机性、模糊性、短暂性、冗余性、可转化性等特点[4]。针对用户需求表现的这些特性，学科馆员在进行需求分析时，可能产生的认知偏差为代表性启发式偏差。代表性启发式偏差是指人们根据经验简单地用类比的方法做出判断。在用户需求分析阶段，具体表现为：①仅根据当下直观的、可感觉到的用户信息做出判断，而不是依据情境化、模型化的分析推理判断；②在做出判断时过多受到用户显性需求的干扰而疏于用户潜性需求等重要信息的挖掘；③只从特殊用户群体或典型用户群体中抽取调研样本，并将获得的特殊结论作为分析判断的依据；④"完美理性想象"，即以用户在其专业领域研究上具有较高的能力和水平为标准，将用户想象为一种"完美理性的人"，假定用户对知识信息的吸收利用具有完美的、无穷的能力，而忽略了他们认知能力的局限性。这些思维捷径，不可否认有时可以帮助学科馆员快速辨识用户的需求，但有时会导致判断的偏差。走捷径易导致不能全面、准确地掌握和预测用户需求的深度和广度，从而对其实际需求的认知产生偏差，无法满足用户最终灵活多变的需求，因此降低了用户的满意度。

2.2 信息资源采集选择阶段：可得性启发式偏差

这一阶段，学科馆员根据用户需求和问题环境对特定学科或特定主题的信息进行筛选、分类、分析和整合等粗加工，形成有序的信息，为进一步利用知识和创造知识做准备。网络环境下信息资源呈现广泛性、复杂性、动态增长性等特点，由于注意力、记忆力以及信息处理能力等的有限性，学科馆员只能选择性地获取信息。而厘清特定学科或特定主题知识背景及来源，分析取舍信息通常是非常关键而且又是非常考验人的。在这个过程中，常常取决于与特定学科或主题相关的知识信息源能不能有效地反映在学科馆员的头脑中。一般而言，不是所有的有效知识信息源都能反映出来的，因而学科馆员可能会产生的认知偏差主要表现为可得性偏差。可得性偏差是指当人们需要做出选择判断时，往往会依赖快速得到的信息，或是最先想到的经验模式做出判断，而不是致力于挖掘更多的信息。具体说来，常见的包括以下几种类型：

2.2.1 易得性偏差

即在识别信息时人们往往会对那些现有的记忆中容易联想到的信息给予较大的权重，并过于重视。在接收来自外部的信息的时候，会根据直觉对信息进行判断与筛选，倾向于选择那些容易得到的信息，无意识地只接收和记住支持自己想法的信息，排斥与自己想法相反的信息。这样的结果是，被挑选出来的知识信息明显基于学科馆员本身的知识背景及偏好，而没有更多地考虑到对用户的可用性。

2.2.2 显著性效应

在信息的选择过程中，生动、具体、重复的信息相比较抽象、枯燥的信息更容易引起人们的注意，也容易为人们所记忆，这种情形被称为显著性效应[5]。但是学术信息资源往往是由抽象、枯燥的信息组成的，其价值也往往更大。如果学科馆员对那些标题醒目、重复率较高的信息资源给予过多权重，往往会导致一些重要信息受到忽视或轻视，致使信息收集的客观性、全面性受到影响。

2.2.3 易处理效应

主要指人们在收集信息时通常会将关注的焦点置于易于处理的信息源，同时无意识的联想也会使人们产生有选择的关注焦点。美国著名图书馆学家兰卡斯特也指出，信息的易用性比信息源的质量还重要[6]，这在一定程度上也说明了易处理效应的普遍存在。受易处理效应的影响，学科馆员在选择信息源时往往会偏重于经常使用的或比较熟悉的数据库资源，从而对信息资源选择的广度产生影响。

2.3 知识信息分析创新阶段：认知取向偏差

知识服务是面向用户、融入用户问题解决的知识创新与增值服务[7]。因此，在知识信息的分析创新阶段，需要学科馆员结合自己的经验、专业知识和能力等，对已经优选了的信息按一定的方式方法进行合并、分解和求解，使之与用户需求和问题环境恰当匹配。这一阶段的认知活动经常受到学科馆员个体情感和心理等主观因素的影响、控制和限制，主要表现在对认知内容上倾向于个体本身认知的协调一致性以及在决策判断过程中受到环境干扰而倾向于趋同效应。常见的包括以下几种类型：

2.3.1 可用性法则

人们在分析判断时通常使用一个简单化的经验法则，即可用性法则。在这种环境下，"可用性"指的是记忆中可想象的或者可追溯的。当学科馆员在判断知识信息与用户需求是否匹配时，使用凭经验的可用性法则，往往会根据过去记忆中的成功经历来判断当前新需求的匹配概率，采用路径一致性的原则来统一处理用户的不同需求。通常在可能性判断中应用可用性法则是一种非常省时的判断方式。但是如果记忆过程中产生带有偏向性的信息样本，或者说记忆过程中的信息不精确，分析判断自然就会产生偏差。因此，需要学科馆员及时了解掌握信息环境、用户情境的变化。否则，将导致知识匹配失败。

可用性法则常会导致心理定势，表现为：①先入为主效应，也叫首因效应，指最初进入头脑的信息或知识，不论其实际意义如何最终都被认定为最有效的消息，而忽视其后其他信息。受首因效应的影响，学科馆员往往会在首次获得少量的知识信息资源后就做出分析判断，形成一个统一的、一致性的第一印象。尤其是首次在某一专业领域的新异性非常突出的时候，首因效应的作用更大。②与首因效应相反，近因效应将最后进入大脑的信息给以优势地位，形成一种深刻的印象。在对比较熟悉的环境或知识信息资源进行分析判断时，近因效应的作用更大些，这往往是由于分析对象的非新异性，在一开始并不能引起人们的注意。首因效应与近因效应均带有一定的直观性和模糊性，其所产生的负面结果就是不能发展地、辩证地分析与判断问题，因为任何学科都处于不断发展与变化的过程中。③成见效应，指人们因受情感因素的影响而对某类知识信息存在偏见，形成一种扭曲的认识，在实际的信息分析决策过程中会选择性地忽略这些知识信息，最终人为地造成认知偏离了既定方向，对知识信息分析出现主观性、片面性。④刻板效应，表现在学科馆员由于心理上对具有相似性的某些用户、某类信息、某种问题现象加以概括化、规律化、同类化，持有固定的看法和认知，总是用脸谱化、模式化的方式看待现实问题，缺乏变通、缺乏创新，从而导致对知识信息判断或接收的简单化。

2.3.2 认知失调

认知失调是学科馆员经常遇到的一种认知压力。所谓认知失调是，指当个人对所面临的情况与他心中的想法和假设不同时，所产生的一种心理和智力上的冲突[8]。为了减少或避免这种压力或冲突，人们习惯为自己的行为寻找高度的合理性，不愿意接受新的信息、新的理论和期望，尤其是非权威性信息，或者过滤掉与经验认知不符的信息，从而使认知保持和谐的均衡状态[9]。这种认知观念上的偏执往往会导致学科馆员出现知觉合理性现象，抵制与自己经验、专业知识无关的信息，不愿意从用户学科专业角度、问题空间去思考和重组信息，这样只会导致服务无效化。努力保持认知的平衡一致能让人们将新的认知线索置于更大的模式中去，将新的发展与主要的观点和预测以及所希望出现的结果一致起来，因而在进行知识信息的分析时倾向于得到他们期待的结果，从而出现一定的主观性。

2.3.3 从众心理

从众心理也叫趋同效应，是指人们在信息加工的认知过程中，除了对信息的选择具有一定的偏好之外，社会环境压力和社会交互作用也会造成人们的认知信息呈趋同态势。根据心理学家的分析，产生从众心理的原因有两个：①人都想尽力避免犯错误；②个人倾向与别人的判断或行为保持一致，以求得认知和心理上的安全感。受从众心理的影响，学科馆员常会出现盲目追风的现象，即不是根据自己对知识信息的思考判断而是根据"其他人"是怎么对待类似情况的，或者当发现多数人对某类信息产生了某一预期时，他也下意识地对该信息予以较大的权重，因而不能客观、独立、有效地分析信息。

2.3.4 损失规避

损失规避说明人们对损失的主观感受要高于预期效用的描述，也即是说当人们面对同样数量的损失和得益时，"损失"带来的痛苦影响往往会大于"得益"带来的愉快程度。受到这种"得失不对称"心理的影响，在面对有可能失败或工作得不到认可的风险时，学科馆员通常会表现出"损失规避"的偏向，即尽可能地减少可能出现的"损失"，相对地忽视了可能带来的"得益"。损失规避倾向常会导致学科馆员抱有消极或保守的心态，比如：拘于常规服务，不勇于创新方法，不积极主动深入研究提供服务；不愿意共享自己的知识和经验等。

2.3.5 信息过剩、信息污染、信息超载引起的理解偏差

由于收集信息太多或需要处理的信息太多，信息筛选和甄别的认知负荷加大，结果导致学科馆员处理信息的敏感度或弹性下降，出现理解偏差。

2.4 学科知识服务反馈评估阶段：事后偏差

学科知识服务的反馈评估阶段，主要是用户根据新知识与实际需求的结

合情况，向图书馆反馈新知识的使用情况，指出学科知识服务存在的不足和缺陷；在此基础上图书馆对实施学科知识服务的效果进行跟踪评估改进。具体包括用户对图书馆（学科馆员）提供的知识产品的评价，学科馆员对自己工作的自我评价以及图书馆对学科馆员工作的评价等。这一阶段常见的认知偏差为事后偏差，即指人们往往根据事后的结果对自己事前的认识进行一种反馈评估。这种事后偏差的结果是，学科馆员高估了他们自己劳动成果的价值，而其他人则常低估他们的工作价值。这种现象源自于人类心理流程的本质，非常难以克服或根本无法克服。

事后偏差影响学科知识服务效果的评估，体现在以下三个方面：①学科馆员通常高估他们对知识信息的掌握能力以及提供服务的价值；②学科用户通常低估了他们从学科知识服务中获取知识的价值；③学科知识服务的监管者，即图书馆管理层对知识服务效果的评判，由于通过用户反馈已经知道结果，他们倾向于认为学科馆员理应提供更优质的服务，而事实并非如此。这些偏差在现实生活中是经常见到的，学科馆员虽然在自己身上看不见，但是在别人身上都能观察到这些倾向的存在，从而影响他们的信心。偏差不仅仅是自我的产物，也是缺乏客观性的产物。在其他环境中不乏见到这类偏差，它是植入了人们的心理流程的，仅仅通过简单的提醒，如希望人们看待问题要客观，则很难克服这些偏差[10]。

3 学科知识服务中认知偏差的克服

虽然认知偏差在学科知识服务过程中不可避免地产生，并且各种认知偏差发生时都很难通过个体自行发现和解除，但是我们可以通过不断的学习和实践，运用一些干预性策略有效地克服、纠正、减少这些偏差的产生。

3.1 激励支持策略

3.1.1 激励性刺激

对学科馆员给予精神和物质方面的激励，能够激发他们的工作热情，促进他们更加积极努力地发挥才干和潜能，做出更优的服务决策。尽管一些实验表明，激励性刺激只是在某些时候能起到优化决策的作用，多数情况下，它并不能消除人们已有的认知偏差，甚至对一些认知偏差不起作用[11]。但是激励性刺激确实能提高人们的行为表现，能够激发学科馆员发挥主观能动性与创造性去搜索更多的信息，思考更多的选择方案，并且在服务的过程中更具信心和决心，在较短的时间内掌握服务的技能，从而达到服务决策更优化的目的。激励的形式和途径具体可包括：根据各个学科馆员的个性特点帮助其进行职业规划、提供培训学习与深造机会、鼓励创新、允许失败、提供较高薪酬待遇等,对学科服务团队的专题服务给予科研立项资助、知识产权著作权署名、服务产品奖励等措施。

3.1.2 组织文化氛围支持

图书馆组织文化氛围对学科馆员个体的认知及行为也具有重要的影响。图书馆要积极创造和谐的文化环境,为学科馆员提供开展知识服务活动所需要的资源,从组织文化补偿机制上来改进认知,包括:①开辟畅通的信息渠道。一方面,重视学科馆员之间的知识分享与交流,通过正式与非正式交流渠道,倡导团队中的每一个成员将自己的有用信息,包括自身在为用户服务过程中形成的经验、教训等隐性知识放进团队的知识管理系统里,最大限度地实现知识和信息共享;另一方面,团队要加强外部延伸工作,及时与组织中的各职能部门沟通,加强与对口用户的交流、沟通,建立良好的互动和信任关系。②形成平等自由的团队氛围。尊重学科馆员的个性,对每个学科馆员的文化背景、技能、行为等接受、认可,尊重个人的工作风格,强调个人负责,让他们全身心地投入到自己的工作中;提供各种交流的机会,并鼓励他们自由发表意见[12]。③营造学习环境。即营造促进学科馆员进行专业知识学习与思想交流的环境,鼓励团队成员交换知识与经验,广泛开展讨论式学习、团队学习、创新性学习、参观学习或学术研讨会学习等,不断提高其个人能力。

3.2 认知改进策略

3.2.1 双向培训学习

学科馆员与用户之间知识信息不对称的存在,既是学科知识服务创新的驱动力,也是导致学科馆员产生认知取向偏差的一个重要影响因素。双向培训学习机制,可促进学科馆员与用户分享彼此的知识和经验,形成共同的认知语境,从而减少双方的错误认知和表达。一方面是学科馆员对用户的培训,培训形式及内容包括:①针对用户不同层次的需求,不定期地按需开展各种信息资源使用技巧或各种专题应用技能的讲座培训;②通过网络服务平台长期提供并持续更新与学科研究相关的信息,如数据库使用指南、全文传递与馆际互借方法、网络资源筛选与调研策略等信息;③构建基于用户需求语境的信息资源导航系统,引导用户迅速获取知识信息。通过这些形式,使用户熟悉图书情报知识领域的语境,提高用户的信息素养,从而帮助用户提高信息吸收与处理的能力。另一方面,用户在享受学科馆员带来的知识服务的同时,也应该向学科馆员进行相应的学科专业知识培训,将他们关注的研究领域的各种学术动态及学术交流情况、自己在该领域所处的地位和优劣势等信息与学科馆员分享，甚至让学科馆员全程参与科研项目等。这样有助于学科馆员掌握所负责学科的研究进展、研究热点、发展方向等，从而更准确地理解用户的需求和问题，真正成为相关学科的信息专家和知识助手。总的来说，通过双向培训学习，增强双方的认知和认可，学科馆员可以更好地感知用户的需求和问题环境，更直接地获取用户的反馈意见，更能调动用户的参与性，这对新服务的开发有着重要的作用。

3.2.2 反向思考

除了双向培训，反向思考方法也能够在一定程度上改进学科馆员的认知策略。该方法就是让学科馆员在服务决策过程中能够设身处地地从用户的角度考虑服务和服务质量，反问自己"我真正的需求是什么"或"是否存在其他的知识信息和方案能更好地解决问题"，然后促使学科馆员从新的假设前提出发，重新进行知识信息和决策的评判。就方法论而言，反向思考是一种逆向思维，它有助于学科馆员从另外的角度去关注那些未曾考虑的信息或意见，经过和原有的决策方案对比，对相关知识信息重新进行筛选和匹配，产生新的知识服务产品。此外，反向思考还能够引导学科馆员强化自己的主导意识，贴近用户实际需求、跟上用户需求变化的步伐，打破思维的僵局，寻找到分析问题的新视角，获得解决用户需求与问题的新认知。反向思考对减少过度自信、事后偏差等认知偏差具有较好的效果。

3.3 技术支持策略

3.3.1 引入团队分析策略

学科知识服务是一项知识密集增值型服务，它的整个过程每个阶段都需要进行信息的分析决策，相对于单个学科馆员决策机制，知识服务团队可以避免个体认知理性不足带来的影响。由资源开发、信息组织、参考咨询、用户教育和信息技术等方面的人才组织成的学科知识服务团队，通过动态交互合作，能够集成利用多方知识，打破和激发思维，聚合学习力和创造力，大幅度提高知识学习、应用和创造的效果。具体来说，引入团队分析的策略具有如下优势：①拥有更完整的知识信息。如果某学科或主题涉及到许多知识领域，通过综合多个学科馆员的资源，可以在很短的时间内带来更多的知识、经验、信息以及意见等。②产生更多可选的服务方案。除了上面提到的更多的完整信息，团队能够给服务决策过程带来差异性，并增加多样化的观点，从而提供更多的方法和方案。③增强服务的科学合理性。团队协同工作产生的服务因为所选方案综合了多人的智慧和知识，同时经过充分的思考和论证，所以与单个学科馆员决策相比，经团队而诞生的知识服务产品更具逻辑性，更加科学合理。④增加服务方案的可接受性和可执行性。很多服务方案做出之后，因为不为人们接受或配合而告夭折。但是，如果有更多的人参与到服务决策的过程中，他们就会积极配合方案的实施和执行，并会鼓励别人接受和支持方案，以使服务决策得到更好执行。

3.3.2 借助各种知识服务工具

学科知识服务决策环境最大的特点在于它的模糊性和不完全确定性，因此在知识服务过程中，每个阶段流程使用信度和效度都比较高的知识服务工具，有利于学科馆员通过较为客观的分析决策手段来减少主观上的认知偏差。具体为：①在用户需求分析阶段，利用计算机代理软件，自动学习、跟踪用户历史需求并预测用户潜在知识需求，使得用户需求信息的提取更加量化，问题更加明确化。②在知识信息的挖掘和组织阶段，利用数据获取与搜集技术、数据仓库技术、数据挖掘技术、智能代理技术、联机分析处理技术、搜索引擎技术等获取隐藏于大量显性信息中的隐性知识，从而较为全面地获得与学科相关的知识、专业细化的知识、面向课题的知识。然后利用存贮结构技术、元数据技术、关系与面向对象的数据库技术、推拉技术、服务台技术以及组件技术等，更有效地实现知识的存贮和传播，保证知识的充分共享。③在知识分析创新阶段，利用数据挖掘和知识发现技术，分析隐藏于各种知识对象及相关的集合、过程、交互中的知识点和知识关系，探索和发现各种关联、结构、趋势、变迁和异常，准确快速地进行趋势分析、重点过滤、发展预见、重大计划跟踪分析、重大成果跟踪分析、重大成果影响分析、生产力竞争分析等。

4 结 语

图书馆学科知识服务是以解决用户个性化需求和问题为目标，对相关知识进行搜索、筛选、研究、分析并支持应用的一种较深层次的智力服务，其服务过程凝结着学科馆员的知识、经验和智慧。因此，学科馆员的认知决策对学科知识服务工作的成功开展具有决定性的影响。鉴于认知偏差的普遍性，将经济学、心理学等领域对认知偏差的研究成果应用于图书馆学科知识服务研究，有助于图书馆提供更优质的服务。对于个体而言，学科馆员也要认识到认知偏差存在的客观事实，提醒自己在进行分析判断时不受认知偏差的影响，根据实际而不是心理的结果进行选择；同时，要有勇气怀疑自己的第一判断，从而减少判断偏差，接受新的信息去修正原有的认知，从不同的角度、不同的方面去思考问题,实现学科知识服务的真正价值。

参考文献:

[1] 张晓林. 重新认识知识过程和知识服务[J]. 图书情报工作,2009,53(1):6-8.

[2] 郑雨明. 决策判断中认知偏差及其干预策略[J]. 统计与决策,2007(5):48-51.

[3] 周相吉. 认知偏向与决策理性[D]. 成都:四川大学,2004.

[4] 张学军. 略论潜在信息需求[J]. 情报探索,2005(1):39-41.

[5] Gilovich T R. Seeing the past in the present: The effect of associations to familiar events on judgments and decisions[J]. Journal of Personality & Social Psychology,1981,40(5):797-808.

[6] Lancaster F W. Information retrieval systems: Characteristics, testing and evaluation [M]. New York: John Wiley & Sons,1979.

[7] 贾丽侠. 研究型大学学科馆员知识服务的条件支持与保障[J]. 情报资料工作,2011(4):87-89.

[8] David H. Investor psychology and asset pricing[J]. Journal of Finance,2001,56(4):1533-1628.

[9] 沈固朝. 情报失察——西方情报研究的重要课题及其对我们的启示[J]. 图书情报工作,2009,53(2):34-37.

[10] 严贝妮,汪传雷,周贺来,等. 情报分析中的认知偏差表征及克服[J]. 图书情报工作,2011,55(16):8-11.

[11] Camerer C F, Hogarth R M. The effects of financial incentives in experiments: A review and capital-labor-production framework[J]. Journal of Risk and Uncertainty, 1999,19(1-3):7-42.

[12] 吴凤玉. 学科知识服务团队及其管理模式研究[J]. 图书情报工作,2005,49(10):84-86,100.

作者简介

韦楠华,女,1980年生,馆员,硕士,发表论文9篇。

国内图书馆学科服务现状可视化分析*

王 磊

摘 要 借助科学知识图谱可视化软件 CiteSpace Ⅱ，对 1997－2012 年间同时被中国人文社会科学引文数据库与《中文核心期刊目录总览》（2012 版）收录的核心期刊上发表的 1 229 篇学科服务研究领域论文进行统计分析。综合考虑突现值、被引频次和节点中心性，找出该领域的代表作者、核心机构及其相互关系，并应用关键词聚类和突现词侦测功能分析该领域研究热点与前沿，最后指明本研究的局限性。

关键词 学科服务 知识服务 聚类 突现 可视化
分类号 G350

1 引 言

学科服务是以用户为核心，主体通过学科馆员，依托图书馆特有数据源、技术和公共信息资源，面向特定机构和用户，基于科研与教学，多方协同、面向一线用户的一种新的服务模式和服务机制。其目的是向用户提供个性化、专业化、知识化的服务，提升服务对象的信息能力，为教学科研提供有力的信息保障与支撑[1]。学科服务起源于 1950 年，由美国内布拉斯加大学图书馆首先设立，并配备了学科馆员。美国专业图书馆协会（SLA）原会长 Guy St Clair 认为"我们已经从追求信息的时代步入到了追求知识的时代，在共享知识和知识发展成为一切事情和交流的基础时，学科知识服务就理所当然地成为了信息使用的有效管理方法"[2]。美国图书馆协会（ALA）前主席 N. Kranich 认为"信息资源的开放获取使得学科服务更有利于整合资源、信息导航"[3]。D. Beagle 认为"学科服务是一种围绕综合的数字环境而特别设计的组织和服务"[4]。J. G. Marshall 等认为"专业图书馆的发展趋势是开展学科服务，而专业图书馆员应具备的专业能力之一就是通过理解专业知识、共享专

---

* 本文系合肥工业大学研究生教学改革研究项目"研究生信息素养教育实践"（项目编号：YJG2011Y06）研究成果之一。

业知识为用户提供学科知识服务"[5]。

我国的图书馆学科服务始于1998年,当时清华大学图书馆率先建立了学科馆员制度。1999年、2000年东南大学图书馆,西安交通大学图书馆分别试行了学科服务,2001年北京大学图书馆、武汉大学图书馆实行了学科馆员制度。随后,学科服务相继在一些高校图书馆得以设置、开展。我国的图书馆学科馆员服务已走过10余年的历程,从无到有、从小到大,从过去的以文献检索获取为中心的服务,到现在的针对和嵌入具体用户群体[6]、以个性化设计组织知识化服务为中心的学科服务[7-8],呈现出蓬勃发展之势。各类型图书馆在学科服务研究领域进行了大量的探索、实践和创新变革,主动设计和发展了学科服务的新理念、新方法、新技术,探索了学科服务在新环境下的新机制、新模式,形成了各具特色的学科服务运行机制和工作流程,同时也催生了支撑学科馆员服务的工具、方法和系统,培育出特色化、个性化、知识化的服务产品和成果[9-11]。笔者借助CiteSpaceⅡ[12]软件绘制学科知识服务研究领域的知识图谱,以通过不同视角对学科服务研究领域的代表作者、机构、研究热点和前沿进行可视化分析。

2 数据来源及研究方法

CNKI对核心期刊的收录率达96%,拥有独家或唯一授权期刊2 300余种,约占我国学术期刊总量的34%[13]。其收录的文献特别是图书情报类核心期刊能较全面地反映国内学术研究情况,故笔者将其作为数据来源,检索日期为2012年8月1日。

通过追溯法、分段法、引文珠串增长法对不同检索词、检索式以及不同检索结果进行分析选择,最后确定的数据检索策略是:(SU=学科服务 or SU=知识服务 or SU=学科馆员 or SU=学科化服务 or SU=知识化服务)and JN=(中国图书馆学报+大学图书馆学报+情报学报+情报理论与实践+图书情报知识+图书情报工作+情报科学+现代图书情报技术+图书馆建设+图书馆杂志+图书馆论坛+情报资料工作+图书馆工作与研究+图书馆)。笔者选定的期刊范围是同时被中国人文社会科学引文数据库与北京大学《中文核心期刊要目总览》(2012版)收录的双核心期刊,学科类别为图书情报与数字图书馆,共检索出文献1 310篇。去除主编寄语、会议通知、征文,得到论文1 229篇。选择知识可视化软件CiteSpaceⅡ软件(V3.0R1版),将论文标题、关键词、摘要等题录数据输入该软件,然后设定好选项(具体见图1-图5左上方的参数)。

3 学科服务领域可视化研究及结果分析

3.1 代表作者及其机构综合分析

突现（burst）表示一个变量的值在短期内有很大波动。这个变量可以是施引文献所用的单词或短语的频次，也可以是施引文献本身（如作者、机构、文献名）的频次[14]。这种突变信息被视为一种可用来度量更深层变化的手段，采用这种手段将有助于我们鉴别出某一段时期内最突出的作者[15]。笔者所使用的 CiteSpace Ⅱ 的突现检测（burst detection）主要通过考察单位时间内的词频分布，将那些词频变化率高、增长速度快的突现词（burst terms）从海量主题词中拣选出来。这种学科的前沿领域和发展趋势的分析手段考虑得更多的是词频的变动趋势，而不仅仅是词频的高低。

3.1.1 综合考虑发文量和突现值的代表作者

节点类型为作者（author），得到发表论文数以及突现值排名前 10 的作者（见表 1、表 2）。

对作者进行数据统计分析，这 1229 篇论文一共有 3 168 个作者参与，其中发表论文最多的作者发表了 8 篇，具体统计数据如表 1 所示：

表 1 学科服务研究领域发文数最多的前 10 位作者

发文篇数	作者	首发年代	总被引频次	所在机构
8	郭晶	2008	48	上海交通大学图书馆
8	姜永常	2003	64	哈尔滨商业大学图书馆
7	王伟军	2007	25	华中师范大学信息管理系
6	初景利	2007	324	中国科学院国家科学图书馆
6	李桂华	2001	244	四川大学信息资源管理系
6	范爱红	1999	141	清华大学图书馆
6	杨志萍	2008	69	中国科学院国家科学图书馆成都分馆
6	王曰芬	2006	63	南京理工大学经济管理学院
6	毕强	2006	42	吉林大学管理学院
6	韩丽风	2008	24	清华大学图书馆

根据普赖斯平方根定律，核心作者中最低产的作者所发表的论文数等于核心作者中最高产作者发表论文数平方根的 0.749 倍。本研究中最高产作者发表论文 8 篇，由此计算得出核心作者所发表的论文数应为 2 篇以上。

综合考虑发文数（见表1）和突现值（见表2），发现核心作者在学科服务领域发表的高质量论文是不连续的。笔者认为，造成这种状况的原因主要与该领域研究内容的演进脉络有关，也正是由于这些作者在不同时间段对学科服务领域的单元化、模块化研究，才构成了我们今天所看到的学科服务脉络图谱。比如四川大学信息资源管理系李桂华以及浙江师范大学陈红梅发文突现值较高的年份分别为2001年、2004－2005年，其研究的主要内容是学科知识服务模式与体系的初始构建，属于学科服务的起始阶段；中国科学院国家科学图书馆的张晓林、初景利发文突现值较高的年份分别为2005－2011年、2007－2011年，主要研究学科服务的制度化，一代、二代学科馆员的角色定位；上海交通大学图书馆郭晶、清华大学图书馆韩丽风发文突现值较高的年份分别为2008－2011年、2009－2011年，主要研究学科知识服务的深入开展，包括融入一线、嵌入过程、面向学科或课题情报研究的重点服务。

表2　学科服务研究领域突现值排名前10的作者

作者	突现值	起始年	结束年
初景利	4.648 3	2007	2011
郭晶	4.407 1	2008	2011
李桂华	4.096 1	2001	2001
张晓林	3.991 5	2005	2011
党跃武	3.538 7	2001	2001
蒋永福	3.273 3	2002	2003
王子舟	3.032 5	2000	2007
韩丽风	2.869 4	2009	2011
陈红梅	2.749 8	2004	2005
郑建明	2.675 9	2011	2011

3.1.2　综合考虑发文量和突现值的核心机构

在进行分析时，笔者把具有不同机构名称的同一机构合并进行统计，如中国科学院国家科学图书馆、中国科学院文献情报中心、中国科学院国家科学图书馆武汉分馆、中国科学院国家科学图书馆成都分馆、中国科学院国家科学图书馆兰州分馆；武汉大学图书馆信息服务中心、武汉大学图书馆、武汉大学信息管理学院、武汉大学信息资源研究中心、武汉大学图书馆医学分馆、武汉大学中国科学评价研究中心等。

通过分析学科服务研究领域发文数居前 10 名的机构（见表 3）发现，发文 15 篇以上的有 10 个机构，这些机构的主要类型包括高校、公共图书馆、研究所等，其发文量约占总发文量的 26.36%。

表 3 学科服务研究领域发文数居前 10 们的机构

作者机构	包含作者人数	首发年代	发文最多期刊（篇）	总发文量
中国科学院国家科学图书馆	108	2002	图书情报工作（45）	58
武汉大学	92	2000	图书情报知识（12）	55
北京大学	57	2004	大学图书馆学报（9）	37
吉林大学	57	2002	情报科学（17）	35
上海交通大学	33	2003	图书馆杂志（13）	30
中国科学技术信息研究所	37	2004	情报理论与实践（9）	28
南开大学	19	2003	图书馆工作与研究（8）	25
华中师范大学信息管理系	31	2004	情报科学（10）	21
清华大学	19	1999	图书情报工作（8）	20
华南师范大学	20	2005	图书馆论坛（6）	15

通过对上述 10 个机构进行分析（见表 4）发现，几乎所有机构的发文量都是在近年来激增的，突现值排名前三位的分别是中国科学院国家科学图书馆、上海交通大学图书馆、清华大学图书馆，这说明该领域在近年的研究呈快速上升趋势，而从突现值排名前三位的机构都是图书馆可以看出，学科服务领域的发展已经由理论研究转入实践探索阶段，同时，这几个图书馆具有很强的科研能力。

表 4 学科服务研究领域突现值排名前 10 的机构

机构	突现值	开始年	结束年
中国科学院国家科学图书馆	12.936 7	2007	2011
上海交通大学	8.569 8	2010	2011
清华大学	8.133 9	2009	2010
武汉大学	7.956 7	2004	2011
吉林大学	7.147 8	2010	2011
北京大学	6.973 6	2009	2011
山西大学	6.826 3	2010	2010

续表

机构	突现值	开始年	结束年
南京大学	6.208 8	2010	2011
华中师范大学	5.158 7	2006	2010
南开大学	5.066 6	2007	2008

综合表3、表4，还可以看出上述机构是我国学科服务研究、实践的核心力量，在学科服务研究、服务和教学等方面均有优秀的团队和较强的实力。

3.1.3 作者与作者机构合并网络图谱

利用 CiteSpace Ⅱ 软件构建 1997－2011 年间学科服务研究领域发表论文的合著者网络图谱，结果见图1。同时，以作者和机构为网络节点，构建 1997－2011 年间学科服务研究领域发表论文的合著者与其机构的网络图谱，结果见图2。

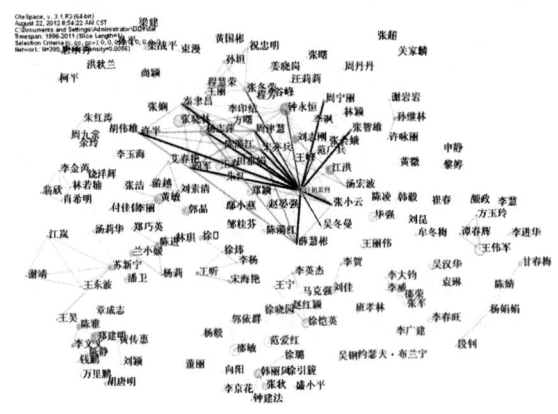

图 1　论文合著者的网络图谱

通过对合著者网络图谱以及合著者与其机构合并网络图谱进行综合分析，可以看出：

- 学科服务领域的研究已形成一定的合作网络，见表5。其中，比较大的合作网络（以发文量计）包括5个：以初景利为核心的第一合作网络、以郭晶为核心的第二合作网络、以韩丽风为核心的第三合作网络、以毕强为核心的第四合作网络、以王伟军为核心的第五合作网络。
- 节点中心度（centrality）指其所在网络中通过该点的任意最短路径的条数，是网络中节点在整体网络中所起连接作用大小的度量，中心度大的节

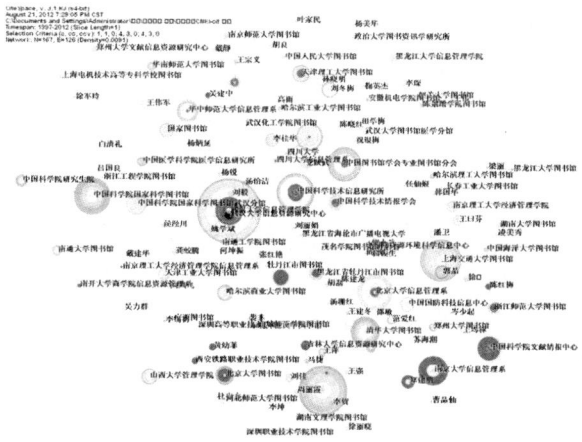

图2 合著者与其机构合并网络图谱

点相对容易成为网络中的关键节点,图2中节点中心度的大小一定程度上可以说明各个机构之间的联系程度,中心度排前三的依次为武汉大学(0.03)、中国科学院国家科学图书馆(0.02)、清华大学图书馆(0.01),反映了学科服务领域的研究相对封闭,相关合作有待进一步加强。

表5 核心作者合作群体、机构

合作群体	合作群体中的作者	合作机构
1	初景利、周宁丽、范广兵、张冬荣等	中国科学院国家科学图书馆
2	郭晶、黄敏、潘卫、刘素清、林琪、杨莉、余晓蔚等	上海交通大学图书馆
3	韩丽风、范爱红、钟建法、邵敏、张秋、徐璐等	清华大学图书馆
4	毕强、韩毅、刘昆、牟冬梅、王丽伟、陈凌等	吉林大学管理学院
5	王伟军、甘春梅、李进华、方玉玲、谭春辉、田鹏等	华中师范大学信息管理系

通过进一步分析,可以发现不同单位作者之间的合作关系,例如武汉大学与中国科学院国家科学图书馆武汉分馆之间、中国科学院国家科学图书馆武汉分馆与中国科学院国家科学图书馆之间、清华大学图书馆与厦门大学之间的合作。这在某种程度上促进了该研究领域中不同单位之间的资源共享、优势互补,有利于该领域研究的广泛、深入和发展。同时,院系与图书馆合作关系的加强无疑有利于擅长理论研究的院系和具有实践研究条件的图书馆之间优势互补。

3.2 学科服务的重点研究领域

对关键词进行共词分析的思想来源于文献计量学的文献共被引及文献耦合理论。主要是分析统计一组词在文献中出现频次的变化，并在此基础上提取高频关键词对进行聚类分析，以揭示这些词对互相之间的关系，进而反映出它们所表征的主题结构和研究热点的变化[16]。

通过 CiteSpace Ⅱ 软件，使用关键路径（pathfinder）算法对学科服务领域的关键词共现知识图谱进行分析。pathfinder 算法简洁明了，是当前广泛应用且日臻成熟的实现方法，它勾勒出关键词之间最关键的联系，简化了相对不重要的关系，且可以在共引网络中保持同步的发展模式[17]。

由 CiteSpace Ⅱ 软件生成数据可知被引频次大于 40 的关键词有：知识服务（被引 690 次）、图书馆（被引 342 次）、高校图书馆（被引 177 次）、知识管理（被引 160 次）、学科服务（被引 129 次）、信息服务（被引 122 次）、学科馆员（被引 110 次）、数字图书馆（被引 107 次）、服务模式（被引 72 次）、知识组织（被引 59 次）、专业图书馆（被引 49 次）、图书情报工作（被引 48 次）、信息需求（被引 48 次）、图书馆服务（被引 47 次）、信息技术（被引 46 次）、信息素养（被引 41 次）。

中心性大于 0.04 的关键词有：知识服务（中心度：0.58）、数字图书馆（中心度：0.27）、图书馆（中心度：0.25）、高校图书馆（中心度：0.16）、知识管理（中心度：0.16）、信息服务（中心度：0.13）、服务模式（中心度：0.12）、知识组织（中心度：0.10）、图书情报工作（中心度：0.09）、图书馆服务（中心度：0.08）、服务创新（中心度：0.07）、图书馆学（中心度：0.06）、大学图书馆（中心度：0.05）、信息需求（中心度：0.05）、Web 2.0（中心度：0.05）。

可以看出被引频次和中心度都比较高的关键词可以被分为 6 个聚类组：①图书馆、高校图书馆；②学科服务、信息服务、学科馆员、图书馆服务、Web 2.0；③知识管理、信息组织、服务模式；④知识经济、数字图书馆；⑤信息需求、信息素养；⑥图书馆学、知识自由。如果把学科服务、信息服务、图书馆服务统一归为学科服务类，则可以和学科服务领域研究热点知识聚类图谱（见图 3）完全吻合。

结合学科服务领域研究热点关键词聚类时区视图（见图 4）综合分析，可以看出学科服务研究的重点研究领域：①图书馆（包括高校、科研院所附属图书馆）对学科服务的研究以及实践。②知识的组织与管理是学科服务的手段，通过对知识的组织与管理，可以实现知识结构的二次架构，实现知识

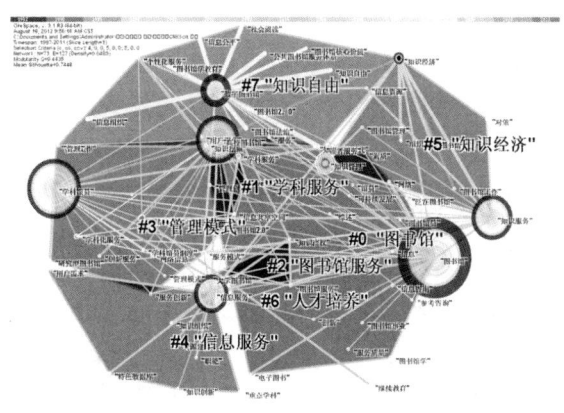

图3 学科服务领域研究热点知识聚类图谱

的增值。目前知识组织与管理所面临的任务是离散各种资源原有的分布状态，利用有效的知识组织体系，根据学科需求自动集成相关资源，从而实现对学科知识的重组与整合。③随着知识经济、数字图书馆、信息技术、科研模式以及用户信息行为与需求的变化，作为促进科技创新、传承知识使命的图书馆正在经历重大变革与转型。图书馆的服务内容正在从数字网络一次资源向资源聚类挖掘过渡，服务模式正在从坐等用户上门向融入科研一线转变，服务场所正在从实体馆舍向虚拟空间迁移，服务范式正在从文献服务向学科服务转型。④提高广大用户的信息素养能力是高校图书馆学科服务的重要组成部分，也是学科馆员的主要职责之一。这就要求学科馆员充分利用、重组各种信息资源，不断创新服务模式并提高自身的信息素养。⑤要实现图书馆2.0的服务理念，就要遵守图书馆2.0的渗透、个性化特征，开展个性化嵌入式学科服务，将信息资源通过学科馆员从图书馆端传递到用户端，使学科服务成为具体科研活动的有机体系的一部分，体现其"以人为本"的理念。

3.3 学科服务领域的研究前沿分析

研究前沿（research front）指临时形成的研究课题以及其基础研究中问题的概念集合，也是正在骤变兴起或突现的理论研究趋势或新主题，是一个研究领域现状的代表。研究前沿伴随着研究领域内新旧文献的交替而变动，体现着每个研究阶段中的最高研究水平。CiteSpace Ⅱ利用突现词检测算法确定研究前沿中的概念，从相关领域论文的标题和摘要中检测那些频次变化率高的突现词（不单是统计频次的高低，而是检测词频的变动频次和变动趋势），根据这些突现词的共现聚类分析，得到"研究前沿术语的共现网络"[18]。

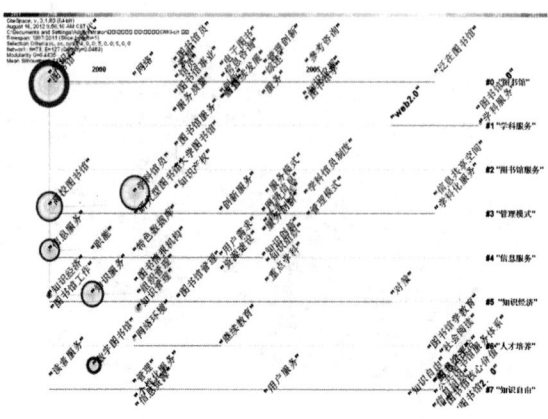

图 4　学科服务领域研究热点关键词聚类时区视图

通过将术语类型选择为突现词（burst terms），节点类型选择为关键词，共检测到 136 个突变关键词，得到如图 5 所示的关键词突变图谱及突现值为 4 以上的 33 个突现词。

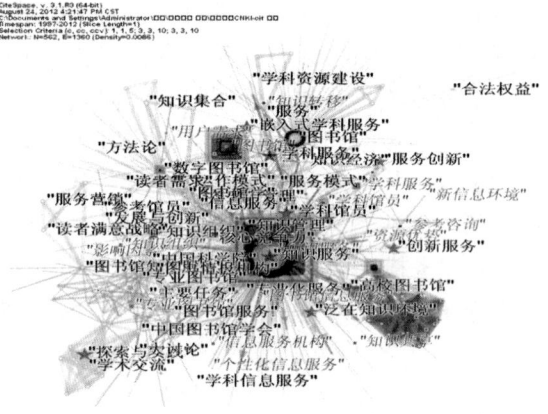

图 5　学科服务领域关键词突变图谱

由 CiteSpace Ⅱ 软件生成的数据可知，学科服务研究领域突现值 4 以上的突现词如表 6 所示：

表 6　学科服务研究领域突现值 4 以上的突现词（1997 – 2012 年）

突现词	强度	开始年	结束年
知识服务	57.038 3	2006	2009

续表

突现词	强度	开始年	结束年
学科服务	29.574 9	2010	2012
图书馆	28.089 7	2006	2009
高校图书馆	17.581 9	2008	2012
知识管理	16.402 4	2001	2008
学科馆员	11.5	2011	2012
学科馆员	11.039 1	2008	2009
信息技术	10.652 4	2011	2012
学科馆员	10.386 8	2006	2007
信息服务	9.154	2003	2006
图书馆学情报学	9.140 1	2010	2010
图书情报工作	9.088 7	2010	2012
学科服务	8.319 8	2008	2009
图书馆服务	7.684 5	2002	2006
专业图书馆	7.363 3	2011	2012
数字图书馆	7.298 8	2004	2005
专业图书馆	6.909 1	2007	2008
网络化数字化	6.643	2010	2010
知识组织	6.623 7	2010	2012
知识经济	6.565 1	1997	2006
知识化服务	6.458 4	2008	2008
文献情报服务	6.420 7	2004	2005
服务模式	6.419 9	2006	2009
核心竞争力	6.251 6	2007	2008
嵌入式学科服务	6.061 3	2011	2012
图书馆学	6.005 6	2000	2005
网络环境	5.461 5	2001	2004
中国科学技术	5.433 6	2010	2012
创新	5.348 6	2009	2012
信息共享空间	5.129 9	2010	2012
知识	5.096 6	2004	2006
服务	4.874 8	1997	2005
核心能力	4.086 2	2000	2006

由图 5 和突现值 4 以上的 33 个突现词可知，1997 - 1999 年间的突现词是

知识经济、服务，说明知识经济在很大程度上影响了图书馆的服务。1997－2006年是知识经济发生激荡巨变的年代，这使得知识服务得以提出、学科馆员制度逐步建立、学科服务模式开始建立。2000－2005年间的突现词是图书馆学、网络环境、核心能力、图书馆服务、信息服务、数字图书馆、文献情报服务。说明此时图书馆学已经开始把学科知识服务作为研究热点，并认为学科知识服务能力是图书馆员的核心能力。同时，数字图书馆的兴起使得信息的深度聚类挖掘成为可能，这在一定程度上对学科服务的发展方向产生了深远与根本的影响。2006－2009年间的突现词是知识服务、图书馆、知识管理、服务模式、学科馆员、学科服务、专业图书馆、知识化服务、核心竞争力。说明学科馆员的角色定位已开始建立，学科知识服务正在深入开展。在此期间，图书馆界已经普遍认为建立完善的学科服务战略规划、服务模式、服务组织机制是图书馆的核心竞争力之所在。2010－2012年间的突现词是最多的，也是最值得关注的。这些词主要有学科服务、高校图书馆、学科馆员、信息技术、嵌入式学科服务、信息共享空间、图书馆学情报学、图书情报工作、专业图书馆、网络化数字化、知识组织，说明：①针对学术机构开展学科服务的服务机制、服务模式、创新特色已经被图书馆学、情报学界进行了整体性介绍和总结。②学科服务的任务与方法的创新，包括用户行为与需求的调查与诊断、服务设计、资源保障设计与组织、信息素质教育模式、学科情报服务、知识管理服务的方法、机制和服务实践等创新。③嵌入式个性化学科馆员服务组织机制的重要特征是嵌入科研教育群体和科研过程，利用和协同多层次、多方位的资源和力量，设计、组织个性化的服务组织机制，支持灵活、高效的服务，包括：与教育科研机构、团队的协同化学科服务的组织、管理；嵌入教学过程、研究项目、战略规划、教研评价的学科服务组织与管理；用户驱动、参与的学科服务机制；基于用户群体、社区的学科服务机制；协同多机构的学科服务组织与管理。④将高效率的工具、方法和资源与技术平台用于营造良性共赢的知识储备与循环架构，大力加强信息共享空间的建设。

4 结 论

本文以学科服务领域为研究对象，借助 CiteSpace Ⅱ 信息可视化分析的独特功能，从文献计量学的视角，用知识图谱的方式展示了学科服务领域的核心研究机构分布、重要代表人物以及他们之间的关系，分析了学科服务领域的研究热点、前沿等，由此得出以下结论：

- 通过对作者和作者机构的分析，发现发文量居前三名的作者是郭晶、姜永常、王伟军。突现值大的前三名作者是初景利、郭晶、李桂华。发文15篇以上的有10个机构，约占总发文量的26.36%。中国科学院国家科学图书馆、武汉大学、北京大学发文量位列前三。突现值排名前三位的机构分别是中国科学院国家科学图书馆、上海交通大学图书馆、清华大学图书馆。对作者与作者机构合并聚类后得到了5个核心作者及机构合作群体，同时，虽然学科服务领域研究机构之间相对封闭，但是还是出现了合作逐渐加强的趋势。

● 通过对被引频次、中心性较大的关键词的统计以及对关键词的聚类分析，可以得出学科服务研究的重点领域主要集中在6个方面：①图书馆（包括高校、科研院所附属图书馆）对学科服务的战略规划、服务模式、服务组织机制研究和实践；②知识管理、信息组织机制；③用户需求与用户行为、服务创新、资源组织；④信息素质教育、学科情报服务；⑤学科馆员服务的规范和制度化管理以及学科馆员能力与队伍建设；⑥"以人为本"的理念下个性化嵌入学科服务。

● 通过学科服务领域突变关键词的聚类分析，可得出学科服务研究领域的前沿主要集中在：①学科服务在理论、战略、机制上的进一步发展与创新；②嵌入式学科馆员服务的组织机制，包括利用和协同多层次、多方位的资源和力量，设计、构建个性化的服务组织机制；③学科服务内容与方法的创新设计与深入实践；④高效工具的利用、具有良性共赢知识储备与循环架构的技术平台的搭建以及信息共享空间的建设。

在此要指出，由于文献题录标引的限制（例如有些论文的核心内容为学科服务，但并没有在题录中得到反映）；文献数据著录不规范；对学科服务、知识服务的概念存在不同解读；中文文献发表具有滞后性以及基于信息计量知识图谱方法存在固有缺陷——利用不同的数据、算法、角度、样本量、软件会得出大相径庭的结果，本文对学科服务现状的分析仍有一定的局限性，期望在未来的研究中得以完善。

参考文献：

[1] 初景利,张冬荣. 第二代学科馆员与学科化服务[J]. 图书情报工作,2008,52(2):6-10,68.

[2] St Clair C. Knowledge services: Your company's key to performance excellence [J]. Information Outlook, 2001,5(6):5-8.

[3] Kranich N, Schement J R. Information commons [J]. Annual Review of Information Science and Technology, 2008, 42: 547-591.

[4] Beagle D. Concetualizing an information commons[J]. Journal of Academic Librarianship,

1999,25(2):82-89.

[5] Marshall J G. Competencies for special librarians of the 21st century[EB/OL].[2012-08-03]. http://www.sla.org/pubs/compet.pdf.

[6] 张翔. 基于 SERVICE 的嵌入式学科服务营销——武汉大学图书馆学科服务探索[J]. 大学图书馆学报,2011(5):73-76.

[7] 潘卫,兰小媛. 近年来图书馆用户服务发展的十大层面[J]. 图书馆建设,2008(10):16-21.

[8] 许军林,蒋玲. 渗透·互动·个性化——Lib 2.0 时代学科馆员学科服务研究[J]. 图书情报工作,2010,54(17):86-89,125.

[9] 安娜. 图书馆学科服务矩阵组织模式探究[J]. 图书馆学研究,2007(4):2-6.

[10] 胡万德. 基于 Web 2.0 的图书馆学科服务系统研究[J]. 图书馆学刊,2009(1):109-110.

[11] 洪跃,孙鹏. 高校图书馆学科服务系统的研发[J]. 山东图书馆学刊,2010(4):68-70.

[12] Chen Chaomei. CiteSpace II: Detecting and visualizing emerging trends and transient patterns in scientific literature[J]. Journal of the American Society for Information Science and Technology,2006,57(3):359-377.

[13] 数据库介绍信息[EB/OL].[2012-08-01]. http://acad.cnki.net/Kns55/brief/result.aspx?dbPrefix=CJFQ.

[14] 陈超美. CiteSpace 中的 Burst Detection[EB/OL].[2012-08-01]. http://blog.sciencenet.cn/home.php?mod=space&uid=496649&do=blog&id=566289.

[15] Havre S, Hetzler E, Whitney P, et al. Themeriver: Visualizing thematic changes in large document collections[J]. IEEE Transactions on Visualization and Computer Graphics,2002,8(1):9-20.

[16] Chen Chaomei, Hu Zhigang, Liu Sengbo, et al. Emerging trends in regenerative medicine: A scientometric analysis in CiteSpace[J]. Expert Opinion on Biological Therapy,2012,12(5):593-608.

[17] Chen Chaomei. Mapping scientific frontiers: The quest for knowledge visualization[M]. London: Springer,2003:256-263.

[18] 陈超美. CiteSpace II:科学文献中新趋势与新动态的识别与可视化[J]. 情报学报,2009,28(3):401-421.

作者简介

王磊,合肥工业大学图书馆工程师(学科馆员),硕士,E-mail:wangl0021@163.com。

国内图书馆学科知识服务领域演进路径、研究热点与前沿的可视化分析[*]

薛 调

(天津理工大学图书馆 天津 300191)

摘 要 以 CSSCI 收录的 1999－2011 年的 769 篇学科知识服务的研究论文为数据源，应用 CiteSpace Ⅱ 可视化软件绘制知识图谱，析出国内学科知识服务研究领域的代表作者及经典文献，应用关键词聚类和突现词探测功能分析研究热点与前沿。以被引频次为基础，综合考虑突现和中心性，列出该领域的 11 位代表作者。8 篇关键节点文献很好地展现了该领域的两个发展阶段及其演进路径。15 个高频关键词和 14 个突现词表征了研究热点与前沿。

关键词 知识服务 学科服务 学科馆员 知识图谱 CiteSpace Ⅱ

分类号 G350

1 引 言

知识服务是以信息和知识的搜寻、组织、重组的知识和能力为基础，根据用户的问题和环境，融入用户解决问题的过程中，提供能有效支持知识应用和知识创新的服务[1]。1999 年 3 月，任俊为发表了《知识经济与图书馆的知识服务》[2]一文。2000 年 9 月，张晓林发表了《走向知识服务：寻找新世纪图书情报工作的生长点》[1]一文，在国内图书情报界产生了很大影响，拉开了国内图书情报界知识服务研究的序幕。1999 年 6 月，姜爱蓉发表了《清华大学图书馆"学科馆员"制度的建立》[3]一文，在国内首次将学科服务引入图书情报界。学科服务是知识服务的有效实现形式，成为近年来国内高校图书馆和科研院所图书馆的研究热点之一。国内有关图书馆学科知识服务的研

---

[*] 本文系教育部人文社科研究规划基金项目"大学图书馆嵌入式教学服务实践研究"(项目编号：12YJA870023)和天津理工大学教学基金项目"大学图书馆嵌入式教学服务研究"(项目编号：YB11－49)研究成果之一。

究主要集中在学科知识服务理论探讨、学科知识服务模式与体系构建、学科知识服务实践与实现三大类[4]。本文旨在借助 CiteSpace Ⅱ 软件绘制学科知识服务研究领域的知识图谱，以期对学科知识服务研究领域的代表作者、演进路径、研究热点和前沿进行可视化分析。

2 数据来源及研究方法

研究数据来源于中文社会科学引文索引（CSSCI）中的文献，时间范围是 1999 – 2011 年，数据下载日期为 2012 年 2 月 8 日。关键词分别选择"学科服务"、"学科馆员"、"知识服务"，检索得到 63、298、512 篇文章，去重后得到图书馆学情报学学科知识服务领域的相关文献 769 篇。

研究工具采用 CiteSpace Ⅱ 软件 V3.0 R1 版本。将 769 篇论文的题录数据（主要包括篇名、作者、来源期刊、标引词、参考文献等字段）输入 CiteSpace Ⅱ 软件中。主题词来源选择文献标题（title）、摘要（abstract）、关键词（descriptor）和标识符（identifier），每 2 年为一个时间段（time slice），每个时间段中提取 30 篇被引次数最高的文献。阈值（c，cc，ccv）为系统默认。c 为最低被引次数，只有满足这个条件的文献才能参加运算，cc 为本时间段内的共被引次数，ccv 为规范化以后的共被引次数。

3 学科知识服务领域可视化研究及结果分析

3.1 代表作者分析

突现（burst）的基本意思是一个变量的值在短期内有很大变化。这个变量可以是施引文献所用的单词或短语的频次，也可以是施引文献本身（如文献名、作者）的频次[5]。CiteSpace Ⅱ 提供的突现检测（burst detection）主要通过考察词频的时间分布，将那些频次变化率高、增长速度快的突现词（burst terms）从大量的主题词中检测出来，用词频的变动趋势，而不仅仅是词频的高低，来分析学科的前沿领域和发展趋势。

3.1.1 综合考虑发文量和突现的代表作者

节点类型选择作者（author），得到发文数和突现最多的前 10 位作者（见表 1）。综合考虑发文数和突现，得到发文数在 8 篇及以上或突现在 2.98 及以上的 14 位代表作者（见表 2）。

表1 学科知识服务研究领域发文数和突现最多的前10位作者

发文篇数	作者，年份	发文篇数	作者，年份	突现	作者，年份	突现	作者，年份
12	姜永常，2001	9	靳 红，2004	4.53	郭 晶，2009	3.31	李春旺，2005
11	吴新年，2009	9	郑建明，2011	4.2	吴新年，2009	3.15	郑建明，2011
11	王曰芬，2009	9	张晓林，2000	4.06	王道平，2009	3.03	孙晓明，2009
10	鄢小燕，2007	9	王道平，2009	3.88	鄢小燕，2007	3.03	詹庆东，2009
10	郭 晶，2009	8	徐恺英，2007	3.68	初景利，2007	2.98	廉立军，2007

注：表1中"年份"指"该作者始发此领域的研究论文年限"，表2、表3中"年份"亦如此。

中国科学院国家科学图书馆的5名作者充分展示了他们从2000年开始到2009年对学科知识服务的持续关注与研究，上海交通大学图书馆的郭晶是突现前沿作者，此外一些大学图书馆的馆员和高校信息管理系的教师在此领域也有研究。

表2 学科知识服务研究领域14位代表作者（综合考虑发文量和突现）

发文	突现	作者	作者单位	年份
12		姜永常	黑龙江商学院图书馆	2001
11	4.2	吴新年	中国科学院国家科学图书馆兰州分馆	2009
11		王曰芬	南京理工大学经管学院信息管理系	2009
10	3.88	鄢小燕	中国科学院国家科学图书馆成都分馆	2007
10	4.53	郭 晶	上海交通大学图书馆	2009
9		张晓林	中国科学院国家科学图书馆	2000
9	2.97	靳 红	河北科技大学图书馆	2004
9	4.06	王道平	北京科技大学经济与管理学院	2009
9	3.15	郑建明	南京大学信息管理系	2011
8		徐恺英	吉林大学管理学院	2007
8	2.8	邹桂芬	中国科学院国家科学图书馆成都分馆	2007
8	2.8	王伟军	华中师范大学信息管理系	2007
7	3.68	初景利	中国科学院国家科学图书馆	2007
7	2.98	廉立军	华北煤炭医学院图书馆	2007

3.1.2 被引次数多的代表作者

节点类型选择被引作者（cited author），得到中心度≥0.03的作者的共

被引图谱,如图 1 所示:

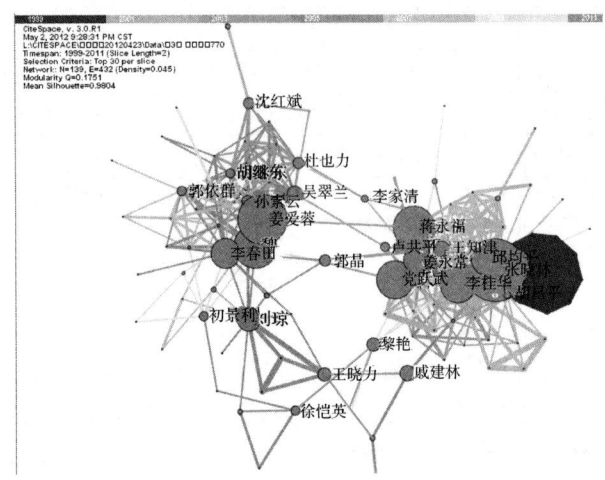

图 1　中心度≥0.03 的作者的共被引图谱

以被引频次为基础,综合考虑突现和中心性,列出 11 位代表作者,如表 3 所示:

表 3　学科知识服务研究领域的 11 位代表作者

被引频次	突现	中心性	作者	作者单位	年份
268		0.24	张晓林	中国科学院国家科学图书馆	2000
95		0.11	李春旺	中国科学院国家科学图书馆	2004
92	12.4	0.03	初景利	中国科学院国家科学图书馆	2007
88	6.95	0.04	杜也力	河北师范大学图书馆	2002
77		0.02	柯平	南开大学信息资源管理系	2004
72		0.1	姜永常	黑龙江商学院图书馆	2000
62	7.35	0.14	李桂华	四川大学信息管理系	2001
60		0.19	姜爱蓉	清华大学图书馆	1999
60	10.62	0.12	邱均平	武汉大学图书情报研究所	1999
55	10.1	0.04	胡继东	武汉大学图书馆	2002
53	12.24	0.01	花芳	清华大学图书馆	2002

笔者根据表 3 按被引频次高低对代表作者进行了分区。把被引频次 90 次以上的作者视为第一区,有张晓林、李春旺、初景利,均来自中国科学院国

家科学图书馆;初景利以12.4的突现居首位,张晓林以268的被引频次、0.24的中心性居该两项指标的首位。把被引频次大于60小于90的作者视为第二区,有杜也力、柯平、姜永常、李桂华,主要来自高校的图书馆和信息管理系。被引频次在50–60之间的作者视为第三区,有来自清华大学图书馆的姜爱蓉、花芳和武汉大学的邱均平、胡继东;姜爱蓉以0.19的中心性居第二,花芳以12.24的突现居第二,邱均平以0.12的中心性、10.62的突现居该两项指标的第三位。

3.2 演进过程中的经典文献分析

知识基础(intellecture base)即含有研究前沿的术语词汇的文章的引文,反映的是研究前沿中的概念在科学文献中吸收利用知识的情况。对这些引文同时被其他论文引用的情况进行同被引聚类分析(co-citation cluster analysis),形成一组被研究前沿所引用的科学出版物的演进网络,即"知识基础文章的同被引网络"[6]。

节点类型选择被引参考文献(cited reference),术语类型选择名词词组(noun phrases),利用pathfinder剪切,得到我国学科知识服务领域文献共被引网络研究进展时间图(timeline)(见图2)。时间图先把整个网络划分为几个聚类,然后按时间顺序排列出各个聚类中的文献,这样可以观察到某个研究领域的研究历程。

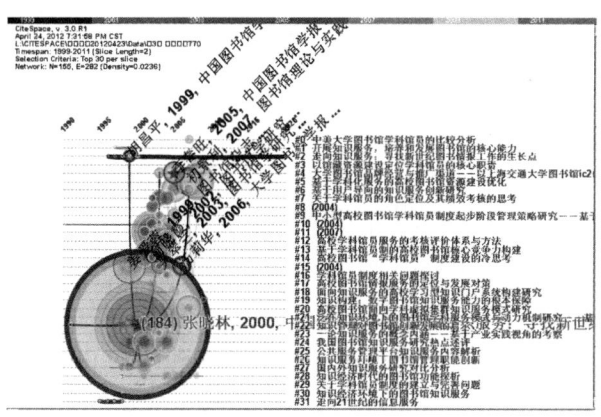

图2 学科知识服务研究领域文献共引网络研究进展时间图

769篇文献的共引网络结构的最初组配(configuration)见表4。有效参考文献(指施引文献)11 272条,占99.39%;无效参考文献69条,占0.61%。节点155个,连接线551条。

表4 769篇文献（1999－2011年）的共引网络结构组配

时间分区	引文条数	连线数	时间分区	引文条数	连线数
1999－2000	39	107	2007－2008	1039	63
2001－2002	154	124	2009－2010	1481	45
2003－2004	494	85	2011	453	56
2005－2006	832	91			

CiteSpace Ⅱ的突出特点是关键节点的计算测量，在可视化网络中用紫色圆圈突出显示，明显的视图效果使用户很容易看到那些具有较高中介中心性的节点。一个领域在演进过程中会产生导致研究前沿演进的关键节点文献，用中心度来度量[7]。中心度测量为发现不同学科的连接点或进化网络中的支点（tipping points）提供了一种计算方法。中心度越高，关键节点文献所起的过渡作用越大。中心度≥0.12的8篇关键节点文献的详细信息如表5所示：

表5 学科知识服务研究领域的8篇关键节点文献（按中心度排序）

中心度	作者	被引频次	年份	来源期刊	关键节点文献
0.96	张晓林	184	2000	中国图书馆学报	走向知识服务：寻找新世纪图书情报工作的生长点
0.34	初景利	31	2007	图书馆理论与实践	试论新一代学科馆员的角色定位
0.18	靳红	33	2004	情报杂志	图书馆知识服务研究综述
0.15	姜爱蓉	44	1999	图书馆杂志	清华大学图书馆"学科馆员"制度的建立
0.14	俞晓霞	15	2002	图书馆学研究	高校图书馆如何建立"学科馆员"制度
0.13	杜也力	59	2002	大学图书馆学报	谈大学图书馆"学科馆员"制度
0.13	柯平	23	2003	大学图书馆学报	高校图书馆学科馆员工作创新——兼谈南开大学图书馆开展学科馆员工作的经验
0.12	初景利	49	2008	图书情报工作	第二代学科馆员与学科化服务

综合图2和表5，按时间顺序分析这8篇关键节点文献，可以将学科知识服务的研究历程大致划分为起始阶段和发展阶段两个阶段。

• 起始阶段（1999－2004年）：知识服务的提出、学科馆员制度的逐步建立、学科服务的摸索阶段。

1999年，清华大学图书馆副馆长姜爱蓉研究馆员在《图书馆杂志》上发表了《清华大学图书馆"学科馆员"制度的建立》[3]（被引频次44，中心度0.15，被引频次和中心度都居第四）。该文介绍了1998年清华大学图书馆建立的学科馆员制度及具体实施，包括学科馆员主动走出图书馆，与学院图情教授建立联系，宣传图书馆的资源与服务。这是最早的学科知识服务的雏形，为以后学科知识服务的发展奠定了基础。

2000年，原四川大学信息管理系教授，现中国科学院国家科学图书馆馆长张晓林教授在《中国图书馆学报》上发表了《走向知识服务：寻找新世纪图书情报工作的生长点》[1]（被引频次184，中心度0.96，被引频次和中心度都居首）。该文提出将图书情报工作核心能力定位于知识服务；认为知识服务应在观念和服务方式上发生根本转变；知识服务是用户目标驱动，面向知识内容、解决方案，融入用户、面向增值服务的服务，是基于专业化和个人化的服务，是基于分布式多样化动态资源、基于集成、基于自主和创新的服务。

2002年，南京大学图书馆的俞晓霞在《图书馆学研究》上发表的《高校图书馆如何建立"学科馆员"制度》[8]（被引频次15，中心度0.15，中心度位居第五）和河北师范大学图书馆杜也力在《大学图书馆学报》上发表的《谈大学图书馆"学科馆员"制度》[9]（被引频次59，中心度0.13，被引频次位居第二，中心度位居第六），均阐述了大学图书馆建立"学科馆员"制度的必要性和紧迫性，提出了学科馆员的岗位职责及对学科馆员的素质要求。

2003年，南开大学信息资源管理系主任柯平教授在《大学图书馆学报》上发表了《高校图书馆学科馆员工作创新——兼谈南开大学图书馆开展学科馆员工作的经验》[10]（被引频次23，中心度0.13，中心度位居第六）。该文指出2002年9月南开大学图书馆开始组建学科馆员组，旨在从学科专业的角度为师生提供信息领航，详细介绍了南开大学图书馆学科馆员团队的组建及工作的具体开展。

2004年，河北科技大学图书馆靳红副研究馆员在《情报杂志》上发表了《图书馆知识服务研究综述》[11]（被引频次33，中心度0.18，中心度第三位居）。该文从知识服务的涵义、知识服务与信息服务的区别与联系、知识服务方式的特点、知识服务的模式、知识服务应用的新技术以及知识服务的发展趋势等方面综述了国内知识服务研究进展。

● 发展阶段（2005年至今）：学科馆员的角色定位和学科知识服务的深入开展阶段。

中国科学院国家科学图书馆的初景利教授2007年在《图书馆理论与实

践》上发表了《试论新一代学科馆员的角色定位》[12]（被引频次31，中心度0.34，中心度第二），2008年在《图书情报工作》上发表了《第二代学科馆员与学科化服务》[13]（被引频次49，中心度0.12，被引频次位居第三，中心度位居第八）。前文提出了"新一代学科馆员"的概念，对新一代学科馆员的角色（即信息环境的"战略顾问"、排忧解难的"社区民警"、提供全方位呵护的"私人医生"、善于推广知识和技术的"农业推广教授"、精于运用市场营销策略的"市场营销专家"、长征路上播撒火种的"工农红军"、具有综合管理能力的"图书馆馆长"）进行了定位。后文提出了"第二代学科馆员"的概念，以融入一线、嵌入过程为主要特征，提供由面向所有用户的普遍服务逐渐转向侧重学科或课题情报研究的重点服务；学科馆员要更多地融入和服务科研一线，运用自己的学科知识，深入到用户的科研课题之中，提供面向用户问题的解决方案和对策；深入到用户的知识需求的解决过程之中，善于挖掘用户的真实和潜在需求，与用户互动协作，进行知识捕获、分析、重组和应用；充当用户的整体信息环境的战略顾问，将学术出版、信息组织、知识发现、开放获取、知识产权、知识管理（如机构仓储）等纳入自己的服务范畴。

通过以上综合分析，笔者对国内图书馆学科知识服务领域研究的发展历程进行了总结，如图3所示：

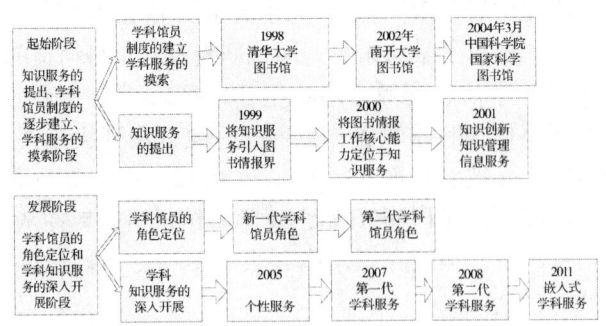

图3　学科知识服务研究领域的发展历程

3.3　研究热点分析

词频分析法是利用关键词或主题词在某一研究领域文献中出现的频次高低来确定该领域研究热点和发展动向的文献计量方法。高频关键词可以反映学科的研究热点[14]。CiteSpaceⅡ利用关键词聚类确定研究热点。节点类型选择"关键词"，术语类型选择名词短语，可视化后，点击"cluster"，聚类标识来源选择"labeling clusters with indexing terms",得到关键词聚类时区视图,如图4所示:

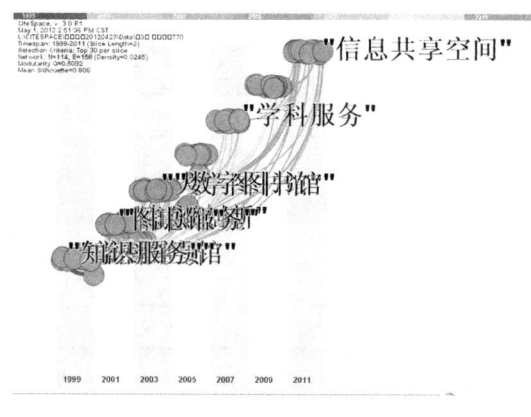

图 4　关键词聚类时区视图

表6是分别按被引频次和按中心性降序排列的13个关键词。表7是被引频次和中心度都比较高的15个关键词。检索时用到的知识服务、学科服务、学科馆员等相关词不在讨论范围之内。对同义词,如高校图书馆、大学图书馆进行了合并。

表6　按被引频次降序和中心性降序排列的13个关键词

频次	关键词	年份	中心性	关键词	年份
297	高校图书馆	1999	0.27	信息服务	2001
213	图书馆	2001	0.17	数字图书馆	2003
177	信息服务	2001	0.12	高校图书馆	1999
132	知识管理	2001	0.11	知识管理	2001
66	数字图书馆	2003	0.08	图书馆	2001
63	服务模式	2003	0.08	知识创新	2001
40	知识组织	2001	0.08	知识经济	1999
37	参考咨询	2003	0.07	网络环境	2001
32	知识创新	2001	0.07	信息共享空间	2011
31	图书馆服务	1999	0.06	图书馆服务	1999
30	知识经济	1999	0.05	知识组织	2001
22	个性化服务	2005	0.05	SIC	2011
22	网络环境	2001	0.03	图书馆员	2003

表7 被引频次和中心度都比较高的15个关键词

频次	中心性	关键词	年份	频次	中心性	关键词	年份
297	0.12	高校图书馆	1999	30	0.08	知识经济	1999
213	0.08	图书馆	2001	22	0.07	网络环境	2001
177	0.27	信息服务	2001	19	0.02	用户需求	2003
132	0.11	知识管理	2001	17	0.02	服务创新	2007
66	0.17	数字图书馆	2003	14	0.02	信息资源	2001
40	0.05	知识组织	2001	13	0.01	信息技术	2001
32	0.08	知识创新	2001	12	0.07	信息共享空间	2011
31	0.06	图书馆服务	1999				

可以看出：被引频次和中心度都比较高的15个关键词可以被分为6组：①高校图书馆、图书馆；②知识管理、知识组织；③信息服务、图书馆服务、知识创新、服务创新；④知识经济、网络环境、信息技术、数字图书馆；⑤用户需求、信息资源；⑥信息共享空间。

综合分析，可以看出以下研究特点：一是高校图书馆、其他类型图书馆（如中国科学院国家科学图书馆）对学科知识服务的研究；二是知识组织与管理是知识服务的手段，通过对知识的组织与管理实现知识的增值；三是知识经济、网络环境、信息技术和数字图书馆等网络和信息环境的变化，促进图书馆服务由文献服务和信息服务向知识服务转型；四是随着用户需求与行为的变化，学科馆员要充分利用、整合和盘活各种资源，不断创新服务模式。信息共享空间、面向学科的信息共享空间（subject information commons，SIC）就是一种新的服务模式，它整合了互联网络、计算机硬件设施及各种类型的文献资源，为读者的学习、讨论、研究等提供一站式服务。

3.4 研究前沿分析

研究前沿（research front）系指临时形成的某个研究课题及其基础研究问题的概念组合，也是正在兴起或突然涌现的理论趋势和新主题，代表一个研究领域的思想现状。CiteSpace Ⅱ利用突现词检测算法确定研究前沿中的概念，基本原理是统计相关领域论文的标题和摘要中词汇频率，根据这些词汇的增长率来确定研究前沿的热点词汇。根据这些术语在同一篇文章中的共现聚类分析，得到"研究前沿术语的共现网络"[6]。

节点类型选择"关键词"，术语类型选择突变短语（burst terms），共探测到114个突变专业术语，得到如图5所示的关键词突变的知识图谱及如表8所示的 14 个突现词：

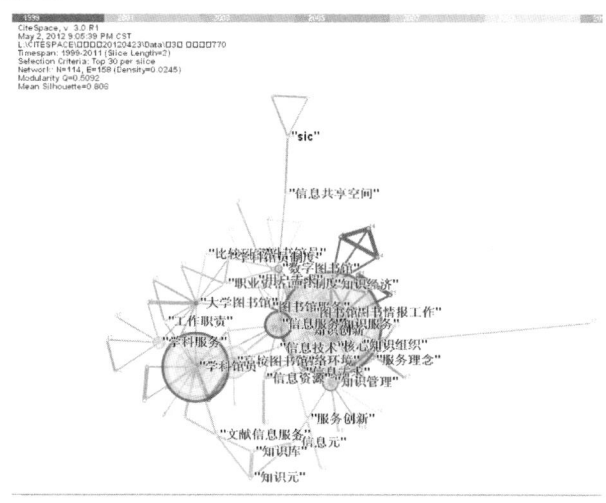

图 5　关键词突变的知识图谱

表 8　学科知识服务研究领域（1999 – 2011 年）的 14 个突现词（突现 2.99 以上）

突现	关键词	年份	突现	关键词	年份
21.19	学科服务	2007	3.57	知识创新	2001
5.29	知识经济	1999	3.57	信息资源	2001
4.4	图书馆服务	1999	3.57	嵌入式学科服务	2011
4.4	网络环境	2001	3.54	服务质量	2007
4.36	信息共享空间	2011	3.52	个性化服务	2005
4.24	学科化服务	2007	3.04	语义网	2005
4.07	服务创新	2007	2.99	信息需求	2005

1999 年的突现词是知识经济、图书馆服务，说明图书馆服务受知识经济环境的影响。2001 年的突现词是网络环境、信息资源、知识创新，说明网络环境促使图书馆服务挖掘信息资源，不断进行知识创新。2005 年的突现词是个性化服务、信息需求、语义网，说明知识服务要从用户的信息需求出发，提供面向用户的个性化服务。2007 年的突现词是学科服务、学科化服务、服务创新、服务质量，说明要不断提高服务质量，创新服务模式，学科（化）服务是知识服务的一种创新服务模式。2011 年的突现词是嵌入式学科服务、信息共享空间，说明融入一线、嵌入过程、面向学科是学科知识服务的发展

趋势。

4 结 论

通过对学科知识服务领域进行作者聚类分析、作者共被引分析、文献共被引分析、关键词聚类分析、突现词检测分析，大致可以得出以下结论。

4.1 作者聚类分析

发文量位居前三名的作者是姜永常、吴新年、王曰芬。突现大的前三名作者是郭晶、吴新年、王道平。综合发文数和突现，发文数在8篇及以上或突现在2.98及以上的学科知识服务研究领域的14位代表作者是姜永常、吴新年、王曰芬、鄢小燕、郭晶、张晓林、靳红、王道平、郑建明、徐恺英、邹桂芬、王伟军、初景利、廉立军。该领域的研究前沿代表作者是郭晶、吴新年、王道平。

4.2 作者共被引分析

按被引频次，综合考虑突现和中心性，列出了该领域的11位代表作者，并分了三区。张晓林、李春旺、初景利为第一区作者。杜也力、柯平、姜永常、李桂华为第二区作者。姜爱蓉、邱均平、胡继东、花芳为第三区作者。

4.3 文献共被引分析

8篇关键节点文献很好地展现了该领域的两个发展阶段：①知识服务的提出、学科馆员制度的建立、学科服务模式处于摸索阶段——起始阶段；②学科馆员的角色定位和学科知识服务的深入开展——发展阶段。学科知识服务领域研究经历了1998学科馆员制度的建立、2000年知识服务的提出、2005年个性化知识服务的开展、2007学科服务的开始、2011年嵌入式学科服务的研究这样一个演进路径。

4.4 关键词聚类分析

被引频次和中心度都比较高的15个关键词展现出该领域的研究热点，包括高校图书馆和科研院所图书馆等研究机构对学科知识服务的研究、知识服务的手段、网络和信息环境的变化推动图书馆服务的转型以及用户需求与行为的变化推动知识服务的创新。

4.5 突现词检测分析

14个突现词展现出学科知识服务的研究前沿。融入一线、嵌入过程、面向学科是学科知识服务的发展趋势。

由于分析的数据为引文数据，不能及时呈现新发表的优秀论文的被引情况，一些新崛起的优秀学者无法在图谱中展示出来。再由于 CSSCI 来源期刊的不同，会给分析结果的准确性带来一定的影响。这些是有待进一步研究和完善的地方。

参考文献：

[1] 张晓林.走向知识服务:寻找新世纪图书情报工作的生长点[J].中国图书馆学报,2000(5):32-37.
[2] 任俊为.知识经济与图书馆的知识服务[J].图书情报知识,1999(1):27-29.
[3] 姜爱蓉.清华大学图书馆"学科馆员"制度的建立[J].图书馆杂志,1999(6):30-31.
[4] 韩永青.高校图书馆学科知识服务可视化研究——学科思维导图绘制[J].情报科学,2011,29(8):1262-1267.
[5] 陈超美.CiteSpace 中的 Burst Detection[EB/OL].[2012-02-21].http://blog.sciencenet.cn/home.php?mod=space&uid=496649&do=blog&id=566289.
[6] 陈超美.CiteSpaceⅡ:科学文献中新趋势与新动态的识别与可视化[J].情报学报,2009,28(3):401-421.
[7] 张士靖,杜建,周志超.信息素养领域演进路径、研究热点与前沿的可视化分析[J].大学图书馆学报,2010(5):101-106.
[8] 俞晓霞.高校图书馆如何建立"学科馆员"制度[J].图书馆学研究,2002(6):85-87.
[9] 杜也力.谈大学图书馆"学科馆员"制度"[J].大学图书馆学报,2002(1):49-51.
[10] 柯平.高校图书馆学科馆员工作创新——兼谈南开大学图书馆开展学科馆员工作的经验[J].大学图书馆学报,2003(6):42-45.
[11] 靳红.图书馆知识服务研究综述[J].情报杂志,2004(8):8-10.
[12] 初景利.试论新一代学科馆员的角色定位[J].图书馆理论与实践,2007(3):1-3.
[13] 初景利,张冬荣.第二代学科馆员与学科化服务[J].图书情报工作,2008,52(2):6-10,68.
[14] 孙玉伟.信息行为领域知识基础、研究热点与前沿的可视化分析[J].图书情报知识,2012(2):108-116.

作者简介

薛调,女,1969 年生,副研究馆员,硕士,发表论文 10 余篇,参编著作 1 部。

实 务 篇

第一章

编者按：近些年来，国内高校和专业图书馆十分关注并积极推动学科馆员制度与学科服务，特别是CALIS三期项目连续举办4期学科馆员培训班，进一步推动了学科服务的创新与发展。为及时总结当前学科服务领域的最新研究成果和最佳创新实践，本刊从来稿中选取4篇文章以专题形式发表，反映当前关于嵌入式学科服务、学科服务的模式以及学科服务的实践探索，以便于读者集中地了解这一领域最新进展与变化。

嵌入式学科服务创新模式研究[*]
——基于嵌入性理论的思考

刘 颖

（武汉大学图书馆 武汉 430072）

摘 要 针对嵌入式学科服务研究中的局限性，引入新经济社会学中的嵌入性理论，分析嵌入性理论的研究方法和研究成果对于学科服务深化的启示，从社会网络的新角度提出嵌入式学科服务的创新模式，论述物理空间的嵌入、数字空间的嵌入、社会关系的嵌入和组织结构的嵌入4种模式以及它们之间的关系，以期为嵌入式学科服务的深化提供指导。

关键词 高校图书馆 嵌入式学科服务 嵌入性理论 社会网络
分类号 G252

1 引 言

在当今的客户经济时代，以用户为中心的理念不断发展，对图书馆的各项服务产生了积极的推动作用，强调以用户为中心、嵌入用户环境提供服务的嵌入式学科服务日益受到关注。ARL以 *Transforming Liaison Roles* 为题发布了年度报告，研究新环境下学科馆员的新定位，提出学科馆员应该嵌入用户

---

[*] 本文系国家社会科学基金一般项目"基于用户交互的数字图书馆服务评价模型与实证研究"（项目编号：11BTQ010）研究成果之一。

的研究、教学和学习过程中，建立参与用户学术行为的新模式[1]。这体现了美国图书馆界对于深化学科服务、嵌入用户的关注。国内外不少图书馆都推出了嵌入用户的学科服务，包括嵌入用户物理空间的信息素养教育、科研支持服务，嵌入用户计算机桌面的信息服务工具等等。嵌入式学科服务实践尽管取得了一定的发展，但其理论研究目前还比较有限。嵌入式服务多局限于对用户物理空间和数字空间的嵌入，主要从用户使用层面研究嵌入用户个人信息环境的问题。本文引入新经济社会学中的嵌入性理论，从社会网络的角度提出嵌入式学科服务的创新模式，以期为其深入发展提供新思路。

2 嵌入性理论及其对学科服务模式创新的启示

2.1 嵌入性理论研究概述

新经济社会学领域中的嵌入指的是"经济的社会嵌入"。人类学家Polanyi最早提出这一概念，认为经济行为是嵌入在社会关系中的，经济行为的动机是由各种非经济因素造成的[2]。新经济社会学家Granovetter将其外延和内涵进一步扩展，指出"经济的社会嵌入包括经济活动在社会网络、文化、政治和宗教中的嵌入，对经济问题的研究除了交易成本以外，还要考虑人际互动和信任等社会情境对经济行动的影响"[3]。所谓社会网络，是指一组行动者及联结他们的各种关系（如友谊、沟通和建议等关系）的集合[4]。关系嵌入性与结构嵌入性是嵌入性理论中最为经典的分析框架。前者的研究视角是基于互惠预期而发生的双向关系，研究其网络关系的特征，强调的是网络中作为共享优质信息机制的直接结合关系；后者的研究视角是网络参与者间相互联系的多维总体性结构，研究关系结构的特征，强调网络的密度、企业在网络中的位置对企业的行为和绩效带来的影响。

嵌入性理论建立了一种研究经济行动的新视角，即从社会结构或社会网络的角度来研究经济生活的"合法性"。随着对嵌入性理论研究的深入，它已经突破了社会经济学领域，被应用到产业区域、市场渠道、组织适应等多种社会活动中，并逐渐得到图书馆学、情报学界的关注，被用于分析和解释信息服务与情报研究、图书馆社会网络等方面的问题[5]。

2.2 嵌入性理论对学科服务模式创新的启示

学科服务是服务于科学研究和社会经济的，同样处于复杂的社会网络中。嵌入性理论的研究视角、研究方法和研究成果对于学科服务创新具有重要启示。

2.2.1 嵌入性理论研究方法的启示

在研究方法上，嵌入性理论采用的是关系分析。它并非将研究对象看作孤立存在的"点"，仅描述"点"的各种属性，而是关注研究对象之间的关系特点或关系结构。嵌入性理论研究的是网络结构而不是地位结构，前者强调个体在社会网络中与其他个体的关系及所处的位置，侧重分析对社会资源的获取能力；后者强调的是个体的属性特征和社会地位，注重分析对社会资源的占有程度[6]。嵌入性理论的这种独特的研究方法，有助于从社会网络的更高层面上分析学科服务中个人、群体和组织间的互动关系。采用嵌入性理论的视角观察，我们会发现学科服务同样存在于复杂的社会网络中，其成败同样受到它所嵌入的社会关系网络和制度环境的影响。站在社会网络层面运用关系分析法和网络结构观，有利于更加全面、准确地揭示和解读学科服务团队与用户个人、群体和组织之间的关系，甚至学科服务团队内部的关系，以及外部社会资本的获取、信任等非正式制度的建立。这些有助于拓宽图书情报学研究的视野和空间，推进学科服务的创新。

2.2.2 嵌入性理论研究理论成果的启示

嵌入性理论中提出的关系嵌入性、结构嵌入性等多种嵌入类型等研究成果，对于学科服务与用户的融合、建立与用户的良好互动关系、提高用户忠诚度，提供了可参考的理论和方法。嵌入性理论指出社会资本是个人所拥有的表现为社会结构资源的资本财产，社会资本由构成社会结构的要素组成，并为连接内部成员提供资源。学科服务中同样需要关注社会资本，应该努力利用图书馆和图书馆员的社会资本，为学科服务提供资源。结构嵌入性主要考察经济行为者间相互联系的结构及其对交易关系的作用，并关注社会网络中的结构位置。这也为学科服务的创新提供了理论支撑，学科服务中可以努力嵌入用户的组织结构和工作机制，从而为建立与用户的深入合作关系提供制度保障。

3 基于嵌入性理论的学科服务创新模式

Shumaker等将图书馆嵌入式服务模式分为三种：物理嵌入、组织嵌入和虚拟嵌入[7]。初景利等认为学科服务的嵌入包括目标嵌入、功能嵌入、流程嵌入、系统嵌入、时空嵌入、能力嵌入、情感嵌入、协同嵌入8个方面[8]。笔者认为嵌入式服务一方面须从用户使用的角度嵌入用户个人信息环境，提供物理空间的嵌入和数字空间的嵌入，另一方面则可以从社会网络的角度嵌入用户和组织的联结，开展社会关系的嵌入和组织结构的嵌入。物理空间嵌入和数字空间嵌入的相关研究较多,以下仅作简要论述。

3.1 物理空间的嵌入

OCLC 2006 年的一份研究报告表明,即使在数字化时代学生将图书馆作为聚集场所的需要并没有减少,他们仍然把图书馆看作是获取信息、提高素养和支持研究的场所[9]。对于物理空间的嵌入仍然是学科服务的重要阵地。物理空间的嵌入指将学科资源和服务嵌入到用户信息获取的物理空间和现实情景中,用户不必离开自有物理环境即可直接利用学科服务。

这种嵌入是双向的。对内而言,通过图书馆空间与服务的调整,引入更多传统图书馆服务之外的项目,包括针对学生的论文写作支持、软件使用帮助、就业指导等,针对教师的教学支持服务,以及音乐会、展览等文化活动等[10],甚至接受其他单位在图书馆中提供受用户欢迎的服务,从而将图书馆营造为一个多元化空间,集自主学习、协作研究、社会交往、休闲娱乐为一体,满足用户多层次的需求。这样,既将更多的用户吸引入图书馆的物理空间中来,进一步拓展了图书馆的服务,同时也使图书馆更好地融入用户学习、教育、研究和生活的过程中,进一步密切了与用户的联系。对外而言,通过馆外空间及服务的拓展,可将学科服务的阵地延伸到图书馆建筑之外。实际上,不少学科馆员经常走出图书馆到用户经常活动的空间去提供服务。服务地点包括实验室、办公室、院系会议室、教学楼,甚至是食堂、病房,等等[11]。向图书馆建筑之外的拓展,不仅增强了图书馆在校园中的可见度和亲和力,使图书馆服务更好地融入校园生活,更能够提高服务的主动性和针对性。

3.2 数字空间的嵌入

在海量信息的网络中,任何一个图书馆要想成为用户的信息门户都是不现实的。图书馆不能固守在自己的网站和应用系统中,而须按照"用户在哪里,图书馆就在哪里"的原则,向外拓展进入用户所在的数字空间和常用系统中,使用户在进行学习、教学和科研等活动时,不脱离自有的数字空间,即可实时地直接获得所需要的资源和服务。

嵌入用户数字空间的方式很多。从嵌入的信息平台来看,主要有嵌入个人计算机和嵌入移动设备两种。从图书馆方嵌入的主动性看,包括主动将信息推送至用户的信息平台上和嵌入用户日常应用系统等待用户利用两类。从嵌入服务的内容来看,目前主要有资源与服务动态信息提供、馆藏目录和电子资源查询、信息咨询服务等。从嵌入实施的主动方来看,有用户驱动的,如 RSS、浏览器工具条等,用户需要安装插件或进行定制后才能享用图书馆的服务；有图书馆驱动的，如将学科服务和图书馆资源嵌入学校网站和Google 中，用户可以直接利用。从嵌入系统应用的方式来看，主要包括嵌入桌面应用、嵌入浏览器、嵌入常用网站、嵌入其他应用系统和嵌入移动设备等。

3.3 社会关系的嵌入

图书馆处在错综复杂的社会网络中。提供优质信息服务，可建立与用户间稳固的服务关系甚至合作关系；通过与用户的情感交流，可建立与用户的友谊与信任。这都将有利于增加用户的使用粘度，使学科服务与用户之间飘忽不定、学科馆员为主导的关系转变为稳固长久、双向互动的关系，更加深入地嵌入用户的社会关系之中。

3.3.1 学科服务嵌入的用户关系分析

学科服务与用户的嵌入关系是多重关系的集合。图书馆员在为用户提供信息资源与信息服务中形成信息服务关系。二者之间还可能存在着复杂的社会关系。特别是高校图书馆中更多地存在与用户的亲人、同学、朋友和熟人等关系。这些社会关系为学科服务提供了可利用的社会资源。

在图书馆服务实践中，社会关系与信息服务关系的互嵌和转化很常见。不少学科馆员在与院系建立联系之初多利用个人的社会关系，首先为熟人提供信息服务，在社会关系之上建立信息服务关系。而在逐渐扩展的信息服务中，通过交流既能建立感情，又可以使原本没有任何社会关系的用户成为朋友。随着信息服务的深入，二者的感情可能越来越深，建立亲密的社会关系。

3.3.2 通过关系营销建立良好的用户关系

学科馆员虽然努力建立与用户的良好关系，但效果往往并不理想，表现为较为缺乏稳定的双向关系。在已建立的关系中，以学科馆员为主动方的关系较多，临时性的单向关系较多，稳定的合作关系较少。通过学科服务的关系营销，实现与学科用户的互动和双向沟通，则可以促进了解和合作，建立与用户的良好、稳定的关系。

学科服务关系营销需注意以下4点：①建立用户档案。图书馆各个部门都应参与用户信息的收集和整理工作，建立内容详尽、部门间共享的用户档案数据库。②进行用户细分。在用户档案基础上，通过数据挖掘等方法进行用户需求、用户行为和用户心理的分析；根据用户的不同特征，区分不同的用户类型。比如根据用户信息保证的级别，可分为一般用户、重点用户和特殊用户；根据用户使用图书馆的频率和忠诚度，可分为潜在用户、现实用户、支持者和忠诚用户。③实行差异营销。针对细分的不同用户群体，实行不同的营销策略。例如对学生群体可以采用形式活泼的互动活动，如以有奖问答、知识竞赛等方式吸引他们参与。通过建立与学生社团的长期合作关系的方法，解决学生流动性大、难以建立稳定关系的问题。④建立用户忠诚。对于重点用户，需花大力气改善和发展与他们的关系，尽可能为他们提供周到、快捷、满意的服务，提高他们的满意度和忠诚度。他们的满意将会为图书馆带来良好的口碑效应。对于潜在用户和很少光顾的用户，需要分析阻碍他们利用图书馆的原因，有针对性地进行图书馆资源和服务的宣传，吸引他们利用图书馆。

3.3.3 基于社交网络打造学科社区

社交网络是一种数字化的社会结构、关系和资源的整合环境，是现实社会人们交互作用的结构、环境和空间在网络世界的延伸、拓展和重构[12]。在互联网领域，社交网络通常指社交网站、社交软件工具和社交服务。社交网络的独特魅力为学科服务嵌入用户社会关系提供了有力的工具。社交网站具备的巨大用户群，可以为学科服务拓宽与用户的交流渠道、完善网络服务功能提供有效途径。社交网络能够帮助人们方便地构建、维护和加强个人的社会关系，有利于学科服务更好地嵌入用户，密切与用户间的信息服务关系和社会关系。社交网络的高交互性、参与性和依存性，极大地提高了用户体验，有助于提高学科服务的用户忠诚度。

基于社交网络建设学科社区、提供学科服务的模式主要有以下三种：①将图书馆资源及服务有机嵌入社交网站中，在用户最常用之处提供学科服务。例如在学科资源与服务推介方面，可以利用人人网等社交网站建立图书馆的用户小组，进行相关资源与服务的介绍和讨论。②利用跨界合作技术从分散的社交网站中获取信息源，在图书馆网站上整合提供社交网站的相关服务，从而丰富图书馆的服务内容。例如丹麦的 State and University Library 建立了集成检索系统 Summa。Summa 利用 AJAX 集成了用户界面的外部服务，包括获取亚马逊网上书店的图书评论等信息以及文学网站上的作者信息等[13]。③利用社会网络原理构架学科信息服务体系，形成学科社区。可以参考社会网络的系统设计、运行模式来优化与架构学科信息服务系统，更好地鼓励用户参与学科服务，增强系统的开放性与吸引力。

3.4 组织结构的嵌入

对于用户组织结构的嵌入，不限于用户个体或学科服务提供者个人，而是通过在中观层面上研究用户团队与学科服务团队在组织结构和工作机制上如何相互嵌入，从而在制度上保证学科服务更为密切地与用户相结合，更好地满足用户需求，提高用户忠诚度。

3.4.1 外部化——主动嵌入用户组织结构

Shumaker等曾提出图书馆服务的组织嵌入方式，认为组织嵌入指服务经费由用户方提供，甚至由用户方直接进行管理[7]。笔者认为由用户方提供经费甚至直接管理是一种受限制较大的方式，更多情况下学科服务可以通过以下形式嵌入用户的组织结构。

● 通过人员嵌入使学科服务人员成为用户团队成员。这是嵌入用户组织结构最理想的方式。美国匹兹堡大学东亚图书馆（下称东亚馆）成功地做到了这一点。东亚馆主要面向匹兹堡大学亚洲研究中心提供服务，与其形成了良好的关系，并俨然成为其有机组成部分。亚洲研究中心在其网站上将东亚馆及其专业馆员与自有的研究项目及研究人员并列[14]。东亚馆的部分服务项目直接作为亚洲研究中心的活动由亚洲研究中心进行推介。亚洲研究中心主办的活动也常常与东亚馆合作开展。与用户融为一体，自然能促使东亚馆的学科服务更加到位。国内高校中院系资料室和学科分馆，往往面向某个特定的院系设立，服务对象专指性很强，具备嵌入院系组织结构的条件，应该努力争取被认可为院系的成员。我国有些高校为高级职员配备学术秘书。学术秘书承担了部分学术信息搜集和处理的职能。实际上，学科馆员具备学术秘书所需的专业素质，也承担了学术秘书的部分职责。如能争取学校支持规定学科馆员兼任学术秘书，将学科馆员嵌入到院系的学术研究团队中，不失为学科服务嵌入用户组织结构的好方法。

● 通过服务嵌入使学科服务成为用户工作中必不可少的环节。学科服务人员嵌入用户团队，能够在组织机构上保证学科服务的密切结合，但实施起来困难比较大，而从工作机制上的嵌入则相对容易。学科服务中应建立与用户的深度合作关系，通过各种方式嵌入用户的工作流程中，并使之制度化，成为用户工作中离不开的环节，而不是依靠人际关系飘忽不定、偶尔为之的服务。比如取得学校主管部门支持，建立学校机构库存储用户的科研成果和工作文档，即可保证学科服务嵌入用户的研究和信息交流环节中。

3.4.2 内部化——邀请用户嵌入学科服务

用户内部化是将用户这一外部环境要素导入图书馆内部，成为学科服务内部的重要要素。用户内部化的意义体现在两个方面：①"内部化"了的用户，因利益纽带将其与图书馆捆在了一起，进而会产生一种责任感，主动地把自己以及他人的需求反映给图书馆；有助于图书馆及时了解用户的需求变化，快速调整服务方式和营销策略，真正实现用户满意。②用户内部化会使广大用户潜移默化地接受图书馆的理念和文化,自觉地将自己与图书馆融为一体,产生对图书馆的亲切感和依赖感。这种特有的"图书馆情结",会使其成为图书馆的宣传者和忠诚用户,长期不会改变。

用户内部化可以通过两种方式实现:①聘请兼职员工。为促进与对口学院的联系,深化学科服务,不少高校图书馆尝试在学院师生中聘请兼职员工。例如清华大学图书馆在对口院系聘请图书馆教师顾问,在研究生会和学生会中聘请图书馆学生顾问;武汉大学图书馆在院系中设立重点教师参加的文献资源建设委员会;上海交通大学图书馆在学院科研团队中聘请信息专员。这类图书馆兼职员工尽管称谓不同、工作范围各异,但工作职责多为资源建设、图书馆宣传、建议与反馈、指导学科服务等。深入在用户群中的图书馆兼职员工不仅能起到桥梁和纽带的作用,而且可以达到用户内部化的目的。因为受聘人员无论从道义上讲,还是从制度约束上讲,都要履行必要的职责,提供应尽的义务。这就会使其不知不觉地在感情上、行为上向图书馆倾斜,最终成为图书馆内部化客户,成为图书馆的忠诚用户。②建立用户利益共同体。图书馆需要寻求合作伙伴,通过互惠互利的方式,构造利益共同体,共同推进学科服务。例如在高校中有不少活跃的学生社团,是学科服务很好的合作伙伴。学生社团了解学生需求,他们参与服务的设计能使学科服务更加贴近学生的需求。同时学生社团也愿意参与学科服务的相关工作,希望在工作实践中锻炼自身能力和提高社团的影响力。在互惠双赢的基础上,图书馆可以寻求类似的合作伙伴,构造成利益共同体,从而使用户成为学科服务的稳定使用者、需求信息提供者、服务方案设计者和服务质量监督者。

4 4种服务模式的关系

综上所述,在学科服务的4种嵌入方式中,物理空间和数字空间的嵌入更多地是从用户使用的角度,强调"用户在哪里,学科服务就在哪里",到用户最常在的空间中提供服务,通过提高服务的可见度和易用性,使用户无需离开自己的学习和工作环境,就能利用学科服务,提高用户的满意度。在当今的数字化环境中,用户更多地借助网络使用数字资源,嵌入用户数字空间的学科服务是最常用的方式。然而,作为物理场所的图书馆空间和服务目前仍然具有不可替代的作用,嵌入用户物理空间的学科服务同样是不可或缺的服务方式。数字空间和物理空间的嵌入是相辅相成、相得益彰的。

社会关系和组织结构的嵌入则是从社会网络的角度,强调建立和强化学科服务与用户个人和团体之间的联结,通过良好的用户关系和良性互动促进学科服务的发展;通过组织结构和工作机制上的双向嵌入,保证学科服务与用户的紧密结合,提高用户忠诚度。相对而言,社会关系的嵌入建立在个人关系和个人情感的基础上,对于建立与学科用户的联系,打开学科服务的局面往往效果比较明显;同时它也更多体现为个人行为,具有一定的随意性和个体差异性。一旦出现学科服务人员或是用户的变动都会对学科服务造成较大的影响。组织结构的嵌入则,建立在组织结构和工作机制上,从制度上提供保障,人员的变动对于学科服务的影响不大。组织结构的嵌入更具稳定性和保障性,对于促进学科服务的发展是非常重要的。在实施用户嵌入式学科服务时,这两种嵌入方式缺一不可。如果离开了组织结构的嵌入,学科服务就失去了制度保障,稳定性和长久性将受到影响;如果离开了社会关系的嵌入,学科服务也就失去了感情的交流,不利于提高用户忠诚度。

参考文献:

[1] Transforming liaison roles[EB/OL].[2011-08-24]. http://www.arl.org/rtl/plan/nrnt/nrntliaison.shtml.

[2] Planyi K. The great transformation[M]. Boston:Beacon Press. 1944.

[3] Granovetter M S. The impact of social sturcture on economic outcomes[J]. Journal of Ecnonomic Prespectives,2005,19(1):33-50.

[4] 王凤彬,李奇会.组织背景下的嵌入性研究[J].经济理论与经济管理,2007(3):28-33

[5] 秦铁辉.嵌入性理论对情报学研究的启示[J].图书情报工作,2009,53(24):5-6,20.

[6] 李怀斌.客户嵌入型企业范式研究[M].北京:清华大学出版社,2009.

[7] Shumaker D, Tyler L A. Embedded library services:An initial inquiry into practices for their development, management, and delivery[EB/OL].[2010-03-06]. http://www.sla.org/pdfs/sla2007/ShumakerEmbeddedLibSvcs.pdf.

[8] 初景利,吴鸣.嵌入式学科服务的实践与思考[EB/OL].[2011-07-09]. http://wenku.baidu.com/view/dc2f48d6195f312b3169a531.html.

[9] College students' perceptions of libraries and information resources——A report to the OCLC membership[EB/OL].[2009 10 14]. http://www.oclc.org/asiapacific/zhcn/reports/pdfs/studentperceptions.pdf.

[10] Lewis V, Moulder C. Graduate student and faculty spaces and services [M]. Washington, D.C.:Association of Research Libraries,2008:11-14.

[11] 刘颖,黄传惠.嵌入用户环境:图书馆学科服务新方向[J].图书情报知识,2010(1):52-59.

[12] 杨九龙,杨雪琴.论图书馆与社会网络的互动[J].情报杂志,2009(9):27-30.

[13] Tails Group. Mashing Up the library competition[EB/OL].[2007-06-07]. http://

www.talis.com/tdn/competition.

[14] Asian Studies Center at the University of Pittsburgh[EB/OL].[2009 – 10 – 12]. http://www.ucis.pitt.edu/asc/index.html.

作者简介

刘 颖,女,1974 年生,副研究馆员,发表论文 17 篇。

院所协同的学科化服务发展模式

杨志萍[1]　钟永恒[2]　吴　鸣[3]　张冬荣[3]

(1. 中国科学院国家科学图书馆成都分馆　成都　610041；2. 中国科学院国家科学图书馆武汉分馆　武汉　430071；3. 中国科学院国家科学图书馆　北京　100190)

摘　要　针对中国科学院国家科学图书馆在学术型图书馆转型发展方面的具体战略举措——院所协同学科化服务模式建设进行分析，主要从综合文献保障分析、学科情报分析、知识环境建设、特色知识化服务、嵌入重大项目科研过程、信息利用培训6个方面进行梳理总结；根据科研创新环境发展的新特征和需求，提出院所协同学科化服务下一步的战略发展思路。

关键词　学科化服务　学科馆员　服务模式　协同机制

分类号　G251.6

美国研究图书馆协会（ARL）的统计数据表明，自1995年以来参考咨询下降数量已经了超过50%－60%。一些用户的行为表明，几乎不需要图书馆员的帮助他们就能完成自己的研究工作[1]。这一现实令很多学术型图书馆陷入发展困境，越来越多的学术型图书馆的核心作用和功能正在被边缘化。2011年9月美国大学与研究图书馆协会（ACRL）发布的《学术型图书馆的价值：一项综合性研究综述和报告》[2]和Janet R. Cottrell发表的《我们能做什么？——将学术图书馆的目标与机构的使命结合起来》[3]一文，针对身处当代信息环境日新月异的发展下的学术型图书馆，提出了应将自身战略发展与服务的机构或用户需求紧密相联的观点，即通过掌握所在机构的使命和目标，将学术图书馆的作用与机构的发展战略和需求结合起来，从而确定和制定图书馆的发展战略与任务。目前，国内外学术型图书馆的服务与机构或用户的需求存在一定的距离，用户希望图书馆员们能够为他们解决复杂问题提供帮助，能够为整个研究过程提供更加便捷快速的工具，比如为他们的研究创建关联信息、进行数据管理（危机中的研究型图书馆）[1]和提供信息分析等，而不是通常意义的图书馆服务。

如何体现学术型图书馆的价值，如何将其核心价值建立在科研用户关心的问题上，这是近年来图书馆界的热门话题。中国科学院（以下简称"中科院"）国家科学图书馆（以下简称"国科图"）近年来所开展的院所协同学科化服务在这方面做了一些有益尝试，不仅将学术图书馆的发展定位紧紧与服务机构的战略规划相耦合，而且将其发展计划贯穿于服务机构的实施任务中，探索性建立了学科化服务发展目标与服务机构的战略发展相契合的任务机制，初步建立了融入服务用户科研过程的协同服务模式，取得了良好成效。本文拟对这些工作进行梳理和总结，并针对新形势、新任务下的科研创新活动，探讨新的战略任务以及数字化、个性化知识服务体系的实施内容，为学术型图书馆的转型发展提供新思路。

1 院所协同学科化服务的背景

国科图的主要职责之一是负责中科院文献情报系统文献情报工作的组织、管理、指导和协调，其学科化服务范围覆盖全院100多个研究所。这些研究所绝大多数都设有文献情报服务岗位，但其归属部门各有不同，如有的研究所单设部门，有的划归信息中心管理，有的设在科技处，等等。按行政级别来看，国科图与研究所为同等行政级别；按管理职责来看，国科图承担有组织、指导和管理研究所文献情报事业发展的义务，由此中科院的文献情报服务工作形成了院所两级的服务模式。

国科图的学科化服务始于2004年（当时单位名称为中国科学院文献情报中心），由各部门的骨干人员（同时也称为学科馆员）兼职承担，主要任务是到部分研究所开展资源与服务的宣传推介工作，与研究所沟通联系。这种服务方式较单一，且学科馆员时间和精力有限，不能满足研究所科研用户对信息服务的多样化需求。随着中科院知识创新工程的深入开展，2006年中科院整合组建了国科图，其后，根据中科院对国科图职责的定位和研究所科研用户对信息服务的需求，并考虑到中科院机构间的属性与体制的特色，国科图在为每个研究所都配备有国科图的专职学科馆员的基础上构建了学科馆员责任绑定的、院所协同的学科化服务模式[4]。

协同的简单解释即为协调两个及以上的不同资源或者个体，协同一致地完成某一目标的过程或能力。院所协同学科化服务是指在中科院直接领导下，以国科图为牵头单位，协调全院各研究所开展学科化服务，协同一致完成研究所图书馆的转型发展。这种协同关系包括两个层面：一是机构层面协同，即国科图与研究所，甚至可能包括与其他单位（如中科院网络中心）的协同，机构领导之间的协同也包括在此范围中；二是不同机构的部门之间协同，可能涉及一个或多个部门，如国科图的学科服务部、信息技术部、情报研究部、信息服务部，以及研究所的信息中心、科技处、课题组或实验室等。此层面包括具体人员之间的协同，如国科图学科馆员、信息技术人员与研究所图书馆员、科研人员等。

院所协同式学科化服务包含两个层面的意义：一是通过院所协同，建立国科图与研究所的密切联系，拉近服务者与被服务者的距离，为进一步了解研究所发展战略和需求提供保障，从而为更好地描绘学科化服务发展愿景打下坚实基础；二是通过院所协同，转变研究所的服务意识，推进服务创新发展，拓展服务模式，提升研究所在文献情报方面的服务水平，为研究所文献情报的可持续发展奠定基础。院所协同式学科化服务目标是建立融入科研、灵活创新、责任清晰的个性化、学科化服务机制，形成全院统筹规划、联合协作、协同服务的工作模式，在提升研究所文献情报服务水平的同时，高效及时地保障科研用户和研究生们对文献信息利用的需求。

2 院所协同学科化服务模式发展建设

"十一五"期间，国科图从组织管理顶层上，将学科化服务内容与院所协同紧密结合，通过挖掘服务需求和主动设计服务，在推出了一系列创新文献情报服务内容的同时，多维度地建立了协同联合服务机制，建立了院所文献情报绑定服务与指导机制，提升了研究所文献情报人员水平，推进了研究所文献情报服务模式转变，初步建立了满足中科院研究所的科研一线用户需求的文献情报服务模式。"十二五"期间的院所协同学科化服务战略发展，将密切与中科院"创新2020"和研究所"一三五"规划相结合，具体表现为在研究所承担的实施任务上，突出以用户需求为导向，在探索资源带动、知识化带动、数字工具带动等图书馆转型服务发展和满足用户需要方面积极开拓思维，推进研究所图书馆的成功转型发展。

2.1 院所协同综合文献保障分析

文献保障分析是开展学科化服务的重要任务之一，是立足研究所服务的根本。"十一五"期间，主要工作重点在文献保障分析上，其方法是通过研究所科研人员发表论文的期刊、发表论文、所引用的期刊以及目标机构所拥有的资源状况，结合用户调查、文献传递需求特点以及该所用户咨询的问题，分析研究所资源保障的范围和目标，并提出资源保障方案[4]。考虑到研究所图书馆人员的能力发展，"十一五"期间院所协同文献保障分析采取了两步走的方式：首先，以学科馆员与资源建设部的学科采访馆员为主，以研究所图书馆员为辅，有选择性地开展研究所资源保障分析，建立了规范性的保障分析方法和步骤，为已选研究所提供了定性和定量化资源保障分析报告，为更多研究所提供了文献保障分析示范试点建设的案例。在此基础上，由国科图牵头，以学科馆员为主，面向全院研究所定期开展资源保障分析方法培训，让更多的研究所图书馆员掌握所级资源保障分析方法，为开展覆盖全院研究所的全面资源保障分析奠定基础。

"十二五"期间，将在以上基础上，建立规范化的研究所资源保障分析指南，逐步开展全面的院所协同下综合信息资源保障能力的分析，为研究所开展综合文献资源保障分析提供规范和指导。将重点实现四大战略任务：①由国科图牵头，院所协同建立科学、合理的多方位的综合资源保障评价指标体系；②以研究所为主，国科图指导并参与，规划研究所的文献全面保障工作，建设较全面的研究所综合文献资源保障体系，建立新型院所协同对技术报告、技术经济市场信息、战略与政策研究信息等的保障获取机制，提高研究所获取综合创新信息的能力；③由国科图牵头，建设科研资源协同化、数字化建设管理机制，研究建立协同数字化建设与资源管理公共服务平台，实现分布环境下的数字资源的全院集成管理；④由国科图牵头，研究建立开放学术资源和综合创新信息资源的发现、组织和集成利用的公共服务机制，实现全院研究所综合资源的合理与充分利用。

2.2 院所协同学科情报分析

"十一五"期间，国科图学科馆员与研究所图书馆员一起，开展了课题情报服务，初步建设了嵌入到用户和科研过程的专门化、个性化、集成化学科服务机制，逐步成为科研用户在科研过程中的合作伙伴。此期间服务重点是根据研究所 VIP 用户的需要，由国科图学科馆员带动研究所图书馆员一起，在科研项目申报与开题、结题和论文撰写、新产品研发或专利申请时，开展学科情报服务需求调研、方案设计、论证研讨和内容建设等，为 VIP 用户提供专门化、个性化、集成化的学科情报分析服务[5]。同时，国科图牵头，以情报研究部的情报专家为主，面向全院研究所开展情报研究分析方法与实践培训，使更多研究所图书馆员掌握学科情报研究分析方法，为开展覆盖全院研究所的全面学科情报研究分析奠定基础。

"十二五"期间，将在以上基础上，针对研究所战略发展和重要学科发展方向，面向研究所层面和重要项目或实验室，根据研究所"一三五"发展规划和重点学科或研发任务，全面建立院所协同的研究所学科情报分析能力提升机制。具体而言，将重点实现四大战略任务：①由国科图牵头，协同研究所相关人员，统筹设计科技政策和学科领域的多方位系列学科情报服务体系。对基础类研究所，主要服务方向包括科技政策与管理分析、前沿动态跟踪分析、研究所竞争力分析、专题发展态势分析、重大问题情报调研等。对高技术类研究所，主要服务方向除可能包括前述基础类研究所的服务外，还将包括专题技术分析、专利分析、技术能力分析和市场产业化分析等。②针对上述学科情报服务体系，在中科院经费支持下，以研究所为主，国科图负责组织、指导并参与实施，建立研究所学科情报服务指南，包括各类学科情报研究服务的服务目标、范围、技术路线、流程和基本模板等，形成多维度学科情报服务路线图，为研究所人员（包括研究人员和图书馆员）开展学科情报服务提供规范、指导。③为进一步深入开展互动式学科情报服务，建立研究所人员（包括研究人员和图书馆员）、国科图人员（包括学科馆员、情报人员等）的协同联动学科情报服务机制，实现学科情报服务从"供给驱动型"向"需求驱动型"转变。④在中科院学科情报专员认证和任职能力认证下，国科图牵头、指导并协同实践，建立院所学科情报分析评价服务体制，形成科研人员、研究所参与者和学科馆员反馈互动的良性循环机制，推进研究所学科情报服务的不断完善发展。

2.3 院所协同知识环境建设

"十一五"期间，国科图开发了研究所机构知识仓储（institutional repository，IR），在应用建设方面建立了三方协同工作机制——国科图技术团队负责机构知识仓储的系统开发和技术支持工作，学科馆员承担责任研究所（即学科馆员所服务的研究所）的宣传推广工作，研究所图书馆员作为研究所机构知识仓储的主要建设人员。有51家单位正式参与收集管理、长期保存和开放利用研究所的学位论文、学术论文、研究报告、会议发言、专著以及其他知识资产[6]。另外，国科图开发了所级信息服务数字利用系统平台，同样也以三方协同工作方式为没有或需要更新图书馆网站的研究所建立所级信息服务数字利用网站。国科图还探索性地为研究所课题组研发了学科领域知识环境（XKE）和学科组信息环境服务系统框架（iLibrary \ IIP），国科图学科馆员、技术人员和研究所科研人员、图书馆员或网络技术人员协同工作，试验性地在全院十几个课题组开展应用建设。

"十二五"期间，将在以上基础上，挖掘科研用户现有和潜在的信息需求、信息自组织能力，增强其信息获取手段，并借助先进的科研服务理念、先进的计算机网络技术与工具，运用知识管理和知识服务理念[6]，嵌入科研过程所需的信息资源和管理元素，建立面向学科组的互动式学科特色知识环境，提供学科组个性化科技创新综合知识服务。为此，将重点实现四大战略任务：①将研究所机构知识库融入学科组知识环境，实现针对学科组需求的成果统计、图谱分析、知识审计、竞争力分析等服务,提升研究所知识服务与知识管理水平,推动研究所科研管理效益的提高和知识创新能力的提升。技术实现方面,主要由国科图技术人员负责,研究所人员和学科馆员协同完成;调研与服务推广方面,以研究所人员为主,学科馆员协同完成。②以国科图为牵头单位,研究所为负责单位,在全院范围内建立中科院机构知识库网络(CAS IR Grid),达到基本覆盖所有研究所,与此同时完善公共资金资助科研成果的各类政策指南和服务支持体系。③在中科院经费支持下,以研究所为主,国科图负责组织、指导并参与实施,开展课题组知识平台建设,建立研究所群组知识平台建设指南,包括不同类型知识平台的技术搭建流程、方法、范围和基本模板等,形成规范化的课题组知识平台建设路线图,为研究所人员开展群组知识平台建设提供规范、指导。④对于中科院重大学科发展方向,如生物等学科领域,由中科院提供经费支持,委派国科图牵头,相关研究所图书馆参与,建设基于本体的学科知识图谱,即通过本体技术,针对某一特定学科领域、交叉学科领域的知识进行管理、传输与利用,实现对学科知识的自组织、自关联、自扩充,提供信息采集、存储功能,帮助科研人员实现知识内容的梳理与挖掘,帮助他们识别、发现和创造新的知识,为其科研创新提供信息支撑和工具[7]。

2.4 院所协同特色知识化服务

"十一五"期间,根据研究所重要特色能力建设需要,由中科院战略规划局牵头,国科图和研究所共同负责建设了学科战略情报研究、综合数字知识管理、区域联合资源保障体系三类特色能力,建设了4个研究所特色分馆。特色分馆建设中,由中科院提供特色能力建设经费资助,国科图和研究所共同指派所级领导人负责,学科馆员和研究所图书馆负责人为两方协同推进负责人,国科图全面负责特色分馆建设的培训和指导。特色分馆建设中开展了个性化的培训,并建立了定期检查和汇报机制,初步探索性地构建了新型院所协同式特色能力服务队伍和服务模式。

"十二五"期间,根据中科院对研究所"创新2020"的新要求,根据新形势、新环境和科研活动的新特点,将继续在中科院经费支持下,以研究所为主,国科图组织、指导并参与,规划、遴选和建设研究所新型特色服务能力,拓展和深化院所协同学科化服务模式和内容。此阶段工作的重点任务是建设市场产业咨询特色能力和区域信息服务特色能力,在全国范围内形成具有典型服务意义的特色分馆。在市场产业咨询特色能力方面,将针对在产业化方面影响力较大或未来较有发展前景的高技术类研究所,以研究所的需求为主要导向，遴选有一定产业化基础且技术创新力较强的研究所的文献情报机构或相应部门，以该机构或部门为主，国科图组织、指导并参与，协同建设融情报咨询、技术转移、战略研究等为一体的创新型市场产业咨询特色能力。在建设行业与经济社会信息、开放信息和决策信息等信息资源体系基础上，构建产业与战略发展集成分析功能平台，实现融科技信息、技术转移转化信息、科技政策信息为一体的资源智能量化的知识分析，发展建设嵌入技术创新过程的专利分析服务和行业市场咨询服务，初步构建全院产业化信息资源、信息服务和人才的共建共享机制，为开展嵌入技术创新活动、技术转移活动和决策管理咨询提供知识分析服务。在区域信息服务特色能力方面，针对地区科技发展需求和院地合作需求，以中科院已有一定基础的院地合作的研究所文献情报机构为主，国科图组织、指导并参与，联合地区构建多方共建共享、具有明显区域科技研发特征的科技信息资源保障体系和信息服务体系，构建区域网络联合科技咨询服务平台和区域科技决策信息支撑服务体系，提供科技资源共享服务和科技信息咨询服务。

2.5 院所协同嵌入重大项目科研过程

"十一五"期间，针对所级文献情报创新服务问题，国科图于 2008 年开始设立创新到所项目，积极推进所级文献情报人员参与、探索用户需求驱动的院所协同知识化服务机制建设，从以学科馆员为项目负责人为主发展到以研究所图书馆员为项目负责人为主、科研人员和学科馆员等参与的项目协同机制，探索性建立了院所知识服务协同研究机制、流程和方法，尝试开展了嵌入科研课题过程的信息服务和知识化服务，提升了所级文献情报服务人员的能力。目前，创新到所项目达 114 项，覆盖范围达 75 个研究所，其中包括：研究所图书馆能力提升项目 18 项，信息环境建设项目 23 项，学科情报服务项目 58 项，知识产权服务项目（专利分析）15 项。编发了两期"中国科学院研究所图书馆创新服务通报——创新到所项目专辑"，一方面供各研究所同行学习交流，一方面向研究所决策者和科研人员宣传图书馆创新服务。针对中科院近年来在一些地区新建了不少研究所这一情况，国科图为新建研究所设立了文献情报服务专项，院所共同建立个性化信息服务方案，建立了国科图专人指导机制，努力营造服务保障环境。

"十二五"期间，在中科院支持下，国科图将领头，与研究所图书馆一起建立嵌入重大项目科研过程的知识服务体系。针对重大项目科技创新活动，营造优化的知识化交互式服务环境，包括建立与之相匹配的数字信息集成融汇的交互个性化信息环境，实现与重大科研项目相关的综合文献、开放学术信息、科学数据、统计信息、专家机构、工具与软件、技术与市场、经济与社会、战略与政策等多类信息资源的个性化集成保障和支持知识创造力融汇的新型服务环境。研发可灵活嵌入科研过程的个性化知识服务工具系统，将各种信息检索、分析、管理、传播和保存工具嵌入项目科研工作环境，支持用户科研过程中自助知识分析、动态发现、定制、整合、管理利用各类知识资源，实现个性化集成组织、共享和管理知识资源。根据重大科研项目类型和特色，在其不同进展阶段，从共性和个性角度，建立与之发展相匹配的知识分析服务体系，将学科情报服务、知识产权分析服务和产业化分析服务融入重大科研项目知识化服务体系，针对性、个性化地开展学科态势分析、前沿领域研究、专利信息分析、市场分析等情报跟踪服务，全面满足重大项目科研过程的需要，开创新型文献情报服务模式。

2.6 院所协同信息利用培训

"十一五"期间，面向研究所研究生和科研人员，院所协同在全院所有研究所定期、不定期地组织开展了文献资源与服务、数据或信息分析工具和文献管理工具等面向全所的大培训。学科馆员还和研究所图书馆人员一起，走进课题组、实验室或办公室，在调研问题的同时，现场开展一对一或一对多的信息利用指导服务或培训。另外，国科图还通过建立"e图淘宝"专栏、撰写网络日志、开设博客网站、开展沙龙讲座及影视展播等多种方式，深入拓展数字信息培训形式。在中科院经费支持下，由国科图建设了"开放信息素质教育服务平台"，融信息检索技巧、科研方法指导、论文写作与投稿等为一体，初步实现了数字化的信息利用指导培训。

"十二五"期间，"开放信息素质教育服务平台"将进一步发展，围绕"创新型科研工作流"来提供关于信息素质、科学研究、数据分析、科研道德规范等的数字交流空间。由国科图牵头，开展研究所用户综合信息素质教育能力普及建设，建设规范化、个性化的研究所用户培训课程体系、服务与管理机制，初步建制性建立研究所科研用户培训服务机制，编制《研究所信息素质教育指南》。针对全院比较集中的学科，根据科研工作流特点，全面开展嵌入科研过程的信息利用指导服务体系建设，打造经典型阶段性的实用课程培训体系，全面满足科研人员和学生对信息利用的多样需求。

3 结 语

今天的科技创新往往面对的是海量、模糊、复杂关联和动态发展的知识，科技创新的信息需求发生了重要转变，也对信息服务提出了不同以往的要求[8]。在如何及时获取有价值的信息,如何利用信息技术来共享和创造知识等方面,学科化服务的创新发展任重而道远[9],国科图所开展的院所协同学科化服务也仅仅是学术型图书馆转型发展的起点,还有众多问题需要通过实践来不断解决。笔者希望与同仁一起探讨。

致谢:国家科学图书馆张晓林馆长、孙坦副馆长在学科化服务方面所表达的观点和见解,初景利教授对此文的宝贵建议和经验传授以及全馆学科馆员、全馆参与协同服务的同仁、研究所领导和相关人员在学科化服务实践上的探索和经验,均为本文写作提供了素材和源泉,在此表示诚挚的感谢!

参考文献:

[1] Bohyun K. Research librarianship in crisis: Mediate when, where, and how? [OL]. [2012 – 01 – 25]. http://acrlog.org/2011/08/01/research – librarianship – in – crisis – mediate – when – where – and – how/.

[2] Cottrell J R. What are we doing here, anyway? ——Tying academic library goals to institutional mission[OL]. [2012 – 01 – 25]. http:// crln.acrl.org/content/72/9/516.full.

[3] Megan O. The value of academic libraries: A comprehensive research review and report [OL]. [2012 – 01 – 25]. http:// www.ala.org/ala/mgrps/divs/acrl/issues/value/val_report.pdf.

[4] 初景利,张冬荣.第二代学科馆员与学科化服务[J].图书情报工作,2008,52(2):6 – 10.

[5] 王春,杨志萍,田雅娟,等.再论中国科学院国家科学图书馆"学科馆员"的学科化信息服务[J].图书情报工作,2009,53(7):79 – 82.

[6] 王丽,孙坦,张冬荣,等.中国科学院联合机构知识库的建设与推广[J].图书馆建设,2010(4):10 – 13.

[7] 宋文.院所协同机制下的专业领域知识环境建设[J].图书情报工作,2010,54(14):116 – 120.

[8] 张晓林.颠覆数字图书馆的大趋势[J].中国图书馆学报,2011(5):4 – 12.

[9] Noraida Domínguez – Flores. The future of librarians in Puerto Rico[OL]. [2012 – 01 – 30]. http://express.ifla.org/node/2800.

作者简介

杨志萍,女,1967年生,研究馆员,发表论文40余篇。

钟永恒,男,1965年生,国家科学图书馆副馆长,武汉分馆馆长,研究馆员,发表论文30余篇。

吴鸣,女,1964年生,研究馆员,发表论文30余篇。

张冬荣,女,1971年生,研究馆员,发表论文10余篇。

基于科研用户需求的学科化服务模式与保障机制[*]

吴跃伟　张　吉　李印结　邱　天

（中国科学院国家科学图书馆武汉分馆　武汉　430071）

摘　要　在分析科研用户信息需求特点的基础上，结合学科馆员工作实践，提出学科化服务的6种主要模式：嵌入科研一线提供学科咨询、开展提升科研人员信息素质的用户培训、为重点用户提供学科情报、跟踪科研动态开展专题服务、根据用户需求搭建个性化信息平台、以知识库建设推动研究机构知识管理。学科化服务工作的保障机制，主要体现在：充分认识学科化服务的重要性、设置专职学科馆员岗位、注重学科馆员能力建设、协同全馆构建服务保障体系、强化领导组织与管理、进行学科馆员的职业素质培养。

关键词　学科化服务　学科馆员　服务模式　保障机制　科研人员

分类号　G251.5

1　前　言

我们面临的知识环境以及知识创造的方式和过程正在发生巨大的变化。深刻认识这些变化的方向和内涵，对于研究型图书馆来说，具有至关重要的意义[1]。以学科馆员为主体、面向科研一线的学科化服务是适应这种变化的图书馆创新服务产物，体现了图书馆核心价值从资源主导型向服务主导型的转变与发展。为适应信息环境、技术与用户信息行为的变化，国内外许多研究型图书馆都推行了学科馆员的制度。有关理论研究也从学科馆员的基本概念、能力素质、岗位职责逐渐发展到对学科馆员服务模式、服务流程与工作机制建设等方面的研究。本文结合学科馆员工作实践，对学科化服务的模式和保障机制进行总结与探讨。

---

[*] 本文系中国科学院国家科学图书馆青年人才领域前沿项目"学科化服务工作方法的优化研究"（项目编号：09QNRC07）研究成果之一。

2 科研用户及其信息需求特点

2.1 科研用户的基本结构

图书馆学科化服务是面向用户的服务,掌握用户及其需求是开展学科化服务的前提。实践中发现,研究所科研用户主要分为三类:第一类是研究所领导及科研管理部门,他们是决策者和管理者,主要承担着研究所总体发展规划、科研部署、业务与行政管理等任务;第二类是学科组长及科研人员,他们是科研活动的主体,主要任务是根据不同研究方向,通过争取国家、地方以及其他基金项目支持开展科学研究。项目经费主要来源于国家自然科学基金、863、973、国家杰出青年人才基金、国家重大专项基金、国内外合作基金以及系统内部基金等纵向基金项目,同时也包括来自支持地方科学与经济发展的横向基金项目;第三类是以在读研究生为主体的流动人员,包括博士、硕士研究生与交流人员,他们是科研助手,直接参与到科研活动中,主要承担着对信息资源搜集、分析与提炼,实验数据的获取等工作,是科研活动中的重要支撑力量。这三类科研人员之间相互交叉,研究所领导大多是学科组长和科研人员,他们不仅承担着管理工作,同时也承担着研究项目和培养研究生的任务。

2.2 科研用户信息需求特点

2.2.1 对原始文献的需求

无论用户在科研活动中担当什么角色,对反映原始科研成果的文献信息需求都是最基本的需求。尽管网络提供了海量信息,但是仅有网络信息是不够的。因为大量学术信息资源,尤其商业化的数据库的使用受制于本机构是否购买使用权限,昂贵的数据库价格使一般科研机构难以承受,不能确保本机构科研人员所需要的所有信息资源;同时科研人员在信息查询与获取方面不如图书馆服务人员那样游刃有余,经常会因为无法获取所需文献资料感到苦恼。

2.2.2 把握领域发展态势

为了确保所从事的研究具有前瞻性和创新性,学科组长和项目负责人在制定研究计划或申请项目时,十分关注相关领域研究热点是什么?该领域有哪些国家、哪些机构、哪些人在从事相关研究?已经取得的研究成果是什么?面临的重大问题是什么?相关关键技术是什么?未来发展趋势如何等。

2.2.3 跟踪学科研究动态

科学技术飞速发展推动科研成果不断涌现。在科研过程中,科研人员需要及时发现和跟踪同行科研进展，通过了解和借鉴他人的研究成果、技术与方法，指导和修正自己的研究侧重点和突破方向，加速推进自己的科研进程，提高科研效率，因此他们需要以最便捷的方式随时关注本领域最新研究动态。

2.2.4 掌握机构科研实力

研究所领导和学科组长着手搭建某个领域科研平台时，为了赶超国内外一流科研机构，考察本机构在同行中的地位及其影响力，希望通过某些关键指标对比，发现所在机构的优势与不足，这些指标包括科研政策、组织架构、管理模式、团队构建、经费投入、科研产出及其影响力、国际交流、战略定位与未来发展部署等，用以指导科研机构的学科方向和重点领域布局。

2.2.5 个性化知识环境建设

Web2.0时代，网络不仅提供信息，同时也能发布信息，形成用户交流与互动。作为科研单元的学科组（或项目组、课题组），既是研究所科研组成部分，也是独立的科研单元，他们拥有自己的科研领域或研究方向，也有自己的科研团队，需要向外展示其科研活动与成果，不断扩大影响力；同时需要通过个性化信息空间集成信息，以提高对本领域特色信息资源的利用效率，因此通过网络搭建开放的用户个性化知识环境也成为网路时代学科组的需求。

2.2.6 有效管理科研机构知识资产

机构知识库是利用网络及相关技术，依附于特定机构而建立的数字化学术数据库，它收集、整理并长期保存该机构及其社区成员所产生的学术成果，按照开放标准语相应的互操作协议，允许机构及其社区内外的成员通过互联网来免费地获取使用[2]。面对科研机构大量的学术论文、专利、研究报告、学术专著、学位论文以及与科研活动相关的各类知识产品，以机构知识库方式进行管理，它能实现对本机构知识资产的有效组织、统计、分析、调用、长期保存、合理开放利用，能有效促进科学交流，因此受到研究机构管理层的青睐。

2.2.7 信息素质提升要求

信息技术与环境对科研用户的信息素质提出了更高的要求。信息素质主要包括信息获取、检索、管理、分析、利用能力以及遵守信息道德等。具体包括知道与科研相关的专业信息资源及其获取渠道；掌握数据库使用方法技巧；对大量信息资源进行科学有效的管理；查找合适的期刊发表研究成果；运用信息工具分析研究领域的发展态势。此外，还包括各种专业的统计、分析软件、数据分析工具的使用技能等。

3 学科化服务的主要模式

以上分析发现：科研用户的信息需求是大量的、随时发生、普遍存在和多样化的，这就为开展学科化服务提供了广阔的空间。由于科研用户信息需求具有差异性，图书馆需要采取不同的服务策略，既包括面向广大科研用户的基础性服务，也包括针对重点用户的知识化服务。结合笔者的学科馆员服务实践，将学科化服务的主要模式总结为以下6种。

3.1 嵌入科研一线的学科咨询服务

融入科研用户，发现用户需求，建立长效的用户联络机制是开展学科化服务的基础。要通过各种有效方式，让科研用户随时随地方便地找到学科馆员。服务实践：①经常到科研一线、到科研人员办公室、实验室和研究生工作间提供现场服务；②利用网络建立学科化服务空间或通过各种有效方式与科研用户建立密切联系，如加入到科研用户QQ群、Email、MSN、Blog、手机等针对咨询问题提供及时解答；③利用图书馆网络咨询平台，通过实时咨询和离线表单方式解答用户所咨询问题。用户咨询问题主要包括文献检索技巧和全文获取类、信息分析类、信息管理类、学科情报类和学科组平台建设类等。

3.2 开展提升用户信息素质的培训服务

组织策划多种形式的培训活动，推动科研用户信息能力提升。培训方式主要包括：①现场培训。定期到研究所对全所科研人员进行培训，包括对研究所每年新招收的博、硕士研究生进行集中培训、深入课题组的个性化培训、针对研究所重点用户的个别宣传辅导等。②网络辅导。通过MSN、QQ网络视频以及电话等方式对用户进行远程辅导。③组织各类课件提供给科研人员，帮助科研人员自我学习。培训内容包括图书馆信息资源与服务。资源方面：主要介绍特色资源的获取、分析、管理、文献调研方法等；服务方面：主要宣传图书馆提供原文传递、实时咨询、随易通、e划通等服务项目，促使科研用户的信息利用能力显著提高。

3.3 围绕重点用户提供学科情报服务

为重点学科和重要专家提供学科情报是深化学科服务的必然发展。学科情报能总结过去（如学科发展脉络）、把握现在（如学科发展态势）和展望未来（如学科发展趋势预测、前瞻等）[4]，所提供的学科情报产品类型主要有学科领域态势分析、机构竞争力分析、科研成果分析、产业技术分析等，为用户的科研决策提供参考。对于学科馆员提供的情报产品，科研用户给予了高度的认可，科研用户主动给予经费支持，希望这项服务能够可持续发展。

3.4 跟踪科研动态开展定题服务

根据用户所承担的项目与研究课题，对重要的网站、数据库、专家博客等网路信息源进行定期扫描，经过分析加工整理成专题信息，及时推送给用户。服务内容与方式包括：①编辑快报，例如为承担国家重大专项任务的学科组提供了《艾滋病研究领域快报》，为承担中国科学院创新先导项目的课题组提供了《干细胞领域研究快报》等；②单篇快递，在了解用户研究重点的前提下，对于重大消息或成果以单篇形式及时推送给相关科研人员；③通过帮助用户建设的学科组平台发布动态信息，并形成领域动态信息的集成；④将中国科学院国家科学图书馆情报部门编辑的《科学研究动态监测快报》定期发送给科研人员（选择相关分册），有效地支持了用户对科研领域的动态监测与跟踪。

3.5 为科研用户搭建个性化信息平台

学科馆员为学科组搭建个性化知识服务平台是将信息服务嵌入科研用户的一种尝试。过去图书馆搭建信息资源导航，服务针对性不强难以持续发展；而学科组搭建的平台仅用于发布学科组科研活动信息，没有发挥集成网络资源的作用；学科馆员利用了解科研用户和熟悉资源的优势，将学科组的科研活动与特定领域的信息资源进行关联与集成，建立个性化知识服务平台。平台既包括学科组研究领域、科研团队、科研成果、学术交流等与用户科研活动相关的栏目，同时嵌入常用期刊、重要数据库等图书馆资源；另外包括领域动态、学术会议以及试验方法、软件工具、科学数据等网络资源。例如学科馆员为用户搭建的《HIV 分子流行病学与分子生物学学科组》、《肝炎病毒学学科组》、《艾滋病致病及免疫保护机理研究专项》、《神经病毒学科组》、《华南干细胞与再生医学研究中心》等平台，既是学科组对外交流的窗口，也是学科组利用特色资源和跟踪学科动态的工具，有效支持了学科组的科研活动。

3.6 以知识库建设推动研究机构知识管理

中国科学院国家科学图书馆开发了面向科研机构开展知识库建设的技术平台，以推动和提升研究所知识管理能力为目标，开展综合知识管理。为了推动这项工作，学科馆员在充分调研研究所需求的基础上，积极进行机构知识库建设宣传，协助组织建设团队和制定政策，提供咨询，帮助研究所搭建了研究所的机构知识库，如华南植物园知识仓储在半年时间内被点击次数达到 32 多万次。

4 学科化服务保障机制

4.1 充分认识学科化服务的重要性

随着信息环境、技术手段、用户信息需求及其信息行为的变化，图书馆服务必须向专业化、知识化、个性化发展。学科化服务在某种程度上代表着图书馆服务未来发展趋势，开展学科化服务是图书馆核心价值发现和转变的过程，是深化图书馆发展的必然。全馆上下应该充分认识到这一变化趋势，进行前瞻性部署，以指导图书馆服务工作未来的发展。

4.2 设置专职学科馆员岗位

学科馆员需要投入大量时间和精力联系用户、组织用户、策划服务、组织服务，解决用户问题。随着服务的不断深入，学科馆员处于持续不断地融入用户及其科研活动的过程中，这是兼职学科馆员难以胜任的，因此图书馆应该改革现有的体制机制，包括学科馆员人才队伍建设机制和管理机制，一方面从现有馆员中选拔具有学科专业背景和丰富服务经验的人员向学科馆员岗位迁移，另一方面招聘具有学科专业背景的高层次专业人员，组建高素质的专职学科馆员服务团队。

4.3 注重学科馆员能力建设

学科馆员不仅要具备专业领域知识，同时要熟练掌握各种信息工具和服务技能。信息技术与环境的不断变化，要求学科馆员及时掌握新资源、新工具、新技术和新方法。中国科学院国家科学图书馆除了上岗强化培训外，学科馆员还要接受各种新的资源、服务、工具以及各种政策、规范、流程的培训[3]。坚持每年集中开展学科馆员能力培训，通过项目带动、工作推动、服务竞赛、学术交流、方法研讨等方式不断强化学科馆员能力建设。

4.4 协同全馆构建服务保障体系

学科化服务是一种基于资源、技术、人力合作的更加复杂的多层次、全方位的合作[4]。一方面，全馆有义务和责任支持学科馆员的工作；另一方面，面对来自资源建设、信息服务、知识服务、信息能力建设、情报研究以及计算机技术等各种复杂的用户需求问题，学科馆员要学会利用全馆资源，发挥桥梁和纽带作用调动全馆资源，为科研用户提供服务保障。张晓林馆长曾言："学科馆员就是一个图书馆馆长"，即要求学科馆员不仅要集多种服务能力于一身，而且需要具有协调、组织与管理能力，能够调动包括资源、技术、情报以及馆领导在内的全馆资源，构建支持面向科研一线的协同服务保障体系。

4.5 强化领导组织管理与制度建设

组建学科馆员管理机构是十分必要的,要重视学科化服务工作的策划、组织、检查、总结与考核。尽管学科化服务还处在不断探索中,但是通过几年的实践,积累了一定的工作经验,服务内容与方法逐渐清晰,因此,管理部门应该对经验性服务进行梳理,形成模板和流程,结合制定服务计划、组织、检查与总结,并建立用户参与的考评机制,确保学科化服务工作有条不紊地持续推进与发展。

4.6 培养学科馆员的职业素质

高度的责任感、使命感和工作激情是做好学科化服务的基本前提。学科馆员要热爱工作,忠于职守;要努力加强对新知识、新技术的学习,不断提升自己的服务水平和服务能力;要主动融入用户,与科研人员建立密切的关系,开展深入的调查研究,了解用户需求,发现潜在需求,并能根据科研需求积极策划服务、大胆创新,勇于实践;要能够吃苦耐劳,全心全意为用户服务,只有这样才能在服务上不断取得成绩与突破。

5 结 语

学科化服务是网络环境下,为了适应和满足用户需求而诞生的新型服务模式。学科馆员服务制度的建立,使科研用户能够随时随地找到学科馆员,科研过程中的问题能够得到及时解答、信息素质得到显著提升;同时,在学科情报以及个性化、知识化需求方面也得到学科馆员的帮助与支持。在中国科学院,学科馆员受到科研用户的普遍欢迎和赞扬,有的研究所领导评价道:"国家科学图书馆主动推行学科化服务机制,对知识创新工程和研究所产业化的发展都会起到有力的促进作用";"学科化服务的介入,可以让研究人员方便、快捷地获取所需要的信息,节省大量的时间和精力,提高科研工作效率,更好地开展科学研究,多出创新成果和创造较好的经济效益";"国科图的发展思路是清晰的,感受到信息服务的层次和质量出乎意料,服务这样周到,而且实地来做宣传,感受深刻"[3]。用户的肯定表明,学科化服务具有广阔的发展前景。

参考文献:

[1] 张晓林.重新认识知识过程和知识服务[J].图书情报工作,2009,53(1):6-8.
[2] 柯 平,王颖洁.机构知识库的发展研究[J].图书馆论坛,2006(12):243-248.
[3] 初景利,张冬荣.第二代学科馆员与学科化服务[J].图书情报工作,2008,52(2):6-

10,68.

[4] 钟永恒,刘志刚,江洪. 国家科学图书馆学科化服务院所协同机制研究[J]. 情报理论与实践,2011,34(1):80-82.

作者简介

吴跃伟,女,1960年生,研究馆员,信息服务部主任,硕士生导师,发表论文10篇,合作专著1部;

张　吉,男,1979年生,馆员,硕士,发表论文4篇;

李印结,女,1971年生,副研究馆员,发表论文5篇;

邱　天,男,1983年生,馆员,硕士,发表论文4篇。

基于结构洞视角的学科服务模式研究

曹学艳

(电子科技大学图书馆 成都 611731)

摘 要 针对学科馆员时间和精力都非常有限的状况，提出结合结构洞理论的学科服务模式。学科馆员应利用信息优势占据结构洞，针对每一学科团队选择恰当的主要联系人，创造"里应外合"的信息需求环境，提高服务效率，并以学科团队的整体服务跟进为保障，从而有效拓展服务范围和层次，完善学科服务机制，建立起高效的学科服务网络。

关键词 学科服务 结构洞 服务网络

分类号 G250

学科服务模式是国际图书馆界推行的一种开拓性的主动参与式创新服务，最早于1972年见诸文献，因此，国外图书馆学科馆员制度的推出距今已有40年的历史。在我国，清华大学图书馆1998年引入学科馆员制度，开创国内学科服务的先河[1-2]。

作为图书馆与学院的联系人，学科馆员职责宽泛，身兼数职，是具有综合管理能力的"图书馆馆长"[3]，除了涉及学科联络、信息素养培训、资源建设等多个层面外，一般还要从事科技查新、论文检索、定题服务等常规工作[4]，时间和精力都非常有限。随着信息环境和服务工具的改变、学科资源的增加、学科的不断深入发展等，学科馆员的服务范畴和内容更加扩展，很多学科馆员会因为时间和精力不足，引起服务缺失和服务不到位。

因此，建立一种科学的可持续性强的学科服务模式，有效地利用时间和精力，是目前学科服务制度中亟待解决的问题，社会网络分析方法和结构洞理论，为学科馆员服务模式提供了一种新的视角。

1 研究现状

应用CNKI平台（中国期刊全文数据库、中国博士学位论文数据库和中国优秀硕士学位数据库），检索"题名＝学科服务＋学科馆员"的论文，得到文献 1 600 多条（检索时间范围为 1983 – 2012 年 2 月），其中在 2000 年以前，每年只有 1 – 3 篇相关文献，从 2005 年开始，每年增加文献 100 多篇，2007 – 2011 年每年都保持在 250 篇左右，这说明学科服务不仅在国内得到了广泛的认可和普及，相关的学术研究也成为热点，学科化服务在高校图书馆服务中显现出重要性。

就学科服务模式而言，学者也从各个方面对此展开了研究。如刘颖[5]从社会网络的角度提出嵌入式学科服务的创新模式，包括物理空间、数字空间、社会关系和组织结构等 4 种嵌入"渠道"；何青芳等[6]指出，美国部分高校图书馆的学科馆员将课程网站建设、咨询服务、学科网络导航建设等服务嵌入到用户学科信息获取环境中；洪跃[7]提出建立学科服务组（包括学科互助组、互动合作组、创新服务组、全程支持组等），通过团队的形式来提升个人能力；王俊俐[8]等提出学科馆员加图情教授服务模式，该模式需要领导重视和学科馆员的素养提高等才能逐步完善；安娜[9]运用矩阵组织模式进行管理促进学科服务工作深化；黄素媛[10]利用市场营销的 4C 理论，提出学科馆员在实践中必须具备的 Competent、Creation、Contri – bution 和 Cooperation 等 4C 模式；翟拥华[11]认为基于开放性金字塔式的 TOT（培训者的培训）模式，可以使学科馆员的培训工作节省时间和人力成本，有更多的时间深化学科服务。黎明[12]提出了基于科技查新的高校学科服务模式，该模式从实际出发，具有制度建设、学科资源及人力资源等三方面优势。

综上可见，学科服务模式研究已经取得丰硕的成果，这为本研究奠定了很好的基础，笔者试图从社会网络和结构洞理论出发，探索解决学科馆员时间和精力有限问题的有效途径，以期能在实践中提高学科服务的质量和效率。

2 结构洞理论及最优化结构洞原则

2.1 结构洞理论

结构洞理论（structural holes）是社会网络分析方法的一部分，1992 年，社会学家 Ronald S. Burt（罗纳德·伯特）首先提出结构洞理论，他将结构洞定义为"两个关系人之间的非重复关系"，是"非冗余联系之间的分割"[13]，即两个关系人（players）或两个群体（clusters）之间不存在连接，从网络整体上来看，出现了洞穴。如图 1，A 和 B 之间没有关系，而 M 与 A 和 B 都有关系，则 M 占据了结构洞，具有信息优势和控制优势，图 2 则反之。在图 1 和图 2 中，A、B 和 M 既可以是个人，也可以是群体。

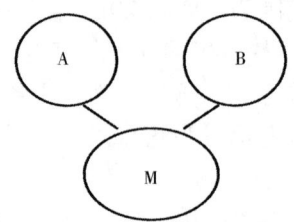

图 1　M 占据结构洞

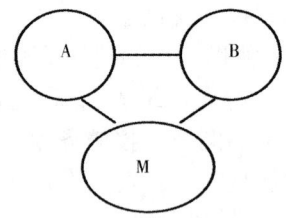

图 2　M 未占据结构洞

2.2　强关系与弱关系理论

强关系和弱关系是理论美国社会学家格兰诺维特提出来的,他认为个人人际关系网络可以分为强关系网络和弱关系网络两种。其中强关系一般发生在同一群体或系统中,该群体内从事的工作和掌握的信息同质性较强。反之,弱关系的特点是个人的社会网络异质性较强,人与人关系并不紧密,也没有太多的感情维系[14]。

一个群体内的公众因为工作和情感关系等,都比较容易信任,公众通过群体内的强关系可以节约获得信息的时间和成本,缩短讨论或辩伪的过程,接受来自强关系的信息。

2.3　优化结构洞:有效原则

在两个网络规模一样的群体中,要想与该群体保持联系,一种情况是投入很多的时间和精力与该群体内的每个人建立联系;一种情况是选择一个主要联系人(primary conact),集中维持与这个关键的联系人的关系,可以通过该主要联系人与该群体内的次级联系人(secondary contact)保持联系。这样做有两大优势:①节约时间和精力;②因为每个群体内人际关系都是强关系,信息交流和传播非常快,信息容易被接受。通过在每个学科团队或群体中区分主要联系人和次要联系人,减少对重复关系人的时间和精力的投入,集中资源发展与主要联系人的关系。

社会网络中,平衡网络的规模和多样性的问题就是优化结构洞的问题。优化网络的一个重要原则就是有效(effectiveness)原则,其关注的是通过所有主要联系人获得的所有人口总数,即网络的有效扩展范围。根据结构洞理论[13],对于 i 的网络如图 3 所示:

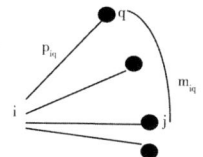

图 3　i 网络的有效规模

其有效规模 $= \sum_{j} [1 - \sum_{q} p_{iq} m_{jq}], q \neq i, j$ (1)

其中 p_{iq} 是 i 花费在与 q 的关系上的时间和精力占其网络投资的比例,m_{iq} 是关系人 j 人与关系人 q 的关系的边际强度。

有效率 = 有效规模/主要联系人人数 (2)

其取值范围为 [0, 1],0 代表网络中的关系人冗余度高,1 代表网络中的关系人不冗余,有效率最高。

3　结构洞理论视角下的学科服务模式

结构洞理论从非重复关系人这个角度出发,提出个体的最佳策略是在整个群体的结构网络中找寻结构洞,接着跨越结构洞,使原来没有关系的群体形成联结,而个体本身成为信息流动的媒介[15]。在此基础上,学科馆员以学院的各学科团队为出发点,通过选择每个群体内的主要联系人,维持关键关系,进一步扩展和优化学科服务网络。

3.1　学科馆员占据结构洞

不论从人员构成还是功能上来讲,图书馆和各学院都有各自的机构归属,图书馆和学科团队之间普遍存在结构洞。学科馆员制度实施后,学科馆员利用自身的信息素养优势、图书馆的资源和政策优势,迅速占据该结构洞(见图4),对各个学科团队(即群体)提供来自图书馆的"异质信息",形成图书馆和学院等用户之间的桥梁,在服务时具有信息优势和控制优势。

3.2　选择恰当的主要联系人是关键

学科馆员占据结构洞,必须与各个团队建立密切的联系,才能及时了解

图 4　学科馆员占据结构洞

团队的需求和进展。但是，如果对团队中的每个人都建立密切联系，不仅浪费时间，顾此失彼，而且实际操作也是不可能的。结合结构洞理论，可以通过选定好的主要联系人，和该团队或群体建立相对稳定、有效的沟通、联系。

主要联系人的选择之所以重要，是因为主要联系人是团队中人，他可以非常清楚地知道团队需求的内容、需求的时间和服务的规模等，可以大大分担学科馆员的压力，帮助学科馆员更深入地嵌入团队，有效地提高服务质量和效率。

该主要联系人的选择条件包括：①是该学科团队中的核心人，但不一定是团队领导人，因为团队领导人通常都忙于科研申请、出差、开会，时间和精力有限，不利于学科服务信息的传播和反馈；②是一位具有较高信息素养的有心人。该主要联系人要有较高的信息素养和信息需求，认识到信息和学科服务的重要性，才能认可学科服务，并在该群体内传播和营造需求环境。③是一位理解图书馆工作的热心人。只有理解图书馆的工作、为人热情，才能感染群体内的其他人员，达到信息传播的预期效果。

学科馆员以主要联系人为基点，主动进行定期访问、联系。主要联系人可以有意识地把服务信息在该群体内进行广泛的传播，使那些因为没有时间看邮件、没有来得及看邮件、没有接到服务信息的人员在群体内进行"同质"信息的交换，使没有意识到学科服务、没有兴趣了解学科服务的人员在第一时间内接触到来自图书馆学科馆员的信息。因为同一群体内的个体容易形成共鸣，一旦有服务信息满足了他们的需要，便会形成共识，认识到学科服务的重要性，从而使提出信息需求、进行信息反馈和接受学科服务的机会大大增加。

3.3　学科团队内的整体服务跟进是保障

主要联系人是重点维持对象，团队内的整体服务跟进是保障。在与主要联系人建立良好沟通关系的同时，与群内其他联系人的信息推送、信息服务要同时进行，如通过 E‑mail 群、QQ 群、网站和 BLOG 等各种无障碍信息通道，推送来自图书馆资源的信息内容，可包括信息素养培训、新书推荐、新购资源介绍、选书、选 PQDT 部分学位论文、科技论文统计分析[16]和专业信息导航等针对性服务。只靠使主要联系人的联络和团队中的服务相互配合，才能产生理想的效果。否则，只有主要联系人的努力，团队内的联动需求环境不容易形成。

这里，对团队的整体服务不是指某一个学科馆员，而是学科IC服务模式中的学科信息服务平台[17]，包含馆藏信息服务、信息交流服务、信息搜索服务等。换言之，是由整个图书馆学科服务的大后方，对学科团队整体服务提供保障和支持。

3.4 逐步打造有效的学科服务网络

对学科服务网络中每个团队的主要联系人进行"恰当的"选择，使之成为日常联系并互相信任的合作伙伴，便可以经常接收到主要联系人提供的来自该团队的信息，学科馆员输送信息的道路就会更加畅通，服务的用户范围会大大增加，形成控制优势。同时，可以将原本维持该群体内重复关系人的时间和精力节约下来，用于其他的学科团队拓展中。

这样，在具有相同的时间和精力的情况下，学科馆员所深入的学科团队范围会逐步扩大，新的学科团队得以被纳入，以点带面，点面结合，学科服务网络不断扩展。网络利益由此得到增强，网络亦因纳入更多的联系人而具有更大的容量。除了容量，团队的多样性也提高了信息利益的质量，提升了学科服务的影响和层次。

悉尼大学工程图书馆（Engineering Library）的学科馆员在带领参观者参观、学习时，把其服务的院系看成是自己工作环境的一部分。在参观完图书馆大楼后，还带参观者参观其所服务的工程学院（Engineering School），并向参观者介绍各自团队的主要联系人。可以看出，其服务网络不仅辐射到虚拟网络，也包含实体网络。

4 案例分析——以电子科技大学为例

电子科技大学设有通信学院、机械电子工程学院、微电子与固体电子学院和外国语学院等16个学院，还有继续教育学院、职业教育学院以及成都学院、中山学院两个独立学院。学校现有一级学科博士学位授权点8个，二级学科博士学位授权点36个，硕士学位授权点62个。随着学科的深入发展和学科渗透，每个学院都发展成很多个学科团队。这些学科团队以某一博士生导师或硕士生导师为带头人构成，研究方向多元化，甚至在同一团队中，有的研究方向也差别较大。以电子科技大学经济与管理学院为例，目前有团队20多个，研究方向包括信息管理与电子商务、供应链与物流管理、决策理论方法与应用、质量管理与可靠性工程战略管理、组织与人力资源管理、公司金融与资本市场和供应链与运营管理等。如此多的学科和团队，为图书馆学科服务的开展带来很大挑战。

4.1　学科馆员对服务对象进行网络化梳理

电子科技大学图书馆自 2005 年以来推出学科服务制度，并且在 2009 年成立学科服务部，专职进行学科服务。但是，部门的专职学科馆员只有 5 名，每位学科馆员需要负责 3 个左右的大学院，需要面对的学科团队有几十个之多，该部门同时还要承担信息检索课教学、馆际互借和内刊编辑等常规工作。因此，时间和精力都十分有限。结构洞模式学科服务的应用，为其高效的学科服务打下了基础。

作为学科服务部负责人，首先对需要服务的学院进行整理、分类，把学科大致相近的学院组成一个个小组。然后，根据部门内学科馆员的学科背景对其负责的学院进行分工。每个学科馆员对所负责的学院以学科团队为单位进行梳理、拜访，了解各群体的基本构成和学科方向，并形成由上到下的服务基本网络。

4.2　通过各种途径选择关键的主要联系人

学科服务部的学科馆员基本来自信息咨询部和数字资源部等，都有长期且丰富的图书馆资源建设、科技查新、论文检索等工作经验。学科服务过程中，在资源建设、查新和检索工作中合作过的老师，或者平时接触过的团队中的热心老师，或者对团队拜访时的积极响应者，都成为学科馆员选择主要联系人的首选。主要联系人选定之后，学科馆员与学科团队的联系主要通过该联系人进行。以某学科馆员面对学院的 3 个学科团队为例，其服务模式实现了图 5 到图 6 所示的转变和优化。

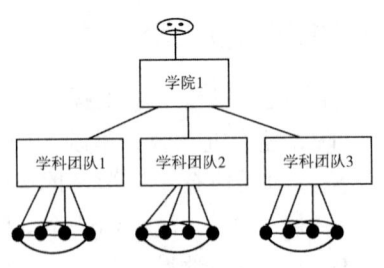

图 5　冗余的学科服务网络

在图 5 和图 6 中，每个学科团队中联系人都为 4，且团队内为强关系，利

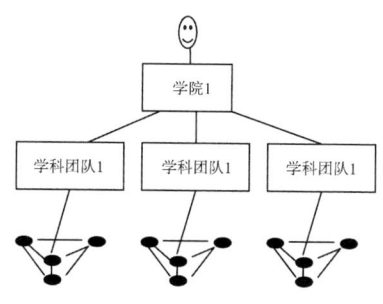

图 6 高效的学科服务网络

用公式（1）和公式（2），计算其有效规模及效率，结果如表 1 所示：

表 1 不同网络有效率对比

服务网络	关系人数量（人）		有效规模	有效率
	主要	次要		
图 5	12	0	3.0	0.25
图 6	3	9	3.0	1.00

由表 1 可以得出，该学科馆员经过调整服务方式，选择关键的主要联系人，其有效率提高 4 倍。

4.3 图书馆整体服务通过主要联系人嵌入到网络

电子科技大学在 2011 年推出"书山览胜 学海荡舟"的大型"图书馆进学院"学科服务活动，由学科馆员作为牵头者，将图书馆各个部门如数字资源部、系统技术部、信息咨询部、编目部的服务打造成一个服务平台，通过与各个学科团队主要联系人沟通，顺利将该服务引进各个学院、团队，取得了非常好的服务效果。学科馆员在之后的服务中密切关注和主要联系人的联系，得到更多的信息反馈和团队需求，顺利完成各项服务在各学科团队中的渗透。

5 结 论

学科馆员可利用自身独特的信息优势，结合结构洞理论，借助学科团队中的主要联系人，逐步打造"以主要联系人为核心"的高效服务网络。该服务模式在开始实行时比较困难和辛苦，特别是主要联系人的选定和维护十分不易。但是，一旦模式建立、完善，则会步步为营，形成良性循环，学科馆员逐步有机地融入用户的物理空间和虚拟空间，服务范围和服务层次都得到拓展,从宽度和深度上提高学科服务的显示度和影响力,从而提升学科服务的质量。

参考文献:

[1] 康健,李楠.我国高校图书馆网络化学科服务平台建设研究[J].图书与情报,2010(6):89-93.

[2] 初景利.试论新一代学科馆员的角色定位[J].图书馆理论与实践,2007(3):1-3.

[3] 初景利,张冬荣.第二代学科馆员与学科化服务[J].图书情报工作,2008,52(2):6-10,68.

[4] 艾春艳,游越,刘素清.读者参与的高校图书馆学科服务新模式探讨[J].大学图书馆学报,2011(5):70-72.

[5] 刘颖.嵌入式学科服务创新模式研究——基于嵌入性理论的思考[J].图书情报工作,2012,56(1):18-22,59.

[6] 何青芳,阳丹.美国著名高校图书馆学科馆员服务模式研究[J].情报理论与实践,2010(5):111-115.

[7] 洪跃.学科服务组——学科馆员发展的新模式及其实践思考[J].图书馆学研究,2011(6):94-97,63.

[8] 王俊俐,张建国.大学图书馆实行学科馆员——图情教授服务模式的思考[J].现代情报,2007(10):30-31,34.

[9] 安娜.我院图书馆学科服务矩阵组织模式探究[J].现代情报,2007(10):199-202.

[10] 黄素媛,周金付.高校图书馆学科馆员4C服务模式探析[J].科技广场,2011(8):78-81.

[11] 翟拥华.TOT模式在学科馆员服务中的应用[J].科技信息,2011(3):632,601.

[12] 黎明.高校学科服务新视角:基于科技查新的思考[J].现代情报,2012(4):77-79,83.

[13] 伯特.结构洞:竞争的结构[J].任敏,李璐,林虹,译.上海:格致出版社,2008.

[14] Granovetter M. The strength of weak ties[J]. American Journal of Sociology,1973,78(6):1360-1380.

[15] 汪丹.结构洞理论在情报分析中的应用与展望[J].情报杂志,2009(1):183-186.

[16] 曹学艳.高校科技论文与学科建设的研究与探讨[J].图书情报工作,2005,49(7):128-130,108.

[17] 胡振华.基于IC的高校图书馆学科服务模式探讨[J].图书馆论坛,2007,27(5):64-66.

作者简介

曹学艳,女,1971年生,副研究馆员,博士研究生,发表论文25篇。

高校图书馆学科化知识服务模式探究*

徐 璟 郭 晶

(上海交通大学图书馆 上海 200240)

摘 要 总结和探索深化高校图书馆学科化知识服务内涵的策略途径，根据其内在机理及发展规律，从宏观上提出一套可行性的高校图书馆学科化知识服务优化模式框架，进而为规范高校图书馆学科化知识服务、细化服务绩效考核标准提供参考。

关键词 高校图书馆 学科服务 知识服务 服务模式 服务框架

分类号 G252

随着图书馆信息服务的发展和延伸，开展学科化知识服务已成为高校用户深层次和专业化信息需求的必然选择。学科化知识服务是一种深层次服务，它强调服务的主动性、个性化、专业化和智能化，强调知识和服务增值，能够有效支持知识应用和科研创新，充分提升图书馆服务水平。

国内高校图书馆界从1998年开始探索以"学科馆员"为代表形式的学科服务实践与研究，但多探讨"学科馆员"制度及具体工作内容，或介绍个案实践，真正彻底将学科化知识服务进行深化和延伸的却为数不多，高校图书馆学科化知识服务的整体服务框架和执行标准更是从未提出。其实，从大量个案的实践中，可以挖掘出学科化知识服务在高校图书馆开展的共同点，并探索深化学科化知识服务内涵的策略途径，了解其内在机理及发展规律，进而构建一个宏观的模式框架。

1 学科化知识服务是一个系统工程

根据美国研究图书馆协会 2007 年对 63 个研究图书馆的调研，94% 的图书馆都提供学科服务[1]。近年来，国内高校图书馆界虽然围绕"学科馆员"制度对学科服务进行了大量研究，但一些学科服务的开展带有部分盲目性，

---

* 本文系国家社会科学基金资助项目"高校图书馆学科化知识服务实证研究与发展对策"（项目编号：08CTQ001）研究成果之一。

形成设立"学科馆员"就是开展学科服务的误区。事实上,学科馆员只是学科服务或者学科化知识服务的一部分。学科化知识服务是一个系统工程,需要进行的服务规划和运行模式设计,需要整体图书馆各个部门协同完成,是图书馆自上而下的系统服务过程。同时它也是需要用户积极参与、与用户不断互动的过程,在对用户需求的不断分析及互动反馈中,对服务进行动态调整和不断修正,最终使服务提升为用户的信息支撑能力。

基于以上分析,本文总结出学科化知识服务这一系统工程开展的工作流程(见图1)。需要说明的是,工作流程图只是从宏观整体上体现学科化知识服务的系统性和有序性,并不代表学科化知识服务是按照业务流程的规定动作进行机械化的操作。它最终还是要融入用户解决具体问题的过程和环境开展服务,并在知识和用户之间建立起有效链接,在支持知识传播、学术发展与科研创新中发挥重要的作用。

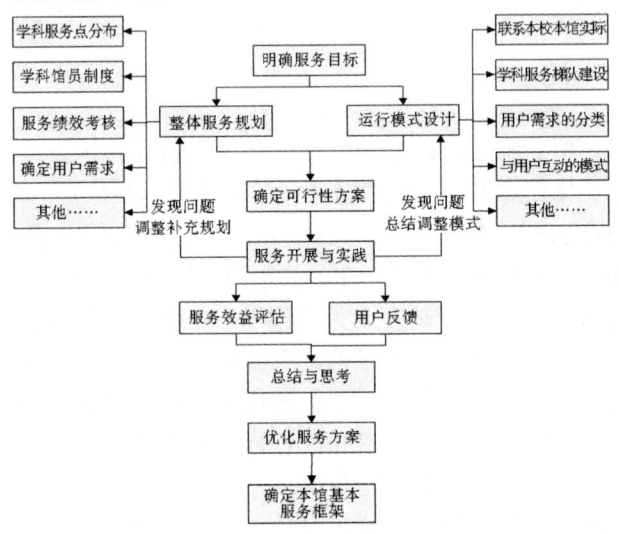

图1 学科化知识服务开展流程

2 学科化知识服务模式框架

服务平台建设、学科点分布、用户群分类、学科馆员制度、服务内容确定是构成整个学科化知识服务模式框架的五大要素,贯穿于学科化知识服务开展的全过程中(见图2)。只有将这五大要素紧密结合,才能构建稳定和优化的服务模式框架,使服务有序系统地开展。

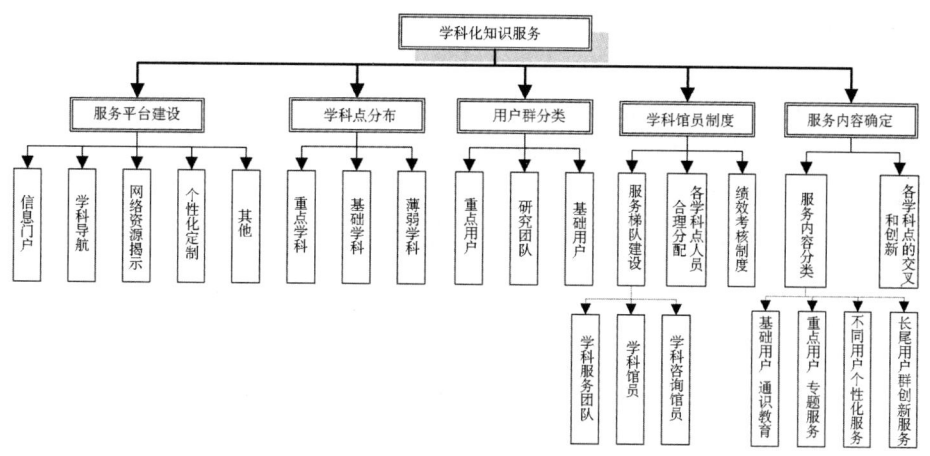

图2 学科化知识服务模式框架

2.1 服务平台建设：深入用户心中

Web2.0时代在信息交流、知识生产和传播模式上的变革，意味着原有信息和知识高度集中化的生产传播模式正在向分布式、个体化的生产和传播模式转变。这些变化对当前高校图书馆开展学科化知识服务的信息交流环境带来挑战，图书馆必须利用各种信息资源揭示工具来全面加强图书馆网络服务平台的建设，从而满足当前用户信息交流、知识共享的需求变化。例如，高校图书馆利用 Metalib/SFX、Primo 等系统进行资源整合；利用 Blog、Tag、RSS、Mashup、Ajax、IM、手机短信、E-mail 定制等众多 Web2.0 技术来提高信息传递速度，加强与用户的互动。近期，上海交通大学图书馆正在进一步整合学科服务平台，将各系统服务无缝地集成于一个平台之上，倾力打造学科服务的 LibGuides 平台（LibGuides 平台已在哈佛大学、华盛顿大学、新加坡国立大学等高校图书馆使用）。

在网络平台日益完善的同时，要在图书馆内部主动建设加强与用户沟通互动的大平台，营造服务至上的氛围，使馆员树立主动服务的意识，以用户需求为中心，从而树立图书馆在用户心中不可或缺的大服务平台地位。

2.2 学科点设立：平衡学科发展

图书馆应紧密结合高校整体的教学科研及学科建设发展规划，结合本馆在人力物力投入的实际，对学科点的设立进行合理的部署。例如上海交通大学图书馆于2008年设立机械动力学科、理学学科、生医农学科、化学化工学科、电子信息学科、法学与经管类学科和人文学科七大学科点，为全校24个学院/直属系服务。经过两年学科化服务的深入与实践，根据不同学科点的特色和用户需求，及时调整了学科点的设置，将原有的七大学科点，新增到十个。这种动态调整也是以学校的学科发展为依据的，既保证了本校强势理工学科的服务，又辅助和推动文科建设的发展，配合了学校综合性、研究型学科建设发展的方向。

在按照学科专业领域组织人力和资源提供专业化、学科化服务的同时，一定要避免在人力物力等方面平均分配，尤其对重点学科、基础学科和薄弱学科的合理规划和投入平衡，应根据学科需求，按需分配，才能保证各学科点工作服务质量的平衡。另外，对于重点学科（当然是重点服务的对象），可以采用一对一的服务方式，而基础学科和薄弱学科可以根据学科的交叉性设立综合学科点，以保证图书馆人力物力的足够分配力。

需要强调的是，本校的薄弱学科更应该是图书馆学科服务的重点对象。因为服务的目的就是辅助提升高校学科建设的水平，从而使图书馆成为学校教学科研不可缺少的辅助战略资产。

2.3 用户群分类：知己知彼方能因人施教

要构建"以用户为中心"、适应用户需求变化的高校图书馆学科化知识服务模式，必须以"学校教学科研服务"为核心提供需求主导型服务。在学科化知识服务中，对校内的用户群进行细化分类是强化服务质量、渗透服务力度的重要途径。

不同层次的用户对于学科化知识服务的需求也是不同的。只有根据不同用户群的特点，制定不同层次的服务方案，才能满足庞大师生用户在科研和教学中的不同需求。

图书馆可根据学校的实际情况自行划分高校中的用户群。例如，一些院士博导以及重点学科可作为重点对象；院系的科研团队和实验室也是非常重要的服务对象；研究生读者需要在数据库检索、课题追踪与分析等方面得到辅助；广大的本科生读者则需要在信息素养方面进行培训，可作为基础用户群；还有很多读者需要在图书馆获得更多的艺术人文类文化熏陶，充实校园文化生活，这一长尾用户群的数量也不可小视。

2.4 学科馆员制度构建：工欲善其事，必先利其器

目前，国内开展学科服务的高校图书馆均建立了学科馆员制度，可以说学科馆员是实施学科化知识服务的核心动力和联系用户与图书馆的桥梁纽带，能使知识服务的提供更为有效，而且为整个学术信息交流体系的重构提供了一定的组织基础，更容易满足用户个性化的专业信息需要。构建完善的学科

馆员制度是学科化知识服务模式框架中的核心基础内容。

2.4.1 建立专职的学科服务团队

图书学科馆员不仅仅是一个业务岗位,学科化知识服务也不仅仅只需要某些学科馆员独立完成,它需要有一个分工明确的团队完成联络、宣传、培训、跟踪服务、反馈等一系列的互动式工作,所以以打造学科服务团队的形式开展服务,有利于服务的深入和可持续性发展。

这种团队可以是图书馆内部组建,也可以吸收用户成为其中一员。北京交通大学图书馆提出学科咨询员制度模式,即图书馆学科馆员+学院学科咨询员[2]。上海交通大学图书馆则为各个科研团队培养具有高端信息能力的"信息专员",为科研团队承担建设文献资源、检索科研信息、分析研究前沿、管理项目文件等任务[3]。这些模式都可根据图书馆自身的人力资源建设而定。无论用户是否参与到学科服务团队中,都不能否认学科化知识服务始终以"用户需求"为中心的服务宗旨。

实践表明,学科化知识服务工作的系统性、复杂性和持续性,要求学科馆员服务团队的岗位工作必须是专职的,只有这样才能保证馆员有足够的精力投入到持续和长期的工作中。香港大学图书馆于2003年设立全职学科馆员,并于2007年将学科馆员更名为学科馆长[4],更加强调学科馆员工作的专职性。

学科服务团队的人才建设必须是阶梯式的梯队建设,对不同层次的工作有明确的分工。这样不仅有利于馆员的职业规划,也有利于各个学科点学科馆员的人才储备,保证工作的持续长远发展。北京大学图书馆学科服务团队由咨询、资源建设、分馆等部门联合创建[1];复旦大学图书馆的学科服务小组由学科馆员、咨询馆员、采访馆员、期刊馆员和学科服务协调人组成[5]。

2.4.2 学科馆员需要的不仅仅是业务能力

目前图书馆对学科馆员的发展定位是学科文献信息专家,所以在学科馆员的选拔上往往只注重单一的业务能力或学科背景。其实良好的沟通能力、推广能力和团队协作能力也是学科馆员必备的能力。学科馆员除了具备对学科信息资源的评估能力外,还必须对图书馆所有部门工作有所了解。此外,学科馆员最好接受过图书馆学教育,因为这样可以培养其对图书馆职业的认同与热情,不仅仅将学科馆员作为一个职业,更是作为一项事业来奉献。

由此看来,对学科馆员的综合素质要求确实很高,但作为学科服务团队中的领军人物,这些能力是不容或缺的。所以,在学科馆员岗位聘任时提倡宁缺毋滥,任人唯贤。这样才能推动馆员自身不断努力和学习,吸引更多优秀人才充实到图书馆的人才队伍中来。

当然，目前国内高校图书馆的学科馆员人才储备还略显不足，还不能完全满足学科化知识服务的需求。但随着图书馆人员素质的不断提高，学科馆员这一职业得到用户的认可，这一问题会逐渐得到解决。

2.4.3 建立激励竞争机制

学科化知识服务作为一个动态发展的系统工程，要能跟得上教学科研的步伐，并提供前瞻性的分析跟踪服务，这对学科馆员的学习能力、应变能力和适应能力要求更高。要刺激学科馆员队伍自我潜力的挖掘，就必须培养良性的竞争环境，实行资格认定、竞聘上岗、优胜劣汰的公平、公开、透明的动态竞争机制。有竞争才有压力，才能促进学科馆员素质和服务质量的不断提高，才能有利于学科馆员制度的完善。

此外，图书馆也必须采取全方位的激励措施激发员工的积极性，包括物质上和精神上的激励，帮助学科服务团队进行职业生涯规划，提供例如沟通技巧、报告技巧、人际关系技巧、拓展训练等各种培训，充实学科知识，并鼓励创新、允许失败。

2.4.4 建立科学的绩效考核体系

学科馆员制度要建立科学、规范、可操作性强的评估机制和绩效考核体系，制定相应的评价指标、评估范围等，建立用户考评、学科馆员自评互评、学科馆员团队测评等相对完善的绩效考核体系。同时也不能忽视对服务过程的动态跟踪和考核，在服务过程中嵌入有效的绩效评价模型。只有融入对服务过程和内容的记录和评价，从用户体验、操作细节等多个角度进行综合测评，才能客观反映出服务团队和用户之间的交互作用，调动和发挥人的主观能动性，保证学科化知识服务的可持续发展。

总之，科学的绩效考核体系不是单一的硬性定量指标，其最终目的是为提高学科服务水平提供保障，从而达到提高学科馆员服务认知、树立学科馆员在用户心中良好形象的目的。

2.5 服务内容确定：服务实施的"利器"

2.5.1 服务内容的分类

对服务对象用户群进行分类后，可根据不同用户群的特点构建服务内容的框架，将传统的资源建设、用户培训、参考咨询和院系延伸服务整合细化和归类，从用户的体验出发，找到服务内容与用户需求的契合点。例如，对于基础用户以开展信息素养培训为主，同时将培训有针对性地嵌入教学；对重点用户实施量身定制的个性跟踪服务,融入科研;对于兴趣广泛的长尾用户群,则可通过生动新颖活泼的活动寓教于乐。

2.5.2 各学科点的交叉和创新

各学科点可根据服务内容的整体框架逐一开展个性化服务,同时注重交叉学科及各学科间的联系,共享图书馆资源。这样可以减少各学科点的重复性工作,树立图书馆整体服务理念和形象。

2.5.3 长尾效应不容忽视

在学科化知识服务中,长尾用户群带来的长尾效应不容忽视,它对图书馆服务的推广具有一定的普遍意义。上海交通大学图书馆在学科服务中推出阅读积分奖励计划、寻迹图书馆活动、鲜悦 Living Library 等活动[6],其中鲜悦 Living Library 在学科服务过程中,形成创新交流环节,达到重聚整合用户共性需求微内容的目的,从而弥补传统学科服务模式无法满足长尾读者群的需求缝隙,使图书馆作为学科服务与社会交流系统中的重要核心,承担起真正的知识服务、交流和信息共享空间的职能。

3 学科化知识服务的实践重点

在学科化知识服务的框架体系下,如何基于用户研究制订服务深化策略,基于信息分析视角优化服务策略,避免各学科点服务的重复建设,加强与用户的互动,提高图书馆整体学科化知识服务的质量,从而提高用户对图书馆的认知度和肯定度,确定图书馆在信息传播中不可替代的地位,是非常值得思考的重要问题。这些都需要通过实践来寻找答案。

在服务的实践中,图书馆常常遇到一些尴尬的处境,如学科服务只是图书馆一厢情愿的推送,来自用户的认可度并不是很高,用户却还是抱怨服务不到位;用户对学科服务采取敷衍态度,馆员缺乏耐力和毅力,使得服务流于形式,服务进展停滞不前直至暂停。对于这些现状,本提出学科化知识服务的实践需要注意四个重点。

3.1 树立学科化知识服务的品牌

众所周知,品牌效应带来的影响和利润是空前的。图书馆的"利润"就是赢得用户的肯定,得到用户的利用。图书馆的服务品牌不是噱头,而是能代表图书馆服务职能的口号,容易给人留下深刻印象的代号,能够让人对其产生兴趣并愿意了解尝试的形象。图书馆为何不尝试引入品牌机制,将学科服务打造成校园品牌,树立口碑呢?上海交通大学图书馆通过近两年的努力,已经成功地将学科服务 IC^2 品牌在校园中打响。复旦大学图书馆也确定了以学科资源为主线的学科服务[5]，也是树立主打项目推出品牌的形式。

3.2 加大用户参与，重视用户体验

建立用户对图书馆的信任，就要激发用户智慧，参与图书馆服务。同时通过与用户的双向交流，将服务渗透到用户的体验中。加大用户的参与能使用户感到他们的需求得到了发现和满足；重视用户的体验能从细节中得到用户的认可。如通过参加院系会议、在院系设立咨询台等方式，更加直接深入和贴近用户；通过与院系科研团队联手，从中选拔设立信息专员，发扬他们的特长，提高他们的信息素养能力，使他们成为助推学科服务的能手；在学院中设立学科联络人或图情教授，都是促进用户参与的方式。

3.3 注重服务开展过程的宣传

学科化知识服务是一项持续化的工作，需要在校内的各种网络和新闻平台中通过预热宣传、跟踪宣传和总结报道等系列手段来对服务的全过程进行宣传。这种方式既是加大宣传力度、凸显服务有始有终的方式，也是主动接受用户监督服务过程的方法，久而久之，就可以建立用户对服务的认知度和熟悉度。

3.4 动态调整服务策略，走可持续发展的道路

通过调研和实践发现，服务没有真正落到实处，只是虚张声势，或者服务行动只是走走过场，没有长期为用户服务的迹象，是造成用户不信任或抱怨的根源。学科化知识服务是系统化的工程，不是通过一两次培训或院系联络就能达到效果的，它需要与用户建立长期的沟通与协作，并在服务中不断总结经验，调整服务策略，与用户磨合以达到长期合作的效果。所以学科化知识服务必须有长期的阶梯式发展规划，让用户看到并感受到对科研或教学的助益。

学科化知识服务的整体模式其实对各个图书馆而言是大同小异的，关键在于如何在服务细节和服务创新上下功夫。服务模式框架的确立有利于把握高校图书馆学科化知识服务的整体方向和策略规划，也能为服务的进一步深入开展提供依据。

参考文献：

[1] 刘素清,郭晶. 高校图书馆学科服务突破瓶颈的理性思考. [2009 - 12 - 20]. http://cflms.lib.sjtu.edu.cn/.

[2] 韩宝明. 一种新型的学科服务体系的探索. [2009 - 12 - 20]. http://cflms.lib.sjtu.

edu. cn/.
[3] 图书馆首批科研信息专员培训结业. [2009 - 12 - 15]. http://www.sjtu.edu.cn/news/shownews.php?id=23478.
[4] 杨涛. 香港大学图书馆学科服务发展现状. [2009 - 12 - 20]. http://cflms.lib.sjtu.edu.cn/.
[5] 应峻. 以学科资源为主线,深入推进学科服务——复旦大学学科服务实践. [2009 - 12 - 20]. http://cflms.lib.sjtu.edu.cn/.
[6] IC2 创新支持计划第2期. [2009 - 12 - 15]. http://www.lib.sjtu.edu.cn/list.do?articleType_id=178&type=142.

作者简介

徐 璟,女,1981年生,馆员,副主任,硕士,发表论文10余篇。

郭 晶,女,1975年生,副研究馆员,主任,博士,发表论文近40篇。

高校图书馆联合体学科化服务合作探析*

王艳秀

摘 要 网络技术的发展、高校图书馆联合体的建立为学科化服务合作创造了有利条件。高校图书馆联合体可充分利用这些条件进行参考咨询、用户信息素养教育、科技查新、学科信息门户建设等方面的学科化服务合作，并通过共建共享学科化服务团队、学科服务平台等措施来具体实现，同时在制度、资金、中心馆、核心学科馆员等各方面予以保障，以促使学科化服务合作有效、有序、可持续发展。

关键词 高校图书馆联合体 学科化服务 合作
分类号 G252

学科化服务是以学科为基础，以用户需求为中心，采用先进的信息技术和网络技术，为学科用户提供深层次、专业化、个性化、知识化的服务。学科化服务是高校图书馆在新形势下深化服务内容、创新服务的需要，是图书馆服务的发展方向。目前高校图书馆联合体资源共建共享已经取得了可喜的成绩，有必要探索和实践高校图书馆联合体学科化服务合作，以提高高校图书馆学科化服务能力和水平。

1 高校图书馆学科化服务合作的必要性

1.1 学科化服务呼唤合作

学科化服务是一个不断发展、亟待探索的新领域，是高校图书馆可持续发展的一项长期战略，是未来高校图书馆最具潜力的一种知识服务方式。学科化服务不是某一学科馆员单枪匹马能够完成的，需要全馆参与；更需合作，不仅需要学科馆员之间、学科馆员与其他图书馆的馆员之间等馆内合作，也

---

* 本文系江苏省教育厅高校哲学社会科学研究基金项目"高校图书馆联合体学科化服务合作研究"（项目编号：2012SJD870007）研究成果之一。

需要与读者、其他部门团体等校内合作，还离不开与校外其他图书馆的馆际合作。单个图书馆的学科服务能力由于受人员、资源、专业等方面的限制，不可能满足所有用户的需求，而且随着学科服务的深入，这种缺陷和不足日益凸显。学科化服务是一项系统性、专业性很强的工程，特别是随着网络技术在图书馆的广泛应用，学科化服务所涉及的文献信息资源更新、管理与维护等需要强大的信息技术来支持。要开展高水平的学科化服务，采取联合协作、共建共管共享模式是一种理想的选择，只有协作才可以解决重复建设、人员与技术实力欠缺、资源共享不足等诸多方面的问题[1]。

1.2 高校图书馆联合体学科化服务合作是大势所趋

高校图书馆联合体学科化服务合作可使各图书馆集中各自优势去满足用户的不同信息需求，更有利于提高学科服务的质量和效益。目前正处于信息资源共建共享的大环境下，高校图书馆之间有许多共性，如学科服务目标、服务对象、服务内容、服务模式等方面颇为相似，这为学科化服务合作提供了便利。实际上，已经开展的馆际互借、文献传递、协作式数字参考咨询等都为联合体学科化服务合作奠定了基础，在某种程度上可以视之为是学科化服务馆际合作的雏形[2]。由此可见，高校图书馆联合体学科化服务合作不仅十分必要，而且顺理成章。

2 高校图书馆联合体学科化服务合作的可行性

2.1 网络技术的发展为联合体学科化服务合作创造了条件

随着互联网和各种无线网络技术的飞速发展，操作的可行性和低成本使得技术广泛应用于馆际合作，为图书馆之间的协作提供了新的推动和支撑力量。网络技术已把全世界联在了一起，共建共享能把多馆资源整合成一个整体，通过一站式查询提供给用户；通过网络平台也能把全国各地乃至全世界的人才聚集到一起，合力为用户提供服务。现代通讯技术、计算机技术和网络技术的飞速发展不仅为图书馆网络化信息资源共建共享创造了条件，更赋予了馆际合作以新的内容和理念，那就是，不仅有资源建设的合作，更有服务的合作[3]。

2.2 高校图书馆联合体的建立为学科化服务合作打下了坚实基础

图书馆联合体是为了达到互通有无、资源共享的目标而建立的多馆合作。各成员馆发挥自身优势及馆藏特色，共享人力物力、专业知识、软硬件设备，提高读者服务水平和资源效益。各级高校图书馆联合体的建立为学科服务合作提供了资源保障和服务平台。

中国高等教育文献保障系统（China Academic Library & Information System，简称CALIS）是国内高校图书馆联合体最大、最成功的典范。其提供的"e得（易得）文献获取"为读者提供从文献检索到原文获取的一站式文献服务；"e读学术搜索"整合全国高校纸本资源和电子资源，揭示资源收藏与服务情况，通过一站式检索，为读者提供全新的用户体验；"联合问答"由专业图书馆员提供人物、事件、名词术语、检索方法等常见学术问题的解答；还有建设中的"课题咨询"、"科技查新"等服务。CALIS从资源的共建共享逐步向服务深化方向拓展，已经开启了高校图书馆联合体学科化服务合作的新篇章。

省一级的高校图书馆联合体相对较多，例如江苏省高等学校文献信息保障系统（Jiangsu Academic Library & Information System，简称JALIS）、天津市高校数字化图书馆、北京高校图书馆联合体、广东网络图书馆等。JALIS成立于1997年，经过10余年的建设，取得了可喜的成就，开展了一系列的文献保障及服务工作。JALIS管理中心与CALIS协调，在江苏地区推进、实施CALIS的相关服务计划，规划江苏省内的文献资源建设，督导地区／学科中心的服务工作，处理日常的管理工作。它们的成功建设为学科化服务合作打下了坚实基础。

区域高校图书馆联合体相对更加自由与便利，如北京市高校图书馆联合体、南京江宁区高校图书馆联合体等。江苏省各个地区都建立了高校教育联合体，其图书馆也就构成了图书馆联合体。高校图书馆联合体资源共建共享如火如荼地进行，取得了较好的成绩，其服务的深化也水到渠成。

3 高校图书馆联合体学科化服务合作

的路径选择

3.1 学科化服务合作的图书馆联合体选择

高校图书馆联合体有全国的、省级的、区域的，一个高校图书馆可能成为各级别高校图书馆联合体的成员馆，那么学科化服务合作在哪一级的联合体进行比较合适呢？笔者认为，就普通高校图书馆而言，选择省级高校图书馆联合体比较好。省一级的高校图书馆联合体有省高校图书馆联合体管理委员会的常设管理机构负责联合体活动的组织、规划、管理与协调[4]，还有政府部门的支持，建设得较为成熟，运转得也较为顺利。不管是领导上、组织上、资金上、地域上还是整体实力上，省一级的高校图书馆联合体都是学科化服务合作的最佳选择。地区性高校图书馆联合体可以作为学科服务大团队中的一个小分队参与学科化服务合作。至于全国性的高校图书馆联合体CALIS，图书馆虽然可以共享其资源与服务，但全面进行学科化服务合作则范围太大，实施起来不及省一级高校图书馆联合体便利。况且，CALIS的服务项目基本上是通过省一级的图书馆联合体来实施的。

3.2 学科化服务合作的内容选择

综观国内外高校图书馆的学科服务，一般可以分为三大范畴：用户信息素质教育、科研支撑服务和学术评价服务[5]。学科服务具体涉及读者调查、数据库宣传与评价、新书通报、好书荐购、学科导航、特色馆藏建设、学术信息资源门户建设、读者个性化服务、文献传递/馆际互借、科技查新、检索服务、专题情报调研、用户教育及培训、参考咨询等诸多内容。深层次学科服务主要包括用户教育及培训、专题资料汇编、馆际互借与文献传递、课题查新、代查代检、学术信息门户建设等项目[6]。联合体可以选择一些必要的深层次的学科化服务项目进行合作，以提高单个馆学科化服务水平。起始阶段，可以考虑在参考咨询、用户信息素养教育、科技查新、学科信息网站建设等方面进行学科化服务合作，以后再逐步深化，创新服务。

3.2.1 联合参考咨询

联合数字参考咨询服务是多种资源联合集成的服务，其最终目标是在整个数字化空间实现资源共享、专家共享、服务共享。高校图书馆各自开展数字参考咨询服务的能力有限，建立联合数字参考咨询服务是可行的模式。对信息资源条件和人力资源条件比较薄弱的高校图书馆而言，借助联合数字参考咨询服务平台，可以共享优势机构的软件资源、硬件资源、信息资源和人力资源，快速提高其资源水平和服务水平，并取得跨越式的发展；而对实力雄厚的高校图书馆而言，则可通过共享联合数字参考咨询服务平台互补优势，获得更佳服务效果[7]。目前高校通用的较成熟的系统有CALIS的联合数字参考咨询系统——联合问答，高校图书馆联合体可充分利用这一系统平台开展联合参考咨询活动，实现网络环境下信息资源和人才资源的充分共享，提高参考咨询服务的水平与质量。

3.2.2 联合用户信息素养教育

学科化服务要提升用户能力，向用户"授之以渔"，而不是"授之以鱼"。所以，在学科化服务中，对用户进行信息素养教育是必不可少的。联合体内的用户信息素养教育主要依靠网络来完成，在中心馆的牵头组织下，合作开发在线信息素质教育平台。该平台可以集网络授课、媒体播放、自助学习、在线测试、在线交流、教学信息和教学管理等功能于一体，全面地提供网上教学与自助学习[8]。可以把联合体内同一学科的教学课件、数据库培训课件、学科馆员在数据库检索中的方法、技巧等加以整理，集成到联合体信息素养教育平台。这样，既便于学科馆员全面了解掌握学科现代化信息手段，更好地服务于学科用户，也便于学科用户随时随地自助学习，以提高用户的信息化水平。还可以通过学术博客，让学科用户不仅了解学科信息，而且掌握现代化信息手段，提升用户能力。

3.2.3 联合科技查新

科技查新是在科技文献检索和科技信息咨询基础上发展起来的一项科技信息服务业务，主要包括科研课题立项查新、科技成果鉴定和奖励查新、申请专利查新以及博士学位论文开题和评审等[9]。高校图书馆联合体可设立区域性高校查新站管理中心，规范区域内不同查新站的查新队伍、查新报告质量、查新管理制度、查新完成时间及查新收费标准[10]。制定馆际合作查新细则，未取得权威部门查新资质认定的高校图书馆，通过与具有查新资质的高校图书馆合作的形式开展科技查新服务。具有查新资质的高校图书馆应制定馆际合作查新的细则，规范合作查新的流程，指导合作馆的科技查新服务工作。图书馆联合体还应通过统一的科技查新平台来完成委托、分配、交流、查新、审核、形成报告、归档等整个流程的网络化管理。

3.2.4 建立学科信息门户

在学科化服务中，学科信息门户的建立是十分必要的。高校图书馆联合体可以通过学科馆员团队将学科信息如学术动态、专家学者、学术机构、学科资源、特色服务、专业网站等信息进行搜集、整理、集成，通过学科信息门户提供给用户。这样，保证了用户服务的针对性、方便性、个性化，从而为用户提供全面、系统、深入的服务。通过学科信息门户，学科用户可以非常方便地了解学科热点，跟踪学科发展的前沿动态，并可轻松地获取学科信息、检索学科文献等，还可通过学科信息网站享受 RSS 订阅等个性化服务。风靡全球图书馆界的"内容管理和知识共享系统——LibGuides"用于高校图书馆联合体学科资源和服务的组织、揭示与发布是不错的。也可以利用国内自主研发的内容管理系统——CMS（Content Management System）整合学科资源，建立学科信息门户，提高与完善学科信息服务[11]。

3.3 联合体学科化服务合作的措施

3.3.1 共建共享学科化服务团队

将联合体内不同高校相同学科的学科馆员进行组织并整合，为每个学科或专业组建学科服务团队,并将其信息进行详细登记,建立学科馆员信息库,集聚人力资源,合力为联合体进行学科化服务。为了使联合体学科化服务团队能有效运转,学科团队还必须组织化,选择1-2位业务素质高、组织能力强、学科背景更专业的资深学科馆员为团队的组织者,在他(她)的统一指挥下,分工合作,对不同学校的同一学科统一实施学科化信息服务。这样,不仅可提升学科化服务水平,产生整体化的服务效益,而且有利于促进学科馆员业务素质和业务能力的提高,使学科馆员的地位也相应得到提升[12]。联合体内某一学科的学科馆员可以被看作是整合而成的一个整体,形成一个学科馆员交际圈,通过工作经验、技巧的交流共同为读者提供更加优质的信息服务。

3.3.2 共建共享学科服务平台

将联合体学科化服务合作的项目模块及团队内的学科馆员工作、交流模块以及与学科用户的交流互动模块集聚于一个统一的学科服务平台,通过统一认证,实现联合体学科资源和服务的共享,既能够方便用户查询和检索学科资源,又可以方便用户通过学科服务平台提出信息请求并获取相应的反馈,还可以方便学科化服务团队更好地开展学科服务。学科用户通过学科服务平台享受服务;学科馆员通过这个平台向学科用户提供服务[13]。

3.3.3 学科馆员交流培训

高校图书馆联合体的学科馆员通过学科服务平台进行交流与协作服务,可以同来自不同高校图书馆的学科馆员交流工作经验、技巧、业务流程等,从而开阔眼界,提高综合素质与服务能力。联合体某一学科化服务团队还应在必要时进行集中培训,以便快速掌握某一技术或服务技能、技巧,更好地服务于学科用户。联合体的学科馆员还可以采用其他方式进行合作交流,如通过建立博客、QQ群等方式进行非正式交流,或借助图书馆年会和其他学术会议的机会相互学习,相互促进,共同为读者提供更加优质的信息服务。

4 高校图书馆联合体学科化服务合作的保障

4.1 相关部门及其领导的重视

学科化服务是一项系统性、专业性很强的工程,单个馆的学科服务力量是有限的,联合体的合作可以实现单个馆难以达到的目标,给图书馆学科服务的可持续发展提供良好动力。通过多馆通力合作,可使联合体图书馆的信息资源、人力资源得到充分共享,增强学科服务实力,实现优势互补,达到"1+1>2"的效果,提高各高校图书馆的学科化服务水平。高校图书馆联合体一定要意识到学科化服务合作的重要性，且引起高度重视，联合体内各成员馆领导也要对学科化服务合作给予足够重视并予以积极行动，这样才能在领导层面保障图书馆联合体学科化服务合作的顺利开展。

4.2 必要的制度、资金保障

健全的管理机制是联盟成功的关键[4]，高校图书馆联合体学科化服务合作同样如此，如果单凭各馆自发、自愿、奉献，没有制度保障，没有"领头羊"，则很难比较全面、持久地开展起来。省高校图书馆联合体需要对学科化服务合作制定切实可行的规范或制度，并健全监督、管理体系。高校图书馆联合体学科化服务合作当然也需要有资金保障，在合作前，高校图书馆联合体管理中心及成员馆主管领导应对此问题充分考虑，做到有计划、有预案、有保障。

4.3 需中心馆、核心学科馆员来引领

高校图书馆联合体每一学科的合作应由一个中心馆、1－2名核心学科馆员来主持，由中心馆来组织其他合作馆开展学科化服务合作的各项工作。中心馆的选择可以借鉴课题申报程序，通过申请、评审来确定。如果没有图书馆甘当引领者，高校图书馆联合体管理中心可以同各成员馆商量，指定本学科实力相对较强的图书馆担任"领头羊"。主持单位确定后，应由主持单位把联合体内相应学科的学科馆员组织起来，向他们汇报学科化服务合作计划及实施方案，再展开头脑风暴，对其计划进行修订，并就如何落实等具体细则提出建议，形成学科化服务合作方案。

4.4 需要规划、测评与总结

学科化服务规划应包含图书馆开展学科化服务的基本情况、存在问题和发展建议、学科化服务发展的整体目标和目标体系、开展学科化服务的实践措施、学科化服务的保障机制等内容[14]。高校图书馆学科化服务合作同样要有明确的思路，要有总体谋划，对合作的目标、内容、措施、保障等要有明确的约定，并可形成协议。在学科化服务合作启动后，每一学科团队要定期或不定期地回顾并总结合作情况，不断创新和发展。高校图书馆联合体管理中心也要对项目落实情况进行检查，督促学科化服务合作落到实处，以保障学科化服务合作有效、有序、可持续发展。

参考文献：

[1] 何琍芳.高校图书馆学科化服务研究[J].图书馆,2011(4):126-128.
[2] 万文娟.图书馆协同化学科服务新模式研究[J].图书馆建设,2012(6):66-69.

[3] 张润梅.协同合作服务——普通高校图书馆学科服务思路探析[J].浙江高校图书情报工作,2011(6):49-53.
[4] 靳国艳.黑龙江省高校图书馆联盟建设研究[J].现代情报,2012(9):131-133.
[5] 刘素清,艾春艳,肖珑.学科服务的多维拓展与深化——北京大学图书馆学科服务聚焦与思考[J].大学图书馆学报,2012(5):18-22.
[6] 潘幼乔,郑邦坤.构建四级学科服务体系 全面服务高校教学科研——地方多科性大学学科服务理论与实践[J].图书情报工作,2012,56(1):31-34.
[7] 莫其强.高校图书馆联合数字参考咨询服务探讨[J].现代情报,2011(7):135-138.
[8] 李琛.高校图书馆合作开展在线信息素质教育研究[J].图书馆论坛,2010(8):136-138.
[9] 罗凌云.科技查新中的馆际合作模式研究[J].图书馆学研究,2010(8):62-64.
[10] 鄂丽君.高校图书馆科技查新服务调查与分析[J].情报探索,2012(1):180-184.
[11] 熊欣欣.中美高校图书馆数字化学科服务比较分析[J].图书情报工作,2011,55(13):130-134.
[12] 陈德芳.以高校教学联合体为平台的学科化服务[J].图书馆学研究,2010(15):70-72.
[13] 徐恺英,刘佳.高校图书馆学科化知识服务模式研究[J].图书情报工作,2007,51(3):53-55.
[14] 吴利萍.高校图书馆学科化服务的影响因素及发展对策[J].现代情报,2009(3):100-103.

作者简介

王艳秀,南通大学图书馆副研究馆员,E-mail:wyx@ntu.edu.cn。

高校图书馆学科服务之"双伙伴"计划的探索与实践

邬宁芬　陈　欣

（同济大学图书馆　上海　200092）

摘　要　以同济大学图书馆为例，介绍该馆近年来在学科服务领域所进行的探索和实践——"双伙伴"计划。该计划的特点可以概括为两种学科服务模式、三级服务梯队和四大服务内容。其中，"两种服务模式"分别是面向全校师生的普通推广型服务和针对重点学科科研团队的个性化知识服务；"三级服务梯队"指由学科馆员、咨询馆员和辅助人员组成的服务队伍；"四大服务内容"指院系联络、学科资源建设、知识信息服务及信息素养教育。

关键词　学科服务　学科馆员　"双伙伴"计划　同济大学图书馆

分类号　G252

学科服务是现代信息环境下图书馆针对读者日益专业化和个性化的文献信息需求而推出的一种新的服务模式。它以用户为中心，以学科馆员服务为基本模式，面向专业院系、课题组和个人，建立基于院系的、院系协同的、面向一线教学科研人员的服务机制，以个性化、学科化、知识化服务为手段，以提升用户信息获取与利用能力为目标，旨在为教学、科研的自主创新提供有力的信息保障[1]。

同济大学图书馆推出学科馆员制度始于2003年底，当时馆内打破部门限制，实行全馆人员岗位聘任，图书馆为了加强与各院（系、所）的联系与沟通，做好图书馆文献资源的采购、推广和宣传工作，设立了专职学科馆员岗位，岗位编制隶属于资源建设部。学科馆员的选拔条件是，非图书情报类专业硕士以上、熟悉图书情报业务、外语和计算机水平较好的研究人员。图书馆在学科馆员的任用上采取宁缺勿滥的原则，每年都有针对性地根据学校专业设置情况招聘具有相关专业学科背景的硕、博士研究生从事学科馆员工作。目前，共有8名学科馆员承担全校30多个院、系和研究所的学科服务工作。

1 "双伙伴"计划概述

虽然同济大学图书馆自2003年起就推出了学科馆员制度,但限于人力等方面条件的限制,学科服务工作在较长的一段时间内停留在学科资源建设、与院系的联络服务、读者培训、常规性参考咨询及文献检索等学科服务的初级阶段,缺乏提供更深层次、更有针对性的学科服务能力,在服务学校教学和科研方面没有形成一套完整的全程配套服务体系[2-4]。为了更好地满足读者的信息需求,将图书馆各种分散的资源(文献、人员、硬件)整合在一起,发挥团队合作力量,创新学科馆员服务模式和机制,在图书馆领导和学科馆员的共同努力下,近年来适时地推出了"双伙伴"计划。

"双伙伴"指的是"知识伙伴"(knowledge partners)和"科研伙伴"(research partners)。其中,"知识伙伴"主要面向广大师生,围绕学科建设提供相关的学科资源保障、信息素养教育和知识信息服务工作,图书馆员对文献进行分类、整理和分析后提供给相关院系的师生,主要措施包括中外文全文期刊导航、院系专业课程课件导航和学科信息门户网站等;"科研伙伴"主要针对院系教师和研究生科研课题的需求,与有关课题组结成战略伙伴关系,全程参与课题组的科研工作,依托图书馆的文献资源优势和专业情报人员的特长,为课题组提供准确、全面的文献资源信息,并利用文献计量学等情报学方法对学科前沿和国内外研究进展进行跟踪分析,供课题组科研人员使用。

"双伙伴"计划的实质是,针对用户的需求,以学科馆员为核心,组建"学科馆员—咨询馆员—辅助人员"服务梯队,依托图书馆馆藏资源和馆际合作网络,面向全校师生开展主动、一流的知识服务和科研服务。其目标是做院系师生的"知识伙伴"和"科研伙伴"。

"双伙伴"计划学科服务具有主动融入、动态定制、协同交互、信息技术与服务的有机融合、开放整合及专业化和知识化等主要特点[5-7]。

- 主动融入。通过活化运行机制,挖掘用户需求,开展主动创新型和介入式、融入式服务,如嵌入院系课程的文献信息讲座和嵌入科研课题的文献信息提供及分析。
- 动态定制。对于图书馆来说,"双伙伴"计划学科服务体现的是围绕用户需求,组织和运行机制更加灵活的大服务模式。可以根据需要灵活组建临时工作组,在开展具体服务时,根据特定情境和需求制定具体的实施策略。
- 协同交互。协同性一方面是指需要不同专长和职责的图书馆员协同工作,提供联合服务支持;另一方面是指支持用户的协同学习和研究,同时鼓励用户和馆员协同进行信息资源与信息环境的建设和共享。

● 信息技术和服务的有机融合。通过利用各种现代信息技术,将学科馆员组织、整理、再生产的各类学科资源做成新闻信息、网页、信息平台等推送到读者的电脑、手机和信箱等。

● 开放整合。将各个学科的馆内外各类实体与虚拟资源整合在一起,通过一站式的服务方便快捷地提供给用户。

● 专业化和知识化。具有专业背景的学科馆员按学科专业对文献信息进行收集、加工、整理、分析、利用,形成解决问题的知识,为教学与研究人员提供高水平、深层次的个性化知识服务,把图书馆服务从面向用户群服务转向面向个别用户的服务,为读者找到可利用的服务,为服务找到可应用的读者。

2 "双伙伴"计划之学科服务模式

根据学校专业设置和学科分布特点,同济大学图书馆组建了土木环境、机械交通电信、理学、文法管理及生命与医学 5 大学科服务基地,如图 1 所示:

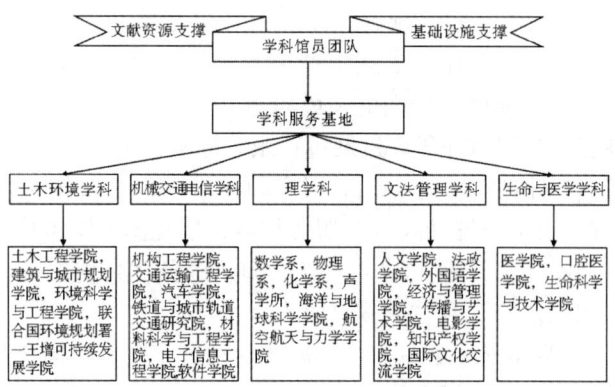

图 1 同济大学图书馆以学科馆员为主体的学科服务基地

以学科馆员为核心组成学科服务团队,依托图书馆文献资源和基础设施,将图书馆的学科服务推送到院系和实验室,融入教学,嵌入一线科研人员的研究过程。同时,针对不同类型读者的文献信息服务需求,图书馆采取了分层次和点面结合的两种学科服务模式,分别是面向全校师生的普通推广型服务和针对重点学科科研团队的个性化知识服务。普通推广型服务主要针对广大师生做好文献信息及利用方面的普及宣传工作,提供日常的信息利用咨询、培训和文献检索等服务;个性化知识服务则针对重点学科和重要科研团队提供个性化的关于学科进展和学科前沿方面的文献收集、传递、整理、分析服务。这种分层次的点面结合服务模式既最大限度地满足了广大师生最基本的文献信息需求，又较好地解决了高层次科研人员和学科团队对所关注的学科领域内国际最新成果的关注和个性化需求，得到了师生们的普遍欢迎和好评。

为了保证上述两种学科服务模式的有效运作，图书馆以学科馆员为核心，组建了由学科馆员、咨询馆员和辅助人员组成的三级服务梯队，面向不同层次的学科用户，依托图书馆学科服务点、院系、在线咨询点三大服务阵地，提供主动的、立体化的知识服务和科研服务，如图2所示：

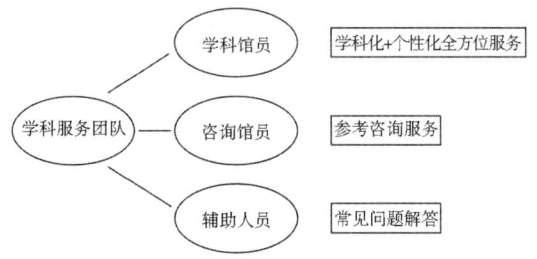

图2 同济大学图书馆学科服务的三级梯队模式

其中，学科馆员主要面向所承担的学科或学科群，深入教学科研第一线，向所属院系师生提供学科化和个性化的全面信息服务；咨询馆员则通过在线咨询等灵活多样的方式向广大师生提供文献信息参考咨询服务；辅助人员主要提供最基本的文献信息服务，解答师生们在文献资源利用方面常见的各种问题。

3 "双伙伴"计划之学科服务内容

同济大学图书馆以学科馆员为主体，依托上述两种学科服务模式和三级服务梯队及立体化服务网络，提供了院系联络、学科资源建设、知识信息服务、信息素养教育等方面的学科服务内容。

3.1 院系联络

院系联络指通过学科馆员建立与各学院、系、研究所的图书情报信息的交流沟通机制，全面、主动、及时地了解各学科师生的文献信息需求，同时将图书馆拥有的相关学科文献资源信息发布出去，最大限度地提高图书馆的文献服务能力和服务水平。学科馆员院系联系的形式灵活多样，既有日常的与各院系所图书分馆负责人和相关工作人员、科研秘书、学生义献大使等的联系，也有与学科带头人、文献信息专家的定期和不定期的多种形式的交流，还可以直接面向一线教学科研人员提供一对一的文献信息服务（见图3）。学科馆员院系联络的具体方式有上门服务、打电话、发送电子邮件、BBS、发放问卷调查表等。通过以上方式，学科馆员可以及时了解各学科师生的文献信息需求，调整文献采购策略，同时将图书馆新到的相关资源传递给全校师生。

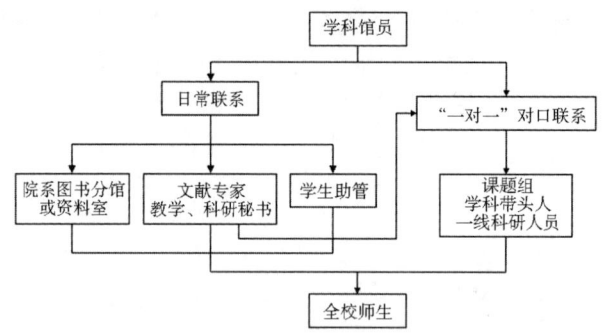

图3　同济大学图书馆学科馆员院系联络的方式

上述院系联络方式在图书馆学科服务中发挥了重要作用，但限于人力，学科馆员与读者互动、交流的时间和内容存在一定的偶然性和随机性，缺乏应有的系统性。近年来，随着网络技术的发展，同济大学图书馆探索利用Web2.0技术，开辟了网络化学科联络的互动空间，即将BLOG、RSS、WIKI等核心技术应用到学科联络与学科建设中，构建了一个以学科馆员为基点和以对口学科教师为中心节点的学科交流平台，这方面的工作正在紧锣密鼓的进行之中[8]。

3.2　学科资源建设

从2004年起，同济大学图书馆打破传统的按文献载体类型组织资源的采访模式，在资源采访工作中，引入既有专业背景又熟悉学科文献信息资源的学科馆员从事某一学科或几个相关联的近缘学科的文献信息资源（包括图书、期刊、电子文献、数据库等）的资源采访工作。图书馆除8名具有不同专业背景的学科馆员专门负责全校各院系学科文献资源的采访工作外，还在每个院系聘请了文献专家和研究生助管协助学科文献资源建设。近年来在学科资源建设方面主要开展了以下工作：

3.2.1　改革文献资源的采集模式

由具有不同学科背景的学科馆员按照学校的专业设置采集相应学科的各种类型学科文献资源，现有的馆藏文献资源已基本覆盖我校理、工、医、文、法、哲、经济、管理和教育9大学科门类，文献资源类型包括图书、期刊、学位论文、会议论文、标准、专利等。

3.2.2 建立、发展和完善学科特色资源

围绕学校的重点、优势学科，建成了一批具有显著同济特色的学科特色资源，如汽车行业专题阅览室、城市发展专题阅览室、海相碳酸盐岩地震地质一体化专题文献数据库等。专题阅览室或数据库收藏有该类学科的中外文图书、期刊、报纸、标准、报告、年鉴、会议论文、学位论文等多种文献资源及视频资料，内容涵盖该类学科的各个方面，能为读者提供一站式的学科信息服务。

3.2.3 扩大电子文献采集收藏比例

在继续搞好传统实体馆藏建设的同时，加强了数字化资源的建设和整合。通过近年来的建设，同济大学图书馆已拥有由近 100 个数据库组成的、覆盖我校所有学科的电子资源馆藏。其中比较重要的数据库有：Nature、Science、Web of knowledge、EI Village、Elsevier、IEEE/IEE Electronic Library、Springer、Wiley-Blackwell、中国知识资源总库（CNKI）等。

3.2.4 保障学科文献信息资源馆藏质量

通过建立学科资源试用和用户反馈机制、对已购学科资源用户利用情况的定期统计等途径，对馆藏资源利用情况进行监测与分析，动态调整学科资源建设的方向。

3.3 知识信息服务

知识信息服务是同济大学图书馆目前重点发展的服务方向，已陆续开展了以下 6 个方面的服务：

3.3.1 传统信息服务

包括馆藏中外文全文期刊导航和院系专业课程课件导航、期刊目次服务、科技查新和文献收录引用检索等。

3.3.2 外文期刊导读

定期推出某一学科的若干外文期刊，进行详细评价。

3.3.3 个性化专题服务

由学科馆员定期或不定期地针对用户委托的某一特定主题进行跟踪信息服务，提供文献目次、原文和经过分析后的专题报告等。

3.3.4 信息推送服务

通过建立详尽的专家个人资料信息库，利用信息推送技术为相关专家提

供专题书目、专题文献资料、会议消息等，也可定期向用户发送其感兴趣的信息或相关专题信息。

3.3.5 学科信息门户网站

学科馆员发挥专业背景方面的特长，将来自不同类型和不同载体的学科信息搜集整理处理，与数字化部人员合作，建立特色的学科信息门户网站，目前同济大学图书馆已建成了汽车行业信息服务平台、医学与生命科学学科服务平台、建筑信息门户网站和城市发展信息中心等 4 个学科信息门户网站，海洋学科信息门户网站也在建设中，不久即将推出。

3.3.6 嵌入课题全程的文献提供和分析服务

同济大学图书馆在 2008 年首次以签订课题合同的形式参与了海洋与地球科学学院马在田院士主持的中国石油化工集团公司前瞻性科技攻关项目《中国南方海相碳酸盐岩油气区地震勘探关键技术与地震地质一体化研究》的文献调研工作。工作内容是围绕总项目的研究内容和科学目标，充分利用图书馆文献资源方面的优势和专业情报人员的特长，系统检索国外相关文献（包括学术期刊论文、专利文献、会议论文和学位论文及学术专著、国外专业机构网站信息等），并加以整理、归类和建库，为总课题专业科研人员的研究提供准确、全面的文献资源保障。在上述工作基础上，采用文献计量学和专利地图分析等情报研究方法，对国外海相碳酸盐岩油气区地震勘探关键方法与技术（包括采集、处理和解释等方面）的新进展和研究热点进行分析和总结，为总项目研究人员提供参考。

3.4 信息素养教育

信息素养教育指利用各种信息工具和检索方法，从庞杂的信息资源中识别、获取、评价和有效利用信息的技能，包括信息意识和信息技能两个方面。它是现代图书馆的重要服务职能之一，对培养学生的可持续学习能力、创新能力和批判性思维能力具有重要作用。

同济大学图书馆根据读者层次的不同，将信息素养教育分成新生信息素养教育、基础信息素养教育和专业信息素养教育三个层次展开，如表 1 所示：

表 1 信息素养教育分类

类别	教育活动	内容	面向对象	教育形式
新生信息素养教育	新生入学教育	图书馆资源与服务导引	刚入校新生	实地参观、讲座、视频、网络课件

续表

类别	教育活动	内容	面向对象	教育形式
基础信息素养教育	学分课程（本科生和研究生的必修课和选修课）	介绍文献检索基础知识、各个数据库的内容和检索方法。	二、三年级本科生、研究生	讲座、视频、网络课件
	90分钟专题系列讲座	按照文献类型的不同，如期刊、会议论文、专利、标准等，以专题的形式组织内容，开展系列讲座。		
	嵌入课程的专业信息素养教程	学科馆员与院系专业教师合作，内容涉及本科生课程信息源的选择、如何进行文献检索、获取和利用等。		
专业信息素养教育	院系学科专场	围绕某一学科介绍该学科的馆内外资源、获取途径，以及如何利用学科资源进行学术论文写作和科学研究等。	四年级本科生、研究生、教师	讲座、视频、网络课件
	嵌入课程的专业信息素养教程	学科馆员与院系专业教师合作，内容涉及研究生课程信息源的选择、如何进行文献检索、获取和利用等。		

此外，同济大学图书馆还致力于建立用户信息素养教育课程体系和能力评价标准，包括同济大学信息素养教学框架体系、通用信息素养课程体系、各学科信息素养教学课程体系、本科生信息素养能力评价标准、研究生信息素养能力评价标准。

4 结 论

"双伙伴"计划是同济大学图书馆近年来为推进学科服务工作进行的新探索和新实践。其特点可以概括为"两种学科服务模式"（分别是面向全校师生的普通推广型服务和针对重点学科科研团队的个性化知识服务）、"三级服务梯队"（学科馆员-咨询馆员-辅助人员）、"四大服务内容"（院系联络、学科资源建设、知识信息服务、信息素养教育）。其宗旨是在现有国情的情况下，探索具有中国特色的高校图书馆学科化服务之路，从运行机制、服务模式、服务内容三方面探讨了打破传统的服务组织机制，将高校图书馆分散的资源（文献、人员、硬件）进行整合，并运用创新的服务模式，针对不同学科用户群体的需求，提供深层次、个性化、专业化和知识化的主动信息服务。

参考文献：

[1] 龙凤姣. 图书馆学科化服务与信息素质教育的互动关系研究. 图书馆,2009（4）:83-84.

[2] 汤莉华,黄敏. 论高校图书馆学科馆员制度的完善——由上海交通大学图书馆建立学科馆员制度说开去. 大学图书馆学报,2006(1):45-48.

[3] 吴文花. 试论高校图书馆学科化服务的可持续发展. 情报资料工作,2009(4):96-98.

[4] 李春旺. 学科馆员制度范式演变及其挑战. 中国图书馆学报,2005(3):51-54.

[5] 张晓林. 科研环境对信息服务的挑战. 中国信息导报,2003(9):18-22.

[6] 常唯. e-Science 与文献情报服务的变革. 图书情报工作,2005,49(3):27-30.

[7] 郭晶,陈进. IC2：一种全新的大学图书馆服务模式. 图书情报工作,2008,52(8):115-118.

[8] 宛文红,金英玉. 第二代学科馆员网络化信息服务的拓展. 情报资料工作,2009（3）:89-90.

作者简介

邬宁芬,女,1968年生,副研究馆员,硕士,发表论文12篇。

陈　欣,男,1972年生,副研究馆员,副馆长,发表论著近10篇。

面向科研团队的嵌入式学科服务实践探索

宋海艳　郭　晶　潘　卫

（上海交通大学图书馆　上海　200240）

摘　要　伴随学科服务的深入，与科研团队的嵌入和合作服务日益增多，如何开展与科研团队需求匹配的服务，需要学科馆员予以更多的思考。嵌入式学科服务以嵌入研究过程、支撑科研创新为主要目标，探索学科服务支持科研的方式和内容，如拜访教授、信息专员、学术成果RSS订阅、学科指南、学科专题培训、走入实验室等，以提高高校科研创新的效率，深化学科服务对科研过程的支撑程度。
关键词　学科服务　科研团队　科研创新　高校图书馆　嵌入服务
分类号　G252

学科服务是当前许多图书馆力推的一种服务模式，其因面向学科用户，主动、积极地深入用户之中，快速响应用户需求，提供专题化、个性化、便捷化的服务，深得用户认可。同时，通过学科服务，用户对图书馆的形象逐渐改观，进而促进图书馆学科服务的深入探索。随着学科服务的深入，与科研团队的嵌入和合作服务日益增多。为了更好地嵌入研究过程，支撑科研创新，如何开展与科研团队需求匹配的服务，需要学科馆员予以更多的思考。

1　当前学术研究环境的特点

1.1　泛在知识环境

在通信技术、信息技术的迅猛发展下，泛在知识环境（Ubiquitous Knowledge Environment）以及由此提出的泛在图书馆服务日益普遍。泛在知识环境的提出，源于2003年美国密西根大学向美国国家自然科学基金会提交的《赛百基础结构实现科学与工程的革命》报告[1]。泛在知识环境下，学术研究呈现个性化、精细化、集成化、便捷性、及时性等特征，科研人员需要在研究过程中对学科研究的热点和前沿做出快速响应，由此促使图书馆为科研团队、人员提供无处不在的服务，节省科研团队、人员时间，提高科研效率。

1.2 VRE 的到来

2006 年 3 月，英国科研与创新办公室虚拟研究组织专题研究小组将虚拟研究环境（Virtual Research Environment，简称 VRE）描述为"一组能够不受组织边界约束来推动研究进程的联机工具、系统和操作方法"[2]。其主要目标是为分布在世界各地的科研人员构建起一个具有开放共享、分布协同和安全可控的网络化、数字化科研平台。它将帮助个体研究人员完成研究工作中日益复杂的研究任务，它还有助于跨学科、跨国界的研究组织之间的合作[3]。VRE 支持资源发现、数据收集、数据分析、仿真、协同、交流、出版、研究管理和项目管理等，E-research 环境和机构库建设成为 VRE 的主要表征。当前，研究人员愈来愈依赖网络进行大范围的协作交流和大规模的数据获取与管理利用。

2 嵌入式学科服务

面对泛在知识环境和虚拟研究环境，图书馆的服务模式发生了转移，一方面积极应对变化的学术研究环境，从泛在图书馆出发，提供多种类型的服务，无所不在地融入到研究过程；另一方面，从具体的需求出发，围绕学术研究过程，紧密对接用户的学术需求，推行学科服务为主线的专题性、个性化的嵌入式服务。

嵌入式学科服务研究在国内尚未有成熟的模式，刘颖、黄传惠提出嵌入式学科服务以用户为中心，以有机融入用户物理空间或虚拟空间、为用户构建一个适应其个性化信息需求的信息保障环境为目标，主要以学科为单元提供集约化的深入信息服务，以及以此为基础的机构重组、资源组织、服务设计、系统构架等的全新运行机制[4]。陈廉芳和许春漫从馆内空间、馆外空间和虚拟空间三方面论述嵌入式服务的内容[5]。刘颖和项英分析了用户个人信息环境对学科服务的影响和要求，并从信源（资源）、信道（学科信息交流）和信宿（学科用户关系管理）三个方面提出了嵌入式学科服务的实施对策[6]。对嵌入式学科服务而言，首先，它面向一个过程或阶段；其次，它更具针对性；再者，它注重实际服务效果，强调对用户需求的满足程度；此外，嵌入式服务体现一种更加主动的、个性化的服务态度。

3 面向科研团队的嵌入式学科服务路径

科研团队是一个特殊的科研群体，特殊性在于一方面其需求具有集合性、稳定性、专题性；另一方面，又具有分散性、层次性和阶段性。科研团队是学术研究的主要力量，成为嵌入式学科服务的重点。为使学科服务更加紧密地对接科研团队的需求，需要认真调研和分析科研团队的需求与行为特征，从其切身需求出发，构建以科研团队为中心的学科服务，以需求驱动服务，保障学科服务的嵌入成效。

3.1 需求调研

服务需求是图书馆服务的动力，决定图书馆服务的内容和形式。尤其是在学科服务模式下，不同学科、不同专业的需求特点不同，而不同研究阶段需求也不同，使得学科服务的开展必须因学科制宜，灵活推进。从这个角度上说，掌握了科研团队需求，寻找兴趣点和服务开展的抓手，才能以合适的契机顺利开展服务，获得科研团队的认可。

3.2 需求准备、匹配

科研团队的认知直接影响到学科服务的开展和可持续发展，在了解团队需求的前提下，还要分析需求特征、科研习惯特征，量体裁衣地制定嵌入式学科服务规划，并精心组织和准备。将已有的服务内容、模式和需求进行匹配，一方面寻找服务的盲点，另一方面，改进服务的不足。存在盲点的需求，需要分析该服务的可行性，预见服务的成效，权衡服务团队的人力和能力情况。需要改进的服务，则要明确存在不匹配的原因，是需求发生变化，还是服务本身的设计问题，并进一步明确改进的空间、措施以及实施难度，使得这种需求匹配具备较强的针对性，为需求的实现奠定前期条件。同时，还应该坚持客观和有所为有所不为的原则，全面地分析团队的需求是否合理，而不能一味地迎合团队的需求。此外，在匹配服务与需求时，应跳出个体需求的局限，从学科角度，匹配和定位同类与密切学科的需求特点，为其他科研团队的需求调研积累经验。

3.3 需求实现

用户需求的实现既是需求的响应和实施，又是需求的对接和成效反馈的前提。它要求学科服务对可行性的需求，予以积极、主动、快速地响应，在实施之后，尽可能全面了解需求的实现程度以及成效。实现程度可用以衡量需求匹配的结果，确认用户需求的阶段特征，成效反馈则体现了馆员的服务能力和服务质量。其中，对服务成效和需求实现程度的把握，需要与用户沟通交流，听取用户对嵌入式服务内容、形式、方式的评价，进一步确定需求的增长点以及服务的改进。学科服务的特点决定了需求的实现需要一个长时间的过程和阶段，此种情况下，需要随时跟进用户需求的变化，灵活而有效地调整先期的服务策略和内容，真正与用户需求对接。同时，服务的成效可能并不是立竿见影的获取反馈，需要与用户加强日常的联络沟通，跟踪用户后续的科研行为和科研产出，随时收集用户的反馈和评价。

4 面向科研团队的嵌入式学科服务内容

如何围绕科研过程，将学科服务完整而有效地嵌入到科研过程中，国内外都进行了不同的探索。上海交通大学图书馆（以下简称"上交大"）于2008年推行学科服务后，当前在嵌入式学科服务方面也进行了一些探索。

4.1 拜访教授

高级职称研究人员通常具有自己的科研团队和主攻领域，并不同程度地承担着科研课题，要促使嵌入式学科服务能够与他们的研究对接，需掌握科研团队的第一研究进展和动态。上交大图书馆自2009年10月起，在 IC^2 创新支持计划体系下，推出拜访百位教授计划，面向博导级教授，由学科服务团队开展约见和拜访，随后集中汇总不同学科团队教授的科研需求，从服务角度有针对性地提出协同解决方案。学科馆员一对一的约见和拜访，借助于推介学科服务拜访约见函。

此举得到教授和研究员等高级职称教师的欢迎，拜访教授活动取得显著成效。

同时还建立了重点用户需求登记表，不仅了解了科研人员及其团队的信息需求，掌握了服务方向，而且建立起与科研团队的长期联络机制，为深入嵌入研究过程奠定了良好的服务基础，使得学科服务以教授级科研人员为基点，逐渐建立起与科研团队的座谈、培训和交流渠道。

4.2 信息专员

为提高对科研团队服务的针对性，上交大图书馆推出了"科研信息专员培训计划"，由科研团队推选一或两名团队成员，作为图书馆和科研团队的信息专员[7]。对推荐的团队成员进行密集短期培训，使之具备一定的文献检索、获取、利用、评价、管理技能，包括论文投稿、论文写作、前沿追踪、文献调研、个性化服务、查新查引技能等，经培训合格后，授予图书馆信息专员聘书。服务过程中，图书馆动态跟进了解信息专员服务进展，及时为信息专员提供疑难解答。为保持信息专员为团队服务的连续性，通常聘期为一年，该项培训计划于2009年推出，目前第二期信息专员已经于2011年1月正式聘用上岗。

为配合信息专员完成科研任务，图书馆赋予信息专员特授权限，扩大团队的借阅权限、优先为团队推荐学术研究资料，并特许出借外文原版图书，提供专题研讨室便于团队开展课题研讨和会议。图书馆还在学年中期举办信息专员交流沙龙，由不同学科信息专员分享服务科研团队的经验，促进信息专员之间跨专业交流，互相借鉴和启发服务思路。聘期结束时，由图书馆和科研团队负责人共同对信息专员做出评价，根据信息专员的能力和成绩，评选优秀信息专员。此种嵌入式学科服务模式使信息专员成为科研团队和图书馆的桥梁和枢纽，既充分发挥信息专员的学科专业背景优势，又运用了图书馆的各项资源、服务、技能，得到科研团队的充分肯定。

4.3 学科专题培训

提高科研团队、人员的信息素养是图书馆学科服务的一项主要工作。上交大图书馆在服务过程中，有意识地嵌入了各类学科专题培训，并加强专题培训的实践演练和案例指导。如设计针对某特定服务事项、特定研究领域的追踪、特定专题的检索、文献调研、课题查新、特定学科的项目申请、特定文献的获取、特定学科的论文写作与投稿、特定专题的文献管理、科研技巧、科研工具包等，这些专指性强的学科专题培训，有效地丰富了信息素养教育的形式，深化了信息素养教育的内容，使之更加灵活化和适用化，提高了科研团队对信息素养培训的认可度。而通过学科专题培训，也有助于学科服务团队增进了解科研的热点和方向，实现共赢。

4.4 走入研究所、实验室

实验室（研究所）是科研的主要阵地，在基于实体空间和环境的学科服务中，上交大图书馆已经尝试开展了走入实验室嵌入式学科服务。一方面是因为实验室科研群体相对需求具有共性和一致性，便于科研团队及时解决文献与信息需求；另一方面，实验室（研究所）是学科服务深入科研一线、嵌入课题过程，提供对口服务的主要入口。通过设立学科服务分站或者走入实验室，及时了解科研团队、人员的需求，帮助一线需求解决资源利用的疑难，不仅促进科研团队知晓学科服务对科研的支持和关注，而且通过快速响应，使科研过程中对文献和信息的利用渠道更加顺畅。通常来说，走入实验室的个性化嵌入服务，以短小和精品服务为主，保持持续性，形成一种服务惯例，真正做到嵌入研究过程，融入科研一线。

4.5 RSS 成果推送

在面向科研团队、科研人员的嵌入式学科服务中，Lib2.0 发挥了积极作用，这些 2.0 元素中，RSS 便是其中之一。针对科研团队、群体，上交大图书馆和汤森路透公司合作，通过 Web of Knowledge 数据库平台，开发了学科学术成果 RSS 订阅和推送，动态发布交大学术群体 SCI 学术成果，便于团队群体了解自己的科研产出和相关学科领域的科研产出，节省科研团队定期人工收集的时间和精力，帮助其从全局掌握学科领域的最新进展。同时，图书馆积极向科研团队推荐使用各数据库 RSS 功能，个性化订阅特定领域、科研人员、科研团队乃至机构的科研进展，或者重要学术信息的动态、研究热点，实现科研信息到桌面以及到办公室，帮助科研团队、成员轻松掌握研究热点和动态。此外，上交大图书馆还将 RSS 订阅功能嵌入学科信息导报和学科博客，便于科研团队、人员及时了解学科服务的重要活动和服务内容。随着学科服务的深入和技术手段的普及应用，以 RSS 为代表的 Lib2.0 工具将越发担当重要的角色。

4.6 LibGuides 学科服务平台

嵌入式学科服务除了通过实体空间和载体为科研团队提供服务外，还积极探索虚拟环境中的嵌入式学科服务方式。上交大图书馆于 2010 年在国内率先引用 Springshare 开发的互动网络交流平台 LibGuides，该平台充分应用 Web2.0 元素，具有极大的开放性、共享性，发布和共享的信息为全球共享，便于全球的科研群体进行学术交流和争鸣。上交大图书馆将其定位为学科服务平台，积极组织人力建设示范学科指南，如环境科学与工程、建筑学、人文拓展、物理学等，随后铺开建设了计算机学科、可再生能源转换与利用等，并不断扩大覆盖面[8]。如图 1 所示：

在该指南中，集合学科资源利用、学科热点追踪、学科信息发布、学科信息推荐、学科资源导航、学科资料共享、学术研究支持等服务内容，预期逐步发展成为学科服务的门户。值得一提的是，制作指南时学科服务人员和科研团队保持密切沟通，不仅通过科研团队了解科研的主要方式，发布和共享科研人员关注的科研信息，还给予科研人员一定的权限，允许科研人员直接参与内容建设。平台建设具备雏形后，积极邀请科研团队、人员评价对学科指南，听取相关建议和意见，及时予以调整，进而增强 LibGuides 在对学术研究的针对性和价值，科研人员的参与提高了平台建设效益。

5 深化嵌入式学科服务的举措

为了更好地为科研团队的学术研究提供有效的服务，可以从几方面进行加强：

5.1 以资源建设为基石，形成具有学科特色的资源保障体系

学科学术资源是科研的必备条件，嵌入式学科服务下，需要从科研团队

的研究方向、研究领域、研究热点、发展前沿等方面加强学科资源建设,为科研工作提供丰富的资源体系,构建便捷式资源获取渠道,提高学术资源获取的易用性和可得性,在强大的资源体系下,根据需求组织服务。同时,建设过程中,还需区分不同学科、不同专业的研究特点,紧密结合学科特色,加强特色学科学术资源服务体系,从整体上优化学科资源的利用和建设环境。

5.2 以馆员能力为核心,培养和挖掘嵌入式馆员

当前嵌入式馆员[9]受到关注,从某种程度上表明馆员参与的重要性。嵌入式学科服务之所以能够具备更加专指性或者更加适用性,主要在于馆员能够灵活的组织资源和服务,并通过特定的服务形式,解决用户科研问题,协助科研过程顺利进行。目前,嵌入式馆员的服务并不普及,与馆员的素质和能力有很大的关联。为使嵌入式学科服务可持续发展,需要图书馆加强馆员素质和能力培养,发挥馆员专业特长,培养综合素质,积极向嵌入式馆员方向发展。

5.3 细化嵌入形式,探索围绕课题研究的嵌入式服务

面向科研团队的嵌入式学科服务,既要求从宏观方面,对科研过程和科研需求提供指导和协助,又要求以微观的课题和主题为对象,提供专指度高的科研支撑和辅助。课题研究是科研的主要集合,目前的嵌入式学科服务,还缺少规模效应和效率效应,不妨从课题着手,以重大课题为示范点,探索围绕课题研究过程的嵌入式学科服务。深入课题组,随时了解课题不同阶段进展,调研不同阶段、团队内部不同科研人员的信息需求,通过多样化和极具个性化的指导,改进嵌入式学科服务的成效。

5.4 虚拟和实体空间并举,融合促进嵌入成效

现代信息环境的优化已经促使学科服务将服务的阵地和舞台从实体空间转变到虚拟空间,如办公桌面、学术论坛、网络交流空间、虚拟社区、共享平台等,和科研人员保持随时随地的联络,并争取在第一时间内对用户的需求做出响应。嵌入式学科服务同样需要根据科研团队的科研习惯、特征和需求,不断转换和调整服务的场所、阵地和空间。只有将两者密切融合,才能共同促进嵌入式学科服务方式的丰富,提高嵌入式学科服务的成效。

参考文献:

[1] 陈维军,李亚坤.泛在知识环境下的图书馆[J].图书馆杂志,2006,25(9):3-6.
[2] 苏建华.虚拟研究环境(VRE)影响下的图书馆[J].情报资料工作,2009(1):76-78.
[3] 黄艳娟,丛望,盛秋艳.基于 VRE 的图书馆学科服务模式设计[J].图书馆学研究(理论

版),2010(10):66-68.
- [4] 刘颖,黄传惠.嵌入用户环境:图书馆学科服务新方向[J].图书情报知识,2010(1):52-59.
- [5] 陈廉芳,许春漫.高校图书馆嵌入式创新服务模式探讨[J].图书馆工作与研究,2010(8):4-7.
- [6] 刘颖,项英.个人信息环境与嵌入式学科服务[J].情报杂志,2010,29(5):188-191.
- [7] IC^{2}创新支持计划第三期[EB/OL].[2011-05-16].http://www.lib.sjtu.edu.cn.
- [8] 学科服务平台[EB/OL].[2011-05-16].http://www.lib.sjtu.edu.cn/ssp.
- [9] 廖敏秀,蒋知义.嵌入式馆员——高校学科馆员发展的新方向[J].图书馆学研究,2008(12):6-8.

作者简介

宋海艳,女,1982年生,助理馆员,发表论文10余篇。

郭　晶,女,1975年生,副研究馆员,馆长助理,发表论文40余篇。

潘　卫,女,1966年生,研究馆员,副馆长,发表论文30多篇,出版著作5部。

构建四级学科服务体系 全面服务高校教学科研*

——地方多科性大学学科服务理论与实践

潘幼乔　郑邦坤

（西华大学图书馆　成都　610039）

摘　要　从服务内容、工作机理、平台建设、应用效果4方面，探讨西华大学图书馆构建"基础学科服务——常规学科服务——深层学科服务——拓展学科服务"四级学科服务体系的工作实践，认为该服务体系能为领导决策、教师科研、学生学习提供较好的服务支撑，从而为地方高校学科服务的规划和开展提供借鉴。

关键词　学科服务　学科服务体系　地方高校

分类号　G25

　　图书馆的一切工作都是为向读者提供高效满意的服务。网络快速发展的趋势下，为了更好地吸引读者并为他们提供优质服务，各高校图书馆都力争通过主页展示和开展各项服务，变"读者被动索取"为"图书馆主动向读者推送"，学科服务也不例外。然而，由于馆藏基础条件、馆员人数、用户需求的差异性，高校图书馆利用其主页开展学科服务内容不一、层次不同，地方院校更是困难重重。笔者通过多年实践工作经验，针对地方高校图书馆实际情况探索提出了"基础学科服务——常规学科服务——深层学科服务——拓展学科服务"四级学科服务体系，以供兄弟院校交流探讨，从而更好地服务教学科研。

---

* 本文系四川省教育厅规划项目"四川高校图书馆学科服务创新与深化研究"（项目编号：W10216052）和西华大学重点科研基金项目"地方院校图书馆学科服务研究"（项目编号：RW1020603）研究成果之一。

1 四级学科服务体系的提出

1.1 高校图书馆信息服务的职责

《普通高等学校图书馆规程》（修订）中指出[1]：高校图书馆履行教育职能和信息服务职能，为学校教学和科学研究服务，特别是第一章第三条、十七条、十八条指出，高校图书馆的主要任务是：①做好资源传送和参考咨询工作，积极开展文献信息服务；②开展信息素质教育，培养读者的信息意识和获取、利用文献信息的能力；③积极开展参考咨询、文献信息定题检索、课题成果查新、信息编译和分析研究、最新文献报导等信息服务工作；④积极开展网上预约、催还和续借服务，网上馆际互借和文献传递服务，网上电子公告、电子论坛和意见箱服务，网上信息资源导引服务，最新信息定题通告服务，网上协同信息咨询服务等网络服务。

从以上叙述中，我们不难看出：该规程已明确提出高校图书馆信息服务的建设任务：不仅要做好传统的阅览、展示等读者服务，更要开展信息素质教育，进行信息服务工作，还要开展文献传递、协同咨询等多种网络学科服务。从更深层次来看，这些服务都是为高校学科建设和教学科研进行的服务，都可以归入学科服务范围。

1.2 地方高校学科服务现状

虽然目前国内清华大学、北京大学、武汉大学、上海交通大学、南开大学等众多重点大学开展了学科服务工作并取得了优异的成绩，但地方高校与重点大学相比，无论在资金支持、人才资源还是学校定位上，都存在相当大的差距。

吕元康等人对浙江、江苏等省市地方高校学科服务的调查结果显示[2]：①图书馆一般都比较重视学科服务，学科馆员的配备以具备多学科知识背景为主导；②地方高校学科服务的开展并不普遍，有的地方高校根本还没有开展该服务，学科服务工作开展不太理想；③虽然很多高校已经提出了学科服务项目，但这些项目往往只挂在网页上而没有深入下去；④用户对学科服务的潜在需求非常巨大，但由于学科服务过程沟通不充分，用户满意度并不高。

笔者也对四川地方高校进行了调查，发现：24所四川地方本科高校（部属、985、211高校除外），仅20所主页可访问，只有3所明确在主页设置专栏介绍学科服务、学科馆员，列出了专门的学科馆员名单，分别是西南科技大学图书馆24人、四川理工学院图书馆13人、成都中医药大学图书馆14人。学科馆员特别是高水平、具有学科背景和实际工作能力的学科馆员严重缺乏。

实际上可能有更多的学校开展了此项业务，但这些服务未通过现在主流媒体之一的网络，特别是图书馆主页进行宣传，也不能不说是遗憾。3所高校均选择了"学科馆员——图情教授"模式，为每个学院配备1-2名学科馆员、1名图情教授，面向校内师生提供相关服务。

1.3 用户需求无限与服务能力有限的矛盾

笔者所在西华大学为四川省地方多科性大学，在四川地方高校中排名第6，有61个本科专业，涵盖工、理、文、管、经、法、教、史等多学科。2011中国大学排行榜600强中共有454所地方院校（部属高校、211高校和985高校除外），西华大学排名161位，处于中上水平，其学校定位、学科发展、资源建设、师生需求等能反映多数地方多科性大学的实际情况[3]。笔者对所在高校用户需求进行了初步调查，发现：由于学科和身份的不同，用户需求表现出很大的区别和层次性。

1.3.1 不同学科的用户需求不同

理工科的师生更侧重科技类信息，除了中文图书、期刊外，还需要科技报告、专利、标准等；文史科的是更侧重文学、管理这些主题的信息，偏好图书、期刊、报纸这些信息源。

1.3.2 不同身份的用户需求不同

本科生、研究生、教师、资深教授和学科带头人、校友、社区企业和居民，由于其身份、学历、知识结构、外语水平及使用文献的能力有所不同，从而决定了其需求具有多样化、复杂性、层次性等特点。有的用户目前只需要了解图书馆有哪些资源，图书、期刊就能满足需求，有的则需要专利、标准、科技报告甚至是某一主题国内外的研究现状；有的用户只需要索引或是目录，而有的却需要原文；有的用户中文文献就能满足需求，而有的则需要一种甚至多种外文文献。

1.3.3 同一用户不同阶段的需求不同

同一用户，由于所处的学习和职业阶段的不同，需求也存在很大的层次性。大一、大二对专业性学术信息需求相对较低，注重社会热点、焦点问题，对深度要求不高而主要在于广。大三、大四实习和毕业的需求，会更关注专业对口的学术信息。一般教师的需求以满足教学和科研过程中的"知识要求"为目的，需要的是与专业和研究课题有关的信息。而资深教授、学科带头人，他们的需求由高层次人才培养、科学研究、技术开发等业务工作决定，需要的是经过筛选、加工的知识信息和具有学术价值的国内外相关学科的最新成果和发展动态[4-5]。

在高校师生需求量大且具层次性特点，而学科馆员严重缺乏的现实下，如果将所有用户的需求都交由专职的学科馆员来做，一来会造成专职学科馆员工作量的激增，导致他们无法从琐碎的低层次需求中解放出来；二来直接导致高层次的需求淹没在大量低层需求中，教师特别是教授和学科带头人的学科需求得不到及时高效的解决，学科馆员也无法人尽其用。以服务涉及的学科背景以及对馆员技能的要求度作为划分依据，学科服务可以概括为"基础学科服务——常规学科服务——深层学科服务——拓展学科服务"4个层次，即四级学科服务体系。这种体系可以将专职的学科馆员从琐碎的低层次需求中解放出来，有的放矢地进行深层次的学科服务。

2 四级学科服务体系的内容

虽然各图书馆对学科服务的称谓存在差异，服务内容也不尽相同，但都可以通过网络平台进行宣传和开展。综合来看，学科服务涉及读者调查、数据库宣传与评价、新书通报、好书荐购、学科导航、特色馆藏建设、学术信息资源门户建设、读者个性化服务（个人图书馆服务）、文献传递/馆际互借、科技查新、检索服务（包括代查代检）、专题情报调研、论文提交、用户教育及培训、参考咨询等诸多内容。这些服务，有的只需要馆员直接参与，有的则需要计算机系统的辅助，有的更是要融入馆员的智力劳动和知识经验。

依据用户的需求程度和学科服务需要融入的馆员智力劳动的多少，我们将学科服务分为以下4个层次：

- 以宣传推广图书馆现有资源、征求读者意见等为代表的基础性学科服务（所有馆员均可完成）。
- 以了解学科信息需求、通报和推荐图书馆的最新资源、开办检索课程培训等为代表的常规性学科服务（兼职学科馆员均可完成）。
- 以课题查新、参加对口院系组织的有关学术活动、了解学科进展、编写学科参考资料、协助学术带头人申请和完成课题等为代表的深层学科服务（专职学科馆员参与完成）。
- 以协助学校科技成果转化，对口服务地区政府、企业、居民等为代表的拓展学科服务（学科服务团队参与完成）。

2.1 基础性学科服务

基础性学科服务以推广资源、宣传图书馆为主要目的，主要包括在线资源宣传和推广、在线读者调查两项服务。在线资源宣传和推广，是指图书馆利用主页发布读者常见问题的解答（FAQ）、现有资源介绍、新资源推荐、资源使用指南等；在线读者调查，是指在主页上设置问卷或答题，调查读者对图书馆的设施环境、馆藏资源、服务内容、人员态度等方面的要求，以期更好地改进服务。当相关内容在主页展示后，只需要馆员定期查看、跟踪和向读者推荐，是所有馆员均可完成的服务。

2.2 常规性学科服务

常规性在线学科服务的内容主要是传统参考咨询服务，包括新书通报、好书荐购、学科导航、论文提交、特色数据库建设、个人图书馆系统、参考咨询（邮件、表单、BBS、实时）等。这些服务的开展仅靠馆员的简单劳动已无法完成，需要馆员进行相关信息的筛选，融入部分智力劳动，属于大众性服务类型，其基本模式是"读者需求提问——信息处理——服务反馈"[6]。

这些服务通过计算机系统的辅助可以完成，要求馆员掌握相关电脑知识，具备一定的图书情报知识，对学科背景要求不高。因此，并非所有馆员都能完成该服务，至少需要经过相关培训、了解这些服务内容和流程的兼职学科馆员才能完成。

2.3 深层次学科服务

深层次学科服务主要包括用户教育及培训、专题资料汇编、馆际互借与文献传递、课题查新、代查代检、学术信息门户建设等项目。这些服务是最为典型的学科服务，必须经过与读者多次、深层的沟通和交流，充分融入馆员个人的知识和经验，耗费馆员大量的精力和智力劳动才能完成，有时甚至要求馆员嵌入用户的日常科研、教学和生活环境，其基本模式为"读者需求——信息服务"，属于主动推送服务。这些服务对馆员的学科背景、知识结构、业务水平、计算机能力要求都很高，兼职学科馆员已无法单独完成，只有经过专门、系统的知识学习和培训的馆员才能胜任，必须由专职学科馆员来完成。

2.4 拓展性学科服务

拓展性在线学科服务不仅仅针对师生个人，而且要求服务突破校园，嵌入团队，走进企业、社会，主要涉及成果申报、科技转化；服务社会（如服务"三农"和中小企业）等项目。这些服务单靠某一学科馆员的力量已经无法完成，需要团队的协作和分工。

就笔者对四川省24所高校图书馆主页的调查数据显示，目前还没有一所高校利用其主页宣传成果申报、科技转化等业务。在多数高校中，这项服务是由科技处主管的，图书馆基本上不涉及。这就使得老师和图书馆都陷入一种两难的困境，老师需要更多的资源和参考来完成申报和转化，图书馆占有大量资源却不得门而入。

由于高校图书馆的经费来源特点，目前高校图书馆服务社会的业务多数也仅限于向本地企事业单位和个人办理借阅证，未涉及到更深层的学科服务（如情报加工服务）。

3 四级学科服务体系的工作机理

四级学科服务体系是一个层级式管理体系，目的在于实现图书馆学科资源的优化，使馆员人尽其职，人尽其用，最大限度地满足用户的学科服务请求。其工作机理仍然基于"读者需求——信息处理——服务反馈"模式，只是在信息处理时进行了分组和优化（见图1）。

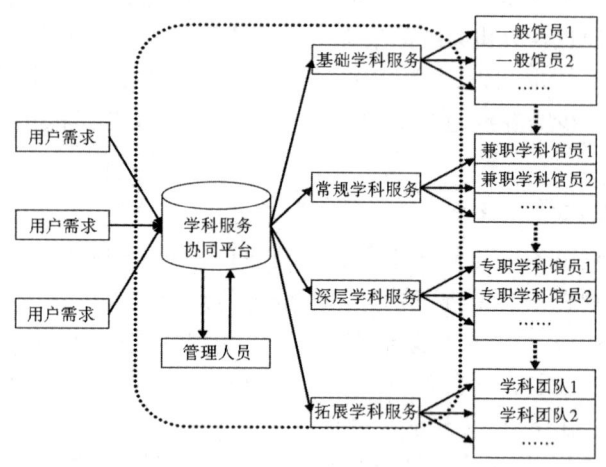

图1 四级学科服务体系工作机理

通过服务协同平台，用户提交学科服务申请，可分为两种情况：

● 用户申请已归类。用户自行在协同平台选择学科服务组别归类后，该需求直接提交至相应的学科服务组，由当天当班的馆员小组进行答复。馆员小组实行轮班制，每组至少2名馆员以应对突发状况，馆员间按照系统给予的请求序列号进行单、双号响应。如遇用户归组失误或是不在该组处理范围的请求，则提交至上一层组的馆员解决。

● 用户申请未归类。用户提交申请时未选择服务的组别，此时，会由专门的管理人员将其划分到相应的学科服务组，由该组馆员进行解决。

4 四级学科服务体系的支撑平台建设

4.1 开发员工数据库

要发挥四级学科服务体系的功效，首先需求建立馆内员工数据库，对全馆职工的资历、学科背景和计算机水平进行一个全面了解，依据其工作职责、阅历和水平，将馆员归入四级学科服务体系，优中选优，确定专职学科馆员、兼职学科馆员的人员和数量。再由各层次人员代表进行研讨，将目前图书馆学科服务涉及的具体内容归入相应的学科服务组。这是四级学科服务的人员平台，如图2所示：

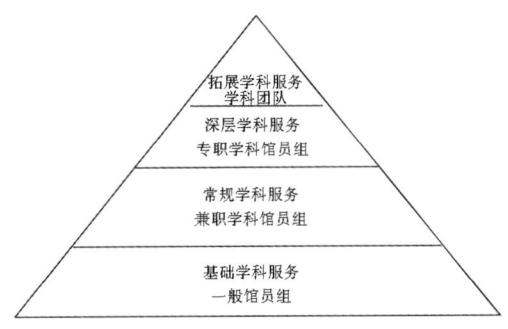

图2 四级学科服务人员体系

4.2 建立学科服务协同工作系统

学科服务协同工作平台是馆员与用户统一的学科服务平台，通过这一平台，用户可以方便地查询和检索学科资源，提出信息请求并得到及时、有效的学科服务反馈，馆员也能实现工作的价值[7]。

4.3 打造馆内学科服务联盟

学科服务的共建共享体现在三个方面：①资源的共建共享；②服务平台的共建共享；③人员的共建共享。虽然馆内的各种资源是全体馆员都能使用的，但馆员由于学历、知识结构和工作经验等的差异，其学科服务能力是具备层次性的。图书馆应努力打造馆内学科服务联盟，采取一系统激励机制，促使馆员之间的知识共享，提高全体馆员的服务能力。学科馆员应逐步走出校园，与其他高校学科馆员形成联盟，形成若干个学科服务组（如电子信息学科组、生物医学学科组、土木建筑学科组、交通工程学科组等）[8]，达到最大限度利用资源、最大限度获取利益、最大限度服务社会的目的。

5 结 语

四级学科服务体系在笔者所在高校应用3年来效果不错,解决了师生的绝大部分需求,图书馆以一般馆员,解答师生到馆咨询,宣传和推广了学科服务;以兼职学科馆员重点解决网上咨询、开展用户培训、引导读者使用学科服务;以专职馆员负责文献传递、馆际互借、代查代检等传统服务并以专职馆员嵌入诸如"无侧隙双滚子包络环面蜗杆传动的研究"等课题组进行全面服务,编写了一系列学科信息动态资料(包括"高校教育与科研"、"汽车资料前沿汇编"等);以学科团队为西华大学省部级重点学科、重点实验室的申报和"2+X"(2代表车辆工程学科和机械学科,是我校的传统优势学科;"X"代表其他若干学科)重点学科建设提供了全方位学科服务;以学科团队为领导决策提供了诸如"中国地方高校排名分析"、"地方高校竞争力分析报告"等深层资料。四级学科服务体系的开展,促进了馆员的优化组合,建立了学科知识化协同服务机制,强化了图书馆在学校学科建设中的地位和作用,深化了学科服务与教学、科研、决策的融合,得到领导、师生、馆员的一致认可。不同类型的地方高校图书馆构建四级学科服务体系绝非千篇一律,各馆须分析自己的校情、馆情,以便建立满足本馆读者需求的、具有一定特色的学科服务体系。

参考文献:

[1] 中华人民共和国教育部.教育部关于印发《普通高等学校图书馆规程(修订)》的通知[EB/OL].[2011-03-10]. http://www.moe.edu.cn/publicfiles/business/htmlfiles/moe/moe_23/200202/221.html.

[2] 吕元康,陈远方.地方高校图书馆学科服务模式现状分析[J].情报探索,2011(2):112-115.

[3] 中国校友会网.2011中国大学排行榜[EB/OL].[2011-03-10]. http://www.cuaa.net/cur/2011/.

[4] 叶素萍.高校用户群体信息获取的障碍及图书馆服务对策[J].医学信息,2006,19(5):994-995.

[5] 郭艳秋.高校用户信息需求与图书馆服务策略[J].河南科技,2008(5):19-20.

[6] 徐晓园.高校图书馆学科馆员服务模式优化研究[D].长春:吉林大学,2008.

[7] 张晓林.构建数字化知识化的信息服务模式[J].津图学刊,2003(6):13-16,80.

[8] 袁曦临,阎丽庆.外向型大学图书馆学科服务创新模式探析——以南京高校(江宁地区)图书馆联合体为例[J].图书馆建设,2009(6):62-65.

作者简介

潘幼乔,女,1982年生,馆员,发表论文数篇;郑邦坤,男,1970年生,研究馆员,发表论文数十篇。

学科馆员—用户关系紧密度及其对学科化服务优化的启示

张 吉[1] 吴跃伟[1] 黄德四[2]

（中国科学院国家科学图书馆武汉分馆 武汉 430072；
2. 中国科学院武汉植物园 武汉 430074）

摘 要 指出随着学科馆员制度的建立与学科化服务的发展，一些问题日渐凸显，尤为突出的是学科馆员面对超量用户，该如何调整，才能在服务覆盖率和服务深度之间保持平衡？提出"学科馆员－用户关系紧密度"的概念，通过对学科馆员服务记录的分析，依据工作量与工作内容判断学科馆员与用户的关系紧密度，结合研究所重点方向与重要科研人员情况，为学科馆员合理安排时间精力提供有效的参考，以期提高学科化服务工作的效率和显示度。

关键词 学科化服务 学科馆员 知识服务

分类号 G203

中国科学院国家科学图书馆（以下简称"国科图"）大力推进学科馆员制度和学科化服务，根据用户信息需求、信息获取行为以及信息利用环境的变化，带动中国科学院（以下简称"中科院"）文献情报支撑体系的服务转型。初景利等将其定义为基于第二代学科馆员的学科化服务，认为其核心是以用户需求为导向，构建用户信息环境，将服务内容嵌入到用户的科研过程，提供多种类型的知识服务[1]。

目前国科图学科化服务的特点是普遍服务与重点服务相结合：普遍服务代表传统图书馆服务延伸和拓展，面向全部用户不断夯实，同时，将服务重点转向重要科研人员、科研项目、重要课题等，提供针对学科或课题情报研究的深层次、高附加值的知识服务，成为科研人员的合作伙伴。在实践中，国科图逐步建立起了一套院所协同、发现用户需求、了解用户困难、推送信息服务的服务反应机制，满足不同层次的信息需求，涵盖了普遍服务、信息素养培训、用户信息环境优化、个性化知识服务、学科情报服务、宣传推广等多个方面[2-3]。如今，国科图的学科化服务已经拥有丰富多样、紧贴科研的产品内容，形成院所协同、面向科研一线的学科化服务体系，为中科院广大研究所用户所认可。

1 学科化服务进入新的时期，出现新的问题

然而，随着学科化服务进入新的阶段，一些问题与矛盾也渐渐显现，尤其是由于面对海量用户而产生的一系列问题。2011年，对国科图学科馆员的问卷调查表明，70%的学科馆员负责的研究所用户超过1 200人，30%的学科馆员的用户在2 000人以上；65%的人用了一半以上工作时间在深层次知识服务上[4]。根据2010年国科图学科化服务数据统计，49位学科馆员，全年共完成104份学科情报报告，参与建设32个课题组平台；与此同时，各类咨询的总量在持续上升，从2009年的27 988件增加到2010年的29 736件，人均年咨询量达到607次。

以上数据反映了广大用户的强烈需求，证明了用户对学科化服务的认可度。另一方面，海量用户的海量需求却也带来了相应的问题，突出体现在三个方面：

1.1 与科研人员建立联系过程中普遍性与紧密度的矛盾

建立普遍而紧密的联系，是获取信任、开展深层次服务的基础。由于用户众多，在与科研人员建立普遍联系的同时，如何衡量联系的紧密程度？

1.2 深层次服务与普遍服务的矛盾

深层次知识服务是学科化服务发展的重点，科研院所、高校等各类机构的信息服务部门已经就此达成共识[3,5]。与普遍服务相比，深层次服务意味着学科馆员需要在单位用户上付出超过普遍水平的时间和精力。随着学科化服务的开展，用户群体越来越庞大，所带来的普遍服务数量呈逐年增长趋势，占用了学科馆员大量时间，留给开展深层次服务的时间精力有限，如何才能有效的发现、选择合适的目标用户？

1.3 服务能力与需求相匹配的矛盾

学科馆员在提供学科情报等知识服务时，面对的课题组研究方向差异巨大，导致为多个课题组提供服务时，相应的知识积累难以与服务同步。如何选择服务对象与嵌入服务的时机，才能充分体现自身特长、及时完成相关知识积累，有效地提供知识服务？

2 学科馆员-用户关系紧密度的概念

学科化服务可以被看作是图书馆、学科馆员与用户之间的知识转移，知识管理与用户关系管理之间相互促动、相互制约，进行知识转移配置[6-7]。追求最佳效果的知识转移，一方面是增加学科馆员数量，各机构学科馆员的数量也一直在增加，这是一个逐步发展的过程；另一方面，更重要的是对学科馆员的工作进行合理配置，开发有持续价值的用户关系。

为此，笔者提出"学科馆员—用户关系紧密度"的概念，从用户接受服务情况的角度判断学科馆员与用户的紧密程度，以此作为衡量工作重心、用户关系价值的依据。

利用学科馆员—用户关系紧密度，可以实现学科馆员当前工作重心分布情况的分析，并为学科馆员—用户关系的调整提供参考。例如：面对超量的用户，哪些用户与学科馆员联系较其他用户更紧密，是否值得进一步发展；哪些用户属于研究所重点用户，却没有体现出紧密联系……等等。

学科馆员—用户关系紧密度依赖学科馆员自身专业素养以及学科馆员的沟通能力与职业操守，其紧密程度体现在以下几方面：

2.1 服务对象

包括服务对象的数量、服务对象的身份、与具体服务对象联系的密度等方面。国科图学科馆员的用户群包括数量庞大、流动性强的各级研究生，同时要保证对科研人员的服务，尤其是要满足学科带头人、重点专家、所领导等 VIP 用户的需求[3]。

2.2 服务数量

从历年的统计数据可知，实际工作中，从数量的角度，学科馆员提供的服务中，普遍服务类型占绝大多数，因此，提供服务的数量反映了普遍服务的覆盖程度。

2.3 服务深度

服务深度主要体现在学科情报等个性化、深层次知识服务的开展情况上，这类服务面向科研人员、研究所管理层等，开展的前提是获取用户的信任。学科情报等知识服务的开展，与学科馆员—用户紧密度直接相关。

3 基于服务的学科馆员—用户关系紧密度评价指标：U 指数

采取合理的策略，从工作中挖掘信息，可以从特定角度对学科馆员—用户关系紧密度进行定量评价。调查中发现，大部分学科馆员表示利用 Excel 等表单、数据库办公软件进行工作记录。经过对学科馆员工作记录的分析，笔者认为以其服务于用户的次数作为评价"学科馆员—用户"关系紧密度的依据，能够即时、简明地显示学科馆员与用户的关系网络，为调整服务对象、挖掘用户需求提供直接的参考，并且可以提示学科馆员修正工作重心的无序摇摆状况，增强学科化服务的显示度。

3.1 U 指数的定义

参考论文评价领域的 H 指数的编制思路[8-9]，笔者提出一种用来判断用户紧密度的简单方法。将该指数命名为用户关系指数 U，定义为：N 名或 N 组用户接受 N 人/次以上服务，提供服务的学科馆员的 U 指数就等于 N。由于不同深度的服务难以比较，同时，普遍服务的数量和比例都非常高，因此，建议 U 指数只用于普遍服务数据的分析，学科情报、平台建设等个性化、深层次服务类型数据另外单独考虑。决定 U 指数的要素有：

3.1.1 统计时间段的长短

使用时需要设定统计的时间段，如以 2010 年的服务记录为统计数据得出的用户关系指数称为 2010 年的 U 数值。

3.1.2 同一名用户或同一群用户接受服务的数量

为了能够从更多角度说明问题，本研究还以课题组和个人用户为单位，分别计算 U 指数，课题组集中服务以参加的人数参与计数，例如课题组交流有 5 人参加，则记为 5 人/次。

以某学科馆员对某研究所的 2010 年服务记录为材料（未包含课题组集中交流人数），进行计算。全年记录咨询次数 422 次，以导师姓名为课题组判断字段，共有 39 个课题组接受了咨询服务，有 10 个课题组接受的咨询服务在 10 次以上，该学科馆员 2010 年度课题组 U 指数为 10（见表1）；以用户姓名为个人用户判断字段，共有 162 人接受了咨询服务，有 8 人接受的咨询服务在 8 次以上，该学科馆员 2010 年度用户 U 指数为 8（见表2）。

表1　某学科馆员 2010 年某研究所课题组服务次数统计

课题组编号	导师名称	咨询服务人/次
1	王×	33
2	傅×	29
3	江×	29
4	李×	29

续表

课题组编号	导师名称	咨询服务人/次
5	张×	27
6	黄×	18
7	刘×	14
8	王×	14
9	彭×	11
10	李×	10
11	韩×	8
12	王×	8

表2 某学科馆员2010年某研究所用户服务次数统计

用户编号	用户姓名	咨询服务次数
1	张×	12
2	王×	10
3	何×	9
4	易×	9
5	乔×	8
6	汪×	8
7	温×	8
8	陈×	8
9	胡×	7
10	刘×	7

3.2 U指数的解读与运用

与H指数最大的不同，在于U指数基于当前学科馆员与用户联系的次数，随着学科馆员主动调整工作重心而发生变化，可以说，U值在体现用户紧密度的同时，还可以体现学科馆员工作的主动性。

3.2.1 根据U指数监控联系紧密度比例

如果U指数过低，说明对用户的服务过于分散，不利于发展重点服务对象。对此需要根据服务对象分别对待：针对课题组、科研人员，在保证服务覆盖率的前提下，应该尽可能提高U指数数值；针对流动性较强的研究生，则应该避免 U 值过高，要让更多学生接受服务。

3.2.2 根据 U 指数内的用户组成调整服务重心

结合研究所的战略布局以及对重要科研人员的了解情况，对工作记录的 U 指数内用户组成进行分析。发现重要用户课题组在 U 值之外，则说明需要加强对其服务；如果 U 值区的个人用户中科研人员明显偏少，说明需要有意识地增加对科研人员的服务宣传；如果在 U 值区的个人用户都面临毕业，则意味着工作重心要转到新生与二年级学生上。

3.2.3 根据 U 指数内的用户组成发掘潜在需求

联系次数多的课题组和用户，也意味着紧密度相对较高，产生的信任程度也相对较高。U 指数反映的主要是普遍服务的情况，因此，在服务中，可以优先考虑围绕 U 指数内的用户、课题组开展深层次学科化服务。

3.3 U 指数的缺陷

因为借鉴了 H 指数的编制思路，U 指数也继承了其缺陷，如对 U 值区内服务效果没有显示，对 U 值区外的服务效果不够敏感。但是实际使用发现，由于数据量有限，与论文分析相比数据量要少得多，通过直接查看服务数量统计表，即可一目了然，不会受到影响。如果有必要，一样可以参考金碧辉等对 H 指数改良的办法[10]。

4 与学科馆员-用户关系紧密度相关的其他指标

U 指数可以较好地反映普遍服务的情况，对于其他类型的服务需要另外设立指标。通过对学科馆员年度服务数据的分析，认为增加两项指标——"课题组为单位的培训服务次数"、"课题组为单位提供的学科情报等知识服务"，即可以展现"学科馆员—用户"关系紧密度的整体概况。

4.1 课题组为单位的培训服务次数

目前学科馆员在研究所开展的培训服务，越来越多地以课题组为单位进行，这种服务形式事实上是介于普遍服务与个性化服务之间的。往往能够开展培训服务的课题组，也是开展学科情报服务最可能的对象。

4.2 提供的学科情报等知识服务次数

提供学科情报等知识服务，是学科化服务发展的趋势，也是普遍服务夯实后个性化发展的必然结果。学科馆员为用户提供的学科情报等知识产品得到认可，才能反映学科化服务的深度、学科馆员的能力以及服务的含金量。

5 结合其他指标对学科化服务进行优化

利用 U 指数及其他指标,以全体学科馆员服务数据作为参照,可以建立以下优化策略:

5.1 学科馆员—用户紧密度预警,促进学科馆员团队内部自我调节

学科化服务由于跟服务对象紧密相关,因此难以对不同对象的服务效果进行比较,评价指标往往是选择数量众多的静态统计[11],难以描述学科馆员在团队中所处的位置,而且缺乏即时性,往往是用于对上一年度的总结。

通过计算全体学科馆员的用户 U 指数,得出数值分布情况以及平均值,以平均值为参照,可以非常简单快捷地了解团队成员与用户的关系紧密度。同时,由于 U 指数是根据服务情况动态变化的,学科馆员可以随时根据自己的紧密度水平,增减工作量进行调整。

利用这种方法,只要保证整个学科化团队服务推进的方向正确,整体有序发展,就可以形成团队内部的自我调节。

5.2 平衡服务广度与深度:及时了解重点用户服务情况,筛选重点服务对象

U 指数可以根据服务对象,进行灵活计算,从而得到不同用户的 U 指数。

分别计算用户 U 指数与课题组 U 指数,与预想的目标研究所重点服务对象与重点课题组进行对比。通过观察其重合度,首先能够及时发现重点用户低覆盖的情况,其次能够发现不属于预想重点用户,但普遍服务开展顺利的用户/课题组,挖掘潜在的深层次知识服务需求。尤其是后者,在常规的学科化服务总结中,非常容易被忽视,无法有效地将服务广度的优势转化到服务深度上。

在此基础上,得到修正过的重点服务用户/课题组名单,制定开展个性化、深层次知识服务的计划,能有效地平衡服务广度和深度。

5.3 优化知识服务:把握开展深层次知识服务的相关信息,优化服务方案

确定了潜在的重点用户后,要避免"一窝蜂"地联系或开展服务,为了达到最好的服务效果,如服务响应时间、完成时效、服务深度等,需要对知识服务的逐步开展进行规划,设计可持续的方案。在此方面可以进行以下优化:

● 获取学科馆员普遍服务/知识服务数量分布的参考值。基于全体学科馆员提供学科情报等知识服务的数据,了解数值分布情况以及平均值,与普遍

服务数量、U 指数结合比较，可以得到每年知识服务产品数量、普遍服务/知识服务比例、知识服务与 U 指数关系的参考值，结合自己的服务情况，即可为长期、逐步地开展知识服务提供数量参考，合理规划。

● 重点用户普遍服务/知识服务差异性分析。基于初步修正过的重点服务用户/课题组名单，通过统计重点用户 U 指数与知识服务情况，分析在相应研究所，为重点对象提供的服务层次的差异。若发现相对水平低、绝对差异大的情况，应该暂时收缩普遍服务，在深层次知识服务的开展上，投入更多精力。

5.4 为院所协同服务提供任务分配的参考

中科院的学科化服务模式是由国科图与研究所图书馆协同，共同为研究所提供支撑保障。在以往的协同服务中，服务对象的选择很大程度上受到以前传统服务的影响，并不一定代表用户对学科化服务的真实需求。

通过对在学科化服务过程中形成的用户关系度相关指标的解读，可以对现有的协同服务进行调整，令服务开展更接近真实的用户需求。

此外，学科馆员—用户关系度的相关指标亦是直接的任务分配的数据体现，体现了院所协同中两级馆员的相对参与度。结合学科馆员的个人体验，可以尝试量化合理的参与度指标，合理分配任务，避免服务中出现单边的马太效应，保证院所协同机制的可持续发展。

6 结 语

学科化服务发展已经进入了新的时期，经过几年的服务，学科馆员与研究所用户已经从陌生到熟悉，考虑的问题也从最开始的如何开展服务，演变成如何建立服务的可持续机制。在新的形势下，显现出新的或者以前被忽视的问题，换个角度去分析看待问题，也许会更快地找到解决问题的突破口。笔者试图从"学科馆员 – 用户"关系紧密度的角度，将普遍服务、知识服务以及学科馆员时间精力的分配等联系起来，为学科化服务的优化提供可借鉴的思路。在学科化服务服务于广大受众的同时，仍然要不断探索覆盖面更大、更高效的新型服务模式。新时期的学科化服务，依然任重道远。

参考文献：

[1] 初景利,张冬荣. 第二代学科馆员与学科化服务[J]. 图书情报工作,2008,52(2):6 – 10 + 68.
[2] 钟永恒,刘志刚,江洪. 国家科学图书馆学科化服务院所协同机制研究[J]. 情报理论与实践,2011,56(1):80 – 82.

[3] 吴跃伟,张吉,李印结,等.基于科研用户需求的学科化服务模式与保障机制[J].图书情报工作,2012,56(1):23-26.
[4] 张吉.学科化服务工作方法优化研究[R].[2011-10-15].http://ir.las.ac.cn/handle/12502/4471.
[5] 赵树宜.推动图书馆向知识服务转型——2012'学科馆员服务学术研讨会综述[J].图书情报工作,2012,56(9):145-147.
[6] 付凯芳.基于知识转移的图书馆用户关系管理分析[J].民营科技,2010(8):121.
[7] 冯晓玉,张秀珍.图书馆在知识转移中的作用研究[J].图书馆学研究,2007(5):79-80,58.
[8] 丁楠,周英博,叶鹰.h指数和h型指数研究进展[J].图书情报知识,2008(1):72-77.
[9] 万锦堃,花平寰,宋媛媛,等.h指数及其用于学术期刊评价[J].评价与管理,2006(3):1-7.
[10] 金碧辉,RONALD R.R指数、AR指数:h指数功能扩展的补充指标[J].科学观察,2007(3):1-8.
[11] 刘志刚,江洪,王峰,等.国内学科馆员评价研究综述[J].图书馆学研究,2010(12):92-95.

作者简介

张 吉,男,1979年生,馆员,发表论文6篇。

吴跃伟,女,1960年生,研究馆员,硕士生导师,发表论文11篇,出版合著1部。

黄德四,男,1955年生,高级工程师,发表论文10余篇。

基于 CNKI 的学科知识服务平台构建与学科化服务研究*

陈恩满

(茂名学院图书馆 茂名 525000)

摘 要 利用 CNKI 机构数字图书馆的机构学科子馆构建学科知识服务平台。论述该平台与其他学科化服务系统相比,具有全面整合学科资源与服务、互动性强等优点;指出该平台可以整合包括馆藏学科资源、CNKI 数据库资源、学科导航、定题服务、投稿指南、参考咨询在内的资源及服务,为图书馆开展优质学科化服务奠定良好的基础,有利于提高高校图书馆学科化服务的水平。

关键词 CNKI 机构数字图书馆 增值服务 学科化服务 学科知识服务平台

分类号 G350

1 引 言

构建一个既能揭示馆藏学科资源实体,也能链接虚拟学科导航资源,既是学科资源的组织管理平台,又是学科信息发布的平台,同时也是馆员、用户共同交流的平台,已成为高校图书馆学科化服务努力的方向[1]。但目前学科知识服务平台在高校图书馆中应用还不普遍,据相关调查显示,目前"211 工程"院校中仅有上海大学图书馆搭建了学科服务平台[2]。究其原因,主要在于学科知识服务平台的建立、维护和发展需要依靠先进的信息技术和充裕的资金。对于一些技术能力不强、经费紧张的中小型高校图书馆来说,要自行搭建学科信息服务平台还有一定的困难。而某些商业数据库已经开始提供基于学科化服务的免费增值服务平台,如国内清华同方知网(CNKI)免费提供的个性化增值服务功能"网上机构/个人数字图书馆"系统,为学科化服务

---

* 本文系茂名学院科学研究基金资助项目"高校图书馆服务营销策略研究"(项目编号:203451)研究成果之一。

平台的搭建提供了便利。本文就如何利用 CNKI 机构数字图书馆的增值服务，在机构数字图书馆中搭建机构学科子馆，使其作为学科知识服务平台来促进高校图书馆学科化服务进行探讨。

2 基于 CNKI 学科知识服务平台的构建

2.1 "网上机构/个人数字图书馆"的由来

机构数字图书馆是 CNKI 根据不同行业机构用户的特征，设计出不同类型的数字图书馆模板，为机构用户提供的一个可以按需定制资源服务，辅助信息组织和管理决策的平台，机构用户可以在此平台上自主配置资源，建立为单位服务的数字图书馆[3]。个人数字图书馆则是 CNKI 为个人用户提供的个性化、交互式学习研究空间，用户可在其中按需订制资源、功能以及情报服务。

2.2 机构数字图书馆的获得

一般来说，已经购买 CNKI 数据库产品的高校图书馆，CNKI 会主动为其建立一个以高校名为名称的高校机构数字图书馆，高校图书馆会得到一个本单位用户进入机构数字图书馆公用的用户名和密码以及机构数字图书馆后台管理密码，机构管理人员可以用这个密码进入后台管理本单位的机构数字图书馆。

2.3 机构学科子馆的建立

高校图书馆可以按学校设置的重点学科情况，在中国知网主页中注册以学科命名的机构子馆。然后机构馆在其后台管理"子机构馆创建及关联审批"栏目中审批，就可实现机构馆与机构子馆的关联，所创建的机构子馆同样具备与机构一样的后台管理，同样可以配置机构馆中的资源，可以把它作为学科知识服务平台在其中开展学科化服务。

2.4 机构学科子馆的后台管理功能

机构学科子馆后台管理具体实现的功能有：①按需个性化订制 CNKI 中的学科资源；②组织各类自建学科资源及服务；③定制机构相关的学科文献、信息、情报；④增加自定义栏目；⑤子机构馆创建及关联审批；⑥按需定制显示模板和显示方式。机构学科子馆的后台管理平台，如图 1 所示：

具体可选择的栏目如表 1 所示：

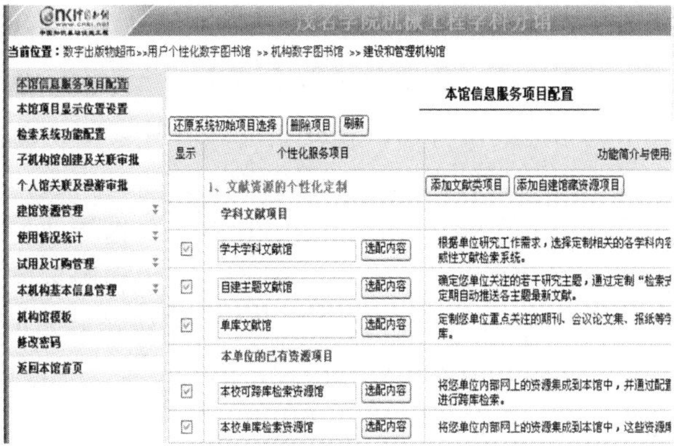

图 1　机构学科子馆的后台管理[4]

表 1　机构学科子馆后台管理的栏目设置

序号	主栏目名称	子栏目名称
1	文献资源的个性化定制	学科文献馆，主题文献馆，本单位定制整刊，可跨库检索资源，单库检索资源
2	定制个性化情报服务	各学科科研成果在全国中的对比，本单位发表文献，本单位研究人员，本单位承担的科研项目跟踪图，学术组织圈，学者圈，学术交流区，会议信息网，学术趋势搜，学科学术热点
3	文献管理与互联网信息挖掘	常用互联网网址
4	本馆管理项目	单位通知，本馆关联机构馆，功能服务区，建馆建议

在后台管理的各个栏目中按需勾选其中的子栏目并选配栏目内容。以"学科文献馆"栏目为例，具体创建流程及操作如下：选择机构管理平台＞本馆信息服配置＞学科文献馆，点击"选配内容"按钮＞"添加资源"按钮＞选择"按学科专业选择资源"或"按数据库选择资源"＞选择资源后点击"定制"按钮＞选择数据库后点击"提交"按钮＞显示定制成功。

3　在 CNKI 中搭建学科化服务平台的优势

"211 工程"院校中较少图书馆建有学科知识服务平台，其中最具代表性的是上海大学图书馆创建的基于博客、维基、新闻聚合等 web 2.0 技术的学科知识服务平台。与上海大学图书馆相比，在 CNKI 机构数字图书馆中搭建机构学科子馆做为学科知识服务平台进行学科化服务有以下几方面的优势。

3.1 对学科馆员的技术及资金要求不高

上海大学图书馆搭建的学科知识服务平台，采用博客、维基等开源软件。虽然所用软件大都是免费的开源软件，无需购买或自行开发，对资金要求不高，但是对技术人员的要求相对较高，需要具有图书馆专业背景的计算机技术人员，能熟练的应用 web 2.0 技术进行资源、应用和服务的有效整合。在 CNKI 机构数字图书馆中，完善的后台管理功能对搭建学科知识服务平台提供了有力的支撑。工作人员只要根据后台管理中的功能提示选配内容就可操作，无需计算机专业人士，一般的学科馆员都能胜任。

3.2 提供更为全面的学科资源与服务的整合

与上海大学图书馆 AJAX 动态个性化平台[5]实现全面资源与服务的整合类似，在 CNKI 中通过后台管理功能可以把高校图书馆内所有的学科资源及服务，如 OPAC、自建数据库、学科导航、参考咨询服务、投稿指南服务等整合到机构数字图书馆中。更具特色的是在 CNKI 中，通过灵活运用后台赋予的强大个性化定制功能，可对 CNKI 数字出版平台本身的学科资源进行更深层次整合，如定制学科主题资源、学科整刊资源等。数字出版平台还会自动分析用户需求，主动推送如学科学术热点、学术趋势等学术信息，推送部分学科用户在研究活动中需要用到的常用服务网址。

3.3 建立独特的用户参与与互动交流机制

上海大学图书馆以维基为学科平台，通过互动方式沉淀知识，学科馆员与学科用户集体参与共同创作的形式来实现学科资源的整理。以学科博客形式，通过解释评论方式来实现学科馆员与学科用户的双向互动[6]。在 CNKI 中，用户参与与互动主要场所为机构的数字图书馆和个人数字图书馆，机构馆与个人馆之间、个人馆与个人馆之间均能实现良好的互动。机构馆可批准学科用户的个人馆加入机构馆使用机构馆的资源，学科馆员通过在机构馆后台管理中的单位通知栏目发布学科信息，这些消息不但会出现在机构馆中，也会直接推送到各学科用户的个人馆中。学科用户通过在机构馆中的建馆建议栏目，以推荐主题检索策略、发表建馆建议等方式来参与机构馆的学科资源建设。在个人馆与个人馆之间以增加学友，以给学友留言的方式实现学科用户与用户之间的交互。另外，CNKI 学术论坛也是学科用户进行交流互动的好场所，机构馆和个人馆可以在其后台管理的学术交流区栏目，定制学科领域相关的网上学术论坛以方便学科用户进行学术交流。

综上所述，笔者认为，在 CNKI 中利用数字出版平台提供的强大资源组织管理和个性化定制功能，创建各高校机构数字图书馆，在机构馆中搭建学科知识服务平台的方式可以较好的提升高校图书馆学科化服务水平。

4 基于 CNKI 学科知识服务平台的学科化服务

4.1 整合馆藏学科资源

高校图书馆现有的学科资源按来源可分为两类：一类是 CNKI 中的学科资源；一类是非 CNKI 的资源，如学科导航、学科信息门户网站、学科馆员网页、学科数据库、自建数据库等资源。这些资源由不同的资源供应商提供或者自行开发而成，分布在高校图书馆网站上，资源系统之间彼此孤立，读者查询时要在各个数据库之间来回切换，使用起来不方便。机构数字图书馆出现后则可较好的解决这个问题，可以在机构数字图书馆下的学科知识服务平台中实现学科资源的整合。

4.1.1 CNKI 学科资源的整合

CNKI 中的资源，主要包括学术期刊、博士学位论文、优秀硕士学位论文、重要会议论文、年鉴、专著、报纸、专利、标准、科技成果、工具书、知识元、古籍等资源。高校图书馆可以根据学校各学科的实际需要，对 CNKI 中与学科专题要求相符合的资源进行重新组织：①学科整刊资源，利用学科知识服务平台的后台管理功能，创建"本单位定制整刊"栏目，根据需要在其下添加多个子栏目，每个子栏目保存某一类的学科刊物（如期刊、学位论文、报纸、会议论文、年鉴、工具书等），通过在 CNKI 文献来源导航页面查找、定制相应的刊物并保存到对应的子栏目中，在学科知识服务平台创建的所有栏目都会在学科知识服务平台首页中显示；②学科主题资源，根据学科主题，在学科知识服务平台中主题文献馆栏目下创建以各个学科主题命名的子栏目，通过定制"检索式"，建成完整、系统的主题文献馆栏目，系统会定期自动推送各主题最新文献。

4.1.2 非 CNKI 学科资源的整合

对于非 CNKI 的学科资源，在学科知识服务平台中可设置为可跨库检索馆藏资源和单库检索馆藏资源栏目，利用 CNKI 数字出版平台的增值功能，把馆内的各种学科数字化资源统统整合在学科知识服务平台中：①把自有资源按照 CNKI 统一元数据要求组织、制作和加工数据，形成学科知识服务平台中的可跨库检索馆藏资源，实现 站式文献检索；②把自有资源集成到学科知识服务平台内，通过录入自有资源的名称及其对应的网址，提供链接给学科知识服务平台，形成单库检索馆藏资源，这些资源可以在学科知识服务平台首页中集中揭示，用户使用时可以方便的链接到自有资源的原系统中使用。

4.2 定制学科导航相关信息

学科导航是学科化服务的一个重要组成部分，许多高校图书馆都开展了此项工作，其包含的内容主要有研究机构、学会组织、专业站点、专家学者、学术会议、政府机构、参考工具等。目前学科导航服务中对研究机构、学会组织的导航只提供介绍和提供网页的链接，专家学者的导航只链接到介绍该专家学者的网页上，学术会议的链接主要链接到会议主办方发布的会议信息页面，对它们产生的成果较少提供。在学科知识服务平台中通过创建相关栏目定制相关信息可以深化这些学科导航的服务内容：

- 定制以研究机构名称为主题的资源。在学科知识服务平台中定制以研究机构名称为主题的资源，系统将自动推送CNKI数字出版平台中该机构的研究动态与成果。
- 定制学科专家主题。在学科知识服务平台中得到所定制的专家的工作单位、所属学科、发表文献情况、被引用、被下载情况，帮助用户全面了解学科专家。
- 定制学科相关的会议信息。CNKI数字平台资源中含有大量的会议资源，如中国重要会议论文全文数据库收集了中国科协及国家二级以上学会、协会、研究会、科研院所、政府举办的重要学术会议、高校重要学术会议、在国内召开的国际会议上发表的文献等会议信息。在机构学科子馆中定制学科相关的会议信息，系统会自动推送CNKI资源中有关学术会议的主办单位、会议时间、会议征文、会议论文集等一系列相关信息，在学科知识服务平台中的会议信息将会按国内会议、国际会议进行分类，其下又把会议信息分为即将召开、最新发布、已经召开三大类。

4.3 基于信息定制、推送功能的学科定题服务

CNKI提供给机构数字图书馆强大的信息定制功能，对高校图书馆开展学科定题服务具有较好的促进作用。在学科知识服务平台中开展定题服务，可以大大提高定题服务的针对性、时效性和工作效率。具体表现如下：

4.3.1 资源定制功能简化定题检索服务

高校图书馆开展定题检索服务需要根据用户的教学、科研需求，定期或不定期对某一特定主题进行跟踪检索，并提供最新的检索结果，同一主题的信息往往需要进行多次检索。在学科知识服务平台中，利用系统强大的资源定制功能可以简化检索过程。通过了解学科主题或课题的需求信息，编制检

索式，确定检索策略，系统就会根据设置好的检索策略进行检索，自动、连续地把CNKI中最新的资料信息推送到学科知识服务平台的主题文献馆栏目中，从而实现对某一主题信息资源的动态跟踪服务。

4.3.2 个性化推送科研课题跟踪内容

学科知识服务平台"定制个性化情报服务"栏目下部分子栏目对跟踪科研课题，促进科研管理很有帮助。如：①通过在学科知识服务平台中定制"本单位承担的科研项目跟踪图"栏目，用户在馆内可查看科研课题的基本信息，跟踪课题的相关研究人员、相关专利、标准、科研成果等；②定制"各学科科研成果在全国中的对比"栏目，可了解机构馆发表文献数、学者数等统计指标，与全国相关研究领域的统计数据进行比较；③定制"本单位研究人员"栏目，系统会提供在总库平台中发文的该机构所有学者信息，用户可了解本单位学者的基本信息、发文量、发文被引频次和下载频次等评价信息。

4.4 面向学科的参考咨询服务功能嵌入

参考咨询服务是学科化服务的内容之一，学科用户需要借助参考咨询服务来解决其在利用图书馆资源中碰到的各种问题。通常高校图书馆的虚拟参考咨询平台独立于数据库资源系统之外，用户在使用数据库过程中遇到困难需要向咨询馆员寻求帮助时，要切换到虚拟参考咨询平台界面，有的还需多层链接才能进入其服务页面，有些用户因此觉得麻烦，进而放弃对参考咨询服务的使用。

在CNKI机构数字图书馆中建立学科知识服务平台，可以利用其提供的增值功能，在学科子馆中增加虚拟参考咨询栏目，提供参考咨询的链接，把图书馆中的虚拟参考咨询系统导入到学科知识服务平台首页中，将参考咨询服务与学科知识服务平台链接。用户在使用学科知识服务平台资源时碰到问题，可以直接进入图书馆中的虚拟参考咨询系统，与咨询馆员取得联系，更有效地利用学科知识服务平台，获取所需的信息资源。这对促进学科化服务具有重要的意义，同时也可提高图书馆参考咨询的服务效率。

4.5 定制学科期刊相关信息，提高学科投稿指南服务水平

发表学术论文的数量和质量是评定科研人员学术水平的一项重要指标，高校学科科研人员通常通过发表学术文章来快速、直接地向国内外同行介绍自己的研究成果。为了帮助高校学科科研人员能准确、有效的向学术期刊投稿，节省科研人员查找稿约信息的时间和精力，许多高校图书馆都开展了按学科专业收集投稿指南信息服务。但投稿指南信息服务有的只提供邮编、地址、电子邮件、联系电话等期刊的联系方式，对期刊的影响因子、获奖情况、

栏目信息、稿约信息、稿件格式等较少涉及。

可以在学科知识服务平台通过定制学科用户关注的期刊，形成投稿期刊栏目。用户除了可以了解到与期刊的联系方式等信息外，还可以了解如期刊获得荣誉、影响因子、总被引频次、总下载次数、载文量等反映该期刊的学术地位、质量方面的及该刊近年文献研究方向分布等信息。

5 促进学科化服务开展的措施

5.1 由具有学科背景的馆员来管理学科知识服务平台

学科知识服务平台的服务质量不仅取决于 CNKI 提供给机构数字图书馆的功能是否强大，资源是否丰富，更重要的是取决于利用机构数字图书馆提供学科化服务的图书馆工作人员的素质。学科知识服务平台要取得良好的服务效果，必须要具有较高的学科专业背景和信息检索能力的管理人员，能对学科资源进行较好的组织和筛选。所以学科知识服务平台的管理人员最好是由相应学科的学科馆员来担任。

5.2 加强服务宣传及学科用户培训工作

利用 CNKI 机构数字图书馆搭建学科知识服务平台进行学科化服务，对于图书馆的用户来说是一项全新的服务，所以在推出学科知识服务平台之后要及时的进行宣传，让学科用户知道并乐意使用学科知识服务平台提供的学科化服务。要通过各种形式对用户进行培训以扩大学科知识服务平台的使用范围，如在数据库使用指南及培训讲座中加以专门的推介与培训，在文献检索课教学工作中给予推广，在学科知识服务平台中提供使用帮助等。

5.3 加强与学科用户沟通

满足学科用户的需求是学科化服务的方向，只有与学科用户多交流与沟通才能了解学科用户的真正需求。除了通过电话、电子邮件及直接与学科用户取得联系，了解用户需求外，帮助学科用户在 CNKI 中建立学科用户的个人数字图书馆，实现个人数字图书馆与机构学科子馆的联通也是与学科用户进行沟通的一个好办法。

6 结 语

在 CNKI 机构数字图书馆中建立机构学科子馆作为学科知识服务平台是高校图书馆利用商业数据库增值服务功能来进行学科化服务的一个有益尝试。充分发挥 CNKI 赋予机构数字图书馆的各项增值功能，是实现数据库增值服务与高校图书馆学科化服务双赢的重要措施。广大高校图书馆如能善用这个免费的服务平台,必将把各高校的学科化服务推向一个新的台阶。

参考文献:

[1] 张群,何丽梅."211 工程"高校图书馆学科馆员服务的现状及发展对策研究.现代情报,2008(5):49-52.
[2] 修薇薇,马爱芳,赵建梅.基于网络平台的高校图书馆学科化服务调查——以 211 工程院校为例.图书馆杂志,2008(8):41-44.
[3] 张肖回.国内数字出版平台的搭建及发展分析.图书馆,2008(3):94-96.
[4] 中国知网.[2009-01-18].http://www.cnki.net/index.htm.
[5] 高海峰,任树怀.Web2.0 技术在高校图书馆学科建设中的应用——以上海大学图书馆学科馆员平台建设为例.图书情报工作,2007,51(4):115-118.
[6] 任树怀,高海峰,季颖斐.基于图书馆 2.0 构建学科知识服务平台.大学图书馆学报,2007(4):58-62.

作者简介

陈恩满,女,1974 年生,馆员,发表论文 15 篇。

案 例 篇

编者按：本刊2012年第1期上发表一组反映国内学科服务创新进展的专题文章，总结了该领域的部分最新研究成果和最佳创新实践。作为对上期专题的延续，本期我们再次组织4名作者，以其在国外的亲身经历，通过范例研究的形式探究国外有代表性的图书馆学科服务的实践进展、主要特色与未来趋势等，以便于读者更全面地了解和比较国内外发展现状，得出可借鉴的经验，推动学科化服务的深入开展。

学科服务发展趋势与学科馆员新角色：康奈尔范例研究[*]

范爱红[1]　Deborah J. Schmidle[2]

（1. 清华大学图书馆　北京　100084；2. 康奈尔大学图书馆　伊萨卡　14853）

摘　要　全面介绍美国康奈尔大学图书馆的最新学科服务特色案例及其对学科馆员角色转型的影响，引入美国学科服务前沿发展理念，介绍的案例涉及融入科研与教学过程的支撑服务、深化拓展的学科馆藏建设服务以及其他合作开展的特色服务。阐述当前学科馆员扮演的新角色及其工作内容，包括学术出版与传播、科研数据管理、资源数字化、数字工具开发、资源发现与管理等方面。最后基于康奈尔模式，对研究型图书馆学科馆员的角色定位、新角色的特征以及学科服务发展趋势进行深入的分析与探讨。

关键词　康奈尔大学图书馆　学科服务　学科馆员　国外案例研究
分类号　G250

1　引　言

我们正处在一个数字新纪元。新信息技术渗透到图书馆的方方面面，极大地改变着读者的信息环境和信息需求。新时代赋予研究型图书馆新的历史

---

[*]　本文系国家社会科学基金青年项目"高校图书馆学科化知识服务实证研究与发展对策"（项目编号：08CTQ001）研究成果之一。

使命和存在价值,这种深化演进尤其突出地体现在学科服务之中。学科馆员作为学科服务的主力军,站在图书馆与读者联络交互的前沿,其角色定位、工作职责、服务内容与方式均呈现崭新的发展态势。

如果说传统的学科馆员职责以学科资源建设、参考咨询、用户培训、院系联络为特征[1-2],那么近几年学科馆员的服务范畴已大大拓展,学科馆员的职责也随之深化与扩充。2008年以来,国内外多位图书馆专家明确提出学科馆员2.0的概念[1,3-4],并试图重新定义学科馆员所扮演的角色。2009年,美国研究图书馆协会(ARL)曾发布专门讨论学科馆员角色定位的特刊 *A Special Issue on Liaison Librarian Roles*[5],从多角度探究学科馆员的未来发展。学科馆员的角色定位与发展方向已成为国内外图书馆界关注的热点,与图书馆的战略发展方向密切关联。

本文将以康奈尔大学图书馆的最新学科服务发展模式为例,深入探究国外大型研究型图书馆学科服务前沿发展趋势,以期为国内学科服务发展带来启发,拓宽思路。

2 康奈尔大学图书馆简况

康奈尔大学[6]始建于1865年,是美国著名的常春藤盟校成员。校园一部分土地属于纽约州政府所有,这样的大学有为所在州公民提供服务的义务,所以说康奈尔大学是一所公私合一的综合性大学,当前约有本科生14 000人、研究生7 000人、教师2 800人、职工11 000人。康奈尔大学图书馆[7](以下简称康图)是美国排名前10位的著名研究型大学图书馆,拥有800万册馆藏,由18个分馆组成,400多位馆员。

康图现有约50位学科馆员,分别隶属于主馆多个部门以及分布在整个校园的各个专业分馆,例如:人文与社会科学学科馆员属于研究与学习服务部,而数学学科馆员则属于数学分馆。关于康图学科馆员的基本工作模式,本文第一作者2006年赴康图访学之后曾撰文详细介绍[8],不再赘述。本文重点介绍近几年康图学科馆员的职责扩展。实际上,康图每位学科馆员所承担的具体工作内容各有侧重,本文主要介绍学科馆员的整体工作情况。

3 康奈尔大学图书馆学科服务特色案例

3.1 融入科研活动的全过程

康图在其"2011-2015战略规划"[9]中明确提出:图书馆要在科研过程的每个阶段对师生提供支持与服务。强调学科馆员参与到科研活动的全周期

（见表1），例如：科研筹备阶段促进跨学科合作研究、提供基金申请咨询与支持；科研进行阶段提供深度学科咨询和各种科研工具的应用；科研成果产出阶段提供学术出版传播和数字化服务；科研结束阶段提供数据监管存档服务等。

通过提供全方位科研支持，康图希望改变其作为服务者的单一角色，逐渐成为研究者必不可少的合作伙伴。下面介绍几项特色科研服务：

3.1.1 VIVO——促进合作研究的工具

2010年，康图针对各学院研究生在本专业馆借书情况进行的一项调查显示，跨学科馆藏使用不断增加。当今科学的一个重要发展趋势就是学科交叉渗透，重大研究项目越来越离不开跨界合作。而大学传统的院系行政结构使得教师对其他学科或其他机构的研究者缺乏了解。VIVO（http：//vivo.cornell.edu）是一个基于开源语义和本体结构的Web发现工具，其主要用途是创建虚拟学术互动社区，帮助研究者和管理者寻找潜在科研合作伙伴。

表1 学科服务融入科研活动的全过程

科研活动阶段	图书馆支持	具体案例
科研筹备阶段	促进跨学科跨机构的研究合作	VIVO
	基金申请咨询与支持	数据库检索、制定数据管理规划
科研进行阶段	深度学科文献咨询	数据管理、文献计量
	各种科研工具的应用	GIS、VIVO、在线研究指南等
成果产出阶段	学术出版传播服务	咨询（投稿、版权、参考文献格式等）、在线出版（ArXiv、Project Euclid、机构库）
	数字化服务	数字化加工、元数据处理、可视资源管理
研究结束之后	研究数据的监管与存储	DataStaReCommons@cornell

VIVO由康图和康奈尔大学计算机专家于2003年发起，最初仅针对生命科学，目的是促进校内学术交流，揭示跨校区跨学科的研究者信息，它从学校和院系的管理系统中抓取信息，包括项目、基金、课程、出版物、学术活动、实验室与研究条件等，并提供个人网上创建更新简历的便利。在康奈尔大学支持下，VIVO逐步扩展到覆盖所有学科。2009年，VIVO获得美国国家卫生研究院（NIH）的1 200万美元资助，以康奈尔大学、弗洛里达大学、印第安纳大学、华盛顿大学等7所学校联手的方式迅速将其发展为一个全美跨学科科学家网络：VIVO Web[10]。2010年美国农业部开始使用VIVO，全球其

他机构也可通过安装 VIVO 软件和提交数据，加入 VIVO Web。

3.1.2 学术出版传播——图书馆涉足的新领域[11]

数字出版与网络信息技术革命带给图书馆巨大冲击，改变了传统的学术出版模式。为了促进学术成果的传播与开放获取，满足学者的出版需求，抵制商业出版物价格上涨，近年来国外越来越多的研究型大学图书馆涉足学术传播与出版领域，努力建立以开放获取为主体的新的学术交流体系。

康图多年来一直积极倡导开放获取与在线出版，以下是其代表性项目：

● arXiv. org：免费电子预印本文献库。覆盖物理、数学、天文、非线性科学、计算机科学等学科，是科学家公布研究成果的重要平台。2001 年以来由康图进行维护和管理。2010 年，康图尝试通过此平台扩展基金来源，建立合作商业模式，确保开放获取资源可持续发展。

● Project Euclid：2000 年由康图发起创建是由康图与杜克大学出版社共同管理的非营利性在线出版物平台。旨在促进数学和统计学领域的学术交流，扶持独立出版商以及专业学会期刊的低成本网上出版，实现一种全新的学术交流模型。

● Signale：Modern German Letters，Cultures，and Thought：由康图与康奈尔大学出版社共同创建的电子丛书。

● eCommons@ cornell[12]：康奈尔大学的机构知识库。为校内单位或研究项目提供数字研究成果的长期保存与共享服务，包括学术论文、工作文档、技术报告、会议文献、音视频、研究数据等各种数字资料，还为大学管理部门保存档案类文档。

除以上项目外，2009 年图书馆与大学共同出资支持本校作者在 OA 期刊发表文章；图书馆出资成为某些 OA 出版社会员（如 Public Library of Science 和 BioMed Central），帮助作者获得出版优惠待遇。学科馆员则积极宣传 OA 出版理念与新出版模式，提供版权咨询，让师生了解自己作为作者的权利。个别学科馆员还参与学术出版相关工作，如担任电子丛书的管理编辑。

在大学智力产出方面，学科馆员还参与创建和管理机构库（institutional repository，IR），负责制定收藏方针，与院系教师联系，鼓励并帮助教师将自己的学术成果提交到机构库中。Catherwood 分馆的学科馆员与劳工关系学院共同建设的 Digital Commons@ ILR[13]就是一个学科知识库的成功案例，不仅用于展示该学院学术成果，还收录学科馆员搜集的数字资源，成为一个支持学科研究与教学的综合信息中心。

3.1.3 数据监管（data curation）——基于研究数据的新服务

科研过程中产生的原始数据不仅是检验研究成果的依据，而且对于后续研究具有重要的参考价值。科技的发展给科学家提供了大型数据分析的便利，许多学术出版物都包含研究数据集。长期以来，研究数据通常由研究者分散保管，不利共享。人员变故和突发事件等因素都会造成数据遗失，而数据注释不明又为后人解读利用带来障碍。自 2011 年初，美国国家科学基金会（NSF）要求所有基金申请必须提交研究数据管理计划，包括数据的长期保存、共享与访问方式等内容。这项战略性信息基础建设新政策强调了公共获取数据的重要性，并且 NSF 的 DataNet 项目明确研究型图书馆将作为主体参与此项工作[14]。即便没有 NSF 的规定，信息时代的图书馆也必须将收集、管理数据纳入其馆藏建设与服务当中，因为数据与学术出版物不可分割。

科研数据管理成为美国研究型大学图书馆的一项新使命，为学科馆员发挥特长、融入科研进程提供了契机，美国多家知名大学图书馆都积极投入。康奈尔大学组建了研究数据管理服务组（Research Data Management Service Group），图书馆作为其中主要成员与校内其他机构合作，提供各种研究数据管理服务，包括存储备份、元数据加工、数据分析、数据发布等。康图内部早在 2006 年就成立了数据工作组（Data Working Group），为图书馆参与到数据监管领域提供战略机遇分析与建议。康图近两年正在探索开发研究数据检索挖掘工具，建立一套标准的符合 NSF 要求的数据管理与服务体系，并且已经建立了一个实验性的数据仓储 DataStaR（http：//datastar. mannlib. cornell. edu）。DataStaR 目前主要保存农业与生态系统学科的研究数据，支持研究者合作与数据共享，促进研究数据及其高质量元数据的发布存档。

在数据监管服务中，学科馆员提供研究数据服务咨询，协助教师按照基金申请要求和数据特点制定研究数据管理计划，了解师生对于研究数据的信息管理需求，参与制定数据保存标准，参加数字仓储建设，关注数据监管的发展。

3.2 嵌入课程教学环节

康图大多数学科馆员参与教学培训，包括开设内容丰富的讲座；从事与课程相关的合作教学；针对学科或课程制作网络指南；提供信息素养教育咨询等。康图十分重视发挥教学支撑作用，针对不同学科与各类学生需求，将信息素养教育整合到大学教学环节之中，突出"嵌入"特色。

3.2.1 信息素养教育嵌入大学课程教学

除了提供培训讲座外，学科馆员积极融入大学课程教学之中，尤其是嵌入式教学与合作教学模式，对于促进信息素养教育、加强院系联络具有积极作用。在嵌入式教学中，学科馆员作为教学助手出席课堂，负责讲授其中1–2讲内容，其余时间为课程提供信息服务。还有一种合作授课的形式，学科馆员与教授一起开设课程，双方都参与讲授，共同设计课程内容与作业。后者更具挑战性，下文介绍的本科生信息素质计划即属于此类。

学科馆员利用 LibGuides 平台制作了大量针对课程的图书馆网络指南，仅2011年春夏学期，就有49门课程指南，内容覆盖与课程相关的基本研究方法、重要学科资源、参考文献的查找及引用、信息评估等。课程指南中还会嵌入学科馆员的个人简介与联系方式。

康图主馆与各分馆均设有教学联系人，教师若需要得到图书馆的课程服务信息或希望学科馆员开设面向课程的图书馆讲座，填写网上申请表单即获帮助。

3.2.2 本科生信息素质计划[15]

为保证本科生拥有核心信息素养，2007年康奈尔大学借鉴加州大学伯克利分校做法，推行本科生信息素质计划。该计划由康图和负责本科生教育的教务长办公室共同资助，鼓励教师重新设计本科生课程作业，探索将研究技能整合到本科生课堂的有效方式。

本科生信息素质计划的执行过程分两个阶段。在此过程中，教师在图书馆、教学中心等校内学术支撑单位的帮助下进行课程作业的规划设计。第一阶段，教师参加为期一周的暑期集训班，与学科馆员、教学中心等部门的人员一起听取学生反馈，然后共同设计课程大纲、课程作业及评估标准；第二阶段，开学后学科馆员为学生提供信息素养培训与咨询，按照课程设计，引导学生利用文献资源进入科研实践，培养他们的信息获取、鉴别和使用能力。反馈表明，本科生信息素质计划对教学产生了积极影响，改变了大学图书馆传统的信息素质教育模式。本科生在完成一个研究课题的过程中，掌握了信息技能在研究中的运用方法，而学科馆员则与教师和校内其他部门建立起一种创新合作关系，促进了信息素养教育的深化。

3.3 学科馆藏建设服务的深化拓展

早年美国学科馆员的核心职责通常是纸本图书的采选与剔除。近年来电子资源迅猛发展，学科馆员的角色不断拓展，学科馆藏建设的工作模式、内容和流程都发生了深刻变化。2002年康图曾做过一个内部调查[16]，尽管全职负责资源采选的书目专家（bibliographer）职位仍少量存在，但已逐渐被身兼馆藏建设与参考咨询等多重职责的学科馆员所替代。

随着信息技术的广泛采用，学科馆员参与到数字馆藏建设相关的大量工作，包括协议谈判、建立电子书馆藏、纸本馆藏的数字化、学科数字馆藏建设等，也因此与馆内其他部门有更多合作。由于经费压力以及纸本向电子资源的转换，学科馆员也承受着更大的基金管理压力。

除机构库建设外，学科馆员还参与"康图数字馆藏注册"计划（CUL Registry of Digital Collections）。注册的数字馆藏是一个按系统方式组织起来的、由元数据支撑的电子馆藏集，可按多种方式检索。注册数字馆藏清单通常由负责相应学科物理资源采选的学科馆员维护。这项计划的目的是提高数字馆藏的资源发现能力，促进数据收割、联邦检索和信息维护。

2004年，康图发布采选与订购集成工具 ITSO CUL（Integrated Tool for Selection and Ordering at CUL），它以 Web 界面为学科馆员提供最新书目信息，学科馆员不仅可以查看自己的采选记录，还可向其他学科馆员推荐书目。而且，采编馆员可以方便地订购出版物，将选定的书目记录直接批量导入OPAC。在产品早期开发阶段，学科馆员参加顾问组工作，对其功能提出了建设性意见。ITSO CUL 改变了学科馆员和技术服务部门订购文献和内部交流的方式。基于 ITSO CUL，2006 年康图与 OCLC 合作开发了 WorldCat Selection 系统[17]。

3.4 以合作理念发展学科服务

多年来，康图与世界范围内的许多机构和大学建立了多元化合作伙伴关系，对于扩大外部影响、促进资源共享、优势互补开展创新项目、节省开支等方面，都发挥着积极而深远的作用。在图书馆内部，学科服务也离不开各部门的通力合作。

3.4.1　2CUL[18]

2009年，在安德鲁梅隆基金资助下，康图与哥伦比亚大学图书馆开展深度创新合作，因两馆英文缩写相同，简称2CUL。重点合作领域覆盖资源建设、技术服务与基础设施。合作内容包括共享人员、共享资源、共享技能、共享机会、共享品牌优势，这里介绍与学科服务相关的合作。

两馆于2010年起共享一位负责斯拉夫语与东欧研究的学科馆员，为两馆提供学科研究支持和资源建设服务，管理采购与捐赠，其工资由两馆共同承担。这种共享员工的模式节省了开支，减少了重复订购，提供了购买更深更广的共享型馆藏的可能。两馆还建立了南亚学科的合作，康图和哥伦比亚的南亚学科馆员分地域负责馆藏建设，分工为两校师生提供深度参考服务。两馆还将以类似方式在拉美研究、东亚研究等领域进行学科服务合作。

两馆最近还建立了一个电子图书行动组,由双方学科馆员参与,负责考察电子图书市场现状,制定推进双方电子图书采编与管理的策略。

合作超越了竞争,提升了双方的竞争力。2CUL 模式不仅仅节省了人力和物力,腾出经费扩大馆藏资源,而且还扩展了学科服务的深度和广度。

3.4.2 大规模数字化

康图是数字图书馆研究与发展的领军者之一,与全球范围的合作伙伴长期共同致力于数字资源建设。近 5 年来,康图与微软、谷歌等公司合作,大规模数字化本馆馆藏,使馆藏资源得以在物理校园之外广泛访问。目前已完成数字化的图书约有 30 万册,覆盖诸多领域。

2006 年,康图与微软公司合作数字化本馆收藏的 10 万册无版权英文专著,此项目由一个各部门馆员组成的大规模实施工作组负责。学科馆员在资源选择方面发挥主要作用,不仅针对微软感兴趣的学科对康图馆藏进行评估,而且就哪些资源应优先数字化与微软积极对话。学科馆员利用图书馆管理系统与 WorldCat 分析工具确定哪些资料需要数字化,讨论选择标准、工作流以及文献从书库到数字化车间的转移办法。除了这个工作组,还成立有一个以学科馆员为主的小组,专门讨论和评估数字化资料的保存、发现与访问模式,包括与公司合作集团内部传递文献的利弊;建立特定学科数字馆藏的利弊等问题。

2008 年秋,康图与谷歌公司合作数字化 50 万册图书,此项目正在进行之中。学科采选馆员又一次参与文献选择、数字化后的资源发现与利用等工作。

3.4.3 学科馆员与馆内其他部门的合作

由于工作职责的演变,学科馆员越来越多地参与馆内合作,涉及采、编、电子资源管理、计算机信息技术、外联、特藏、数字化加工服务、数字出版服务等几乎所有部门。学科馆员通常会加入馆内某个跨部门的项目组或行动团队。

馆内合作的一个重点领域是数字与基于 Web 的服务。例如馆外馆工作组(Library Outside the Library Group),它是一个负责发现、配置、传播、评估电子工具的小团队,参与的馆员平均花其工作时间的 10% 负责开发科技工具,目的是使读者不管身在何处都能够使用图书馆服务。该团队最近开发了一个 iPhone 应用,免费放到了苹果的 iTune 网上店里供读者使用。此外,该团队还为读者提供检索图书馆目录、管理个人图书馆账户、查看开馆时间并与图书馆员通过实时咨询、邮件、电话或短信方式进行交流的各种工具。另一个馆内合作重点是改善资源发现与获取。有学科馆员参与的发现与访问工作组

(Discovery and Access Team）针对师生需求，开发改善数字与纸本信息资源的发现与获取的工具。

4 关于学科馆员角色及学科服务发展趋势的思考

4.1 学科馆员新角色的发展特征

学科馆员的角色在发展变革的环境中不断演进，今后还会持续发展。就康图而言，学科馆员的当前职责除了馆藏建设、参考咨询、教学培训、外部联络之外，还延伸到学术出版与传播、科研数据管理、资源数字化、数字工具、资源发现与管理、基金管理等更广阔的领域。这些新角色都不属于图书馆传统业务范畴，体现出以下共同特征：

• 从服务提供者转向学术合作伙伴。图书馆传统上只是服务提供者，如今越来越多地在大学的科研教学过程中扮演学术合作伙伴的角色。学科馆员作为一种特殊岗位，推动了这种转变，而其本身也因为要担当合作伙伴的角色而承担前所未有的任务。

• 将最新信息技术应用于图书馆。学科馆员的新服务领域以信息技术为发展前提，涉及信息的加工、传播、发现、管理、利用、保存。新技术是学科馆员角色转型的重要因素，服务创新又不断提出新的技术需求。康图十分重视新技术与图书馆业务的结合，未来的学科馆员将更多地依靠数字工具或平台为研究者提供服务。

• 更高的馆员技能和素质要求。参与教学、科研各个环节的重任要求学科馆员具备新的能力，例如：数据搜集、整理和管理能力；计划制定和执行能力；学习与跟踪新技术的能力；创新能力，等等。而被研究者接纳为合作伙伴本身就要求学科馆员具备更深更广的专业知识。此外，新角色对学科馆员的人际沟通能力、团队合作能力等综合素质也提出了更高要求。

当前，图书馆各业务领域的馆员都承担着日益增加的传统职责之外的工作。这种"混合型"模式有助于学科馆员拓宽专业技能，发挥创造力，使他们超越所在部门的业务范围，更好地理解自己在整个图书馆中的位置。但是，学科馆员也要为"万能角色"付出相应成本。面对很多时间敏感的任务，如咨询台值班、教学或各种委员会安排，他们会感到无法有效协调时间的困惑。

不管学科馆员角色如何变化，其实质永远是为实现图书馆发展目标与重点任务发挥作用。在康图学科服务体系中，学科馆员的新角色与图书馆在大学中所扮演的角色十分相似，学科馆员的工作职责紧密围绕康图《2011－2015战略规划》中设定的目标，遵循"推进大学教学、研究与拓展"的图书馆战略发展使命。而康图的战略规划则着眼于康奈尔大学与全世界,着眼于现在与未来。

4.2 学科服务方式的发展趋势

康图的学科服务体现出一种整体规划与战略部署。图书馆围绕明确的目标,主动发现学科研究需求并提出应对方案,由学科馆员与全馆各部门通力实施。其学科服务开展方式可概括为以下三个特色,这应该是今后学科服务深化发展的必然趋势。

• 主动参与(engagement)。图书馆以主动参与的姿态面对新的学术信息需求。学科馆员扮演的角色多样,其核心精神也是主动参与。主动走入读者的空间,通过各种方式与读者交流接触,例如:与教授见面;参加院系会议;就馆藏决策及学术出版与师生交流协商,提供研究咨询与课程支持等。另一方面,学科馆员涉猎图书馆多种业务工作,参加各种委员会或工作组。

• 深入过程(in-process)。越来越多地将学科服务有机融入到教学和研究的过程之中,为科研活动每个阶段提供支持,将信息素养教育嵌入课程教学。这种融入过程的服务密切了学科馆员与教师的联络,直接满足用户信息需求,因而更受欢迎,同时也有助于确立图书馆不可替代的学术支撑地位。

• 合作(collaboration)。从 2CUL、VIVO 这样的跨机构合作(甚至是国际合作),到数据监管、本科生信息素质计划这样的校内合作,再到馆内各种委员会和工作组以及学科馆员之间的合作,学科馆员涉及的新工作内容几乎全部需要通过合作完成,在这个以合作为主旋律的时代,一己之力十分有限。

5 结 语

以上介绍的康图案例基本可以体现美国研究型图书馆学科服务的当前发展趋势,从中亦可看到学科馆员 2.0 的轮廓。今后学科馆员的角色定位和工作模式还会不断演化,因为学科服务原本无固定模式可循,每个图书馆都根据自己的目标、环境及读者需求,开辟着最适合自己的发展道路。由此看来,学科服务反映了一个图书馆对自身价值的认识和它的创新能力。康图带给我们的启示是:研究型大学图书馆应该并且能够利用新技术为大学的教学和科研做好支撑服务,前瞻性发现读者信息需求,积极拓展新的服务领域,扮演学术合作伙伴的角色,扩大影响力,实现图书馆的存在价值。学科馆员在这些新的学科服务生长点上大有可为,同时也面临专业技能、精力分配等方面的巨大挑战。

致谢：本文得到康奈尔大学图书馆副馆长李欣老师的大力帮助与指导，在此表示诚挚感谢！

参考文献：

[1] 初景利,张冬荣. 第二代学科馆员与学科化服务[J]. 图书情报工作,2008(2):6-10,68.

[2] 初景利. 试论新一代学科馆员的角色定位[J]. 图书馆理论与实践,2007(3):1-3.

[3] Subject Liaison 2.0[EB/OL]. [2011-08-25]. http://www.learningtimes.net/acrlconference/2009/subject-liaison-20/.

[4] Williams K. Subject Librarian 2.0：Preparing liaison librarians for 21st century academic environments[EB/OL]. [2011-08-25]. http://blogs.ubc.ca/library/category/victoria/.

[5] ARL publishes special report on liaison librarian roles[EB/OL]. [2011-08-25]. http://www.arl.org/news/pr/rli265pr.shtml.

[6] Cornell University[EB/OL]. [2011-08-25]. http://www.cornell.edu/.

[7] Cornell University Library[EB/OL]. [2011-08-25]. http://www.library.cornell.edu/.

[8] 范爱红. 美国康奈尔大学的学科馆员工作模式及其启示[J]. 图书馆杂志,2008(2):63-66.

[9] Toward 2015：Cornell University Library Strategic Plan, 2011-2015[EB/OL]. [2011-08-25]. http://www.library.cornell.edu/sites/default/files/CUL_Strategic_Plan_2011-2015(re-numbered)_1.pdf.

[10] VIVOWEB[EB/OL]. [2011-08-25]. http://vivoweb.org/.

[11] Malenfant K J. Leading change in the system of scholarly communication：A case study of engaging liaison librarians for outreach to faculty[J]. College & Research Libraries, 2010, 71(1):63-76.

[12] eCommons@ cornell[EB/OL]. [2011-08-25]. http://ecommons.cornell.edu/.

[13] DigitalCommons @ ILR [EB/OL]. [2011-08-25]. http://digitalcommons.ilr.cornell.edu/.

[14] 杨鹤林. 数据监护:美国高校图书馆的新探索[J]. 大学图书馆学报,2011(2):18-21,41.

[15] 邵敏,李欣. 图书馆拓展服务理念探析与案例研究[J]. 图书情报工作,2011,55(5):5-10.

[16] Boissonnas C. Cornell University Library collection development organization and management project[EB/OL]. [2011-08-25]. http://www.library.cornell.edu/iris/reports/CollDevOrgPublic_rev_.pdf.

[17] WorldCat selection[EB/OL]. [2011-08-25]. http://www.oclc.org/selection/default.htm.

[18] 2CUL[EB/OL]. [2011-08-25]. http://2CUL.org.

作者简介

范爱红,女,1971年生,副研究馆员,信息参考部副主任,发表论文20余篇。

Deborah J. Schmidle,女,1954年生,Research and Learning Services 部门主任,发表论文11篇。

图书馆学科服务组织设计：
耶鲁大学医学院范例研究*

马晓敏

(中国科学院国家科学图书馆　北京　100190　中国科学院研究生院　北京　100049)

摘　要　以耶鲁大学医学院图书馆的学科服务为范例进行研究，介绍该图书馆对学科服务的组织、安排、项目操作，包括联络馆员和个人图书馆员项目、信息素养教育及咨询培训服务等。耶鲁大学医学院图书馆将学科服务作为一项科学研究来从事，在日常工作中进行个性化服务尝试，总结经验，形成规范，进一步指导整体部门工作，值得国内研究型图书馆学习。

关键词　耶鲁大学　图书馆　学科服务　范例

分类号　G251.5

清华大学图书馆1998年在国内率先建立学科馆员制度[1]，之后各大高校和科研机构的图书馆也相继推出学科馆员服务。学科馆员和学科服务一直是国内图书馆服务的研究热点，涉及队伍建设、制度建设、服务定位等方面的研究[2-4]。经过十多年的实践探索，学科化服务应该拓展新的服务内容，还是加强现有服务的系统化和体系化，再次成为图书馆界考虑的重要问题之一，本文通过耶鲁大学医学院图书馆学科服务范例研究，借鉴当前国外同行设计和组织学科服务的思路与措施，学习他们的模式、方法等经验，为国内学科服务的组织设计提供参考依据。

国外学科服务起步早，经过多年实践发展，其高校图书馆学科服务定位已由传统的资源建设保障和参考咨询逐步转移到嵌入教研过程的信息素质教育方面，强调将学科服务嵌入到教学科研的过程和用户的信息环境之中，以提高用户的信息能力为目标。美国哥伦比亚图书馆大学的战略规划[5]中提出，学科馆员要采取多种方式（电子的、面对面的、正式与非正式等）提供全面的科研咨询服务及信息资源（包括特定学科资源信息，常用软件如GIS、文本

---

* 本文系中国科学院国家科学图书馆2010年度群星计划专题进修资助的研究成果之一。

分析和文献管理等）的使用指导。美国耶鲁大学图书馆2009年战略规划[6]中明确提出学科服务目标是要求学科馆员和信息专员全面嵌入到学生教育、教学和学习支持工作中。在医学院图书馆即将推出的新版战略规划（2009 - 2013版）中，有关个性服务和学科服务方面，提出图书馆需与教学课程密切结合，提供多样化教学方法以满足各种学习需求，研究和提供基于用户需求的个性化服务，促进教职工终身学习和教育等。耶鲁大学的学科服务有多年的经验，在常青藤盟校中一直处于领先地位，带动了美东地区高校图书馆服务的发展。提到耶鲁大学的学科服务，必须提及的是医学院图书馆的服务。医学院图书馆早在1975年即推出了临床医学图书馆员项目[7]（clinical medical librarian program），融入到医疗服务过程，促进临床医生对信息的检索和利用，接着又实施了针对各系科资源订购的collection development program。1996年面向医学院学生推出个人图书馆员（personal librarian program）[8]，指派专门学科馆员负责学生在学期间所有信息咨询和服务。1997年又正式推出了联络馆员项目（liaison librarian program）[9]，为全院包括大量的基础医学科研单位的教职工提供学科服务。上述系列项目取得了很好的效果，进而在耶鲁的整个校园推广，其他各院系都陆续采取和借鉴这种服务模式，推动了整个学校图书馆的学科服务发展，成为耶鲁校园创新服务的领军力量。因此，以耶鲁大学医学院学科服务为范例进行研究，有助于我们了解国外高校图书馆组织和设计学科服务的实践经验与模式方法。

1 耶鲁大学医学院图书馆服务背景

耶鲁大学医学院图书馆的服务对象包括医学院、公共卫生学院、护理学院、Yale-New Haven医院。服务涵盖医学院各个学院的师生、Yale-New Haven医院医务人员、工作人员和病人等。服务对象广泛，服务设计需要覆盖教学、科研和公共服务等诸多领域。

图书馆的咨询和学科服务主要由教育和研究支持部（curriculum & research support）承担[10]，该部门根据图书馆战略规划的指导，全面设计学科服务，负责对整个医学院的咨询、教育、培训以及个性化的学科服务工作。部门一共有8人。下设教育服务馆员（education services librarian）、联络活动馆员（liaison activities librarian）、参考馆员（reference librarian）、教程支持馆员（curriculum support librarian）和培训设计馆员（instructional design librarian）等岗位（本文中将都统称为学科馆员），他们各司其职，分工合作，为用户提供学科服务，主要服务内容包括以下三部分：基于用户日常需求的参考咨询服务、以提高用户信息素养能力为主的培训教育工作和嵌入用户的学科服务。

2 参考咨询服务内容

耶鲁医学院图书馆参考咨询服务不仅包括传统的到馆与网络资源服务，还将文献传递、馆际互借、资源推荐、学习室管理等工作囊括其中，是典型的"大咨询"服务。具体包括：

2.1 到馆与网络咨询服务

负责图书馆咨询台轮班全日制读者咨询工作，解答到馆读者咨询问题，同时负责网络在线实时咨询。耶鲁医学院图书馆网络参考咨询采用免费的Meebo即时通讯系统，读者无需注册，可以直接在页面输入问题获取答案和帮助。

2.2 信息通报

联络活动馆员按月定期组织最新医学资讯内容（服务推送、新资源介绍、热点文章等），部门其他人员在此基础上进行补充、修改，形成月度信息通报，并通过学校统一的邮件系统发送至各自的服务用户组群，确保每一位用户都能接收到通报。这种主动的信息收集与推送工作有力地促进了学科馆员对领域信息的掌握与跟踪，加强了用户与学科馆员的相互了解和沟通。

2.3 文献传递和馆际互借（orbis 和 borrowdirect）

用户求助学科馆员或通过自己的账户登录，提出文献传递或者借阅本校与常青藤盟校图书的申请，系统转给专人查找，把文献电子版通过邮箱发给用户，或者与其他高校联系快递图书业务。整个服务过程全部免费，图书馆在背后提供了强有力的资金支持，给用户带来很好的服务使用体验。

2.4 资源推荐

搜集并汇总读者推荐的资源信息，经慎重分析与讨论后制定图书或数据库等资源的采选意见与决策，转交资源建设部门协商确认。

2.5 学习室管理

图书馆提供电子学习教室（配有计算机，主要用于培训、辅导和上课）、计算机资源实验室、信息室、会议室，供学生学习、参观和会议研讨。为图书馆空间利用开辟了新渠道，也促进了用户的学术交流。

3 培训与教育服务

个人图书馆员项目和联络馆员项目，在图书馆与医学院的教职工、学生间建立了直接的联系，有效地扩大了服务覆盖面，设计了多种服务方式方法，其培训与教育服务工作最具特色，将信息素养教育融入到学生的学习和科研过程中。主要包括每周定期举办数据库资源和常用科研信息工具系列循环培训、根据不同年级学生其学习能力和需求的差别提供系列进阶培训、嵌入学生课程教育的课程培训及嵌入到学生科研和论文写作过程的培训等。

3.1 培训方式与内容

3.1.1 专项培训

教育和研究支持部负责每周在电子学习室开展专项培训，主题内容与用户日常需求密切结合，例如文献管理工具利用培训、常用数据库检索技能培训、图书馆常见问题介绍、NIH 政策解读、RSS 和 BLOG 的作用与利用培训、利用移动设备访问信息资源功能介绍等。所有培训内容、时间、场次均在图书馆宣传板公布并设有显著标识，按日程发布在图书馆 calendar 网站，并附有详细培训介绍。

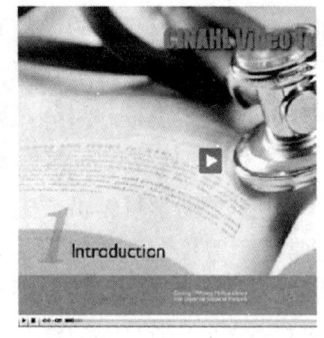

图 1　系列视频课件

3.1.2 学分课程培训

教育和研究支持部与学科课程相结合，受某些专业学科学分课程的授课老师邀请，根据课程的专业学科（如生物学）内容要求，进行专题信息资源介绍和检索培训，并纳入到该课程课时当中；或受某些专业学科学分课程的授课老师邀请，作为课程信息辅导员，为本课程学生提供信息咨询服务。通过这种渗入课程教育的信息培训工作，将信息服务与专业学科紧密联系起来，使服务真正落脚于学科信息需求当中。

3.1.3 系列进阶培训

教育和研究支持部结合学生教学计划,制定系列培训体系和教学大纲,并逐年进阶[11]。如表 1 所示:

表 1 系列进阶培训

年级	进阶培训内容	说明	培训方式
第一年	发现:主要数据库的检索	结合学科研究课程,介绍主要的常用数据库	一小时的全年级培训;结合论文开题的辅导
第二年	发明:高级检索策略的制度	帮助学生深入提高检索技巧	分小组形式,结合公选课培训指导
第三年	(1)更快地发现:医学临床资源的检索 (2)病房区移动设备的使用	临床资源检索和移动设备访问数据库	结合实习需求分成学习小组
第四年	系列课程	高级检索技巧,新工具使用,新资源介绍	"后医学院"技能储备课程的一部分

3.1.4 嵌入学生科研和论文写作过程的培训

教育和研究支持部采用一对一辅导方式实施嵌入学生论文写作的培训,培训内容主要是针对学生毕业论文的整体构思和相关信息检索技能需求。以 physician associates program(PA)项目学生为例,学生开题时,指导老师指定一名学科馆员作为辅导老师。要求每个学生与学科馆员预约,获得一对一的辅导帮助。学科馆员根据学生论文研究的特点,从研究思路、检索词、检索策略、数据库选择等工作流程入手进行梳理,帮助学生解构和描述研究问题,充分利用数据库检索、分析和评价功能,帮助学生利用这些信息资源与信息工具,把握研究现状、锁定核心相关文献,掌握文献管理与跟踪等技巧,完成个人信息素养能力提高的实习。

整个培训辅导过程均依据信息素养教育要求,形成规范指导文件和教学大纲。这种工作模式贯穿于每位学科馆员的日常工作中,通过不断尝试和积累,形成规范文档,进而通过修改完善形成指南。不仅避免个人重复劳动,促进知识经验的共享,保证服务质量和内容规范,提高了工作效率,同时有利于鼓励学科馆员个人创新和个性化发挥。

3.2 培训方法

除日常咨询服务、邮件解答、面对面辅导及各种专题培训讲座外,教育和研究支持部充分利用 Web 2.0 的技术，采用 blog（博客）服务，制作大量视频培训辅导课件，提供丰富多样的培训方法。

专职学科馆员负责制作系列视频教程，向用户推介学科领域常用资源和数据库等内容，方便用户随时随地学习，弥补面对面培训的不足。视频课件制作格式采用通用性格式，可在各操作系统（Mac、Windows）和手机设备中查看。同时，形成一套完整的视频课件制作流程方法、规范和要求。该项服务一经推出，在校内外产生了很高的影响力，视频课件发布后，常立即被其他高校采纳和推广（见图1）。

教育和研究支持部学科馆员很早就利用博客提供资源介绍、数据库使用等服务。如 Jan's Search Tips Blog（http：//janstips.blogspot.com，介绍数据库使用技巧，医学图书馆相关信息，作为检索技巧和数据库使用经验的有效积累）、Charlie's Biomedical Open Access Blog（http：//openbiomed.info/）、Lei's Video Tutorials Blog（http：//cwml-tutorials.blogspot.com/，视频课件发布地，2006 年至今共发布 143 个视频课件。）。

3.3 培训规范与评估

教育和研究支持部上述培训工作均制定了相应的规范和流程，从而有效保障培训内容、宣传、发布的统一性、持续性和公开共享。每年度，该部门制定并进行多种用户调查方案，利用 surveymonkey 在线问卷调查方式，及时了解用户反馈，对图书馆各项工作进行评估，从而进一步改进和提高。

4 学科服务

4.1 服务项目形式

图书馆教育和研究支持部先后设立了个人图书馆员项目和联络馆员项目，推进学科服务，加强学科馆员与用户的联系，确保将服务覆盖到所有医学院和医院用户。

个人图书馆员项目是针对医学院的学生提供联系与服务。把医学院的学生分组，分配给不同的学科馆员，以保证每位学生在今后学习过程中有问题，均能找到责任学科馆员获得针对性的服务支持。

联络馆员项目旨在加强 Yale-New Haven 医院不同院系、科系的教职员、科研人员与图书馆的沟通联络，为用户提供更多学习和教育机会，也为图书馆资源建设的加强提供途径。图书馆根据不同科系特点和需求，为每个科系配备了专门的联络馆员，以便于联络馆员能更好地熟悉科系特点，进而为不同需求的人员提供专业的和有针对性的学科信息。同时，鼓励大家在咨询时，首选对口联络馆员。

4.2 嵌入科研的服务

除了提供嵌入教学课程的学科服务外,该部门也非常关注嵌入科研与临床过程的学科服务。以教育和研究支持部学科馆员 Denise 为例,她要深入到医院中、手术室旁,上门解决医生提出的各种文献相关问题,并提供文献检索、管理、期刊推荐等服务。在此过程中,医生们逐步认识并了解了她的工作,主动提出各自在科研信息查询和利用中遇到的问题,通过不断的互动,Denise 逐步为其提供更为深入的学科服务,比如她与癌症中心的科研管理人员合作,对科研产出进行系统统计分析;与 Dr. Kurup 医生在 2007 年合作发表 *The perioperative librarian：luxury or necessity?*[12]一文,参加 2011 年 Spring Meeting for SEA（Society for Education in Anesthesia）会议,做大会报告,针对麻醉学领域的信息检索进行介绍,讨论了手术区的图书馆服务如何开展的问题。

4.3 信息环境建设

医学院图书馆网站划分为馆藏和订购资源检索、科研支持、信息检索辅导视频课件及计算机和技术支持 4 个部分,资源、培训与咨询并重,条理清晰,内容详尽。为了便于用户联系,网站中详细列出了学科馆员信息,包括个人教育背景、照片、负责学科院系、联系方式（email、电话、通信地址）、服务责任范围等[13]。学科馆员负责采用 LibGuides 工具,维护网站学科资源的组织和揭示。

LibGuides 是在国外非常通用的一种资源整合和发布软件,多用于学科导航和信息推介[14]。目前有 2 563 家图书馆采用该软件,大约 37 239 个图书馆员建立了 199 664 个资源导引[15]。图书馆员可自己组织、添加和发布学科资源信息,无需经过网管协助或审核,机构无需单独购买服务器,可以直接通过账户在网页上操作,具有很强的灵活性与方便性。

图书馆教育和研究支持部学科馆员可以按照不同的需求、服务对象和学科领域,分别设计 libguides 界面,安排栏目版块和导航布局。一般包括图书馆服务链接,快速链接,常用资源、图书,领域发展,学科馆员信息介绍。由于采取了开放接口的组件应用,每个页面具体内容框可以根据下拉菜单选择文本、链接、表格、音频/视频、播客、调查表、RSS、Google 搜索引擎等[16]。对于学科馆员信息介绍,可添加姓名、照片、内嵌 Meebo,多种在线联系（Google talk、MSN、Yahoo talk）[16]及个人地址、电话、邮件、个人博客、主页等。几个人可以联合建立个群组,共同编辑某个领域,模板之间可以互相借鉴和拷贝共享，降低了模板制作的难度。

5 对我国图书馆深化学科服务的启发

通过范例分析，可以看出耶鲁大学医学院图书馆在力求服务广泛覆盖的同时，更注重深入和扎实服务细节。在对学科服务的组织设计上，通过实施联络馆员项目和个人图书馆员项，与每位用户建立紧密的联系，为用户建立直观方便的信息导航，制作生动翔实的视频课件，建立信息检索数据库使用心得博客，随时解答用户咨询，提供细致的培训。通过走到科研和临床一线，提供个性化和深层次服务，为师生与医务人员提供有针对性的课题咨询培训，加强信息素养教育。在整个服务过程中，注重服务总结和成果共享。其培训内容都有完善的指导手册，包含重要知识点的详细介绍，从而保证了对用户的培训内容和质量不会因学科馆员的不同而有遗漏。

结合我国及中国科学院国家科学图书馆学科服务的发展现状，我们可从耶鲁大学医学院图书馆学科服务中吸取学习的经验包括：

5.1 创立培训品牌

培训是一个系统化过程，包括通知的发布，发布的形式，培训的内容，培训嵌入的方式方法，后期的评估与改进等。

5.2 嵌入学科课程

尝试与中国科学院研究生院学院或学科课程结合，根据课程内容，介绍专业信息资源和服务，促进学生在课程的学习、实践中快速提升科研信息素质。

5.3 嵌入研究生学科过程

加强与学生科研学习相结合的辅助培训工作，嵌入到研究生论文选题、综述撰写、论文写作等全过程，开展一对一培训。既能准确把握学生在科研中遇到的问题，解决实际困难，也能在服务中不断完善和优化内容和方法，提高学科馆员服务能力。

5.4 加强与科研人员双赢合作

在服务实践中，与科研人员共同研究学科服务的方法与技巧，提高图书馆服务在科研中的影响和作用。

耶鲁大学医学院图书馆的学科知识服务根植于他们的系统、全面的普遍服务，有相对完善的理论、方法和实践体系。侧重嵌入教学与科研的信息服务建设，致力于成为信息资源组织与发现整理的专家[17]。与国内学科服务逐步服务化的发展趋势有所不同的是,他们目前尚未从学科发展和科学研究的角度去提供情报服务。但变化是一种常态,美国部分高校和研究机构图书馆也在探索一种以信息专家的身份参与科研项目的服务形式。也许,耶鲁大学医学院图书馆学科服务也会在不久的将来,展示出别样的服务特色,我们在学习借鉴的同时,也拭目以待!

致谢:本人在耶鲁学习期间,得到了 Jan Glover、Denise Hersey、Lei Wang 的指导与帮助,在本文撰写期间,得到了初景利、张志强、张冬荣老师的悉心指导,在此一并表示感谢!

参考文献:

[1] 邵敏.清华大学图书馆学科服务架构与学科馆员队伍建设[J].图书情报工作,2008,52(2):11-14.

[2] 范爱红,邵敏.清华大学图书馆学科馆员工作的新思路和新举措[J].大学图书馆学报,2008(1):56-60.

[3] 初景利.试论新一代学科馆员的角色定位[J].图书馆理论与实践,2007(3):1-3.

[4] 初景利,张冬荣.第二代学科馆员与学科化服务[J].图书情报工作,2008,52(2):6-10,68.

[5] Columbia University. Columbia university libraries information services strategic plan 2010 -2013[EB/OL].[2011-10-21]. http://www.columbia.edu/cu/lweb/img/assets/6675/CULIS_Strategic_Plan_2010-2013.pdf.

[6] Yale University. Yale University Library strategic plannng documents-Update to the strategic and operational plans.[EB/OL].2009.[2011-10-21]. http://www.library.yale.edu/strategicplanning/Strategic%20Plan%202009%20update.doc.

[7] Greenberg B,Battison S,Kolisch M,et al. Evaluation of a clinical medical librarian program at the Yale Medical Library[J]. Bulletin of the Medical Library Association,1978,66(3):319-326.

[8] 宋亦兵,周津慧.中科院国家科学图书馆学科化服务赴美考察报告分报告三:耶鲁大学图书馆考察报告[J].数字图书馆论坛,2011(1):22-30.

[9] Yale Univerisity. Library liaisons by department[EB/OL].[2011-10-21]. http://library.medicine.yale.edu/services/crs/liaisons.

[10] Yale Univerisity. Curriculum & research support[EB/OL].[2011-10-21]. http://library.medicine.yale.edu/services/crs.

[11] Yale Medical Library. Annual report 2008-2009.[EB/OL].[2011-10-21]. http://www.med.yale.edu/library/about/annualreport09.pdf.

[12] Kurup V,Hersey D. The perioperative librarian:Luxury or necessity?[J]. Current Opinion in Anesthesiology,2007,20(6):585-589.

[13]　汪莉莉,钟永恒.耶鲁大学图书馆学科馆员服务研究[J].图书馆杂志,2011(3):76-79,68.

[14]　张洁,黄敏.基于LibGuides学科服务平台应用调查分析——以美国8所大学图书馆为例[J].图书馆杂志,2011,30(6):29-33.

[15]　Sprinshare. LibGuides community[EB/OL].[2011-10-21]. http://libguides.com/community.php? m=i&ref=libguides.com.

[16]　熊欣欣,李艳芬,周晓丽.高校图书馆学科服务解决方案——LibGuides综述[J].图书馆学研究,2011(11):33-36,32.

[17]　冯东.中美一流大学图书馆学科馆员比较研究[J].图书馆论坛,2008,28(2):113-116.

作者简介

马晓敏,女,1976年生,馆员,博士研究生,发表论文5篇。

学科服务的特色与进展：
奥克兰大学图书馆范例研究*

郭 晶 余晓蔚

（上海交通大学图书馆 上海 200240）

摘 要 通过实地考察，介绍新西兰奥克兰大学图书馆在学科服务管理与实践方面的主要特色与最新进展，重点阐述其在组织管理机制、学科馆员的考核与培训方面的特色。通过典型案例分析，论述学科服务在三个方面的主要特色与最新进展。其一是在教学支持方面，包括学科信息素养教育、相关支撑工具等；其二是在研究支持方面，重点介绍博士生技能训练项目以及新引进开发的研究支持系统；其三通过案例展示，介绍奥克兰大学图书馆在学科资源建设方面的做法和主要特色。

关键词 学科服务 学科馆员 组织管理 信息素养教育 学科资源建设 学术支持服务 奥克兰大学图书馆

分类号 G252

奥克兰大学是新西兰排名第一、世界综合排名第61[①]的大学，其图书馆在学科服务方面也颇具特色。2010年8月30日到9月24日，笔者作为访问馆员，就学科服务赴奥克兰大学图书馆（下文简称"奥大图书馆"）进行交流访问。奥克兰大学共有8个院系，40 000余名在校学生，其图书馆采取的是典型的"总分馆"模式，由分布于4个校区的1个总馆、12个学科专业分馆、3个信息共享空间（Information Commons）和1个远程仓储构成。在将近4周的学习考察中，笔者先后走访了总馆和8个专业分馆、3个信息共享空间和1个远程仓储，与图书馆不同业务范畴的26个部门团队，近70位主管、学

---

* 本文系国家社会科学基金项目"高校图书馆学科化知识服务实证研究与发展对策"（项目编号：08CTQ001）和上海图书馆学会课题"我国高校图书馆学科馆员服务指南研究与制订"（项目编号：11BSTX02）研究成果之一。

① 根据2009年《泰晤士高等教育》的评估结果。

科馆员及专业馆员进行了细致深入的交流学习。同时，还参与了"新馆员教学培训"、"BB Flash 在线课件制作培训"、"博士研究生技能系列训练的首日必修课（Introduction Day）"、"Level 1 – Level 4 读者信息素养课程演示"、院系与学科分馆委员会联席会议、赴院系进行图书馆课程观摩等诸多服务项目，了解到其学科馆员服务模式及测评办法、读者信息素养培训（含网上平台、课件制作工具等）、馆员系列培训项目、Research Output（研究支持系统）、学科资源建设以及其他创新型学科服务项目。

1 组织管理与培训考核

奥大图书馆不仅各项服务扎实而深入，组织管理也颇为高效清晰，对馆员的考核采取灵活的形式，非常重视馆员培训，形成常态运行机制。

1.1 组织机制以专业化服务为核心

奥大图书馆的学科馆员创立于 1991 年，针对文学院英语系设立。1998 年现任馆长 Janet Copsey 上任后，大力推动图书馆的体制改革，在各学科分馆均设立了学科馆员[1]。目前全馆有 50 位学科馆员，全面覆盖了学校 8 个院系的 59 个学科专业。除了专职学科馆员，很多学科馆员都由部门主任兼任。奥大图书馆馆员分为专业馆员和非专业馆员（支持馆员）。在 229 名图书馆职工中，专业馆员 86 人，约占 38%。从部门主任到馆员采取分级的形式，从 2 级到 6 级逐级递增，其中 4 级（含 4 级）以上为专业馆员，均需要具有图书馆学学士或硕士学位背景，学科馆员集中在 5 级和 6 级。奥大图书馆的组织机制以专业化的"院系服务"为核心，分为三大业务部门（见图 1）。其中，"faculty service"是最大的核心业务部门，该部门以学科化服务为主线，包含文学分部、理学分部、商学分部、教育分部、工程分部、法律分部、医学分部、艺术与工业信息分部 8 个学科服务分部，同时还兼管教学培训部、Information Commons、教学参考服务部等。另两大业务部门是信息技术部（包括系统服务、数字化服务部和创新与发展分析师）和书目服务部（包括资源采访、编目、期刊、流通和馆际互借）。

1.2 管理机制明确清晰，有序衔接

奥大图书馆的管理模式是典型的英式管理，各个岗位的职责界定非常清晰，上下级之间相互负责的关系也很明确。对于交叉协同性的工作，通常采取"项目"的形式完成。各个部门及团队都采用清晰有序的业务管理制度及系统，重视对服务统计数据的搜集、备案和分析、反馈。目前用于咨询服务和学科服务统计的是自行开发的 DASL 系统，总咨询台值班的馆员和各个学科

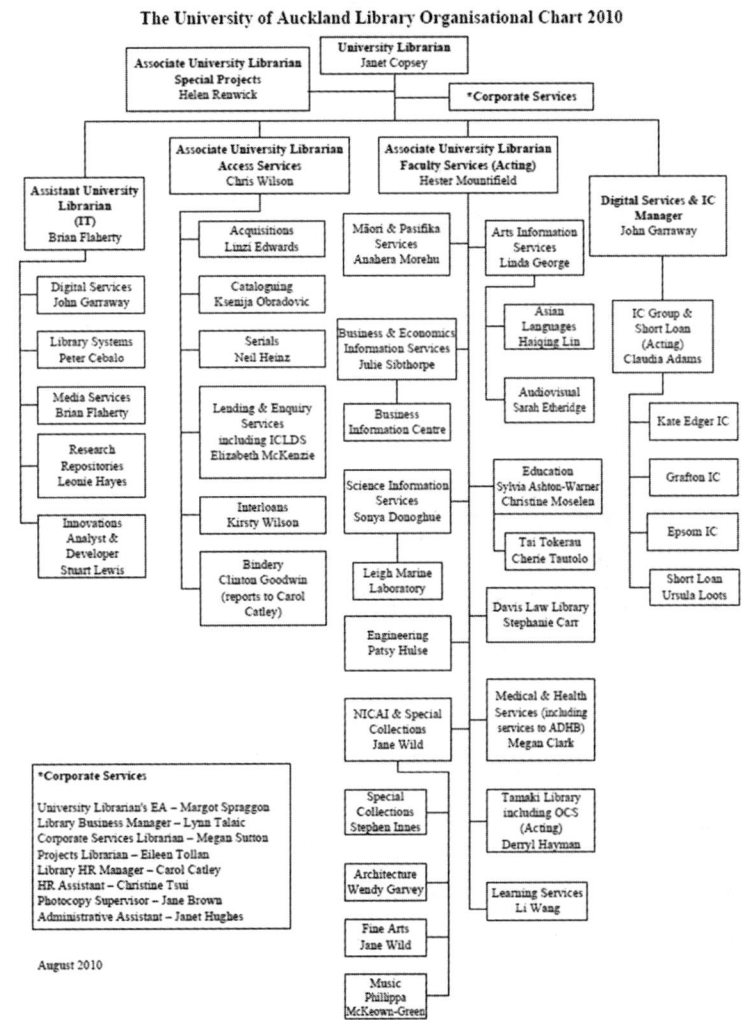

图 1　奥克兰大学图书馆的组织机构

馆员均需要及时上传统计数据。

另外,"存档"和"后备"这两种形式,使各个岗位的业务工作有序衔接。每位馆员(包括学科馆员)自从事某一岗位时起,就有一本可以随时更新的"工作岗位手册(staff manual)",其中包括岗位描述、具体职责、工作内容以及工作中随时需要汇总存档的各类资料。这一方面有利于在岗位变动更替时,新老人员可以快速完成工作交接;另一方面,也使在职人员能及时整理必需的工作文档,并方便随时查看取用。另外,上至部门主任,下至普通馆员,都有对应的"后备",并且在各个部门及团队都公示出来。当遇到突发情况(比如生病请假或外出),其后备就会担负起相应的工作职责,保证服务工作的顺畅、有序开展。

1.3 学科馆员考核动态灵活,形成常态培训机制

在奥大图书馆,所有的学科馆员都有工作职责书(job description)。学科馆员每年要由部门主任(通常是学科分馆馆长或学科部部长)根据工作职责范围和工作岗位手册内容,进行年度工作总结和年终工资晋级考核。各部门将年度总结和年终工资晋级考核报告递交上级部门,最后馆长根据年度总结和年终工资晋级考核报告,决定是否增加工资以及增加工资的幅度。整体来说考核比较人性化。目前已与学校试行的新一轮教职工工作绩效考核办法接轨。

奥大图书馆非常重视馆员的培训和发展,并专门成立了馆员培训顾问委员会,每年定期会晤,针对不同类型馆员进行系统设计,策划馆员培训和业务提升计划[2]。培训覆盖新进馆员、高级馆员、某一类型馆员等,形式丰富多样。学科馆员培训是培训的重点,又细分为"新任学科馆员培训"、"E-skills 培训"、学科馆员授课能力训练等多个系列,并常态化开展。为了更好地了解学科馆员的业务技能需求,培训项目组利用半年的时间进行学科馆员访谈调研,在此基础上设计培训课程,并关注互动学习和业务实操训练,务求完成培训后即可胜任相应工作。以最新发布的"馆员 E-skills 训练(2010)"为例,它除了包含 blog、wiki、RSS、social bookmarking、Second Life、Twitter、mashup 等常见的 Web2.0 工具及技术外,还包括 gaming、cloud computing、augmented reality、internet of things、the real-time Web、mobile learning(M-learning)等,且给出每种工具的特点、应用实例以及练习题目。

2 学科服务特色案例分析

奥大图书馆常规的学科服务内容包括院系联络、学科信息资源服务、学科信息素养教育、馆藏资源建设、参考咨询服务及研究支持服务等。尤其在以信息素养教育为代表的教学支持服务、研究支持服务、学科馆藏建设方面,其举措颇具特色,成效显著,本文将摘选典型案例进行分析。

2.1 教学支持服务

奥大图书馆的学科馆员在支持教学方面,成效特别显著。例如提供教学

创新的支撑工具 Clicker（课堂应答无线投票系统）的借阅服务。Clicker 是一种支持交互式课堂学习的系统，方便易用，在哈佛大学、华盛顿大学等多个大学的教学中都有使用。随着研讨课及研究型教学的普及，通过这一工具能极大提升教师和学生组织研讨式教学的兴趣，受到读者的欢迎。

此外，学科馆员支持教学的服务主要是通过大规模的信息素养教育来实现的。下面将阐述奥大图书馆信息素养教育的进展情况及主要特色。

2.1.1 信息素养教育概况

信息素养教育是学科服务的重要内容，学科馆员非常重视此项工作的开展，主要从两个方面进行：一是以学科馆员为单位，和院系联络，开展融入式信息素养教育或相关专业讲座（培训），不同学科间教学量有所不同，学科馆员间相互支持；注重对于不同年级学生对信息素养不同需求的关注，在不同的年级尝试融入专业课程；二是以教学培训部门（learning service）为主要负责单位，配合学习中心开展非学科性信息素养讲座，如博士生基本技能系列培训、新生培训、图书馆培训讲座（类似于滚动培训）。

奥大图书馆信息素养教育基本情况如下：①读者信息素养培训内容方面，既有学科馆员开展的课程融入式教育、专业检索课程，也有图书馆教学培训部开展的不分学科的信息素养教育（如博士生基本技能培训、新生培训等）。②开展信息素养教育的技术支持层面：馆员们得到了来自馆里和学校的技术支持，依托相关平台和系统更好地开展信息素养教育。具体有 Cecil（学校课程网络平台）、Course Builder（教学网络设计平台）、ExamBase（考卷数据库）、Library Courses Booking（图书馆课程预约系统）等以及相关教学辅助软/硬件，如 BB Flash 视频制作软件、馆员内容资源共享虚拟硬盘等。

奥大图书馆的信息素养教育工作特色可以概括为以下几点：①精心策划每门课程。学科馆员们会和授课教师一道讨论教学大纲、教学目标、教学细节，如信息素养教学内容如何嵌入到课程中教学案例的征集和讨论，经多次讨论和修改后，才最终形成正式教学内容，并在授课结束后及时收集学生们的反馈以便改进授课内容。②制作丰富多样的培训课件。改变传统单一的 PPT 课件形式，学科馆员们会收集甚至制作视频的培训课件，制作网络课件和习题以丰富教学内容和形式。③教学上注重协作式学习（collaborative learning）。学科馆员们充分意识到信息素养教育不仅仅是传授知识，更重要的是调动读者积极性，参与到课堂教学中来，通过完成任务、小组讨论等形式，使读者掌握教学内容，课后能灵活应用，因此教学过程中，常常会安排一些分组练习和问题讨论，使得同学们变被动学习为主动学习，学习成效更为明显[3]。④信息素养教育的普及。在学科馆员们的不懈努力下，从一年级新生到四年级毕业生，再到研究生，多多少少都参与过信息素养教育。除了常用图书馆信息素养培训外，奥大图书馆特别重视新生的培训以及嵌入不同年级的信息素养课程，有意识地选择受欢迎的教师课程开展嵌入式信息素养教育。据奥大图书馆2009年统计，学生参与信息素养教育的人数达22 780人，超过1 646个课时，另外博士生培训达36课时，参加学生数为289人。

2.1.2 典型案例

以工程图书馆电子和计算机工程（electrical and computer engineering，简称ECE）学科为例，学科馆员Susan 2009年参与多门嵌入课程的信息素养教学，完成40场讲座，分别培训了学生783人和605人，具体如下：

• ECE学院：①一年级学生的信息素养教学，融入课程Enggen 140；②二年级学生信息素养教学，融入课程Electeng 209和Softeng 206；③四年级学生信息素养教学，融入毕业设计讲座（project lecture）；④针对Electeng 703课程的图书馆资源和服务介绍（tutorial）；⑤研究生的一对一、面对面信息技巧培训（information skills training）。

• 工程类研究生的信息资源（information resources）课程。

• 工程类学生的Endnot培训。

• 和学院、CAD、图书馆学习中心合作，建设Enggen 303课程在线信息资源概览，信息素养以网上教学形式融入专业课中①。

2.1.3 支撑工具

奥大图书馆特别重视系统平台对服务的支撑，积极应用适应读者需求和使用习惯的数字化、网络化服务工具，涉及信息素养教育的支撑工具主要包括：

• 多媒体课件制作软件。奥大图书馆采用BB Flash制作多媒体教学课件，该软件由校方统一购买，图书馆负责软件使用培训，主要实现多媒体教学的录制，特别是针对使用电脑授课的情况，它能自动录制电脑显示屏上的所有操作以及授课时的声音②。BB Flash易学、易用，笔者也参加了图书馆针对院系的一场培训，1小时内基本能掌握简单培训课件的制作：建立文档，设定屏幕范围，实际操作、录音以及简单的后期制作。多媒体课件受到了大量

---

① 可参照网站实例：http://www.library.auckland.ac.nz/subject-guides/eng/resources/eee.htm。

② 可参照网站实例：http://www.library.auckland.ac.nz/media/learning_services/finding_full-text.htm。

学生的欢迎,特别是在授课过程中,使得课堂授课效果活泼生动。据馆员们反映,也有少量用户更喜欢网页或PPT课件,还不大能接受这种类型的课件。

- 培训预约与评估系统。有关信息素养教育的各种课程和培训,根据其类型及所在的系统有不同的预约、评估系统,学生登陆后可以方便地选择和预约课程,教师则可以了解其教学成效,通过学生的反馈不断改进教学方式、方法和内容[4]。例如,融入式教学课程或独立的信息素养教学课程,借助Cecil系统自身的功能模块——教学反馈模块,教师可进行教学评价。图书馆自行设计的课程网上预约系统能实现学生对于图书馆开设的各个课程和培训的预约及预约情况的查询,如遇不能参加的情况,学生可以自行登录取消已预约的课程。系统管理人员会根据学生登记信息,在培训前发出培训通知,提醒学生按时参加培训。工作人员还在此系统里设计了网络反馈表,每场讲座(在多媒体教室)后,学生可以对课程教学情况进行网上匿名评估,教师登录后可查看评估结果。

- 统计系统。信息素养教育是图书馆读者服务(学科服务)中的重要环节,学科馆员们制作了大量的课程网页(course page)和学科网页(subject page),系统自动统计每个页面的每日访问量和人员访问情况,供学科馆员们分析读者的行为和偏好,同时也反映信息素养教育成效(一般讲座培训当日或之后一段时间,访问量会有所变化)。

2.2 研究支持服务

在教学支持方面已经取得较明显成效后,为了适应研究型大学的迫切需求,奥大图书馆近年来日益重视研究支持服务,并开始了多项有意义的尝试,主要包括:①大力实施引文及参考文献管理相关培训,试用ISI InCites分析工具;②参加由教育部牵头的新西兰引文项目(又称为PBRF,performance based research fund),每三年开展一次对学术成果的成效分析;③防止学术剽窃,使用全球领先的Turnitin检测软件,图书馆馆员兼职全校Turnitin系统管理并对教师提供使用培训;④最新引进英国的Symplectic Elements软件,教师和研究人员可以利用此系统下载收藏他们在引文数据库所发表的文章;⑤网站推出新型服务"学科关键研究工具(vital research tools by subject)",根据学科组织本学科领域研究最重要的馆内外信息资源和工具,推送给学科读者使用[5];⑥设计学术研究的5个过程模型(the research process:5 steps to success),并设计相应服务[6];⑦制作各种专题在线导引,如商业与经济学科制作的"统计和数值型数据在线导引";⑧重视对博士生的研究支持和学术信息素养能力的训练。

其中，博士生技能培训项目和 Sympletic Elements 软件服务较有特色，下文以此为案例进行介绍。

2.2.1 博士生技能训练项目

奥大图书馆学科服务与教学科研的融入深度，从一些已经形成常规特色的服务项目中可见一斑。例如，针对核心科研群体——博士研究生实施的"博士技能系列训练项目（Doctoral Skills Programme，简称 DSP）就是典型代表。

DSP 项目是面向在校博士生设计设施的，最初还是由图书馆倡导，协同学校的研究生院、学生学习服务中心、教学培训中心和就业培训中心联合进行。2007 年开始，DSP 培训系列的首日课程成为所有新进博士生必修学习项目[7]。

从 DSP 项目系统可以发现，整个技能训练项目分为：初始；中期和最后三个阶段，根据不同阶段的特点，设计相应的技能培训内容[8]。主要包含：①Induction Day（首日课程）：首日课程一般安排在博士生刚刚入学阶段，类似于交流联谊会，用时一天，由研究生院、学生学习服务中心、图书馆和教学培训中心联合联袂组织，并派在校博士生代表参加与博士生的交流；图书馆的入门培训也在这一天进行。首日必修课一方面让博士生更好地了解学校与其密切相关的各项服务，尽快适应新的学习生活，另一方面也为博士生与职能部门、博士生之间的交流提供了平台。②Core courses（核心课程）：有18 门核心必修课程，包含研究技巧、论文写作与投稿、学术规范、学术资源检索、个人参考文献管理软件等培训课程，内容都非常实用，图书馆在其中也承担了大量的培训课程。③Additional courses（附加课程）：包含 20 门附加课程，学生可以根据需要选择上课，也是围绕博士研究生的一些拓展性技能，如就业指南、面试指南等实用的内容来设计。

DSP 项目有在线系统，通过注册后，博士生可以在线选课，全年度都可进行，自行掌握学习进度，图书馆在其中发挥了非常重要的作用。

2.2.2 研究支持服务系统

奥大图书馆于 2009 年引进了英国的一种叫 Symplectic Elements（http：//www.symplectic.co.uk/）的软件，来管理科学研究出版物和成果，并在此基础上与科研处合作，开发了 Research Output 项目，用于重点支持与学术成果相关的各类活动[9]，也用它来存储本校的硕博士学位论文。Symplectic Elements 软件提供逐日累计记录的研究者的学术出版、内容管理及学生的学习情况跟踪，并可以方便地与其他系统，如 Scopus、Web of Science、PubMed 和

Sherpa/Romeo 等链接，使读者在鼠标一触之间即可实时掌握学习与科研进展的轨迹与成效。

例如，Symplectic Elements 软件与奥大图书馆的机构知识库，即 Research Space 相连，并开放给读者使用，读者可以自行登录上传和管理自己的科研成果，并查看研究轨迹。截止到 2010 年 9 月，Research Space 存储了将近 5 000 份学术成果[10]。另外，Symplectic Elements 软件还支持和重要的引文数据库（如 EI、SCI、Scopus 等）、OpenURL 和 DOI 等无缝连接，能够收割各个数据库的学校教师成果以及引文情况，为把握科研成果绩效提供了有力的支持，是图书馆研究支持服务的崭新探索。

2.3 学科馆藏建设与发展

奥大图书馆经费充裕，拥有近 800 个电子数据库权限，优先考虑电子资源采购，在电子资源中又优先考虑买断式（outright purchase）而不是租用式（leased access）。2009 年，其 79% 的经费用于订购期刊（纸质和电子的）、数据库和电子书；21% 的经费用于购买纸质图书。各个学科资源的选购与馆藏建设主要由学科馆员负责。各学科服务部门主任负责每年制定购买图书、期刊、电子资源的预算，年底总结预算完成情况。不同学科的资源采购方式略有不同，但每位学科馆员都有自己学科的经费预算，他们负责浏览出版商信息，获取院系需求，做出购买的决定，然后由采访部操作。电子资源的采购由涉及的学科馆员进行测试，给出反馈，由期刊部汇总后馆长做出购买的决定。

以工程图书馆 ECE 学科为例，学科馆员 2009 的预算是：ECE（电子与计算机工程）学科 45 000 纽币，CSE（计算机科学工程）学科 35 000 纽币，SE（软件工程）学科 15 000 纽币。完成的馆藏建设情况如下：①图书采购，ECE 学科 337 册（平均成本 145 纽币），CSE 学科 178 册（平均成本 169 纽币），SE 学科 94 册（平均成本 150 纽币）；②新购期刊 3 种；③购买电子版图书，如磁性材料手册、Wiley 百科全书计算机和工程部分、SPIE 电子书；④个性化推荐；⑤33 名教职员工共推荐图书 405 册。

专业数据库使用情况统计如表 1 所示：

表1 专业数据库使用情况统计

工程数据库中使用排名	数据库名称	使用次数（整个学校）
2	Scopus	68 724
6	Web of Science	24 637

续表

工程数据库中使用排名	数据库名称	使用次数（整个学校）
11	IEEE Xplore	11 893
14	Compendex	10 403
18	SpringerLink	6 843
23	ACM Digital Library	3 799
31	Inspec	2 640

3 结 语

奥大图书馆的学科馆员服务经过 10 余年的发展，已经形成了比较鲜明的特色，具体包括：①在院系读者服务方面，读者对学科馆员有较高的认知度，学科馆员深入到教学和师生的各类教学和学术活动中，建立了良好的联系，为其提供及时的帮助；②在信息素养教育方面，覆盖面广，融入课程比较普遍，培训形式多样，针对不同层次、不同需求的读者，设计不同的信息素养培训方案；③在科研支持方面，近年开始日益重视，除了大力建设机构知识库，也开始引进一些工具和系统，来支持研究者的科学研究过程；④在管理考核方面，对学科馆员的绩效考核与学校的教职员工考核开始相衔接，但相较于考核，更重视对学科馆员的能力训练及学习、培训支撑。

可见，奥大图书馆的主要服务内容与国内相比并无明显不同，但其普及和深入程度以及创新精神值得学习；尤其在信息素养教育方面形成完备的体系，其广泛程度对教学形成了有力的支持；在研究支持方面，有一些创新型的应用值得国内借鉴；关于学科馆员的管理和常态的培训机制，也会为国内图书馆提供有价值的参考。

致谢：文中相关数据和资料的核实，得到奥大图书馆教学培训部主管王晓力博士的积极协助，特此表示诚挚感谢！

参考文献：

［1］ 王晓力. 国外高校图书馆学科馆员服务模式［J］. 图书情报工作，2008，52（2）：20－23.

［2］ The instruction to The University of Auckland Library［EB/OL］.［2011－07－30］. http://www.library.auckland.ac.nz/about/.

［3］ Wang L. Sociocultural learning theories and information literacy teaching activities［J］. Reference User Services Quarterly，2007，47（2）：149－158.

[4] Wang L, Mountifield H, Wilkinson L. Library evaluation and online booking system at The University of Auckland[C]//EDUCAUSE Conference, Melbourne, Australia, 2007.

[5] Engineering vital research tools by subjects[EB/OL]. [2011-07-30]. http://www.library.auckland.ac.nz/subject-guides/eng/resources/subjetguides.htm.

[6] The research process:5 steps to success[EB/OL]. [2011-07-30]. http://www.library.auckland.ac.nz/instruct/research.htm.

[7] Doctoral Skills Programme[EB/OL]. [2011-07-30]. http://www.auckland.ac.nz/uoa/home/for/current-students/cs-current-pg/cs-dsp.

[8] Doctoral Skills Programme Booking System[EB/OL]. [2011-07-30]. http://www.library.auckland.ac.nz/booking/doctoral/index.asp.

[9] Managing your research[EB/OL]. [2011-07-30]. http://www.library.auckland.ac.nz/for/research/#managing.

[10] ResearchSpace@ Auckland[EB/OL]. [2011-07-30]. https://researchspace.auckland.ac.nz/.

作者简介

郭　晶,女,1975年生,副研究馆员,馆长助理,博士,发表论文40余篇。

余晓蔚,女,1975年生,副研究馆员,读者服务总部理学部副主任,硕士,发表论文数篇。

嵌入式学科信息服务：
Welch 医学图书馆范例研究

王保成

（中国科学院国家科学图书馆　北京　100190）

摘　要　Welch 医学图书馆以嵌入式学科信息服务作为全馆的服务重点，信息专员是嵌入式信息服务的核心。信息专员以院系的 Welch 空间作为阵地，以不同的方式嵌入到用户的工作流中，为用户提供个性化和深层次的信息服务。同时，她们以课程或者培训的方式提高用户的信息素养。Welch 医学图书馆的嵌入式学科信息服务模式对国内图书馆的学科服务具有一定的借鉴意义。
关键词　Welch 医学图书馆　图书馆　学科信息服务　学科馆员
分类号　G259.1

1　Welch 医学图书馆概况

约翰·霍普金斯大学医学院是美国第一所开展研究生教育的医学院，同时也是全美医学研究领域的顶尖机构。除了拥有卓越的医学科研人员、护士、各种临床专家以及巨额的国家资助外，医学图书馆提供的强有力的信息支撑是霍普金斯大学医学院能够常年在全美乃至全球的医疗和医护研究中处于领先地位的另一个重要原因。Welch 医学图书馆是霍普金斯大学图书馆网的主要成员馆之一，该馆的主要任务是为霍普金斯大学医学院及其附属机构的科学研究、教学和临床医疗提供信息支撑[1]。Welch 医学图书馆目前有正式员工 50 余人（Welch 医学图书馆 2010 年年报）。

2　Welch 医学图书馆嵌入式信息服务

在 Welch 医学图书馆所有的信息服务中，作为服务的核心，其嵌入式信息服务具有鲜明的特色。嵌入式信息服务有三层含义：第一层含义是嵌入式信息服务深入到科研和医疗过程的整个工作流当中，从过程上嵌入；第二层含义是嵌入式信息服务深入到院系的物理空间，从空间上嵌入；第三层含义是该馆信息服务的提供与服务对象所处的时间和地点无关——即服务对象随时随地都可以获取信息服务。Welch图书馆嵌入式信息服务的理念是把学科信息服务融入到服务对象的工作流当中——尽快回答科研人员的问题，有效满足科研人员的信息需求，充当科研和医疗团队的信息专家。

2.1 学科信息专员

Welch医学图书馆的嵌入式信息服务来源于嵌入式信息专员服务计划（embedded-informationist program）[2]，信息专员是嵌入式信息服务的核心。该馆的学科信息专员队伍由传统图书馆的联系馆员发展而来，信息专员的主要任务是为指定的服务单元提供图书馆馆藏、服务以及特定院系的资源等方面的信息。嵌入式信息专员服务实际上是为用户提供了一种量身定制的信息服务，通过到用户的物理办公环境中，信息专员们能够及时了解用户的信息需求，更快地解答用户的问题。同时，Welch图书馆要求信息专员与服务对象一起工作（work with），在医学院的科研和医护团队中扮演信息专家的角色。

Welch医学图书馆的信息专员来自于两个部门，即公共健康与基础科学信息专员服务部以及临床医学信息专员服务部，前者主要针对基础医学研究提供服务，后者主要针对临床医学研究及护理提供服务。目前共有8位信息专员[3]，她们要面对医学院的2万余名服务对象——包括科研人员、研究生、医生和护士等。

图书馆根据信息专员的学科背景、学科专长以及对于医学研究的兴趣指派她们到不同的院系和科室，首先她们要通过实地或者网络调研了解分配给她们的院系或者科室人员的现实信息需求，并通过信息分析的方法评估服务对象潜在的信息需求。为建立联系，通常情况下信息专员要在科研人员的实验室会议上进行服务宣讲，这种联系成为信息专员为服务对象提供后续服务的基础，也是日后与科研、教学人员和临床医生共同工作或者合作的基础[4]。为培养信息专员与服务对象之间的关系，信息专员根据需要参加学术讨论会甚至临床医疗的大查房工作，或在院系楼层设立较为固定的"办公室时间"，或者参加"期刊俱乐部（journal club）"和住院医生会议，或者加入某些学术组织（通常是以委员会的形式），一方面熟悉科研人员的工作流；另一方面也是为了熟悉科研人员的研究领域。在这些多种形式联系的基础上，信息专员逐渐掌握服务对象的信息需求，然后有针对性地提出进行服务的建议。

2.2 嵌入式学科信息服务的形式及内容

2.2.1 Welch空间

Welch空间（Welch space）是Welch医学图书馆嵌入式学科信息服务的

一种重要形式，这种空间初期称为 touchdown suite 或 information suite，是由院系提供物理空间，由图书馆或者院系提供相关的设备，为院系的科研人员或者研究生提供信息服务的物理场所[5]。Welch 空间强调的是一种"图书馆－用户网络"以及在这种框架下各种可能变化的相互作用的重要性。同时，这种空间的设计也是 Welch 图书馆服务理念"不论你在哪里（都可以获得图书馆的服务）"的具体体现，它使用户不必离开自己的环境就可以享受图书馆的服务。而对于信息专员来说，他（她）能更加轻易地贴近读者，更方便地了解用户的需求。通常在这样的物理空间中会有一些硬件设备，例如，用触摸屏电脑发布一些院系的学术活动以及其他相关的信息活动，由为院系服务的信息专员每周固定 8 小时值班提供信息和文献咨询。在值班期间，信息专员也通过一些即时通讯软件（例如：Meebo）进行网络实时咨询。另外，用户可以通过电子邮件、电话或者本人亲自预约的方式到 Welch 空间向信息专员进行咨询。

Welch 空间的服务方式也是图书馆与学科系以及科室合作的一种表现。通常，图书馆会与相关的院系管理层就 Welch 空间的建设进行沟通，包括空间的提供、设备的购置以及服务的开展等。根据 Welch 图书馆的战略规划，理想的情况是在每一个院系都设有这样的空间。目前，每年都会有 1－2 个新的 Welch 空间开放。

Welch 空间不仅仅是信息专员提供服务的场所，同时也是信息专员宣传和推广自己的一种手段。有科研人员这样评价 Welch 空间："在设立信息空间之前，我只是请图书馆员去帮我找一两篇文章。我不知道她们除了提供文章外还能做什么别的服务，也不知道她们拥有怎样的知识深度。当我在信息空间充分利用了她们的培训和专长之后我才明白（她们可以做文献提供之外的许多其他服务）"[6]。

2.2.2 培训、课程及咨询工作

信息专员与院系合作，根据用户的共性需求设计课程以及各种培训。同时，信息专员也是一些课程中与信息相关的主题的主要授课者。Welch 医学图书馆 2007－2009 开展课程培训的情况，如表 1 所示[7]：

表1　Welch 医学图书馆 2007－2009 开展课程和培训情况

项目	2007/2008	2008/2009
课程	43	40
讲座	23	19

续表

项 目	2007/2008	2008/2009
其他教育培训*	265	548
总信息教育次数	331	607
参加培训人次	2 913	3 966

*指导性的课程章节、午餐会演讲、课程指导以及受邀而做的演讲（Welch 医学图书馆2009 年年报）。

在这些课程中，与信息相关的主题包括以下内容：信息素质教育课程、信息资源的选择、检索技巧、信息管理、科研过程高效工作流、医护点信息需求、终生学习。

当然，信息专员的服务与图书馆的传统服务并不是截然分开的，在相当多的情况下，她们也还提供被认为是图书馆传统服务的内容：解决信息获取的问题，根据科研人员的实际需求丰富图书馆的馆藏资源，回答科研人员咨询的问题，同时，也为科研人员提供文献或者其他信息检索方面的服务。

2.2.3 个性化信息服务

除了根据用户的共性需求提供课程和培训外，信息专员还为不同的服务对象提供深层次的和个性化的服务。因为原则上这些信息专员的服务面对的是医学院和医院的所有人群，包括临床医生和临床教育工作者、研究人员、学生、实验室系列，甚至包括院系的管理团队。针对不同的服务对象，嵌入式的学科信息专员服务有不同的个性化的服务内容，而服务的形式则主要是上门提供服务[8]。

对于临床医生和临床教育工作者，信息专员为临床和病人护理问题寻找答案；参加查房并研究其中出现的问题；通过设置 RSS 新闻频道和 Email 提醒功能保证医生及时掌握对病人护理研究方面的最新变化，搜索一些实践标准或者相关的文献作为参考的依据等。

对于医学研究人员，信息专员通常协助进行询证医学系统综述工作（systematic review），包括制定检索策略，进行检索，文献管理以及通过专业检索进行相关的文献综述和研究问题的制定等。例如：信息专员曾参加到一个研究合作中，与研究人员一起调查全美内分泌和代谢异常的患病率和发病率，通过项目合作，信息专员和科研人员一起完成一个综合性的文献综述并最终形成了一个可供检索的数据库。同时，信息专员还帮助医学研究人员检索科学数据和灰色文献；查找政府或者私人投资等相关的科研资助来源；对资源、服务和信息管理方面的工作提供个性化的咨询；到指定的院系演示与该院系研究相关的特定的资源和相关的服务；为科研人员查找并推荐最适合发表的期刊资源；为科研人员的研究论文提供最好的 MeSH 叙词或者关键词以便其他人能很快发现这些研究成果。

对于一些实验室，她们甚至帮助寻找一些试剂和药品的制造商或者分销商，进行专利检索，或者为发表论文提供期刊选择。

对于医学研究生，她们通过课堂讲授、个别辅导或者群组讨论的方式介绍如何发现文章、图片、学习工具以及在线的教材等，如何进行全文获取、全文传递，如何管理文献信息、如何使用数据库等。

对于医学院的管理群体，信息专员介绍如何通过全文传递系统来获取那些非在线资源的电子拷贝；如何通过 RefWorks 来管理文献；如何使用图书馆目录；如何使用数据库，如 PubMed、Scopus、Web of Science 以及一些医学专业相关的数据库等。例如：信息专员会通过搜索关键的数据库资源，在第二年向执行教务长提供一个霍普金斯大学学术产出的评估报告。

表 2 列出了 Welch 医学图书馆 2006－2009 年信息专员为服务对象提供服务的情况[7]。

表2 2006－2009 信息专员提供的服务情况

项 目	2006/2007	2007/2008	2008/2009
总接触次数	910	1 011	2 990
接触小时数	1 309	1 638	5 108
科研接触*	35	55	337
占总接触的%	3.8	5.4	11.3

*指用于研究基金或者研究项目的信息支撑

2.2.4 建立学科门户

为指定院系服务的信息服务专员，大多数情况下提供到现场的服务，包括现场的指导和咨询、检索等工作。但是，面对医学院庞大的用户群，信息专员不可能通过面对面的方式把服务覆盖到所有人群。在这种情况下，通过网络的方式为更多的人提供服务就显得非常有必要。信息专员通过调研、走访和分析等手段，了解用户的信息需求，在图书馆信息技术部门的协助下，根据用户的信息需求搭建学科信息门户，服务于不同的用户群。目前，Welch 图书馆共有 5 个信息门户，分别是基础科学信息门户、霍普金斯群体中心信息门户、人体医学与康复信息门户、预防－流行病学及临床研究信息门户、Wilmer 护理信息门户[9]。这些信息门户中的内容包括：学科常用的数据库、学科顶级期刊、相关的学会及组织、常用工具及软件、模式动物、政府信息资源、本地图书馆资源、医护政策、基金支持、论文发表支持等。通常在信息门户会留有信息专员的联系方式和及时通讯工具，方便用户与信息专员进行沟通和预约服务。

2.3 嵌入式学科信息服务的评价及效果

Welch医学图书馆通过定性和定量相结合的方式对信息专员的嵌入式服务进行评价。信息专员对于所做过的服务都有较为详细的记录，包括时间、对象、解决什么问题、大概用多长时间等。这些服务记录通过网络上载到评估系统中，评估系统具有统计和分析功能，管理层能对信息专员的工作有非常详细的了解。另外，该图书馆非常重视收集用户对于信息专员服务工作的反馈，一方面从定性的角度掌握信息专员的服务质量，另一方面也能从中发现服务中存在的问题。

2.4 嵌入式学科信息专员的学习及提高

信息专员的服务不是独立于其他部门而存在的，因为信息专员需要在图书馆其他部门的支持下为客户提供服务，因此信息专员除了加强自身的学习以提高能力外，还需要与其他部门的员工进行合作。图书馆鼓励信息专员积极参加图书馆的各种组织，以跟进技术的更新，分享检索经验，协调教育项目，讨论拉近与用户之间距离的策略以及评估嵌入式服务的模式。例如：信息专员通过参加图书馆内的期刊俱乐部来跟踪业界的最新发展，通过参加移动计算委员会来跟踪移动计算技术在图书馆服务中的最新应用[4]。

3 Welch医学图书馆嵌入式学科信息服务的启示

3.1 重视物理空间的作用

管理层认为随着网络的发达，到馆用户会越来越少，但是到馆用户少并不意味着图书馆的作用越来越小。通过在院系建立Welch空间，实际上相当于将Welch医学图书馆的物理空间延伸到了用户中间。Welch空间是服务的基础（base），让信息专员更贴近读者，也增加了信息专员与用户相遇（encounter）的机会，不管这种相遇是偶然的还是有计划的。但是，这样的物理空间并不是一个图书馆实体，与图书馆具有很大程度的不同：没有人全职工作，不提供复印图书和杂志的服务，并且，这种Welch空间不是特定的图书馆空间，而是具有多用途，甚至科研人员可以在里面开会或者讨论问题，是灵活的和可柔性配置的，根据不同的院系特点具有不同的模式。通过Welch空间的建设，Welch医学图书馆把服务物理性地嵌入到用户中间，形成一个服务的网络，如图 1 所示[10]：

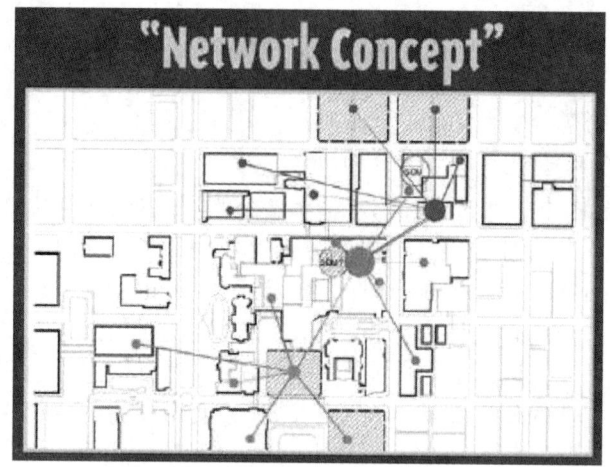

图 1　Welch 空间的服务网络概念

Welch 空间的这种设计理念对于国内的学科服务具有一定的借鉴作用。目前在国内有不少大学及科研机构都开展了学科服务，各个院系以及研究所都有自己的图书馆或者资料室。如果学校或者专业图书馆能充分利用院系资料室或者图书馆的物理空间资源，加以灵活配置，为学科馆员的信息服务提供一种阵地，加大宣传的力度，学科化服务工作一定能够在现有的基础上做得更好。

3.2　重视收集用户对图书馆的看法

这既是图书馆的一种宣传手段，同时也是图书馆不断完善自身服务的一种措施。为此，Welch 医学图书馆在其网站开设了一个栏目，用来存放读者对图书馆服务的评价（http：//www. welch. jhu. edu/lovelibrary/index. cfm），还提供了评价人的照片[6]。例如，医学系的系领导对信息专员的评价是"我们的图书馆员 Blair Anton 已经变成我们部门临床护理研究和教学任务的一个主要贡献者，她在信息技术方面提供的专门知识让我们受益匪浅"，有学生评价"在我的研究过程中，你们帮助我使用 PubMed，帮助我检索灰色文献，这种帮助是非常有价值的。非常感谢你们愿意分享你们的知识"，这些用户评价对于图书馆的服务起到非常积极的宣传作用。

每一个图书馆都有很多的用户，很多用户对图书馆所提供的帮助是非常感激的。而学科馆员的上门服务通常更能得到用户的认可。Welch 医学图书馆的做法不仅仅是一种自我表扬，还能通过这种宣传吸引到更多的潜在的用户，值得国内同行借鉴。

4 结 语

Welch 医学图书馆虽然只有 8 个信息专员[3]（最多的时候 10 人），她们的服务却赢得了服务对象的一致好评。正是有了图书馆提供的强有力的信息支撑，霍普金斯大学医学院才能在全美乃至全球的医学研究中一直处于领先地位。该馆的嵌入式信息服务强调学科馆员的服务与用户的需求紧密结合[11]，有许多值得国内图书馆借鉴的地方，例如重视大团队的重要性，信息专员的服务不能独立存在，重视图书馆内不同部门之间的协作与沟通非常重要[4]。信息专员是服务的窗口，同时也是一面镜子，只有图书馆的整体水平得到提升，信息专员所提供的各项服务才不是无本之木，也不是无水之源。而用户的反馈意见和建议也是图书馆改进服务方式、完善服务功能和提升服务水平的有效动力。

参考文献：

[1] About the library[EB/OL].[2011-06-25].http://www.welch.jhu.edu/about/index.html.

[2] The Welch library embedded-informationist program[EB/OL].[2011-06-25].http://www.welch.jhu.edu/liaison/about_liaison.html.

[3] Informationist program[EB/OL].[2011-06-25].http://www.welch.jhu.edu/liaison/index.html.

[4] Roderer N. 2012,Welch 医学图书馆——您身边的图书馆[EB/OL].[2011-06-25].http://china.elsevier.com/elsevierdnn/ch/%E8%B5%84%E6%BA%90/%E5%9B%BE%E4%B9%A6%E9%A6%86%E5%91%98/LibraryConnect/%E5%85%A8%E7%90%83%E8%A7%86%E9%87%8E/tabid/1103/Default.aspx BlairAnton.

[5] Welch Library. Annual report 2004-2005[EB/OL].[2011-06-25].http://www.welch.jhu.edu/about/annual_report_2005.pdf.

[6] [2011-06-25].http://www.welch.jhu.edu/lovelibrary/morequotes.cfm.

[7] Welch Library. Annual report 2008-2009[EB/OL].[2011-06-25].http://www.welch.jhu.edu/about/documents/annual_report_2009.pdf.

[8] Informationist services for selected user groups[EB/OL].[2011-06-25].http://www.welch.jhu.edu/liaison/usergroups.html.

[9] Welch information portals[EB/OL].[2011-06-25].http://www.welch.jhu.edu/index.cfm.

[10] The touchdown suite[EB/OL].[2011-06-25].http://www.welch.jhu.edu/about/

will_touchdown. pdf.

[11] 初景利,阎军. 约翰霍普金斯大学图书馆考察报告[J]. 数字图书馆论坛,2011(1):53-60.

作者简介

王保成,男,1972年生,副研究馆员,文献服务部副主任,博士,发表论文数篇。

专家点评（点评人：初景利 中国科学院国家科学图书馆教授）：

中国科学院国家科学图书馆 2006 年正式建立专职学科馆员队伍，正式推出以"融入一线、嵌入过程"为特征的学科化服务。2 年之后我和张冬荣在本刊发表了关于第二代学科馆员与学科化服务的文章。国家科学图书馆的学科服务又走过了 4 年的历程，在服务内容、服务方式、服务深度、服务手段等方面都发生了更多的变化，"融入"、"嵌入"成为新一代学科服务的重要特征，国家科学图书馆的学科服务正在不断开拓新的局面，与各方协同也在取得新的成效。吴鸣等合作的文章体现了国家科学图书馆学科服务的新发展，也是国家科学图书馆学科服务 6 年创新路程的新诠释。国家科学图书馆的学科模式及其相应的机制还将不断地开拓创新。也期待学科服务在推动图书馆变革与转型方面起到更加关键性的作用。

中国科学院国家科学图书馆学科服务的创新实践

吴鸣 杨志萍 张冬荣

摘 要 从中国科学院国家科学图书馆开展的"融入式"普遍服务、"嵌入式"知识服务和"协同式"转型发展的具体实践出发，总结其学科馆员在支撑科研创新方面开展的特色服务内容、取得的良好服务成效，以及在培育"适变型"团队创新能力方面的具体举措，以期为图书馆创新服务发展提供最佳实践案例。

关键词 学科服务 普遍服务 知识服务 转型发展 创新团队

分类号 G251

1 引 言

中国科学院（以下简称"中科院"）国家科学图书馆作为中科院在科技文献情报方面的国家级支撑机构，肩负着支撑科学研究、服务科技创新的使命，始终以满足科研用户需求、与中科院的科技创新发展同行为服务宗旨[1]。在"资源到所、服务到人"，显著地推动了全院资源数字化、服务网络化发展的基础上,为了更好地体现中科院"一流的科学研究一定要有一流的文献情报服务作支撑"的总体部署,充分适应数字化、网络化的信息环境和螺旋式上升的用户需求,根据中科院研究所地域分布广、学科领域多以及科研用户的信息行为变化特点,国家科学图书馆于2006年成立了学科咨询服务部,组建了具有专业学科背景的专职学科馆员团队,通过"融入科研一线、嵌入科研过程"的学科服务实践,建立了"责任绑定、服务绑定、创新绑定、考核绑定"的学科馆员考核机制[2],探索了图书馆创新服务理念和知识服务模式的战略转型,得到了科研用户的普遍认可和满意评价,创建了以国家科学图书馆学科馆员为核心的、以国家科学图书馆学科服务为特色的创新服务品牌[3]。

2 夯实"融入式"普遍服务

普遍服务是保障研究所科研用户必不可少的一线需求的信息服务,在"常下所、长下所"的普遍服务的过程中,学科馆员以用户需求驱动为核心,融入责任研究所科研一线,协同研究所图书馆,与用户建立了密切关系,通过持续开展需求调研、宣传推广、用户咨询和用户培训等一系列活动,随时随地发现用户需求,夯实"融入式"普遍服务。

2.1 建制化的需求调研

面向研究所"创新2020"、"十二五规划"以及"一三五"规划等科研创新形势,通过馆长带领学科馆员到所调研、召开研究所专家座谈等形式,及时了解科研用户对文献情报工作的新需求,从战略层面统筹规划,进行前瞻性部署。通过学科馆员发放用户需求调查问卷、融入课题组组会、走访重点科研用户等方式,对科研需求进行诊断分析,有效把握 e-science 环境下科研用户的信息行为,从而形成了规范、持续跟踪用户信息需求的调研模式,全面推进和完善了学科服务的发展战略。

2.2 品牌化的宣传推广

针对科研用户的具体需求,学科馆员团队探索了在研究所开展服务宣传日、专题培训周和主题沙龙研讨等多种形式的学科服务宣传活动,通过全方位策划、多单元合作、建制化实施,形成了沟通协调、组织策划、海报制作、团队协同、现场有奖抢答等系统的宣传推广流程。在学科馆员下所开展学科服务的过程中,《资源与服务指南》和学科服务宣传彩页等宣传推广媒介,不仅让新进入中科院的用户快速了解了国家科学图书馆的资源与服务,而且已经成为帮助他们解决可能遇到的各种问题、寻求学科馆员帮助的重要途径。

印有学科服务 LOGO 和联系方式的学科服务小礼品（如手机挂件和书签等）也受到了科研用户的喜爱，达到加深其对学科服务的印象的效果。学科馆员及学科服务已经成为国家科学图书馆的品牌，为高效顺畅地开展科研用户的服务奠定了良好的基础。

2.3 全方位的信息咨询

坚持"用户在哪里，服务就指向哪里"的理念，学科馆员不仅深入研究所、课题组、实验室，走到用户个人身边，而且充分利用博客、微课件、邮件、电话、MSN 和 QQ 等手段，有效地融入到用户常在和熟悉的虚拟空间中，提供形式多样的在线咨询、需求反馈、发布信息等服务，与用户间建立稳定、快捷、良好的服务渠道。同时有效组织全馆及院所联合开展 9－9 新型网络参考咨询，为科研用户提供全方位、专业化的信息咨询服务，得到众多用户的满意评价。

2.4 开放式的素质教育

利用学科馆员具有专业背景的优势，探索了研究生信息素质课程和到所系列专业培训两种信息素质教育模式[4]。

模式一：系统设计和组织研究生院信息素质教育课程体系，探索了"授之以渔"的中科院研究生信息素质教育模式，通过在研究生院开设春秋季学期信息素质公选课、LC（学习共享空间）小课堂公修课、学院工程硕士必修课以及夏季学期学科领域专题信息素质教育课程，有效推进了研究生科技创新信息素养的提升。组织建设"开放信息素质教育服务平台"，集合各类教育素材，提供开放学习、交流共享服务空间，为提升研究生信息素养能力提供了最佳实践案例。

模式二：通过学科馆员到研究所现场开展学科领域信息素质系列专业培训，解答研究生在"选题和开题"、"实验阶段"、"学术论文写作"、"毕业论文撰写及答辩"等学位论文阶段遇到的实际问题，有机地将科技信息素养能力培养与技能指导嵌入研究生学位论文科学研究之中，激发研究生们学习专业信息实用技巧的积极性，帮助他们提升科技信息素养能力，为科研创新奠定扎实的信息素质基础。

学科馆员在面向科研一线不同用户群提供信息素质教育服务的过程中，积累了丰富的信息素质教育经验，同时把提升用户信息素质作为学科服务的核心内容，纳入学科馆员的重要能力考核体系，很好地展现了国家科学图书馆的崭新形象和学科馆员的良好素质。

3 拓展"嵌入式"知识服务

3.1 循证化的资源保障分析

针对研究所"一三五"规划科研布局对科技文献资源的新需求，学科馆员团队探索了多途径满足科研用户需求的所级科技文献资源保障分析与规划的方法，建立了以满足科研用户信息需求为导向的学科文献资源的建设原则，在科学地分析研究所科技文献资源的普遍需求、可靠的保障渠道及合理的成本效益的基础上，逐步形成了所级科技文献资源保障能力与效益的常规化、规范化分析机制，在 e-science 环境下，为科学和规范地指导持续优化所级科技文献资源保障体系提供了循证化的支撑[5]。

3.2 可持续的情报分析服务

针对研究所战略规划与重点学科情报服务需求，学科馆员团队协同研究所图书馆及科研团队，嵌入科研过程，充分利用学科馆员团队在信息处理工具、信息分析手段两方面的优势，结合科研团队的专业知识背景，面向研究所"一三五"规划和研究领域重大项目，提供了一系列学科领域的态势分析、机构竞争力分析、专利技术分析、科研产出分析等深层次的情报服务产品，为研究所科技政策与学科布局、项目申报、关键技术研发、人才引进等提供有价值的情报支撑，受到研究所及科研团队的广泛好评和高度认可，形成了支撑研究所学科情报分析的服务模式。

3.3 集成式的知识环境构建

针对科研管理部门、研究室、课题组、项目组、科学家个人及研究生会等不同类型用户的需求，学科馆员充分发挥所级平台技术、iLibrary 平台技术和 SKE 平台技术的优势，为多个研究所图书馆、研究所单元以及重点科研人员搭建了所级信息服务门户、信息搜集分析平台以及学科组平台等示范知识环境，将用户的资源、服务、工具等灵活组合并嵌入了科研过程中，为研究所群组的科研创新交流和成果展示提供了可靠的技术支撑，建立了面向研究所群组提供构建知识环境服务的范式。

3.4 全面推广 IR 建设

利用 CAS OpenIR 系统平台，学科馆员团队协同技术支持团队及研究所图书馆人员，建立了协同支持机构知识库（IR）建设的机制，持续支持了研究所构建研究所知识资产管理的机制与服务平台，积极支持了研究所建设对自主创造的知识内容进行捕获、转化、长期保存、传播、利用和审计的能力，致力于形成全院研究所 IR 建设的制度规范及政策体系。通过学科馆员团队对全院 90 余个研究所 IR 建设工作的推进和推广，全面促进了研究所文献情报机构拓展机构知识资产管理服务，深化了机构集成知识资源的检索与利用服务。

4 推动"协同式"转型发展

4.1 推进所级能力提升

为了全面提升研究所一线的集成化、知识化服务能力，为研究所图书馆提供业务指导与咨询服务已经成为学科馆员很重要的一部分工作。针对不同研究所图书馆的发展状况，学科馆员通过参与策划与制定信息专员培训、情报专员培训和交换馆员培训计划等，随时到所，与研究所图书馆员一起共同探讨、学习和实践，并研究现代信息环境和文献情报服务模式下，如何协同开展信息资源建设、文献信息服务、学科化信息服务、情报分析和信息系统建设工作，支持、帮助和共同推进研究所图书馆员知识服务能力的提升，转变研究所文献情报服务模式，为推动科研一线文献情报知识服务起到示范引领作用。

4.2 带动创新服务项目

为有效推动研究所文献情报服务模式的转型和创新，中科院和国家科学图书馆设立了一线知识服务能力专项和创新到所项目，有效支持研究所文献情报人员开展所级战略发展情报咨询、重大研究领域或技术发展情报咨询、研究所或国家重点实验室科研产出分析、研究所竞争力分析、群组知识环境建设等所级文献情报创新服务发展项目研究。学科馆员团队借助项目积极支持、鼓励带动研究所实质性参与，建立了院所协同工作机制，提升了研究所图书馆信息分析、学科情报研究和知识环境建设等创新发展能力，取得了一批项目成果，得到了相关研究所用户的认可和满意评价，有效推动了研究所图书馆的协同发展。

4.3 宣传所级创新服务成效

组织编辑《中国科学院研究所图书馆服务创新通报》，使研究所图书馆创新服务的经验和案例得到了充分的共享和交流；编发《中国科学院研究所图书馆创新服务通报－创新到所项目专辑》，使创新到所项目形成的成果、研究方法、工作流程及协同机制建设经验在全院研究所中得到共知共享。所级创新服务成效的宣传推广，有效地推进了研究所图书馆转型和服务创新发展。

5 培育"适变型"创新能力

为了深入推进个性化、创新性的学科知识服务,有效支撑中科院研究所"创新2020"创新跨越,落实"十二五"学科服务工作的工作规划的目标,需要不断提升学科馆员团队创新服务能力。通过促进学科馆员做好职业规划,培养学科馆员团队具有系统分析能力、全面规划能力和灵活配置能力,已经形成了一支能够应对复杂信息环境变化,能够积极进取、优势互补、快速响应,可持续服务科研一线的"创新型"、"适变型"学科馆员团队。

5.1 策划新学科馆员到岗培训

为切实帮助新学科馆员建立学科馆员知识背景和自我能力提升的基础,保证其在较短时间内较系统地掌握学科服务模式及国家科学图书馆核心基础服务与资源体系,新学科馆员需要参加资源建设部、学科服务部、情报研究部、信息系统部等主要业务部门的业务基本知识培训以及学科服务部专门为新学科馆员策划的岗位知识与技能学习专题业务培训、培训与带岗实习培训。通过半年的以"老"带"新"下所服务实践,新学科馆员真正参与到下所服务实践任务当中,在老学科馆员的"传帮带"下,完成"基础培训"+"专题培训"+"带岗实践"规范的上岗三步培训流程,使新学科馆员平稳、快速步入独立承担学科化常规服务行列中。

5.2 推进团队交流共享

针对知识化服务能力要求和科研用户日益增加的需求,学科馆员团队通过参加中科院和国家科学图书馆"群星计划"到国外知名大学专业学习半年以及参加国际交流会议,及时掌握国际图书馆及文献情报领域的前沿动态和发展趋势。通过与国内清华大学、北京大学等图书馆同行交流以及开展多种形式的团队业务交流和主题培训,组织策划、编发春秋季到所《国家科学图书馆学科服务通讯》,全面促进学科馆员团队的服务经验和优秀服务案例的共享。通过协调和解决创新服务中出现的问题,学科馆员及团队更多地、重要地是依靠在日常发现需求、策划服务的实践中,加强自我学习,不断提升学科馆员团队的知识服务水平。

5.3 构建团队能力云

根据知识服务形势的发展和知识服务的需求和未来挑战,结合学科馆员自身的特色来规划个人职业生涯和团队整体核心竞争力。在加强团队内外协同研究、学习和创新的同时,通过系统、工具、流程、模板的应用,逐步培养开放获取、知识产权、平台建设、工具开发与利用、信息素质教育、科学数据管理等特色能力,形成学科馆员团队的"问题通"、"技能通"、"领域通"等系列专家型人才发展梯队,培育学科馆员学术研究能力,并逐步打造学科馆员在不同领域和方面的引领、突破和创新能力,构建学科馆员团队的"能力云"。

6 结 语

在中科院国家科学图书馆的战略部署下,学科馆员团队将按照"用户为本、需求驱动、融入科研、支撑创新"的服务理念,积极开拓进取,以饱满的热情和创新的能力,融入科研一线,嵌入科研过程,创新普遍服务,拓展知识服务,打造学科馆员创新发展服务能力,持续丰富学科服务创新发展的品牌内涵。

鸣谢:对中国科学院国家科学图书馆张晓林馆长、孙坦副馆长、钟永恒副馆长在学科化服务战略规划方面的悉心指导和大力支持,学科咨询服务部第一任主任初景利老师在学科馆员服务建立和发展方面的开拓创新和倾心奉献,总分馆学科馆员在学科化服务实践方面的创新探索和实践,在此一并致以诚挚的感谢!

参考文献:

[1] 中国科学院国家科学图书馆.资源与服务指南[EB/OL].[2012-11-20]. http://www.las.ac.cn/zhinan/.
[2] 初景利,张冬荣.第二代学科馆员与学科化服务[J].图书情报工作,2008,52(2):6-10.
[3] 中国科学院国家科学图书馆学科咨询服务部介绍[EB/OL].[2012-11-20]. http://www.las.cas.cn/gkjj/zzjg/zg/xkzxfwb/.
[4] 吴鸣.学科文献资源的建设方法——以国家纳米科学中心为例[J].图书情报工作,2009,53(3):66-69.
[5] Wu Ming, Wang Li, Liu Yanli. Information literacy course design based on student survey: The practice of subject librarians at NSL, CAS. [J]. Chinese Journal of Library and Information Science, 2012, 5(2):59-73.

作者简介

吴鸣,中国科学院国家科学图书馆研究馆员,部主任;

杨志萍,中国科学院国家科学图书馆研究馆员、馆长助理,中国科学院国家科学图书馆成都分馆副馆长;

张冬荣,中国科学院国家科学图书馆研究馆员,部副主任。

清华大学图书馆学科服务架构与学科馆员队伍建设

邵 敏

(清华大学图书馆 北京 100084)

摘 要 介绍清华大学图书馆学科馆员及学科服务的工作进展,重点描述在构建一套"为教学科研提供全程配套服务"的完整学科服务架构方面所进行的探索与实践。对于完善学科馆员的队伍化建设进行研究与探讨,包括学科馆员的角色定位、团队意识、综合素质培养。最后对学科馆员工作给图书馆带来的变化进行总结。

关键词 学科服务 学科馆员 清华大学图书馆 大学图书馆 队伍建设

分类号 G250.76

1 引 言

当前,国内众多研究型图书馆纷纷设立学科馆员岗位,学科馆员工作已成为热门研究课题,有关学科服务的文章大量涌现,在大多数文章中都提到一个事实——"1998年清华大学图书馆在国内率先建立学科馆员制度。"而作为这支备受同行瞩目的队伍本身,清华大学图书馆(以下简称"我馆")学科馆员群体一直在坚持不懈地提高自身素质、努力挖掘学科服务深度;与此同时,图书馆也在不断完善学科馆员的队伍化建设、探索构建更加适合需求的学科服务架构。本文将从这两方面介绍我馆的实践经验[1]。

2 构筑适合大学需求的学科服务架构

2.1 找准定位–立足于需求

图书馆的任何服务都要满足适用原则,要紧紧围绕读者需求来开展。大学图书馆由于承担着"为学校教学科研服务"的使命,因此必须根据大学自身特点,深入了解并清醒分析服务对象的实际需求,找准学科馆员的工作重心和努力方向。

从院系师生角度分析，大学院系众多，课题数不胜数，如果学科馆员将目标锁定于深入读者研究课题中提供具体服务，以有限的学科馆员数量来讲，受众面积势必非常有限，只能是杯水车薪，大多数读者需求无法满足；而另一方面，教师和研究生查阅文献本身也是其科研过程的一个重要组成部分，特别是研究生，学会有效查找文献并综合利用是对其自身科研能力的一种培养。清华大学博士生培养方案中明确提出"博士生入学后应在导师指导下，查阅文献资料，了解学科现状和动向……"硕士生培养方案中也有相应规定。因此，学科馆员不应替代研究人员查阅文献，也不可能替代研究人员对文献进行判断与取舍，而应立足于教会他们查阅文献和阅读分析的技巧。

从图书馆角度分析，目前大学图书馆普遍提高了服务意识，在丰富资源、拓宽服务方面不遗余力。但是，受传统观念影响，还有相当多师生对图书馆的认识仍停留在借还书与普通阅览等基础层面，图书馆花费大量人力物力提供的诸多现代信息服务功能，却往往未能被师生及时关注，更遑论充分利用了。这对图书馆大量优秀资源和优质服务造成极大浪费，也容易导致图书馆陷入自娱自乐、无人喝采的尴尬境地。

从上述分析可以看出，要想围绕"为学校教学科研服务"这一中心任务开展工作，学科服务就应贯穿于学校教学、科研、学生学习的全过程中，并在各阶段都能提供与读者需求相适应的配套服务和技术支持。这些功能需要全馆多部门协同服务才能实现，而学科馆员的主要作用体现在4个方面：①了解对口院系师生的根本需求，同时熟悉图书馆所能提供的服务，知己知彼，从而更有针对性地将图书馆服务送达有需求的师生身边，促使师生及时了解服务内容，在有需求时能够首先想到利用图书馆。为读者找到可利用的服务，为服务找到可应用的对象，在两者间发挥纽带与桥梁作用。因此，必须将"联系院系"这一狭义的工作模式融入更广义的学科服务整体架构中。②当师生在获取和利用图书馆各项服务过程中遇到困难时，要能提供帮助与指导，并引领其充分利用这些服务。在此过程中进一步形成正反馈，激发读者的更多需求，并且将新的需求带回，通过整个学科服务团队提供更深层、更到位的服务。③不同程度地亲身参与学科服务各环节，尤其是用户教育和咨询服务等优势领域。只有真正参与各项实际业务，不断积累实践经验，才能在服务师生过程中为读者提供切实有效的帮助。④通过与院系师生的广泛接触、对相关学科资源的熟悉与研究、对各种沟通渠道和宣传技巧的掌握以及对业界最新动态的了解与跟踪，在图书馆业务发展和资源建设中发挥更大作用。这种作用并非立竿见影，但会通过持续的渗透、通过一批高质量馆员的塑成，不断提升图书馆形象和地位、促进图书馆发展，而图书馆的进步必将为全校师生带来更长远的收益。

2.2 选好突破点－用户教育

当前，大力发展读者信息素养教育已成为众多大学图书馆的共识。我馆在学科服务过程中提供了多途径、全方位的信息素养教育职能，以提高读者的信息获取与应用能力，掌握在信息社会终身学习的技能。

学科馆员在我馆用户教育中扮演着重要角色、发挥着关键作用。除开设文检课外，由于广泛接触读者、熟悉各类电子资源，因而在读者培训方面也发挥了重要作用。经过历年实践、不断总结经验、分析读者需求、更新讲座内容、调整讲座时间频次，我馆的"了解图书馆"专题系列讲座已成为颇受读者欢迎的品牌服务，部分讲座还受到学生们热烈追捧。这说明读者对讲座有着迫切需求，同时也证明找准读者需求的重要性。

据 2007 年秋 Ebrary 公司在全球 38 个国家约 300 所高校进行的教职员调查，85% 的受访者认为信息教育非常必要，15% 的受访者认为比较重要[2]。由此进一步印证了将"提高读者的信息素养、挖掘读者本身掌握信息的能力"作为工作重点同样也符合高校教师的需求，因此我们已将培训在教师层面做进一步扩展。

我馆的培训讲座不仅受到学生们的普遍欢迎，也引起各方关注。学校人事处主动邀请将讲座内容列入学校教职员培训系列；学校科研院邀请图书馆为各系科研秘书提供培训；经管学院主动联系学科馆员为 MBA 学员提供财经类文献专题培训，并已固定成为每届 MBA 必听课程；水利水电出版社编辑主动联系以讲座为基础编写教材，于是一套《网络学术资源应用导览》应运而生；一些院系的研究生学术沙龙邀请学科馆员开设讲座。这些实践证明，有针对性地开展培训讲座、提高全校师生信息素养是学科馆员扬长避短、充分发挥自身优势的最佳着力点和突破点。

2.3 学科服务架构－为教学科研提供全程配套服务

图书馆众多基础性工作已经为学科服务搭建了良好的底层平台。首先通过订购、馆际互借、网络资源导引构成丰富的文献资源保障；再利用馆藏目录、资源导航、跨库检索、校外访问控制等系统形成实用便捷的系统支持平台；此外提供全天候、多途径的咨询服务。这三方面共同组成学科服务的基础支撑平台。

图书馆通过对资源与服务的进一步整合，通过学科馆员发挥作用，构建成一套比较完整的学科服务体系，为学校师生在教学与科研的各个阶段提供具有针对性的配套支持与服务。

完善的学科服务体系应覆盖全校师生教学与科研的全过程，无论是开题立项阶段、研究中期，还是成果验收报奖阶段，甚至在文章发表后，图书馆都可以为师生提供有效帮助。根据目前的实际工作情况，我馆学科服务架构可用图1简要表示：

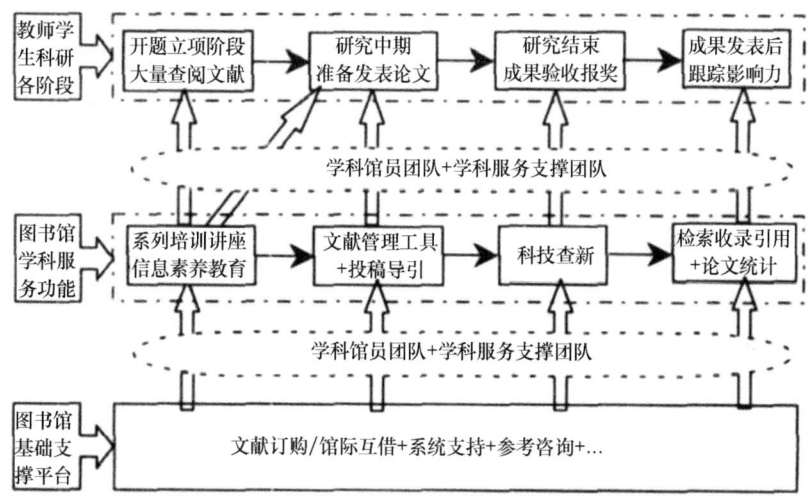

图1　清华大学图书馆学科服务架构

研究生开题阶段，读者对图书馆资源还比较陌生，对文献查找方法也很茫然。我们为这一阶段的读者提供专门的培训讲座，既包含《图书馆资源与服务导览》、《学术信息资源门户使用》、《开题与立项前的文献调研概述》等适用范围较广的讲座，也提供如《经济类文献检索方法与技巧》等更具学科针对性的讲座。这些讲座有效帮助和指导读者学会查阅文献和文献分析的技巧。

读者使用电子资源进行文献检索时，图书馆提供资源整合、导航、跨库检索等工具，提供读者指南并及时解决访问故障。其作用是使资源更易于检索和利用、提高读者的检索效率、提高资源利用的稳定性和便利度。

读者检索到大量文献后难于管理时，我们提供三款个人文献管理工具并提供配套讲座，以帮助读者更有效地管理文献资源。

当读者需要向权威刊物投稿时，我们提供核心期刊目录、投稿指南、参考文献及论文写作格式等投稿导引信息，从而帮助读者选择文章发表途径、保证文章刊发质量。

当研究进入成果鉴定、申报奖项阶段或教师进行科研立项申请时，我们提供专业的科技查新服务，为研究课题和研究成果的新颖性把关。

当学术成果发表后，我们可以继续检索文章被权威数据库收录以及被他人引用情况。从而鉴定、评价、跟踪了解这些研究成果在全球学术界的影响力，为学校的学科评估、科研成果评比、教师职称评定等提供统计依据；并深度分析比较全校学术成果的发表途径、学科领域、质量层次、历年变化与其他高校对比等，进行学科战略情报分析、为学校的科研发展提供有力支持。

由图 1 所示学科服务架构可以看出，随着读者研究过程的不断深入，在全过程每个阶段，图书馆都可以找到自己的用武之地，充分发挥作用。

3 完善学科馆员队伍化建设

要提供到位的高质量学科服务，不仅要有丰富的资源和良好的硬件条件，更要有合适的"人"来提供服务。因此，保持一支综合素质过硬的学科馆员队伍是实现学科服务发展愿景的前提条件。

3.1 学科馆员的角色定位

学科馆员要参与多项业务，具有多重身份和角色，是一个综合的多面手。中国科学院国家科学图书馆形象地将其比喻为"战略顾问、社区民警、私人医生……"[3]我馆的学科馆员亦承担多种角色，其中所有学科馆员都要承担的必选角色包括：

• 咨询馆员：学科馆员要参与各种咨询服务并担任相关学科电子资源责任馆员。通过在一线咨询能直接接触读者最真实需求，了解读者在利用图书馆过程中存在的困难，从而开展有针对性的服务。此外，为对口院系师生提供专业的咨询和辅导，也是学科馆员承担的重要任务。参与咨询还可以促使学科馆员不断学习新知识新技能、全面了解图书馆资源与服务最新进展，提高了学科馆员自身业务素质。

• 需求发现者：首先要敏锐侦察和发现读者需求，一旦发现，就要选择和判断是否已有相应服务能满足这些需求，如果现有服务尚不能支持，则需要及时向图书馆提出建议并努力实现。例如，随着我校留学生人数大幅增加，开设英文培训的需求涌现，学科馆员对此及时开设相应讲座、填补该项服务空缺。在此基础上，我们又发现图书馆英文主页内容只有更新和充实，才能更好地为留学人员提供帮助，因而进一步提出了英文主页改版计划。

• 需求引领者：要主动将图书馆服务信息传递给读者，引领读者前来消费。例如，充分利用 CASHL 优惠活动加强对文科院系师生的宣传，申请专项补贴免费提供 CASHL 文献，用以缓解和满足文科师生的文献需求。而当读者尚未意识到有某种需求时，学科馆员还要通过各种积极手段来激发读者产生需求或将潜在的需求揭示出来。例如，在重点学科评估阶段，学科馆员主动出击，联系各自院系了解需求状况，使图书馆为学校重点学科申报提供了有效帮助。在得悉国家级重点实验室将进行评估后，学科馆员亦主动联系相关院系，将服务送上门去。

• 培训馆员：学科馆员参与大量读者培训，从新生入学到教师培训、从实用讲座到规范的学分课程、从吸引读者来馆培训到深入院系上门培训，无论内容还是形式都非常丰富，这也是目前学科馆员扮演最成功的一个角色。

• 学科资源建设参与者：学科馆员要深入研究相关学科的资源状况，参与资源编目与整合，负责搜集、整理、鉴别相关学科网络资源，编写学科指南类资料，建立并维护学科专题网页。通过这一系列工作，为相关学科用户群提供专业的学科指引与导航。此外，凭借与各院系的畅通联系，努力促成院系与图书馆合作共建电子资源，在学科资源建设方面发挥了不容忽视的作用。

除上述必选角色外，学科馆员还可根据自身条件和所服务院系的特点任选完成其它任务。例如：协助学校相关机构进行学科发展评估、一流大学建设与评估；参与完成相关学科的科技查新；为对口院系重点用户或重大课题提供文献层面的特别帮助；负责图书馆学生顾问的联络与组织，通过学生顾问加强面向学生的服务，同时让更多学生参与到图书馆建设中来；参与图书馆主页建设和相关内容编写等等。

每位学科馆员不可能在所有领域面面俱到、成为全能型专家，但可以在必选角色加任选角色的结合中寻求自己的最佳位置。

3.2　学科服务的团队意识

学科服务不是狭义的，而是应当围绕读者需求提供全方位服务；学科服务也决不是单纯由学科馆员孤立完成的。没有底层平台基础，仅凭学科馆员单打独斗，即使大力宣传，也只能是巧妇难为无米之炊。而如果仅有底层平台却没有学科馆员穿针引线，图书馆提供的服务恐怕也无人知晓，酒香也怕巷子深。因此，学科服务是一个全馆参与的整体工作，要靠各部门的通力配合与共同努力，才能真正发挥作用、取得实际成效。

基于这种认识，我馆并没有将学科馆员作为唯一的学科服务提供者，而是努力营造一种学科服务的整体氛围，强调协同服务。除学科馆员外，还建立有一支基础雄厚的学科服务支撑团队，其中包括承担科技查新、代检代查、馆际互借等服务的参考部馆员，也包括系统部、采编部、流通部的馆员。学科馆员与支撑团队共同构成了广义的学科服务群体，相互之间密切合作、无缝衔接，体现学科服务的整体性。例如，当学科馆员收集到师生推荐意见后，会得到采编部大力支持，及时完成订购；当学科馆员需要为院系提供各学科文献统计数字、帮助院系进行各种申报时，是采编、流通等部门许多同事共同来完成数据的采集与统计；在各种电子资源服务过程中，学科馆员更要与系统部技术支持人员通力配合，共同解决使用中的问题，不断完善这些系统平台；而当各部门推出各种新服务时，也都会及时通知学科馆员向对口院系进行宣传推广。学科馆员与其他馆员的主要区别在于：在联系读者群方面更具有定向性，每位学科馆员固定联系对口院系，与院系师生联系密切，自然更加关注相关院系和相关学科的方方面面。

即使在学科馆员团队内部，也需要有密切合作，如果仅凭学科馆员个人努力，即使可以在某些点上有所突破，也绝对无法形成规模化效应，其影响力也会大大减弱。

3.3 学科馆员的综合素质培养

一支整体素质良好的学科馆员团队可以为开展优质学科服务奠定基础，因此学科馆员的选拔固然很重要。但笔者以为，在当前大多数高校图书馆尚无过硬人事聘用自主权的情况下，对学科馆员的持续培养与训练才是更重要的。受条件所限，也许一时无法直接招聘到完全满足要求的学科馆员，但可经过各种训练和培养使学科馆员能够在工作中不断成长与提高，尽快胜任学科服务工作。我馆的学科馆员综合培养机制可归纳如下：

3.3.1 持续学习

学科馆员承担多元化工作内容，要能进行多线程操作，因此对个人业务能力的要求相当高，只有不断学习才能跟上发展。在日常工作中，我馆注重为学科馆员提供学习机会和工作交流机会。图书馆有计划地对学科馆员进行工作培训，并鼓励大家参加各种学术交流和相关讲座。这种学习已全面贯彻到学科馆员工作中，既包括对专业知识的不断学习，也包括对流行技术的掌握，甚至包括学习培训讲座技巧等实用技能。

3.3.2 同侪督导

学科馆员团队经常交流和共享最新资讯、相互切磋与借鉴。有人专门负责搜集整理各种学科馆员工作经验；有人制作学科网页先行一步，为大家制作模板、打好基础；针对新开设讲座的同事，大家利用试讲环节相互切磋，从讲座内容到讲课方法、从语调节奏到PPT制作技巧等，指出不足并提出建议，使试讲人和所有参与馆员同步获益。套用心理学名词，这是一种"同侪督导"机制，在没有专家进行指导时，通过同侪督导，可使大家共同提高。

3.3.3 合作共赢

优良的团队合作传统已经形成。有经验的学科馆员对新手"传、帮、带"，使后者从一个较高的起点开始工作。在去院系培训时，大家相互协助、配合默契。而日常咨询服务中更是处处体现合作。只有合作，才能实现优势互补，达到共赢。

3.3.4 个性发挥

我馆对学科馆员的工作并不要求整齐划一，而是在规定动作的同时鼓励大家进行自选动作，使每位学科馆员都能发挥各自的创造性、追求卓越、做出自己的精彩。这样的要求给学科馆员提供了更大的发展空间，也使学科馆员岗位更具有吸引力和凝聚力。

4 结 语

我馆自引进学科馆员制度以来，一直在不断完善学科服务体系。总结这条发展之路，除全校师生受益外，图书馆也从中获益匪浅：

第一，增添一种新角色。如同企业的公关或企宣，学科馆员面向院系师生宣传图书馆资源与服务，把图书馆推送到师生身边。任何再好的服务，没有适当的宣传途径和推广方式，收效也不会明显。

第二，开拓一项新服务。学科服务使图书馆传统的参考咨询、用户教育等服务得以扩展和深化，使图书馆的服务定位得以提升。

第三，收获一支高素质队伍。学科馆员在学科服务过程中不断提高自身能力和综合素质，因而为图书馆带来一支综合素质高、适应面广、战斗力强的团队；另一方面，这样的岗位也吸引了更多馆员特别是年轻馆员的关注，促使更多馆员朝着这个方向努力，以期通过聘任该岗实现工作转型。在某种程度上，学科馆员的培养也为图书馆人力资源发展贡献了力量。

总之，引进学科馆员制度使我馆的服务形象、服务能力、队伍结构均发生了很大变化。今后，学科服务之路依然任重而道远！清华大学图书馆学科服务团队愿以校训——自强不息、厚德载物自勉，继续谱写学科服务的新篇章。

参考文献：

[1] 清华大学图书馆"学科服务"网页. [2007-11-30]. http://lib.tsinghua.edu.cn/serv-

ice/sub_librarian.html.
［2］ Faculty E-book survey results now available from ebrary.［2007-11-6］.http://www.ebrary.com/corp/newspdf/ebrary_faculty_survey.pdf
［3］ 初景利.试论新一代学科馆员的角色定位.图书馆理论与实践,2007(3):1-3.

作者简介

邵　敏,女,1965年生,副研究馆员,馆长助理,部主任,学科馆员,发表论文20余篇,参编著作2部。

国家农业图书馆学科化服务的探索与实践

孟宪学　皮介郑　朱　遐　周爱莲

(中国农业科学院农业信息研究所　北京　100081)

摘　要　国家农业图书馆承担着对我国农业科研创新提供文献信息支撑的重要职责，中国农业科学院和各省级农业科学院等农业科研群体构成国家农业图书馆的主体服务对象。在信息环境日益向数字化、网络化方向深入发展的形势下，国家农业图书馆正在积极开展面向科研一线的学科化服务的探索与实践。

关键词　国家农业图书馆　学科化服务　探索

分类号　G251.5

1　国家农业图书馆学科化服务的背景

1.1　国家农业图书馆的主体服务对象

国家农业图书馆（即中国农业科学院图书馆）是我国唯一的国家级农业专业图书馆，也是全国农业中心图书馆和国家科技图书文献中心（NSTL）的农业分馆，承担为中国农业科学院乃至全国农业科研创新提供文献信息支撑的重要职能。

中国农业科学院是我国农业科学研究的国家队和主力军，担负着引领全国农业科技事业发展的历史重任。《中国农业科学院"十一五"科学技术发展规划》确定了包含作物科学、动物科学、农业微生物科学、农业资源与环境科学、食品科学与工程等在内的九大学科领域，41个一级学科、84个重点研究方向的学科建设框架，初步形成面向现代农业科技发展的完整学科体系。面向上述学科领域，对院属39个研究所和研究生院的科研、教学和管理人员开展有效的科技文献信息支撑服务，是国家农业图书馆的核心任务。此外，全国各省级农业科学院是我国第二层级的专门农业科研机构，其科研人员也是国家农业图书馆关注的重要用户，他们和中国农业科学院直属研究所科研群体构成了国家农业图书馆服务的主体对象。国家农业图书馆和各省农业科学院图书馆（信息所）紧密协作，共同向这些机构的科研人员开展服务。此外，国家农业图书馆还立足全院，面向全国其他农业科技、教育、管理及相关领域的广大信息用户，提供多层次的农业科技文献信息服务。

1.2 国家农业图书馆文献信息服务现状和面临的挑战

经过多年的建设和发展，尤其是近10余年在NSTL的支持下，国家农业图书馆积累了丰富的农业科技文献资源，国外农业科技期刊文献收藏尤为完整。近年来，国家农业图书馆根据中国农业科学院"三个中心、一个基地"的发展目标，大力加强农业科技电子文献资源建设，特别是网络全文数据库建设，积极开展网络化信息服务。2005年9月建成开通了"中国农业科技文献信息与服务平台"，集成国家农业图书馆各类资源并通过网络向全院科研人员和全国农业用户提供一站式服务，初步形成网上文献检索、全文获取、原文传递和馆藏印本文献协同保障的文献信息综合提供能力。同时，以NSTL为依托，面向广大农业科研用户开展电子文献检索、远程文献传递、参考咨询、信息资源利用培训等服务，不断满足农业科研用户的文献信息需求。

随着信息资源与信息环境的数字化与网络化进程的不断加快，科研用户信息行为模式和需求发生了重大变化，科研人员利用文献的方式从利用馆藏纸本文献逐步转向通过网络查询和直接获取数字文献资源。其所需信息类型亦从相对单一的文献信息发展到包括科学数据在内的多类型、综合性、动态性知识信息。商业化信息机构和网络系统快速发展，科研用户信息获取利用不断向"非中介化"发展。对图书馆而言，当今最大的变化是用户环境的变化，这一变化对图书馆的组织模式和服务模式提出了新的挑战[1]。文献信息机构必须从单纯的文献信息提供服务向学科化、个性化知识服务快速转型，开展嵌入决策一线的战略情报服务和嵌入科研一线的学科馆员跟踪服务、科技发展动态监测服务等，否则便有被时代发展所淘汰的危险。把握当前社会信息需求的新特点、新变化，跟上现代信息科技潮流，转变信息服务方式，同时，融入社会、融入市场、丰富服务内涵，是公共图书馆的必由之路[2]。国家农业图书馆在基本满足用户共性文献信息需求的情况下，不断探索更加贴近科研人员和深入科研活动的学科化服务，将之作为信息服务创新的根本切入点。中国科学院国家科学图书馆、清华大学图书馆、北京大学图书馆等国内领先图书文献机构在学科化服务方面的成功实践，为国家农业图书馆提供了可供学习借鉴的经验和方法。

2 国家农业图书馆学科化服务的探索与实践

2.1 早期的学科化服务探索——学科化定题服务

国家农业图书馆学科化服务的早期探索，主要体现为学科化定题服务。定题服务是指根据科研人员的特定需求，为其提供最新期刊的相关文献、情报，其特色是能及时掌握和了解专题的国际、国内最新研究进展情况[3]。其做法是根据用户课题研究的需要，系统全面地检索相关文献资料，并通过对信息的组织和加工，一次或多次地为用户提供符合其需求的个性化信息产品。它超越了一般意义的文献提供服务，要求针对特定的学科或专业领域，根据用户课题需要提供具有知识性特征的个性化服务。定题服务要求服务人员对学科具有相当程度的了解，能在和科研人员充分沟通的基础上深入学科主题，进行系统的信息检索，并根据用户需求进行信息的筛选、分析和加工重组。

定题服务是国家农业图书馆针对中国农业科学院、部分省农业科学院科技人员长期开展的一项深层次服务，每年提供学科化定题服务近百项。在多年服务中，图书馆和中国农业科学院茶叶所的陈宗懋院士、秦皇岛市出入境检验检疫局的庞国芳院士等领衔的科研团队等用户建立了较稳定的服务联系，针对其科研课题进行连续的跟踪定题服务。

2.2 贴近科研进程的学科化服务探索

2010年开始，结合面向国家转基因重大专项服务，国家农业图书馆开展了更加贴近科研过程的学科化服务探索，一个典型的实例是针对吉林省农业科学院生物技术研究中心承担的国家转基因重大专项子课题——"转基因玉米研发、环境安全评价及其产业化"课题开展的服务。

课题组针对课题研究内容提出了如下信息需求和检索方案：

- 按照基因种类，对目前已经商业化生产或者即将进入商业化阶段的转基因玉米材料逐一进行统计。
- 针对这些转基因玉米材料，统计其所应用的目的基因及其序列、转化技术、研发部门（公司或科研单位）、申请的专利保护、转基因分子特征检测技术（应用引物、检测方法等）。
- 针对这些转基因玉米材料，逐一统计其所开展的环境安全评价研究，如评价内容、方法和评价模型、所积累的数据信息等。

图书馆服务人员在对转基因相关信息资料进行分析后，认为上述信息获取方案存在实际操作的困难。原因是国内外有关转基因玉米研发、环境安全评价、产业化三方面的相关信息数量庞杂，信息所涉及诸多国家和地区，从基因种类入手很难全面准确地获取相关信息，检索操作困难。但是，不同国家和地区，在转基因研究开发方面各有自己的优势和特点，如果从这个角度出发获取和分析信息，则相对容易。

图书馆工作人员在和科研人员进行充分沟通分析后，提出了如下优化方案：

• 研发和产业化按照重点国家优先的原则，先设定国家范围，在此基础上进一步确定这些国家已经产业化的基因种类及相关基因材料的研发单位、专利和检测技术。除中国外，设定的其他重点国家包括：美国、加拿大、阿根廷和菲律宾。在文献信息内容方面，美国和加拿大侧重于转基因研发信息（专利、检测方法等）；阿根廷和菲律宾则侧重于商业化生产信息和统计数据等。

• 环境安全评价研究重点锁定欧盟。欧盟对转基因作物的产业化监管是全球最严格的，其在转基因产品环境安全评价研究方面处于领先地位。就具体的环境安全评价研究方法，优先收集以下两方面的信息：①转基因作物对靶标害虫、非靶标害虫以及天敌的影响；②转基因作物由于外源基因插入造成的蛋白与代谢产物的改变以及这些改变对环境安全性的影响。

根据上述服务方案，图书馆面向课题内容，从研发、环境安全评价、产业化三个层面，围绕抗虫、抗除草剂、抗虫兼抗除草剂复合抗性三种类型的转基因玉米，开展综合性、全方位的信息检索、提供和分析服务。检索并提供了相关的研究论文、专利、科技报告、科学数据、检测方法和评估报告等，并进一步加工形成相关统计表格和综述报告，较好地满足了课题组的需求。

在学科化服务进程中图书馆员与科研人员的互补性，是图书馆开展学科化服务的重要动因。以上述服务为例：

• 科研人员在专业方面具有显著优势。本案例专业性极强，转基因研究本身的专业特点是技术先进、实验方法复杂，属于国际同类研究的前沿。

• 学科馆员在信息获取方面具有显著优势。本案例中对文献信息的需求重点超出了科技文献的范围，多涉及产业信息、专利信息等，这些非研究型信息的获取技巧是科研人员所不熟悉的。由孟山都公司开发并已在美国获准进行田间试验的转基因玉米，其相关资料科研人员十分需要，但却很难系统地获得，仅从研究型文献中发现一些蛛丝马迹。学科馆员则根据自己的经验积累，知道美国农业部相关监管部门有专门的在线数据库，可查询转基因作物审批等相关信息，并从该数据库查询到这些信息提供给科研人员。

2.3 正在规划中的学科馆员服务试点工作

国家农业图书馆开展的定题服务一定程度上体现了学科化服务的特点，

对科研人员开展研究活动提供了一定深度的文献信息支撑。但是相对而言，这样的服务还是零散而不成体系的，缺乏制度性和普遍性。目前，国家农业图书馆正在学习借鉴中国科学院国家科学图书馆等同行机构的学科化服务先进经验，筹划建立学科馆员制度，系统开展成建制的由学科馆员实施的学科化服务。在目前的计划中，图书馆将首先选择科研实力较为强大的作物科学研究所、生物科学研究所、资源与环境企划研究所等中国农业科学院在京研究所作为服务试点开展工作。

2.3.1 学科馆员已开展或即将开展的服务

● 文献获取和信息素质的培养。具体包括文献查询提供、收录引用检索、资源（包括文献管理等工具）和服务的利用咨询、培训、资源推荐等。同时，积极开展用户信息行为和需求调研分析。

● 专题信息服务。针对特定课题的打包服务，服务方式包括提供和特定学科主题相关的动态信息服务、文献综述等。

● 学科情报服务。这是相对更加深层次的服务，主要开展基于文献计量分析的学科情报研究和学科文献信息分析服务。服务内容包括：①提供学科前沿进展和发展趋势分析报告、机构影响力/竞争力分析报告、专利分析报告、引进人才研究水平查证报告等；②分层次提供课题研究的综述报告、提出建议性的可研空间、建议的课题策划及框架结构；③提供论文发表刊物选择等建议，协助论文发表，并协助成果的评定及各类奖项的申报等。

2.3.2 学科馆员机制的建立、角色定位及其要求

学科馆员是指具有某个学科的专业学历，又具有情报信息专业知识和技能、由图书馆委派的、专门与某一院系或学科进行对口联系、主动为用户提供有针对性文献信息服务的图书馆员[4]。国家农业图书馆即将选择确定一批具备较强的文献信息服务技能并具有一定农业和相关领域专业背景的馆员组成学科化服务团队，分工开展不同研究所的学科化服务，同时，彼此保持紧密联系和协作，形成相互支援的格局。

学科馆员的角色定位：①做科研人员的（文献）信息助理、信息专员或者是信息管家。职责是与所负责的研究所保持密切的联系，查询、收集和随时提供科研人员所需要的相关研究领域信息及世界前沿的相关信息。②充当学科研究的高级咨询顾问。职责是深入各研究所、课题组、实验室、观测站等科研活动场所，走近科研人员，将资源和服务推送到用户的科研环境中，并进行信息的分析，包括提供建议性的课题或项目的可研空间和框架体系，协助奖项申报、论文发表等，充当用户课题或项目的策划者、推动者。

开展学科化服务对图书馆员提出了极高的要求,除了须具备积极进取的心态和服务活动的执行力外,还需要对科研人员进行周详的研究,以了解服务对象的研究领域和方向、重点课题、部门组织结构、首席科学家等,而且,这种对用户的关注、研究和了解需要持续跟踪进行。此外,还要熟练掌握和应用服务所需要的相关信息资源、服务系统、工具,具备相应的情报分析能力、人际交流和沟通能力等。因此,对学科服务团队持续的培训和能力建设,直接关系到学科化服务的成败。

2.3.3 学科信息服务基本方案及学科馆员服务模式

学科化服务模式是背靠国家文献平台,为研究所、研究室、课题组和个人提供个性化、学科化、知识化的信息服务。

首先,拟制定参考咨询和定题服务的初步分层次信息产品。根据初步的信息产品相关事项进行中国农业科学院各研究所的相关试点调研,进一步完善信息产品。

建立学科馆员队伍、制定学科馆员的业务分工制度。学科馆员的基本要求为:熟悉文献检索,从参考咨询开始着手。初步工作任务是:加强与研究所的图书馆或科研处的沟通,进行资源与服务的宣传推广,拉开大规模学科化服务的序幕。

其次,开展信息素质培训。包括:①学科馆员自身信息素质的培养及其人文素质的培养;②向广大科研人员和研究生广泛宣传、推荐、展示已有的各种数据库资源、服务系统和信息工具;③进行研究生文献信息搜索及其分析能力的培训。

第三,学科馆员分工走进研究所,根据用户的个性化需求,提供分层次的知识服务;面向研究室、重点课题组、学科带头人,提供学科或课题的情报研究服务。

最后,完善信息产品,搭建信息平台。学科馆员还将在图书馆技术部门和资源建设部门的支持下致力于不同层级的能为科研活动提供有效支持的信息环境搭建,开展和科研需求高度耦合的一线资源建设等。

3 学科化知识环境建设

3.1 所级数字图书馆建设

在信息技术快速进步的今天,在网络化和数字化日趋深入发展的 e – Science 环境下,科研活动离不开特定的信息和知识环境的支撑。这个环境连接着科研活动所需要的信息资源和分析工具,能有效地将一切关联资源和手段融入科研活动中，随时随地把跨学科环境中的数字信息和数据转化为科学研究和发现过程，并最大可能地帮助实现科研人员和团队之间的协作以及各种科研知识资产的有效管理。

科研知识环境可以有不同的层级划分，也可以包含不同的学科领域范围。既可以是针对某研究院所的信息服务平台，也可以是针对特定课题组或研究团队的科研领域或主题知识服务平台，甚至可以是针对科学家个人的高度个性化知识平台。而对科研机构的知识资产的管理，则主要依靠建立机构知识仓储来实现。

目前，国家农业图书馆正由技术部门牵头，联合学科馆员开展所级数字图书馆建设，包括不同层次的科研信息环境和机构知识库建设。一些个性化的数字图书馆已经陆续在中国农业科学院畜牧兽医科学研究所、作物科学研究所以及山西农业科学院，北京市农林科学院、新疆农业科学院、西藏农牧科学院等部分省（市、区）级农科院搭建和部署。

其目标是面向研究所、研究室、课题组和个人科研活动，以提升用户信息获取与利用效率为目的，以国家农业图书馆、国家科技图书文献中心的资源和服务、各研究所知识资源为基础，进行资源重组和服务集成，并逐步建立基于院所协同的、面向一线的学科化服务机制，以个性化、学科化、知识化服务为手段，构建针对学科研究需要、功能完善、界面友好、使用便捷的数字化科研辅助与信息服务支撑平台，为中国农业科学院和研究所科研创新提供有力的知识环境保障。

3.2 转基因专题信息服务平台建设

转基因专题信息服务平台，是国家农业图书馆为配合面向国家"转基因生物新品种培育"重大科技专项服务任务而正在搭建的专题信息网络服务平台。平台以 NSTL 和国家农业图书馆丰富的科技文献信息资源为依托，对转基因相关信息资源进行系统的发现、采集、整理、组织和挖掘。通过深化和转基因相关文献资源的组织和开发，面向该专项相关课题组及管理部门，主动并跟踪提供有针对性的、准确便捷的多层次信息服务，全面满足转基因科技重大专项对各种类型和层次信息的需求，为该重大专项的实施提供重要的信息支撑。

该信息服务平台的建设目标是：充分而合理地整合与共享来自全球范围内的转基因研究领域相关的信息资源，向用户开展有效的一站式、学科化的信息服务，满足转基因重大专项各课题研究人员全方位的信息需求。为达到此目标，平台信息选择和加工组织竭力追求专（紧密围绕转基因，提供专门化、专业化、针对性的信息和服务)、新(紧跟最新发展,尽最大努力采集和揭示最新资讯)、精(尽可能提供浓缩、准确可靠的高质量信息产品和服务)、深(深度挖掘和分析,提供基于文献计量的深度分析报告),竭力将平台打造为转基因相关研究者和对转基因科技感兴趣人士有价值和吸引力的信息空间。

4 农业科研系统学科化服务展望

总体来看,国家农业图书馆学科化服务还处于起步阶段,与国内先进同行相比存在较大差距。农业科研系统开展学科化服务面临资源和资金短缺、人才和服务工具匮乏的困境,需要向上级部门大声呼吁,争取更大的支持。

以中国农学会农业图书馆分会为平台和纽带,国家农业图书馆和各省级农业科学院图书馆(信息所)保持着密切的业务交流和协作关系,共同建立了农业科研系统电子资源采购联盟,联合引进农业相关学科的中外文电子资源,并辅于文献传递服务,不断提高科研人员的文献保障水平。在全国学科化服务趋势的带动和影响下,各省农业科学院文献信息机构在不断满足科研用户基本文献需求的同时,也开始面向所在机构各专业所积极开展学科化服务探索,从传统文献服务向更贴近专业领域或学科、贴近科研人员的学科化、个性化、知识化服务转型。

在国内学科化服务快速发展的形势下,农业科研系统需要加快行动步伐,跟上最新发展趋势。相对于传统的以文献资源为核心的被动服务,学科化服务是图书情报机构应对信息环境急剧变化而带来的严峻挑战的重要举措,在服务的主动性、针对性和知识性上是一种巨大的跨越,需要一大批具备学科背景的高素质学科馆员,需要将资源和服务更深度地融入一线科研活动和科研环境,需要更加积极主动的服务理念和服务姿态,以不断取得科研用户的信任,需要对服务方式和服务产品进行系统的规划和设计,需要更加贴近用户信息行为的技术力量的支撑。这个起步是艰难和复杂的,农业科研系统的图书情报机构需要尽快跨出这一步。

参考文献:

[1] 初景利,张冬荣. 第二代学科馆员与学科化服务. 图书情报工作,2008,52(2):6-10,68.

[2] 沈彤. 现代信息环境下公共图书馆信息服务面对的挑战与应对之策略. 电子世界,2012(2):90-91,94.

[3] 符一欧,张宸. 网络环境下的定题服务研究. 现代情报,2003(8):192-194.

[4] 丁丽珊,张丽萍,杨兆美,等. 论学科馆员制度建立的必要性与学科馆员的素质培养.

现代企业教育,2011(16):99-100.

作者简介

孟宪学,男,1955年生,研究员,副所长,博士生导师,发表论文30余篇,出版著作10余部;

皮介郑,男,1971年生,研究馆员,部门主任,发表论文30余篇,参编著作4部;

朱 遐,女,1962年生,副研究员,发表论文17篇;

周爱莲,女1973年生,助理研究员,部门副主任,发表论文20篇,出版专著1部、译著1部、参编著作1部。

解放军医学图书馆学科化服务实践与体会*

陈 锐 程 瑾

(解放军医学图书馆 北京 100039)

摘 要 介绍解放军医学图书馆近两年结合自身实际和专业特色，积极推进新型学科化服务的举措、步骤以及服务开展情况和服务成效。在此基础上，总结医学专业图书馆开展学科化服务的经验，分析当前亟须解决的主要问题。针对这些问题，结合学科化服务宗旨和目标，探讨医学专业图书馆深化学科化服务的策略。

关键词 学科化服务 学科馆员 嵌入 知识服务

分类号 G252

服务是图书馆的立馆之本、生存之基、发展之道。随着用户信息环境的变化，服务创新的呼声越来越高。1998年，清华大学图书馆在国内率先开展了学科馆员服务[1]，其后一些重点大学图书馆也相继开展此项服务。2006年，中国科学院国家科学图书馆正式建立学科馆员制度，并建立起一套发现用户需求、了解用户困难、推送信息服务的快速流畅的服务反应机制，以普遍服务、个性化服务和学科情报服务等服务手段满足不同层次的信息需求，取得了非常卓著的服务效果[2-4]。各类型图书馆在学科馆员服务领域进行了大量的实践探索和创新变革，主动设计、引进和发展学科馆员服务的新理念、新技术、新方法，探索适应新环境的学科馆员服务的新模式、新机制，形成了各具特色的学科馆员服务的工作流程和运行机制[5-8]。

在数字科研环境下，医学科研人员信息需求的特点和行为方式也发生着重大变化，与科研过程相融合的信息服务是医学科技人员对文献信息服务的新期望。国内的医学专业图书馆在学科化服务方面虽起步较晚，但近几年也结合各馆实际和医学特色进行了大量的实践探索和创新变革。

解放军医学图书馆（以下简称"我馆"）属于专业图书馆，服务于军事

---

* 本文系军队"十二五"后勤科研计划面上项目（项目编号：CWS11J071）研究成果之一。

医学临床和科研一线,在学科化服务方面与地方专业图书馆、高校图书馆等相比既有共性又有个性。我馆的"十二五"建设规划目标定位在为军事斗争卫勤准备和军事医学科技创新提供一流的、不可或缺的信息支撑,努力打造馆藏特色化、保障集成化、服务知识化、环境人性化的服务研究型医学图书馆。所以,我馆所确定的"十二五"工作重点之一就是构建和完善嵌入研究过程和团队的知识化服务体系。

2006-2008年期间,我馆进行了一些传统学科化服务的实践,在全馆范围内组织了一个兼职联络馆员队伍,面向军事医学科学院和解放军总医院定期开展资源建设、文献保障等服务。近两年来,我馆在新型学科化服务领域进行了一系列实践探索,从先期试点、尝试探索,到组建新部、建章立制,再到全面展开、强力推动,5个方向的学科化服务小组主动深入研究室,掌握个性化需求,坚持普遍服务和重点服务相结合,至今已深入军事医学科学院14个直属研究所,为120余个研究室提供了主动深入一线、面向学科、面向课题、面向任务的信息服务。

1 推进新型学科化服务的举措

1.1 先期试点,尝试探索

2010年8-12月,组织两名有生物医学专业背景的兼职学科馆员在军事医学科学院(以下简称"我院")基础医学研究所试点学科化服务。这两名馆员主动深入研究所,了解到科研人员在如何获取最新、最准的信息方面仍然存在着困惑,所以有针对性地开展了培训、信息推送、咨询等服务。一线用户则对图书馆学科化服务采取的融入式、嵌入式和循环式的工作方式表示欢迎。试点的成功大大推动了我馆在全院范围内全面推动学科化服务的进程。

1.2 组建新部,全力备战

试点成功后,我馆党委研究决定于2010年12月底组建学科化服务部,从各部室抽调具有生物医学或医学信息专业背景、平均年龄在30岁左右的人员,组成专职学科馆员队伍,在相关配备、政策措施、后勤保障、部室协作等方面给予全面保障和支持。新部室组建后,我馆多次召开专题办公会,研究学科化服务工作方案及全面启动计划,并在全馆范围内召开学科化服务研讨会,上下联动,促进学科化服务工作的推进和实施。学科馆员多次表示,馆党委的高度重视和大力支持,对学科馆员适应新任务、做好新工作起到了很好的鞭策、鼓舞和推动作用。

新部室组建后,我馆没有马上在全院范围内全面推行学科化服务,而是让新部室用 3 个月的时间来统一思想，参加学习培训，确定工作方案，全力备战。学科馆员首先重点调研了国内外研究型专业图书馆开展学科化服务的先进经验，争取在起步晚的情况下少走弯路，尽快打开局面。其次进行了集中、系统的本专业技能强化和医学专业知识学习。由部室统筹安排学习内容，根据专业背景、所服务的学科范围进行任务分工，分头学习后再互相交流，大大提高了每名学科馆员自身"充电"的成效。大家互相切磋，共同学习，基本找准了学科馆员的定位，初步掌握了学科化服务的内容和方法。在此基础上结合我馆实际，学科馆员初步理清了工作思路，确定了工作方案和工作计划，并设计制作了宣传彩页、名片和各种调研、登记的表格。

1.3 全面启动，强力推进

2011 年 3 月 25 日上午，在我院学术厅举行了"学科化服务进百室"活动启动仪式。为了学科化服务全面快速推进，本次活动专门邀请了院有关处领导、院 14 个直属单位领导或科技处领导、专家和一线科研人员代表出席，院科技部长主持启动仪式，副院长做了动员讲话。通过启动仪式，图书馆的学科化服务迅速得到了院机关、直属单位所机关层面的大力支持，为学科馆员下一步走访一线奠定了坚定的基础，学科化服务在全院范围内有力、有序、有效地全面展开。

根据我馆人员条件及前期开展工作的需要，采取了"人员分组、责任到室"的机制，每两名学科馆员组成一个服务小组，每个小组面向 2 - 3 个院直属单位，负责特定医学分支学科的学科化服务工作。启动会之后，5 个方向的学科化服务小组通过各种方式与所负责的研究所、研究室进行了联系、沟通和座谈，掌握了一线需求，按计划开展了各类服务。目前已经在我院 14 个直属单位的 120 个研究室开展了学科化服务，一年来共实地下所（包括天津、长春等京外单位）400 余次，电话联系学科带头人、课题组长和一般科研人员千余次。

2 学科化服务具体工作的开展情况

2.1 与科研一线建立顺畅的沟通联系机制

学科馆员通过实地到所宣传、调研，参加研究室的日常碰头会和汇报会，利用电话、电子邮件、MSN/QQ 网络空间等各种方式主动与一线沟通联系，已经建立了顺畅的沟通联系机制。

对于图书馆而言，学科馆员的职责还表现在，一方面将一线用户对图书馆各项工作的意见和建议及时反馈给馆机关和相关业务部室，另一方面协助相关业务部室调研一线用户的需求，促进我馆业务工作的改进和创新。在资源建设、流通服务、网站服务等方面，学科馆员都发挥出了桥梁和纽带作用，既扩大了我馆影响力，也促进了全馆其他业务工作的开展。

2.2 摸清一线科研用户的信息行为特点和信息需求

对一线科研用户进行研究，摸清服务对象的学科方向和研究任务是开展学科化服务的必要前提条件。学科馆员通过与一线用户深入座谈，参加各所、室的例会、研讨会和座谈会等，发放并收回调查问卷千余份，初步摸清了一线科研人员的信息行为特点和信息需求，为有针对性地开展个性化、学科化服务提供了指南和依据。

用户调研的基本结论：科研人员对我馆的资源和服务不是很了解，信息获取的渠道不畅；对数据库的选择和利用存在片面性，在数据库的使用方面存在困难等；科研人员对专利、标准等特种文献需求强烈；对我们能够提供的培训、信息推送、科研评价等服务感兴趣。

2.3 面向一线用户的普遍服务

- 根据不同科研用户的个性化需求，负责所属学科信息资源的挖掘、组织和加工，将与用户相关的各种资源进行整合、筛选与集成，定期或不定期推送给用户，帮助用户提高其对相关资源的把握程度。根据研究室或一线科研人员的个性化需求，帮助他们检索特定领域的国内外文献，并就科研一线所反映的资源需求和建议及时与我馆相关部室联系沟通，做好文献资源保障工作。

- 通过实地解答、电话、电子邮件、网络参考咨询系统等方式，解决、解答用户对我馆资源、服务、信息利用等方面存在的各种问题。编制了一套比较完善的培训课件和教材。采取多种方式（集中、分散及个别辅导、推送教学课件等），强化个性化资源的推荐，强化对数据库使用方法、技巧的培训以及数据库各项增值服务功能的发掘和利用，使科研人员能够广泛地了解我馆的资源和服务，提高科研人员的自我服务能力。

2.4 面向重点课题组的深入服务

在常规满足科研人员普遍性需求的同时，向重点课题和重点专家（技术三级以上专家教授、所领导、军队三星人才等）提供重点服务。实时跟踪特定课题研究领域及相关学科的国内外发展动态、学术前沿、热点问题、代表论著和研究群体等信息，及时、主动、连续地为他们提供学科专业对口的文献情报服务。目前，已经深入服务的国家、军队重大专项或重点课题15个左右，有的课题组还主动要求向图书馆提供信息服务专项经费。

2.5 情报研究与应急服务

情报研究是学科化服务的一个重点发展方向。我馆承担着总部机关和院机关赋予的情报调研任务。学科馆员非常注重自身情报研究能力的提升，通过外出进修、自学、专家调研等方法，学科馆员的情报分析能力有了显著提高。已完成各级机关赋予的情报调研任务，如外军军事医学专家调研、国外康复疗养现状及趋势、科研产出统计与分析、军事医学相关专题情报调研等，完成的情报调研报告得到了专家的一致好评。

军队医学图书馆的特点之一是应急任务较多，时间要求急迫。学科馆员在各项应急服务中发扬了吃苦精神，发挥了专业水准，比如圆满完成"411"保密任务的信息保障和情报调研，受到总部领导表扬，得到一线专家采纳；快速完成了日本核泄漏、台湾塑化剂等公共事件之后的相关医学情报调研任务，为应急处置提供了信息支撑。

2.6 服务的初步成效

我馆学科化服务部在近两年的时间里成绩斐然。目前已与科研一线建立了顺畅的沟通联系机制，掌握了所服务科室的科研方向、人员分工、课题任务等具体情况，掌握了一线科研人员的信息行为特点和需求，在此基础上有针对性地开展了各项服务，到达了"点面结合"的效果。一方面，在全院全面铺开服务，实现"学科化服务进百室"，全院普遍知晓了学科服务和学科馆员，一线人员有问题或者有需求时能想到首先利用学科服务，并能通过各种途径把需求或者问题直接交给学科馆员。另一方面，在摸情况、懂需求的基础上，每个学科化服务小组针对重点课题组开展了重点服务。

学科馆员们在工作中表现出的良好信息素养、认真负责的态度以及所提供的优质高效的服务，受到了专家、教授和一线科研人员的欢迎和认可，也得到了院所各级领导的好评。专家、教授和一线科研人员评价："咱们图书馆的服务真给力"；"非常感谢您一直以来专业、高效的指导"；"以后肯定离不开你们的帮助了"；"提供的信息对我非常有帮助"等。基础医学研究所所长对图书馆主动、深入课题的服务给予了充分肯定，认为这种服务体现了前瞻性、知识性和实用性的特点，在科研规划、学科建设、任务保障和课题申报等方面给研究所提供了有力的信息支撑。院领导也给予了肯定和好评，评价图书馆的学科化服务"是一股春风，是从图书馆吹到全院的一股主动服务之风；是一项改革，是图书馆党委主动适应当前信息时代服务模式的一种全新的工作尝试；是一件好事，图书馆要付出更大的努力，各直属单位要主动配合，共同把好事办好"；"你们的服务有吸引力，能实实在在打动科学家"。

3 实践中的经验总结

3.1 稳扎稳打,重点保障,学科化服务形成风气

从为期4个月的服务试点,到组建学科化服务部;从新部室经过3个月的"备战",再到"学科化服务进百室"全面启动,步步为营。在全院开展学科化服务后,馆领导给予高度重视,再三强调初期开展工作注重的是得到认可,要表现出应有的素质和能力,一定要踏踏实实、稳扎稳打,不能有急于求成的态度和想法。在人员抽组、经费保障、设施设备、政策措施、后勤保障等方面,举全馆之力全力保障,这让学科化服务的起步之路走得很扎实、顺畅。

3.2 注重学科化服务机制和管理机制建设

我馆自学科化服务伊始就非常重视机制建设,制定了一系列的规章制度,规范了学科服务工作中的各种流程和规范,让学科馆员在工作中有章可循、有法可依。比如服务机制包括:高级专家拜访机制、下室机制、应急服务机制、保密制度(军事医学学科的特殊性)。管理机制包括:部室联动与协调机制;学科馆员培训机制(外出学习与馆内培训相结合);学科馆员激励机制(学科馆员津贴制,调职调级、立功受奖优先制等)。

3.3 坚持普遍服务和重点服务相结合

在服务过程中,学科馆员们始终坚持普遍服务和重点服务相结合的工作模式。在用户调研阶段,工作的重点是整理、分析全院科研人员的普遍性需求;在深入了解一线用户需求的基础上,挖掘重大项目、高端用户的特殊性、重点性需求。在提供服务、满足需求阶段,兼顾深层次服务与普遍服务,使二者相互依托、相互促进。

3.4 注重开展有实效的用户调研

开展用户调研是学科化服务的前提和基础。学科化服务主要针对具有特定需求的科研人员,他们的特点是具有明确的学科方向和研究任务。用户调研包含两个方面:一是对科研人员自身的学科背景、专业结构、所做课题的调研;二是对科研人员的信息行为和信息需求进行调研。调研不是单独进行的,而是随学科化服务工作同步开展。调研的内容不仅仅包括"常规性"的科研人员对图书馆资源和服务的评价与建议,更重要的是了解科研人员的信息行为,包括信息获取途径的偏好及原因等。根据调研所得信息,及时调整学科化服务的工作方式和具体的工作内容。

3.5 学科馆员的敬业精神和奉献精神

学科馆员们秉承"用户第一、服务第一","急用户之所急"的理念,始终坚持耐心、热情、周到、细致的服务态度,遵循及时、准确、高效的服务目标,发扬敬业精神和奉献精神,将每一份工作都做到最好。部门成立以来,学科馆员们加班加点已经成了家常便饭,他们以自己的努力赢得了专家教授们的欢迎和信赖。

3.6 学科化服务全馆化

2012年,我们提出"学科化服务全馆化"。它包括两层含义:①学科化服务不是学科化服务部一个部室的任务,是全馆各部室、全体馆员的职责和任务,需要全馆在资源、平台、技术支撑等方面统筹、协调、配合和承担。②统筹全馆力量,建立一支专职学科馆员之外的学科服务人才队伍,建立全馆范围内的"任务分配机制",充分发挥全馆的人才优势,将图书馆的服务推上一个新的台阶。

4 存在问题分析

4.1 服务的深度和内容存在局限性

目前,我馆重点服务的深度还不够,服务的内容也比较有限,仅限于浅层次的文献综合和归纳,还没有充分利用情报定量分析工具,缺乏深度情报调研分析,缺乏技术预见性的情报研究。

4.2 信息技术平台的开发和使用水平有待提高

学科化服务是一种个性化的服务,是数字图书馆现代服务技术基础之上、面向个体服务对象的知识化服务。但我馆现有的学科化服务平台受到军事医学课题保密要求的限制,还不能很好地发挥其作用和优势。这就需要学科馆员们在工作中把握好军事医学保密和非保密的平衡点,以便能在此基础上充分依托现代网络化信息技术,在构建信息交流平台和开辟信息传递渠道上有所作为,提高服务的质量和效率。

4.3 学科馆员的情报研究能力亟须加强

学科化服务的本质是情报分析研究服务,支持科技政策、战略规划、科学评价和学科分析,还涉及可行性研究、成果和效益评价等。因此,面对研究所的科研信息需求,必须充分利用各种数据挖掘的方法,开展能够满足不同情报需求的客观、准确、快速的情报分析。再者,当今的医学科学研究日新月异,技术飞速发展,如果学科馆员的现有知识结构不能满足深层次学科情报服务的需要，在进行课题跟踪、情报分析时就会缺乏对关键知识点的敏感性。

5 对策探讨

5.1 重点在"嵌入"上下功夫

嵌入科研一线的学科化服务模式包括三个阶段[9-10]：①服务宣传和需求评估（配备专职信息专员、参加院系各种活动和研讨、宣讲解释、现场参与等）；②协助和参与（信息获取过程中的纠错、资源建设、信息管理、信息咨询、信息导航和门户、现场办公等）；③协同和嵌入（深入科研项目进行协同、深度文献检索、系统评述、专题数据库创建、文献评述、学术成果评估、识别与调查、实践指南等）。这三个阶段体现出的是不同层次的嵌入式服务模式。根据对现有问题的分析总结，我馆的学科化服务下一步要在"协同和嵌入"上有所创新和突破。

首先，要分析学科化服务与一线科研过程的有效结合点，根据服务对象的实际情况，灵活挖掘结合点，不拘泥于形式。只要能快速了解课题组的研究进展和存在问题，掌握一线用户的信息需求，都值得尝试。其次，要掌握每个课题组所具有的独特风格，针对课题组内不同的角色成员采取不同策略，提供差别化、个性化的服务。

5.2 建立适合军队科研单位的信息技术平台

在严防网络泄密的大前提下，积极构建符合我院实际情况的信息技术平台及情报分析体系是提高学科馆员服务质量和速度的硬件保障。基于数字图书馆的信息技术平台能支持个性化检索与推送、信息的分析和提取等服务，将直接帮助用户解决问题和创造知识。而基于网络工具的情报分析平台更是学科馆员们的有力助手，如果能充分利用各种信息过滤、内容解析、文献计量、知识发现的技术，将大大提高情报分析的效率和准确性。

5.3 不断提升学科馆员的专业水平和信息素养

在专业知识方面，学科馆员可以采取自学、参加研究室授课、向博硕士研究生请教等途径，提升研究领域专业技能，提高把握专业信息点的敏锐性，为情报研究打好基础。在情报研究方面，我馆现阶段的目标是在联合各种分析工具的基础上，做到学科展望、技术预见、异常预警、规划分析、可行性研究、竞争力分析等。此外，情报研究工作还是一个不断积累的过程，需要大量的前期工作铺垫。因此，学科馆员们还应该养成持续追踪本专业情报信息的习惯。

5.4 完善各项工作制度

在制度方面，需要进一步完善相关定性、定量的工作制度以及定性、定量相结合的服务评价系统，在体现规范原则的基础上表现出激励机制。学科馆员的有些工作在现有评价体系中无法体现，比如沟通联络和协助等工作虽占用了很多时间和精力，但并没有实际的产出成果，没有在现有考核机制中表现出来。这就需要加快完善学科馆员评价体系，一方面保护和保持学科馆员的工作热情，另一方面收集用户反馈信息，掌握服务质量情况，发现存在的问题，不断完善服务。

6 结 语

我国的学科化服务已经过十余年的发展，从最初以文献服务为重点，到以个性化、知识化服务为中心，呈现出蓬勃发展之势。学科馆员们饱满积极的态度和探索创新的实践，得到了科研一线的支持和肯定。我们将在学科化服务之路上继续探索，并且将走得越来越坚定。

参考文献：

[1] 邵敏. 清华大学图书馆学科服务架构与学科馆员队伍建设[J]. 图书情报工作，2008，52(2)：11-14.

[2] 张晓林. 重新认识知识过程和知识服务[J]. 图书情报工作，2009，53(1)：6-8.

[3] 初景利. 试论新一代学科馆员的角色定位[J]. 图书馆理论与实践，2007 (3)：1-3.

[4] 初景利，张冬荣. 第二代学科馆员与学科化服务[J]. 图书情报工作，2008，52(2)：6-10,68.

[5] 郭晶，陈进. IC^2：一种全新的大学图书馆服务模式[J]. 图书情报工作，2008,52(8)：115-118.

[6] 邬宁芬，陈欣. 高校图书馆学科服务之"双伙伴"计划的探索与实践[J]. 图书情报工作，2011，55(9)：93-96.

[7] 周春玲. 图书馆个性化服务的几个新看点——沈阳师范大学图书馆的学科馆员工作实践[J]. 图书馆学刊，2009(2)：71-72,79.

[8] 刘颖，黄传惠. 嵌入用户环境：图书馆学科服务新方向[J]. 图书情报知识，2010(1)：52-59.

[9] The Welch Library Embedded – Informationist Program[EB/OL]. [2011-06-25]. http://www.welch.jhu.edu/liaison/about_liaison.html.

[10] Anton B. An embedded informationist service model – presentation at the 12th European Congress of Medical Libraries[EB/OL]. [2011-06-18]. http://www.apdis.pt/ea-

hil2010/en/images/stories/docs/presentations/anton_ppt. pdf.

作者简介

陈　锐,女,1963 年生,研究馆员,馆长,发表论文 20 余篇。

程　瑾,女,1976 年生,副研究馆员,发表论文 10 篇。

专家点评（点评人：潘卫 上海交通大学图书馆研究馆员）：

　　该案例比较详细地描述了高校图书馆以学科服务基地建设推动学科化服务开展的情况。纵观当前国内研究型图书馆开展学科化服务的模式，学院的学科服务基地建设与维护无疑是图书馆学科化服务"破冰"并系统化、长效化的有效方法之一，有推广和借鉴价值。因此，该案例总结的学科服务基地建设的几个要素，可以为同行的实践提供有益的参考。

创建学科服务基地 助力创新服务起航[*]
——杭州师范大学图书馆学科服务实施与推广实践

彭丽文

摘　要　以杭州师范大学图书馆创建学科服务基地为例，介绍如何巧用组织关系、营造宣传氛围、搭建互动平台、开拓沟通渠道、打造服务品牌，确保学科服务成功破冰和顺利起航。

关键词　杭州师范大学图书馆　学科服务基地　学科馆员　读者服务

分类号　G252.6

　　近年来，学科服务作为提升图书馆服务水平的有效途径得到普遍认同，越来越多的高校图书馆已经开展了学科服务工作。杭州师范大学图书馆（以下简称"我馆"）也于2010年12月正式成立了学科服务组，迈开了学科服务的第一步，但同样也遭遇了很多图书馆在学科服务工作初始阶段所遇到的"破冰"困难。在总结经验、充分调研之后，2011年11月，首批教育与心理学、生命与环境科学、理学、材料与化学4个学科服务基地的创建，使得学科服务顺利扬帆起航。本文以我馆为例，介绍图书馆如何通过学科服务基地这一平台推动学科服务工作的有效实施。

---

[*]　本文系CALIS三期建设项目"馆员素养培训与资质认证"（项目编号：03-4223，03-4224）研究成果之一。

1 学科服务基地的理念与目标

1.1 学科服务基地的理念

学科服务基地是将图书馆学科服务在对口服务的学院"安家落户"的一种方式,是将文献资源与服务按需推送到读者指尖的一种服务模式,更是图书馆将学科服务制度化、深入化、长效化的有效平台。学科服务基地强调了图书馆和学院在学科服务过程中的主体地位,体现了学科服务"以读者为中心"的先进理念。

我馆4个学科服务小组在设计学科服务基地建设方案时借鉴已有的学科服务理论、实践经验,结合我馆学科服务规划,提出服务承诺和服务宗旨,如理学组倡导的"架设沟通桥梁,服务学科创新",教科组提出的"书香飘学院,服务助科研",生科组提出的"用心服务,助力科研",材化组承诺的"学科服务,按需定制,贴心便捷",都向读者传递了学科服务的理念并表达了学科馆员强烈的服务愿望。

1.2 学科服务基地的目标

依据学校"十二五"发展规划、学院"十二五"发展规划和图书馆"十二五"发展规划,我馆提出了学科服务基地"互动、合作、共赢"的建设目标,主要包括以下方面:①建立起学院与图书馆之间良好、互动的组织关系;②馆藏资源建设由读者决定,建设符合学科教学科研需要的文献资源保障体系;③建立制度化、规范化、长效化的学科服务机制,提升我馆学科服务的水平;④创新图书馆服务模式,打造"最关爱读者"的图书馆。

2 学科服务基地的思路与做法

2.1 周密部署,制度保障

在学科服务开展之初,我馆即起草了《图书馆学科服务规划》,将成立学科服务组的决定以正式文件的形式在全馆公告,馆领导都对学科服务非常重视并寄予厚望。图书馆业务馆长担任学科服务组长,整体规划设计学科服务项目,在制度建设、业务规范、资源配置和人员队伍等方面提供了充分的保障。学科服务组下设学科服务小组,每个小组由1-2位学科馆员组成,对口相关学院开展服务。

学科服务基地建设遵循本馆学科馆员工作条例、会议制度、考核制度、激励制度等。各学科服务小组提出学科服务基地建设方案,包括建设进度表和具体的特色服务措施,学科服务组讨论通过后,由学科服务小组与学院进行沟通、进一步修改后付诸实施。学科服务小组定期向学科服务组汇报工作进展。

2.2 领导参与，基地挂牌

学科服务基地建设方案通过学科服务组讨论后，馆领导即带领学科服务小组到对口学院正式"破冰"，与学院领导和读者代表进行座谈，调研读者的需求，推介学科馆员和洽谈建设学科服务基地事宜。

接下来，在学科服务基地进行授牌挂牌，设立学科服务基地组织机构。学科服务基地的组织机构如图1所示：

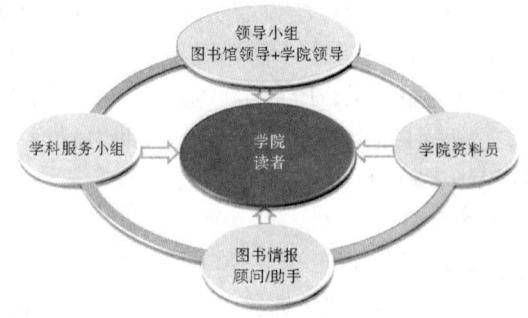

图1 学科服务基地组织机构

学院相关领导的支持是学科服务基地建立的保障。聘请资料室老师为学科服务小组的正式成员，聘请热心教师或研究生作为图书情报顾问或助手，此举对学科服务基地工作的开展很有帮助。学科馆员还应与学院的教学秘书、科研秘书、辅导员、办公室工作人员建立起联系。

在学科服务基地举办授牌挂牌仪式也是非常有必要的，一方面可以在整个学院宣传学科服务，以一种很正式的方式消除读者的疑虑，让学科馆员有机会与学院相关行政人员建立起组织关系，以保障学科馆员与学院之间长期、良好的互动；另一方面，学科服务基地挂牌后，学科馆员基本上就在学院获得了一个固定的工作空间和宣传阵地，学科馆员可以定期到学院资料室工作，学院宣传栏也设有专门的图书馆宣传区。

2.3 需求导向，贴心服务

学科服务的生命力源自于读者需求，学科服务基地的建设应以读者的需求为导向。根据弗洛伊德的"冰山理论"，读者表达出来的需求往往仅是实际需求的冰山一角，还有绝大部分的潜在需求与隐性需求有待挖掘[1]。而马斯洛的需要层次理论告诉我们，需要一般按优势或强弱排成一定等级，优势需要一经满足,相对弱势的需要即会出现[2]。所以说,满足读者的显性需求是远远不够的,学科馆员还应通过各种渠道面向学院读者开展调研,激发其潜在需求,挖掘其隐性需求,寻找学科服务新的突破点,提供有针对性的、深层次的学科服务。

我馆学科服务小组通过到学科服务基地开展多种形式的读者调研,掌握了第一手读者资料。①分别针对教师、研究生、本科生读者,采取纸质问卷、电子问卷或网页问卷的方式开展调研。②学科服务组长要求每小组每学期最少要拜访10位(个)学科服务基地重点读者或科研团队,学科馆员还应经常与学科服务基地的研究生同学进行交流。③对日常数据、信息进行分析,例如从读者借阅信息、文献传递信息、查新信息中挖掘出读者的许多潜在需求和隐性需求。

读者对学科服务的良好体验来自学科馆员解决问题的时效性和有效性。为此,一方面,我馆学科馆员根据调研获取的信息,及时将文献需求信息反馈给文献采购部门,采购部门优先采购此类文献资源。另一方面,学科馆员在学院教师会议中争取时间介绍馆藏资源与服务;针对学院研究生、本科生开办信息素养讲座;对一定时间段内学院读者提出的问题,以电子或纸质的形式及时将解答结果反馈给读者。

2.4 拓宽渠道,多点切入

我馆学科馆员们充分利用各种通讯工具打造一个便捷化、全方位、立体式的交流平台,所用工具主要有电话、QQ群、主页Live800即时通讯系统、Email、短信、微博等,充分发挥各种工具的特点来开展学科服务工作,例如,通过QQ群共享每周学科图书征订目录,通过短信、学院网站发送数据库试用、讲座培训信息等。

学科馆员除了调研学院个人读者或研究团队的需求,还从整个学院的学科建设、专业发展等方面入手寻求突破口。一方面,学科服务基地建设方案中,很多具体的工作目标和服务举措都结合了学院"十二五"规划中的教学、科研目标,在学科建设、人才培养等方面提供有效服务,例如,为精品课程建设、博士硕士点建设提供文献资源保障,为科研项目提供定题服务,向毕业生提供论文写作相关指导、介绍就业指导类资源等。另一方面,根据学院评估、实验室评估、年终考核等具体工作需要,及时提供诸如学科资源统计报表、学科发展报告、学院发文分析报告等文献信息服务。

2.5 搭建平台,创新服务

网络信息平台也是学科服务基地建设的一部分。我馆尚未引进统一检索系统，即使是科研能力很强的教授，面对海量的信息资源也容易迷航，因此，学科馆员对资源的组织和揭示非常关键。

在条件不成熟的情况下，我馆学科馆员先通过本馆的门户网站系统建立起各学科服务基地的网页。学科服务基地的网页除了组织和揭示馆藏资源外，还开辟了诸如资源动态、免费资源推荐、最新学术会议信息、核心期刊介绍等栏目。网页访问量分析表明，读者对资源动态、最新学术会议信息比较感兴趣。

鉴于门户网站互动性不够好、栏目设置受限制等情况，我馆 2011 年 12 月开始试用 Libguides 平台，并于 2012 年正式引进该平台。通过调研国内外高校 Libguides 平台以及分析 Ouellelte Dana 等学者在研究读者对 subject guides 内容兴趣与行为特点方面文献的基础上[3]，初步搭建起了 Libguides 的基本框架。新的学科服务平台内容上力求贴近教学、贴近科研，并力争做到集资源整合与揭示、资源共享、即时咨询、自主订阅、信息推送等多种功能于一体[4]。

2.6 打造品牌，深度推广

大学图书馆要改变缺乏策划、包装、经营与宣传的服务意识，尽力增强图书馆的可见度、吸引力与凝聚力，打造特色品牌服务[5]。目前，学科服务在我国高校图书馆的开展可谓百花齐放、百家争鸣，为提升本馆学科服务的品质和信誉，各学科服务基地结合所服务学科的特色，以不同的方式打造各自的服务品牌。

形式上，我馆各学科服务小组设计了精美的宣传海报、宣传折页、名片，制作了学科资源一览表、文献资源荐购表，拟定了拜访教授预约信、访谈记录表、重点读者信息登记表等，从细节处体现图书馆服务的规范化和专业化。

服务内容上，理学学科服务基地着力打造每周的现场咨询活动，现场咨询以到学院设点咨询的方式或半小时讲座的方式进行，半小时讲座中穿插趣味问答、有奖问答等项目；教育与心理学科服务组则打造出信息素养培训品牌，许多教师邀请学科馆员参与课堂教学，其中针对本校师范研究生的《课程与教学论》课程，已经连续三个学期邀请学科馆员介绍文献资源与服务；材料与化学服务组以学科服务快讯、QQ 高品质文献推荐、工具书建设、嵌入专业文献检索课等方式打造自己的服务品牌；生命与环境科学服务组则针对湿地研究项目组等科研团队，在提供、管理专题文献等方面创新自己的特色服务。各学科服务小组还将本馆的"党员流动图书馆"特色服务扩展至学科服务基地，将流动借还图书与流动学科服务结合起来。

打造服务品牌的最终目的是改变读者对图书馆的以往固有印象,让更多的读者了解学科服务,使学科服务能有效地在学科服务基地生根发芽、开花结果。

3 学科服务基地的评价与展望

学科服务基地在我校建成与运行的时间还不足一年,但已显现出良好的效果,我馆的几个代表性统计数据如表1所示:

表1 2011年较2010年文献资源与服务使用的增长情况

变量名称	年增长率
数据库点击量	21%
数字资源全文下载量	206%
文献传递量	64%
查收查引量	143%

从这组数据可以看到:由于图书馆购买的文献资源更加符合学院读者的需求(仅2011年下半年图书馆就优先采购了学科馆员调研过程中读者推荐的电子期刊24种、数据库6个),文献资源的利用率大幅提高;学科服务基地作为一个组织传播系统,促进了组织成员之间的沟通[6],图书馆诸如文献传递、校外资源访问服务、查收查引等服务更多地被学院读者所了解和利用;从查收查引的数量可以看出,读者科研产出显著增加。由此可见,学科服务基地有效地将学院教学科研和图书馆资源和服务紧紧地结成了一个命运共同体。

建立学科服务基地在学科服务初始阶段是一种非常有效的破冰模式,在学科服务推进阶段也能发挥一定的作用。2012年3月,应健康管理学院、阿里巴巴商学院等学院的强烈要求,我馆学科服务小组增加至9个,学科馆员共14人,同时,学校规划发展部等职能部门也特地来馆商洽合作事宜,学科馆员队伍还有待进一步扩大。

在今后的工作中,我馆将在以下方面继续推动学科服务基地的建设:

一方面,在学科服务基地尝试开展按"新生—低年级本科生—高年级本科生—研究生"立体层次的以读者需求为中心的信息素养培训,并将信息素养教育融入到专业课程之中去;为项目、课题开展专题信息服务,探索学科服务嵌入科研过程的有效模式;推进学科服务基地的机构学术典藏工作;宣传推广Libguides学科服务平台,使其成为对应专业读者获取文献信息与知识服务的重要接口以及支持学生自主学习的知识空间。

另一方面,加强学科馆员团队建设,将有意愿的普通馆员吸纳到团队中来,通过各种渠道提升学科馆员的素养;建立学科服务基地学科馆员工作考评体系;积极探索移动互联网环境下学科服务的模式与方法;探索学科服务基地普通教师、研究生读者主动参与的服务模式与方法;在完善已建立的学科服务基地的基础上,与更多的学院、职能部门密切合作,建立起更多的学科服务基地,以学科服务基地建设推动学科服务的创新发展。

参考文献:

[1] 王克千.弗洛伊德的精神分析学述评[J].理论月刊,1986(2):52.
[2] 王友平,盛思鑫.对马斯洛需要理论的再认识[J].学术探索,2003(9):69-72.
[3] Dana O. Subject guides in academic libraries: A user-centred study of uses and perceptions [J]. Canadian Journal of Information & Library Sciences, 2011,35(4): 436-451.
[4] 张洁,黄敏.基于 LibGuides 学科服务平台应用调查分析——以美国8所大学图书馆为例[J].图书馆杂志,2011(6):29-33.
[5] 郭晶,黄敏,陈进,等.上海交通大学图书馆学科服务创新的特色[J].图书馆杂志,2010(4):32-34,19.
[6] 胡河宁,叶玉枝.组织传播学的界定及其意义[J].中国人民大学学报,2004(6):131-136.

作者简介

彭丽文,杭州师范大学图书馆馆员,硕士,E-mail:pengliwen@ hznu. edu. cn。

专家点评（点评人：郑巧英 上海交通大学图书馆研究馆员）：

随着高校图书馆服务模式创新和用户信息需求的发展和需求，目前大部分高校图书馆推出了学科服务。本论文结合了高校图书馆学科服务的开展，在学科馆员不但要掌握信息素养培训、文献检索、科技查新等多种图书馆专业技术，还应有一个满足学科服务需求的应用平台作为学科服务的支撑的现状下，介绍了上海交通大学图书馆引进和利用 Libguides，搭建学科服务平台，开展学科服务的实践和成效。Libguides 是一个应用广泛，囊括了 Web2.0 技术和较好的揭示学科信息资源等各种功能的平台，其应用实证和经验对各高校的学科服务的推动起到重要的作用，对充分发挥学科馆员的整体协同服务、协同工作给出了一个较好的范例。

Libguides 学科服务平台的应用实践和优化策略[*]

袁晔 郭晶 余晓蔚

摘 要 认为学科服务的深化对学科服务平台建设提出新的需求，而 Libguides 所具有的社区性、兼容性和互动性的特点恰好契合了用户需求，适合构建学科服务平台。介绍上海交通大学图书馆引进 Libguides 的建设实践及取得的成效，针对使用现状提出多种优化策略。

关键词 Libguides 学科服务平台 实践 成效评估 优化策略
分类号 G250

自清华大学图书馆 1998 年率先开展学科服务以来，学科服务逐渐成为国内众多高校图书馆的工作重心和创新热点。然而随着信息环境的不断变化，用户需求也开始"水涨船高"，特别是对于信息资源的获取，除图书馆外可供用户选择的信息源非常多，图书馆作为"信息中心"的传统优势地位受到巨

---

[*] 本文系 CALIS 三期建设项目"馆员素养培训与资质认证"（项目编号：03-4223，03-4224）研究成果之一。

大冲击,传统的学科服务也面临严峻的挑战。要将学科服务继续深入推进,迫切需要建立一个新型的集成化平台来承载用户的多元需求,较多国外图书馆选择以 Libguides 来构建相应的知识服务平台。

Libguides 是由 SpringShare 公司开发的开源软件系统。利用 Libguides,图书馆员可以实现对资源和服务的一体化设计,将图书馆的各种资源和服务组织成一个个"指南",读者可以通过电脑、平板阅读器甚至手机方便地浏览。自 2007 年问世以来,Libugides 在短短 5 余年已成为国际上最广泛使用的图书馆学科服务平台,全球用户超过 3 300 家,我国也已有 64 家高校(学术机构)引入 Libguides[1]。国内图书馆通常将 Libguides 称为"学科服务平台",也有学校称之为"学科资源导航"或"学科资源导引"。上海交通大学图书馆作为国内首家引进 Libguides 的机构,在过去两年间一直将 Libguids 建设作为学科服务的一项重要工作进行推进。

1 Libguides 契合学科服务需求的特性

上海交通大学图书馆(以下或简称图书馆)于 2008 年开始推行学科服务,成立了专业的学科服务团队,并创造性地推出了全新的服务品牌"IC^2"。IC^2 是植根于"信息共享空间(Information Commons, IC)",并以"创新社区(Innovation Community, IC)"为鲜明特色的服务模式,超越了传统图书馆服务的单一性和单向性,强调与用户的共享和互动,有意识地激发用户的学术信息需求和创新潜力,并构建良好的关系和顺畅的交流机制[2]。在 IC^2 推进过程中,图书馆陆续推出一站式学术信息检索系统、学科信息导报、学科博客等多个资源揭示和信息推送的平台。然而,随着对象范围的扩大和服务的深入,无论用户还是学科服务馆员都产生了同样的疑问:是否能有一个平台涵盖需要浏览(推送)的所有相关信息呢?这样,用户无需在平台选择上花费不必要的时间,而馆员也不用对同样的信息进行重复推送,双方对集成型学科服务平台的需求日渐强烈。

2009 年初,在了解到 Libguides 在国外图书馆的运用情况后,上海交通大学图书馆敏锐地意识到可以利用 Libguides 构建适应本校学科服务需求、拓展学科服务深度的学科服务平台。经过细致的调研和分析,发现 Libguides 的系统特性非常契合图书馆现阶段的学科服务各项需求。首先,Libguides 是一个以社区共享理念驱动的系统,世界各地的 Libguides 用户利用该平台创建的指南模块和内容都可以通过检索、复制的方式很便捷的获取,馆员在社区里可以共享其他馆员的指南资源,集中集体智慧共创学科内容,突破传统仅靠自身力量发布学科信息的局限,为工作繁重的学科馆员节约大量的时间。其次,

Libguides 可以便捷地容纳、整合各类检索系统，包括本地馆藏目录检索、跨库检索平台、Google 检索以及各个学科专业数据库检索系统，真正实现一站式的信息获取；同时，它还支持链接、播客、视频、RSS feeds 等各种动态的内容，这样馆员就可以利用 Libguides 将图书馆现有的各类服务平台完美整合。最后，Libguides 为图书馆员与用户交流提供了多元化的互动途径。它提供 Yahoo IM、MSN、Messenger、Plugoo 等多种即时通讯软件的直接嵌入功能，也可创建单独的交流界面进行实时交流；还为用户提供标签、排序、评价、反馈等功能，具备鲜明的 Web 2.0 特色，符合信息社会用户的使用习惯。

综合以上特性，图书馆确定将 Libguides 作为建设本馆学科服务平台的主要选择，并着手进行调研和实施工作。

2 Libguides 的应用情况

2.1 实施

2.1.1 前期准备

考虑到 2008 年国内尚无 Libguide 应用的实践可供参考，在较短时间内，图书馆组织各相关部门分别从用户需求和图书馆应用的不同角度，对 Libguides 作为学科服务平台的性能特点、功能框架、技术参数、在国外高校的应用效果等各方面进行科学、详尽的调研和评估，论证引进 Libguide 的必要性和可行性。2009 年底，开始对 Libguide 进行馆内试用，综合相关部门的反馈形成试用报告。确定引进后，系统发展部馆员结合图书馆的实际情况，通过对 Libguides 进行个性化系统配置以及功能模块的二次开发，解决 Libguides 与已有的 OPAC、Aleph500、SFX/Metalib 及 Primo 等应用软件的兼容和整合问题，确保在本馆的系统环境下 Libguides 的功能模块能够正常应用。2010 年初，图书馆推出首个 Libguides 学科指南，其后陆续推出 10 个指南，面向相关学科用户进行推广，并听取反馈意见。

2.1.2 规范流程

在试用期间，图书馆即制定了《Libguides 制作内容指南》和《Libguides 学科服务制作指南》，使学科指南的制作有章可循。随着学科服务平台建设工作的逐步推进，为确保其具有专业性，2012 年初，图书馆组织多位学科服务馆员成立了 Libguides 工作小组，制定并发布了《Libguides 工作规范》，要求针对指南的申请、制作、维护、审核形成规范化流程（见图 1）。《Libguides 工作规范》对 Libguides 的制作形式提出了较明确的要求，指南的命名、馆员必备信息的发布等均需符合统一规范，相对而言，在指南类型、栏目设置、内容信息等方面则给出原则性的指导意见。

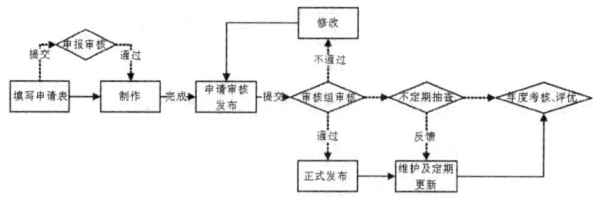

图 1　上海交通大学图书馆 Libguides 制作规范流程

除规范化工作以外，工作小组还负责对指南各个环节进行审核，具体包括申报审核、发布审核和不定期抽查三个环节。申报审核主要是针对申请人的资质，为便于管理，要求指南的申请人必须为图书馆正式员工，参与人则无此限制。发布审核是决定指南能否正式发布的前提，审核内容分为"时效性"、"有效性"、"页面排版"、"内容质量"、"栏目设置"5 项指标，分别占据不同的比重。不定期抽查是为了确保指南能得到持续更新和维护，主要考察"时效性"、"有效性"以及"影响力"。考虑到"时效性"和"有效性"是指南能够吸引用户长期关注的主要因素，《Libguides 工作规范》对信息的更新频率和死链数均做了明确的量化规定，而用户的反馈和评论则是衡量"影响力"以及年度考核、评优的重要参考。

2.2　指南类型

上海交通大学学科服务平台目前共发布指南 11 个，其中学科类指南 9 个，课程类指南 1 个，文化类指南 1 个。各类指南由于内容和对象的不同，在布局上各有特点。

2.2.1　学科类指南

Libguides 的基本定位是以学科为对象、以资源为内容的学科服务平台，因此已创建的指南中，学科类指南占据了绝大多数。学科类指南通常由图书馆员对特定学科或专题的各种类型资源进行梳理，目的在于对该学科各类信息源的全面展示。

学科类指南对栏目的设置具有较强的共性，对图书馆 9 个学科类指南的栏目设置（见表 1）进行分析后可以看到，通常学科类指南需要包含以下栏目：主页、馆内/外资源导引、学术热点追踪和资源荐购。其中主页通常又会设置欢迎栏、馆员信息、学术资讯（新闻）、相关机构/网站链接等。IC^2 创新支持计划是上海交通大学图书馆的学科服务品牌，持续推出有针对性的学科服务活动，有 7 个指南为其开辟了专门的栏目。其他如学习社区、课程与讲

表 1 学科类指南栏目设置

栏目\学科	HOME	馆藏资源导引	网络资源导航	学术机构	学术热点追踪	资源/图书荐购	图书馆使用	学习社区	课程与讲座	IC²创新支持计划	其他
建筑	√	学术资源导航				√		√	√	√	会议信息
物理	√	√		√	√	√	√	√		√	
数学	√	√		√	√	√	√		√	√	
致远学院（基础学科）	√	√	√		√	√	√	√	√		个性服务
经济管理学	√	√	√			√	√			√	学术研究
环境科学与工程	√	√	√		√	√		√		√	
计算机科学		常用数据库/期刊		√	√						ACM 班/ACM 比赛、学科信息墙、关于我们
化学化工	√	√	√		√	√		√		√	
材料科学与工程	√	√	√		√	√		√		√	

座、会议信息等栏目都为用户提供了重要的学科内容，制作者可以根据需要决定是否开辟此类栏目。除共性的栏目外，开设了一些凸显学科特点的个性化栏目，如ACM国际大学生程序设计竞赛是上海交通大学计算机学科的特色项目，学科馆员就针对ACM竞赛开辟专题，集中展示与ACM相关的资源和图书馆面向ACM班的嵌入课程安排。

2.2.2　课程类指南

根据美国大学图书馆员的统计发现，针对特定课程设计的指南的使用量要明显高于综合类的学科指南，如果图书馆员要迎合学生的需要，就需要从传统的以学科类别来组织图书馆资源转向以课程来组织[3]。课程类指南可以包含以下内容：对课程背景资料的介绍、参考文献的阅读、与课程相关图书馆资源、课程作业要求等。与学科类指南不同的是，课程类指南需要图书馆员与课程教师保持密切的沟通，馆员要对课程的内容及进度有充分的了解，这样制作的指南才对学生具有吸引力。

我馆已发布的唯一一个课程类指南是专为大一新生开设的"可再生能源"新生研讨课。该课程由国家教学名师授课，学科馆员全程参与课程的设计并负责"文献调研"环节的授课。针对该课程的授课方式，学科馆员对该课程指南采用了不同于常规的构建模式，即在学科馆员指导下，向学生开放权限，由学生进行内容建设。学生采取分组的形式，每组学生负责一项新能源的文献搜集，并发布在Libguides上，这种方式既为学生提供了小组内部、小组之间共享文献的资源平台，同时便于教师和馆员了解学生的学习进展并给出相应的指导，得到了师生的认可。

课程类指南的使用往往具有非常强的时间性，从指南2011年的使用量统计（表2）可以看到，在新生研讨课开课期间（9月中旬至12月下旬），指南的浏览量出现激增现象。

2.2.3　文化类指南

利用Libguides进行文化推广的运用并不普遍，但是也有一些成功的案例。美国宾夕法尼亚州西彻斯特大学（West Chester University of Pennsylvania）图书馆曾就该校"纪念林肯诞辰200周年"的系列活动开设专门的指南，既有相关校园活动介绍，还对与林肯相关的网页和图书馆资源进行链接，得到不错的反馈[4]。上海交通大学图书馆也有一个文化类指南，主要介绍图书馆的校园文化服务品牌"IC^2人文拓展计划"，该指南根据"IC^2人文拓展计划"活动版块设立"阅读，让校园更美丽"、"鲜悦Living Library"、"思源讲坛＆叔同讲坛"、"艺术走进校园"和"主题展览"5个栏目，对各大版块的活动进行整体展示。但是从年度点击量（见表3）来看，该指南的关注度有待提高。

表2 "可再生能源-新生研讨课"指南2011年使用量统计 （单位：次）

页面	1月	2月	3月	4月	5月	6月	7月	8月	9月	10月	11月	12月	总计
太阳能	13	5	8	8	15	14	2	3	13	13	31	21	136
生物质能	2	-	2	4	2	6	1	1	5	6	23	10	62
风能	7	2	4	9	-	6		1	7	10	11	13	70
Home	31	23	25	24	20	49	8	8	29	71	175	87	549
清洁能源	3	2	4	2	1	4	-	2	5	14	18	15	70
总计	56	32	43	47	28	79	11	15	59	114	257	146	687

3 成效评估

基于Libguides建立的学科指南既有符合用户需求的系统功能，又结合了图书馆员的专业知识，在理想状态下，应当受到用户的高度关注和积极回应。然而，学科指南的利用率不高是困扰国内外多所大学图书馆员的难题。美国乔治华盛顿大学（George Washington University）图书馆曾对该馆创建的111个指南进行了利用率评估，他们在每个指南的页面上增加了"是否有用"的弹出框，共收到62个指南的210个回复，其中34.8%（73人）表示"很有用"，而有40%的回复评价指南"基本没用"[5]。根据杜克大学图书馆对超过1 000位读者的调查，其中有53%的读者表示从来没有使用过图书馆的任何一个学科指南，还有24%很少使用[6]。由此可见，指南利用率低并非个别现象。

图书馆也曾对利用Libguides提升本馆资源利用率寄予厚望。学科服务平台推出已经两年，图书馆虽然尚未组织对平台进行系统的利用率评估，但是从点击量来看，最受欢迎的"物理学"指南在2012年1-7月点击量约为5 800次，属于比较成功的指南。其余的指南浏览量基本在1 000-2 000之间，效果并不理想。产生这个结果的原因是多方面的，如指南数量过少，宣传不够，更新不频繁等问题都需要重视。还有一个不容忽视的原因，就是在引进Libguides之前，我馆已经采用了"学科信息导报"和"学科博客"两种学科资源的服务方式，拥有一批固定的读者，此外还拥有采用RSS方式订阅的用户。两者和Libguides指南的内容存在重复性，因此也分流了部分学科用户。

表 3 "IC² 人文拓展计划指南"2011 年使用量统计

(单位:次)

页面	1月	2月	3月	4月	5月	6月	7月	8月	9月	10月	11月	12月	总计
主题展览	5	9	8	9	4	6	1	1	10	17	4	12	86
鲜悦 Living Library	9	9	11	17	10	14	5	5	13	18	7	15	133
阅读,让校园更美丽	8	10	12	13	7	9	4	3	14	21	6	14	121
艺术走进校园	8	7	11	12	5	6	3	2	14	16	5	5	94
HOME	26	27	41	23	34	42	17	15	25	42	28	57	377
IC² 人文拓展计划三期	2	4	7	6	3	5	1	2	3	8	9	10	60
IC² 人文拓展计划一、二期	4	3	16	12	10	10	5	8	16	13	19	16	132
IC² 人文拓展计划五期	-	-	-	-	-	-	-	-	4	12	2	15	33
IC² 人文拓展计划六期	-	-	-	-	-	-	-	-	-	-	-	6	6
IC² 人文拓展计划四期	9	1	41	26	14	24	9	8	25	26	23	18	224
思源讲坛 & 叔同讲坛	8	11	12	21	10	10	1	2	16	19	7	15	132
总计	79	81	159	139	97	126	46	46	192	110	183	1 398	

4 优化策略

Libguides 在用户群体中的知晓度和影响力有待提升,参考国外图书馆的经验,图书馆有必要对 Libguides 进行整体优化,改善学科服务平台的利用状况。

4.1 数量优化:稳步增加

数据显示,目前在 Libguides Community 排名第一的美国瓦尔登大学(Walden University)图书馆拥有超过 2 500 个指南,Libguides 利用效果较好的国外大学创建的指南数量基本都在数百个甚至上千个。而国内 64 家用户中的 78% 所发布的指南数量不到 5 个,仅就数量而言中外差距极其巨大。学科服务平台应当是面向全校各个学科的信息大平台,单个的指南即使使用量再大,辐射面终究有限,只有指南达到一定的数量,才可能形成规模效应,在不同学科读者群中营造对学科服务平台的集体认知。有鉴于此,图书馆计划在 2012 年全面开展指南创建工作,已完成面向全馆的指南征集和申报审核,预计所发布指南由现有的 11 个达到 43 个。

4.2 内容优化:多向扩展

就图书馆现有的三大类型指南而言,需要进一步扩大服务的学科、专题、课程的覆盖面,为用户提供全新的信息获取体验。此外,还可以创建一种国外较常见的指南类型——服务类指南,即针对某项图书馆服务或某类工具提供完整的指导,这类指南面向全校师生,且内容非常多元。比如麻省理工学院(MIT)的 *Endnote at MIT* 指南系统介绍文献管理软件 Endnote 的使用[7],杜克大学的 *Google Earth* 指南指导用户如何利用 *Google Earth* 获取所需的地理信息系统数据(GIS data)[8],康奈尔大学的 *Study Abroad*:*Cornell Library Services* 则是图书馆专门为计划出国留学的学生创建的求学指南[9],类似的服务类指南因其实用性强,一般都具有较高的点击量。此外,服务类指南还可以起到门户网站的作用,馆员可在合适的地方设置相关的学科指南链接,有兴趣的读者可以进入学科指南进一步获取更多的专业知识,从而实现对学科资源的推广。

4.3 宣传优化:重点加强

对 Libguides 的宣传和推广是影响其利用效果的重要因素,如果用户完全不知道 Libguides 的存在,就更谈不上去利用它。因此,学科馆员工作在某些层面上与传媒、营销有类似之处,需要推送信息,引发用户的兴趣和关注[10]。图书馆应当设计并实行"显性宣传"和"隐性宣传"相结合的 Libguides 宣传策略。"显性宣传"是指与学科服务具体工作相结合,在与院系师生接触的过程中,由学科馆员主动积极地向院系师生介绍 Libguides,使尽可能多的用户了解 Libguides;"隐性宣传"则是指图书馆应当为 Libguides 营造"最易于获取"的环境,如将"学科服务平台"入口设置在图书馆主页的醒目位置,或者嵌入到师生常用的学科专业数据库的介绍页面,借此吸引潜在的学科用户。

4.4 功能优化:深度拓展

学科服务平台是联系图书馆资源和用户的媒介,要持续拓展 Libguides 的服务功能,应特别注重其与整个教学、科研环境的结合,使其具有活跃的生命力,避免成为一座"信息孤岛"。

4.4.1 与课程管理系统的结合

课程管理系统(course management system,也称之为 learning management system)通常指学生用于完成并提交课程作业的系统。将 Libguides 与课程管理系统相结合可以实现双赢目标:既可以帮助学生了解如何使用专业资源以便更好地完成作业,又可以提高图书馆资源的利用率。在美国,Blackboard 等课程管理系统的应用非常普遍。在过去的几年内,如何将 Libguides 和 Blackboard 进行整合一直是图书馆员非常关注的研究课题。加州州立大学(California State University)尝试在一门通信管理的课程中实现两个系统的无缝融合,调研显示,80%左右的学生认为这样的界面简单便捷且更有利于获取专业信息[11]。借鉴这一理念,图书馆可以尝试探索将 Libguides 嵌入到教务处的选课系统或课程网站,增加学生了解学科服务平台的渠道。

4.4.2 与教师学习共同体的结合

教师学习共同体(faculty learning communities)代表一种教师职业发展的模式,通常是一个由跨学科的教师组成的学习项目团队,以促进教学为目标,通过共享的方式,为要从事某项专业教学事业的教师提供授课所需的相关信息或课程设计,参与者可以自主决定是否采用这些信息[12]。它不强调学习具体的教学方法,而是通过共同学习,提升教学质量,进一步推动教育事业的发展。图书馆作为重要的教学支持机构,应当也可以在促进教学方面发挥作用。由 SpringShare 公司创建的 *Campus Guide* 就专为从事或希望从事图书馆教学的老师创建了一个名为 *TL guide* 的指南,提供进行信息素养教育所需要的各种类型资源,该指南设置的栏目多达 47 个,半年点击量高达 12 000 余次[13],可见其受欢迎程度。

参考文献:

[1] Libguides community[EB/OL].[2012-07-04].http://Libguidess.com/community.php?m=i&ref=Libguidess.com.

[2] 郭晶,陈进.IC:一种全新的大学图书馆服务模式[J].图书情报工作,2008,52(8):115-118.

[3] Strutin M. Making research guides more useful and more well used[EB/OL].[2012-07-05].http://www.istl.org/08-fall/article5.html.

[4] Mcmullin R, Hutton J. Web subject guides:Virtual connections across the university community[J].Journal of Library Administration,2010(50):789-797.

[5] Adebonojo L G. LibGuides:Customizing subject guides for individual courses[J].College & Undergraduate Libraries,2010(4):398-412.

[6] Staley S M. Academic subject guides:A case study of use at San Jose State University[J].College & Research Libraries,2007(3):119-139.

[7] Endnote at MIT[EB/OL].[2012-07-19].http://libguides.mit.edu/endnote.

[8] Google earth[EB/OL].[2012-07-19].http://guides.library.duke.edu/google_earth.

[9] Study abroad:Cornell library services [EB/OL].[2012-07-19].http://guides.library.cornell.edu/studyabroad.

[10] 范爱红,邵敏.学科服务互动合作的理念探析与实践进展[J].图书馆杂志,2010(4):40-42.

[11] Bowen A. A Libguides presence in a Blackboard environment[J].Reference Services Review,2012(3):449-468.

[12] Little J J, Fallon M, Dauenhauer J, et al. Interdisciplinary collaboration:A faculty learning community creates a comprehensive LibGuides[J].Reference Services Review,2010(3):431-444.

[13] TL guide[EB/OL].[2012-07-15].http://libraryschool.campusguides.com/tlguides.

作者简介

袁晔,上海交通大学图书馆馆员,部门副主任,E-mail:yyuan@ lib.sjtu.edu.cn;

郭晶,上海交通大学图书馆副研究馆员,副馆长,博士;

余晓蔚,上海交通大学图书馆副研究馆员,部门副主任。

专家点评（点评人：林佳 清华大学图书馆研究馆员）：

　　本文详细介绍了上海交通大学图书馆的信息素养教育规划，从"普及"到"拓展"继而到"深入"，建立了全方位、立体的教育模式，兼顾广度与深度，采用灵活多样的形式，在保证大面积学生受益的同时开展有针对性的专业化、个性化信息素养教育活动，并将信息素养教育与学科服务有效融合，收效显著。他们的理念和实践，特别是文中提及的"信息专员培训计划"和"全面融入式教学"对国内高校图书馆开展信息素养教育工作具有很好的借鉴意义。

面向创新的信息素养教育规划与实践[*]

——以上海交通大学图书馆为例

高协 宋海艳 郭晶 李丽

摘　要　针对高校图书馆学科化服务中的重要内容之———信息素养教育，阐述上海交通大学图书馆在 IC^2 创新服务模式下，多类型、多层次、全方位信息素养教育的具体实践，包括学校公选课、馆内滚动培训、新生入馆教育、特色专题讲座、信息专员计划、多种嵌入式课程等的多维拓展，并结合具体案例，探讨深度嵌入教学与科研过程的全面融入式教学的创新实践。

关键词　信息素养教育　学科化服务　嵌入式教学　高校图书馆　最佳实践

分类号　G250

　　信息素养教育是高校图书馆的职能领域之一。从 20 世纪 80 年代起，国外"信息素养"（information literacy）理论及其范例逐渐引起了国内学界的关注，并促使传统的"文献检索课"开始寻求发展的突破口，信息素养教育也随之成为国内高校图书馆争相推进的重要工作。

---

[*] 本文系 CALIS 三期建设项目"馆员素养培训与资质认证"（项目编号：03－4223，03－4224）研究成果之一。

近年来，改革教学模式和培养创新人才的迫切需求，进一步促进了高校图书馆信息素养教育的创新发展。信息素养教育不仅已被提升至培养人的创新素质的层面，更显现出融入高校整个教育体系的必然趋势。与此同时，"学科化服务"理念和学科馆员制度的引入和推广，为高校图书馆提供了信息素养教育创新发展的平台。越来越多的高校图书馆开始设置信息素养教育配套课程及各类培训讲座，甚至进行嵌入式教学的探索与实践。

上海交通大学图书馆（以下简称"上海交大图书馆"）在学科化服务的IC^2创新服务模式下，也进行了信息素养教育的拓展与创新，进行常规课程与培训的改革，策划与开设专题性、个性化的各类培训讲座和创新计划，甚至探索支持教学与科研的嵌入式教学。在这一过程中，上海交大图书馆逐渐形成了多类型、多层次、全方位的信息素养教育规划，并进行了全面融入式教学的课程创新实践。

1 IC^2创新服务模式下的信息素养教育规划

从国外信息素养相关理论的发展来看，美国大学与研究图书馆协会（Association of College & Research Libraries，ACRL）在2000年发布的《高等教育信息素养能力标准》，为许多国家的高等院校信息素养教育和评价提供了指南。该标准规定学生需要具备决定所需信息、获取信息、评估信息、利用信息以及合理合法使用信息的五大能力[1]。此外，经典的信息素养教育模型"Big6技能"[2]和研究周期模型也为国内高校图书馆开展信息素养教育提供了规划指导和实施方向。

作为国内开展学科化服务较早的高校图书馆之一，上海交大图书馆首创了IC^2创新服务模式，主张"信息共享空间"（information commons）与"创新社区"（innovation community）两种理念的职能互补和整体优化[3]，并将信息素养教育作为学科化服务的重要内容之一，以读者需求为导向，提倡信息素养教育的多层次、多维度的拓展与创新。从培养基本信息技能出发，立足启迪学生的创新思维，上海交大图书馆在实践中进行着信息素养教育内容与模式的转变和探索，逐渐形成了"普及——拓展——深入"三大层面的信息素养教育规划（见图1）。

1.1 信息素养教育的普及——常规课程与培训

常规课程与培训是上海交大图书馆在全校范围内普及信息素养教育的基础内容，包括常规课程、滚动培训、新生入馆教育三大方面[4]。

1.1.1 常规课程

常规课程由图书馆面向全校本科生群体开设，并根据不同学科、不同类

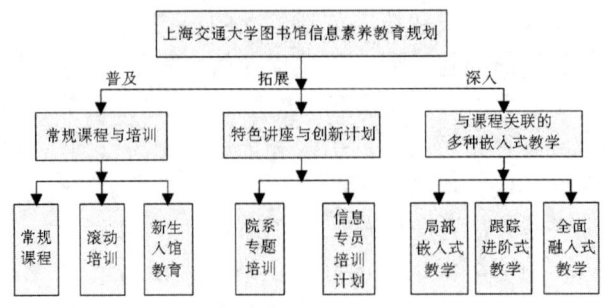

图 1 IC^2 创新服务模式下的信息素养教育规划

型规划培训课程。目前,常规课程分为通识核心课、公共选修课和专业限选课,分别针对理工科生与文科生,具备相应的学时和学分。以通识核心课"信息素养与实践"为例,课程的改良与创新主要表现在:扩展文献管理软件、写作规范与学术道德等贴合需求的教学内容;增加互动讨论、实践与调研等灵活多样的教学形式。同时,该课程提倡采用学生分组学习方式,并将最终成绩根据不同教学形式按比例考核评定。这些措施激发了学生的兴趣和参与热情,也培养了学生的自主学习能力和创新能力。在每年全校的课程评价中,图书馆常规课程的教学效果高于全校平均水平。

1.1.2 滚动培训

滚动培训是图书馆自2008年每学期定期推出的滚动式信息素养系列培训。该培训是常规课程的有力补充,其特点是面向全校师生,培训讲座实行网上报名预约制度,并设有专门的成效反馈平台。滚动培训每学期设有20余场讲座,采用90分钟的授课与上机练习相结合的方式。讲座内容既有馆藏资源利用和信息技能培训,也按照不同学科开设学术前沿追踪、项目基金申请、科技论文写作等培训,同时也增加多种热门软件培训。这些培训内容全由读者自主选择,只有网上报名预约满10人的讲座才会开讲。从每学期读者预约和课后反馈情况来看,滚动培训中的热门讲座占大多数,基本满足了读者不断变化的信息素养需求。

1.1.3 新生入馆教育

新生入馆教育是图书馆每年9至10月面向新生、新教工提供的入馆指导和培训。在学科化服务的推动下,入馆教育显现出尊重需求、形式多样的特色。入馆教育由以"如何利用图书馆"为主题的培训讲座和实地参观活动两部分组成,前者针对本科生、研究生、教职工等不同对象,实行分详简、分学科的多版本定制，学科馆员实地走访各个院系进行讲解；后者采用院系班级预约制度，由学科馆员和志愿者共同承担讲解任务。在网络新技术的支持下，新生入馆教育设有专门的网上专栏，提供内容丰富的入馆指南和网络课件。每年图书馆都会收到大量的院系邀请和师生预约，入馆教育的接受度和好评度普遍较高。

1.2 信息素养教育的拓展——特色讲座与创新计划

在 IC^2 创新服务模式下，上海交大图书馆的信息素养教育与学科化服务得到了有效的融合。从学科专业的角度出发，学科服务团队探索并拓展了信息素养教育，开展了内容和形式多样的特色讲座与创新计划，集中表现在院系专题培训和信息专员培训计划两大方面。

1.2.1 院系专题培训

院系专题培训是图书馆学科服务团队根据对口院系、科研团队或创新社群组织的需求，为其定制的专题性、个性化的信息素养培训。图书馆现有工学、生医农理和人文社会科学3个学科服务部及其10个专业方向的学科服务团队。各学科服务团队通过与院系师生的沟通与交流，能够迅速响应读者需求，有效促成与院系师生的合作，灵活组织和实施各类培训。

在摸索与实践中，各学科服务团队逐渐形成了专题培训的个性与特色，具有代表性的有：①"走进实验室"系列，将培训空间扩展至科研团队实验室，为科研人员提供个性化培训与实时咨询；②双语系列，将培训语言扩展至英文，为国际化院系师生提供全英文的培训教学与咨询解答；③专利系列，将培训内容扩展至专利，面向理工科师生举办专利类培训与活动，搭建专利知识学习与交流平台；④"开启学术之路"系列，将培训内容扩展至国际期刊投稿，面向理工科研究生，邀请国际期刊主编传授写作、投稿及评审经验，助力学术科研成果的发表。据不完全统计，2011年各学科服务团队推出的专题培训约70讲。个性化、针对性强的院系专题培训最受师生欢迎，并在师生的支持下实现了可持续的发展。

1.2.2 信息专员培训计划

信息专员培训计划是图书馆在信息素养教育上的创新举措。它突破传统的普遍式培训模式，特别针对各院系科研团队，培养一批具有较高层次信息素养能力的科研人员，作为图书馆与科研团队之间的纽带，延伸图书馆的学科服务能力，同时为科研团队提供更为专业的信息服务及科研辅助。

信息专员培训计划作为 IC^2 创新支持计划的内容之一，从2009年至今已成功举办三期。该计划以"融入学科团队,助推教学科研"为主题,由科研团队推荐硕士生、博士生或青年教师,参加图书馆组织的短期密集培训。培训内容涉及信息素养的各个方面,更注重课题调研、态势分析等有助于科研的知识与技能。参加培训并通过测试的信息专员将享有图书馆授予的特殊权限,同时履行反馈科研需求、参与学科资源建设、服务科研团队等职责与义务。该计划自实施以来在全校的普及面不断扩大,已培养了上百个科研团队的649名信息专员。这些信息专员不仅发挥了个人信息素养在学习和科研上的优势,而且促进了所在科研团队整体信息素养的提升。

1.3 信息素养教育的深入——与课程关联的多种嵌入式教学

根据美国大学与研究图书馆协会(ACRL)的界定,嵌入式教学是指把图书馆及其资源的利用教学作为学科课程目标的有机组成部分[5],也称为"与学科的整合式教学"或"信息素养与专业课的渗透式教学"。嵌入式教学一般分为相关、完全两种方式,前者是馆员对专业课的部分或局部介入;后者是馆员对专业课的全面参与[6]。上海交大图书馆在理论研究的基础上逐渐形成了多种嵌入方式并存的教学实践,取得了一定的成果。

1.3.1 局部嵌入式教学

学科馆员针对某一专业课程的师生需求,量身定制信息素养教学内容,一次性、集中式讲授课程所需的知识与技能,代表性课程有人文传媒学科的"英文报刊导读"、电子电气学科的ACM班的"科研实践"。

1.3.2 跟踪进阶式教学

学科服务团队跟踪某一学科本科生4年的学习课程,策划与定制进阶式的培训内容,按大一至大四的不同学习阶段,由浅入深地渐进式地开展培训与咨询服务,代表性课程为理学学科的"致远学院本科生全程培训"。

1.3.3 全面融入式教学

学科服务团队针对某一专业课程,与授课教师紧密合作,参与教学目标制定、课程规划、作业设计、成绩评定等自始自终的全过程,代表性课程为机械动力学科的新生研讨课"可再生能源的高效转换与利用"。

2 全面融入式教学的创新实践

在嵌入式教学中,部分或局部介入专业课程是学科馆员及其团队较易开展且常用的方式,许多高校图书馆都在局部嵌入式教学上进行实践并取得成效,但全面参与专业课程的实践却属于少数。上海交大图书馆则在全面融入式教学方面进行了有益的尝试与创新——开设新生研讨课"可再生能源的高效转换与利用"(以下简称"嵌入式新生研讨课")。自 2008 年至今,该课程逐步从局部嵌入课程发展至全面融入课程策划、教学和考核各个环节,取得了阶段性的成果与实践经验。

2.1 规划设计

嵌入式新生研讨课的规划与设计是实现全面融入式教学的重要一环。在此之前,采取适当的合作战略,取得全馆上下的支持以及发挥团队协作的力量,都是必要的前提和因素。

关注学校教学改革或创新政策,从学校重点学科的核心课程或者名师课堂入手,是极为重要的战略。上海交大图书馆找到同样注重学生信息素质的教学名师王如竹教授,一起合作开展嵌入式教学。在实践过程中,该课程获得了馆领导的顶层指导、学科服务的机制保障以及文献资源、技术系统、人员队伍、宣传推广等各方面的支持。团队协作则能够汇集众人的智慧和力量,帮助课程在规划设计上不断创新,在组织实施上顺利开展。

2.1.1 课程规划

如何使信息素养教学内容符合专业课程的需求,如何使用技术和设施,如何合理分配教学时间,如何设计学习效果评价指标,如何根据反馈修正课程规划等,都是开展全面融入式教学必须思考的问题。上海交大图书馆的学科服务团队与课程教学团队融为一体,制定了嵌入式新生研讨课的教学宗旨,即"明确一条主线:人才培养;突出两个重点:创新课堂、促进研讨;发挥三块职能:科研习惯启蒙培养、专业知识系统掌握、演讲表达综合提升;实施四大准则:名师保障、服务支撑、兴趣导向、持续创新"。

2.1.2 课程设计

在课程设计上,需要重点把握课程知识点、明确课程教学目标以及合理分配课程学时。嵌入式新生研讨课以可再生能源的类型、技术、应用为知识点,不偏离专业课程本身的教学内容;以让学生学会科研、学会总结、学会表达、学会团队合作为教学目标,注重文献资料收集与利用、科研论文写作、演讲表达等信息素养与综合能力的培养。在整个课程学时的分配中,图书馆专题课有 4-5 次,馆员辅导学生分组研讨 2 次,馆员点评学生作业 3-4 次,创新课程公开观摩 2 次,基本覆盖课程、作业、活动、考核等各个教学环节。课程设计三大方面见表1。

2.2 组织实施

在全面融入式教学的实施过程中,"嵌入教学"与"嵌入考核"是学科馆员及其团队需要把握的两条主线。

表1 嵌入式新生研讨课课程设计

把握课程知识点	明确课程目标	合理分配课程学时
①可再生能源 太阳能、风能、生物质能、海洋能、地热能…… ②清洁能源（化石能源的清洁利用） 煤的清洁利用（煤气化、CCS）、天然气、天然气水合物…… ③核能（新能源技术） 中国CO_2减排的近中期必然选择	①总结能力（文献资料收集、整理与分析） ②表达能力（提出问题与解决问题、PPT汇报与演讲、科技论文写作） ③团队合作能力（分组研究分析、如何分解工作、如何整合工作） ④科学研究能力	①图书馆专题课4-5次（文献检索、科技论文写作、PPT制作、文献管理软件应用……） ②学生分组学习研讨2次（馆员辅导和点评） ③小组专题汇报课堂3-4次（教师与馆员点评） ④创新课程公开观摩2次（教师与馆员点评及考核）

2.2.1 嵌入教学

嵌入教学首先体现在对课程"专业知识、信息素养、写作指导、研讨互动"四大模块的清晰划分。在后三大模块中，均组织实施了相应的嵌入式信息素养培训。在研讨互动模块，策划与实施生动多样的创意课堂，如模拟国际会议、辩论赛、DV展示等，并根据每一届学生的不同需求进行调整，进一步提升其信息素养与综合能力。"嵌入教学"四大模块如图2所示：

图2 "嵌入教学"四大模块

此外，搭建实体与虚拟服务平台，进行覆盖课内、课间、课后的全方位咨询与辅导，也是嵌入教学的具体表现。充分利用图书馆的技术工具与虚拟空间，如学科博客、LibGuides课程交流平台等，锻炼学生信息资源收集、整理、利用与分享能力。同时，在学生分组学习的过程中，学科馆员及其团队扮演教师助教与信息咨询专家的双重身份，全程引导学生发现问题、分析问题与解决问题。

2.2.2 嵌入考核

嵌入考核主要体现在将图书馆、信息素养、综合能力等方面的考核指标纳入学生成绩，包括平时成绩、各项作业成绩以及期末成绩等各组成部分。具体考核指标包括图书馆的利用、虚拟交流平台的使用、参考文献的著录格式等。将这些考核指标融入学生成绩，有利于引起学生的重视以及评估教学效果。

2.3 成效反馈

全面融入式教学的实施取得了良好的效果与课程影响力。在课程所培养的120名学生中，许多学生在以后的学习与科研中表现出色。一些学生因课程培养出兴趣，选择进入能源专业领域；一些学生合作翻译外文文献《2030开启新能源时代》，获得了学术界的好评。

从授课教师的反馈来看，该课程培养的学生在信息素养、科研能力、总结能力、表达能力等各方面都得到了锻炼与提升，既能够独立判断与思考，也具备团队合作能力。同时，学生在平常的资料搜集、论文写作等过程中能够合理下载、正确引证、尊重版权，这些知识产权意识的形成有利于学生养成良好的科研习惯与学术精神。

从学生的反馈来看，课程培养的学生普遍认为，在课程中激发了对专业领域的研究兴趣，学习的主观能动性大大提高；获得了信息检索、信息利用等技巧，为今后的科研活动打下了基础；学会了分工协作，锻炼了在团队中解决问题的能力；同时，更有自信表达自己的观点与想法，有助于创新能力的养成。

此外，每一年的学生作业和课程成果均制作成光盘得以保存，至今已形成连续4年的课程资料。2010年，以该课程为核心的学校本科教学改革项目申请立项，成为课程之外的科研项目。从2008年至今，嵌入式新生研讨课已逐渐成为新生研讨课系列中的典型课程，受到学生的喜爱以及教师的观摩借鉴。

3 结 语

信息素养教育是高校图书馆非常重要的服务内容之一。当面临图书馆课程及培训逐渐被压缩、被边缘化的危机时，高校图书馆应首先重视内部的改革与创新。开展学科化服务在如今看来，不失为突破传统局限、推动图书馆发展的好途径,同时能够开拓信息素养教育的创新思路。除了图书馆内部的革新,信息素养教育还需要学校及院系的重视与支持。馆员与教师开展多层次、多类型的合作,才能促进信息素养教育与专业课程的进一步融合,实质性地提高师生的信息素质、学习能力甚至是创新能力。

上海交大图书馆在 IC^2 创新服务模式下开展的信息素养教育,实现了在类型、层次等方面的多维拓展,成为其学科化服务的特色之一。但在今后的实践中,仍有值得改善和需要创新的地方。在常规课程与培训上,应注重多媒体技术的运用,开发在线学习、多媒体读者指南等。在特色讲座与创新计划上,应进一步发掘师生需求,提倡内容的自由组合与形式的不拘一格。在嵌入式教学上,应立足于专业课程本身,选择最适合的嵌入方式,关注教学系统设计、教学策略和教学方法的优化。未来,基于网络的信息素养教育,将会对图书馆提出包括虚拟教师、数字化协作等方面的更高要求与挑战。

参考文献:

[1] Information literacy competency standards for higher education[EB/OL]. [2012 – 05 – 28]. http://www.ala.org/acrl/sites/ala.org.acrl/files/content/standards/standards.pdf.

[2] Murray J. CyberConnect: Use the Internet with Big6 skills to achieve standards[J]. TechTrends, 2007, 47(1): 18 – 21.

[3] 郭晶,黄敏,陈进,等. 上海交通大学图书馆学科服务创新的特色[J]. 图书馆杂志, 2010, 29(4):32 – 34.

[4] 上海交通大学图书馆讲座与培训[EB/OL]. [2012 – 05 – 20]. http://www.lib.sjtu.edu.cn/list.do?articleType_id = 50.

[5] 龚芙蓉. 国外高校信息素质教育之"嵌入式教学模式"的思考与启示[J]. 图书馆论坛, 2010, 30(3):147 – 149.

[6] 汤莉华,潘卫. IC2 创新服务模式下的嵌入课程式信息素养教育[J]. 图书馆杂志, 2010, 29(4):43 – 44.

作者简介

高协,上海交通大学图书馆助理馆员,硕士,E-mail:xgao@lib.sjtu.edu.cn;
宋海艳,上海交通大学图书馆馆员;
郭晶,上海交通大学图书馆副研究馆员,副馆长,博士;
李丽,上海交通大学图书馆学科馆员,硕士。

专家点评（点评人：肖珑 北京大学图书馆研究馆员）：

近年来，文献资源建设逐步向两个方向发展：一是继续由图书馆主导，力求馆藏发展的全面、系统、连续和可持续；二是由用户大力介入，以尽力保障对用户需求的高度满足。学科馆员参与文献资源建设正是后者的体现。

但在传统的图书馆主导模式下，如何开展这项工作、从哪些方面入手，又成为学科馆员困惑的问题。本文恰好讨论和提出了这方面的解决方案，并以北京大学图书馆的实践为案例，在文献资源建设和学科服务两方面都有所突破和创新，非常值得参考与学习。

学科馆员参与资源建设的探索与创新[*]

艾春艳　刘素清

摘　要　论述北京大学图书馆学科馆员如何在梳理、评估、展示馆藏学科资源的基础上，通过资源评估和调研为采购提供信息，借助专业课程为师生整合资源，发掘免费资源补充馆藏，由点及面，逐步满足读者的资源需求。同时，介绍学科馆员跟踪学科发展趋势，为高校学科资源规划提供前瞻性建议，促进学科资源建设发展的情况。

关键词　学科馆员　学科资源　资源建设

分类号　G252

学科服务是近几年高校图书馆的探讨热点[1]，为了推进学科服务，各个图书馆在服务方法和手段上都不断推陈出新，有不少亮点让人耳目一新。但"巧妇难为无米之炊"，说到底资源建设依旧是根本，学科服务的各种方法和手段属于"术"的范畴，决不能脱离了资源建设的"道"[2]。北京大学图书馆（以下简称"北大图书馆"）的学科服务已有10多年历史，分为两个发展阶段：第一阶段采取全馆聘任，兼职运行机制，学科馆员在院系和图书馆之间起到了桥梁作用，但由于学科馆员来自各个部门，时间精力有限，在融入

---

[*] 本文系 CALIS 三期建设项目"馆员素养培训与资质认证"（项目编号：03-4223，03-4224）研究成果之一。

教学、科研方面受到了限制。2010年10月，图书馆重组了学科服务团队，首批为12个院系配备了具有专业背景的"学科馆员"，根据学科情况，量身裁衣，为教学科研提供个性化支撑服务，至此，北大图书馆的学科服务迈入一个新阶段。经过一段时间的探索和实践，北大图书馆明确把"为资源找用户，为用户找资源"、加强用户与学术资源的深度联系作为学科服务的重要内容。下面与同仁分享一些实践案例，以共同探讨学科馆员参与资源建设之路。

1 学科资源梳理与展示

1.1 馆藏资源整理

要想做好学科服务，必须首先摸清资源家底。一直以来，大部分学科馆员以熟悉资源的使用为主，对所负责学科的资源只作概略性了解，尚不能系统地把握学科资源的翔实情况。为了提高学科服务的效率，北大图书馆要求学科馆员全面梳理所负责学科的资源，详细清点馆藏图书、期刊、其他印刷品和电子图书、电子期刊、学位论文等资源中该学科资源的数量、种类和时间范围。同时，还要求其对所负责学科经常使用的数值型或事实型专业数据库以及多媒体资源和特色资源进行梳理，这样在为用户服务时就能做到心中有数。

1.2 资源对比分析

资源梳理帮助学科馆员熟悉了各类学科资源的覆盖情况，但要做好深入的学科服务，仅凭借资源数量是不够的，还要保证资源的质量。为了了解北大图书馆现有学科资源的质量，要求每位学科馆员在梳理资源的基础上对学科资源的系统性和权威性进行评估。目前的对比工作主要集中在两个方面：一是分析馆藏文献中学科核心书刊资料的占比，例如，数学、物理、经济、历史等学科的馆员分别对各自学科中高影响力的期刊（被SCI、SSCI、Ei、《中文核心期刊要目总览》等收录）进行整理和馆藏比对，以此了解本馆核心文献保障情况，并通过与学科专家的沟通，对数值型和事实型数据库等是否来源于权威机构、内容是否实时更新进行评估。学科馆员们通过资源整理与评估，能做到对学科重点资源如数家珍。二是拓展视野，知己知彼，学科馆员就本馆书刊收藏情况与国内外相同专业中排名靠前机构的文献收藏情况进行比对，以评估本馆此类学科资源的建设水平，例如，环境学科馆员选择国内外环境专业排名靠前的机构，包括哈佛大学、加州大学伯克利分校、剑桥大学、清华大学以及中国科学院生态环境研究中心等进行对比，从而分析北京大学环境学科资源馆藏的优势与不足。通过国内外机构重点资源的比较，学科馆员对缺失的学科资源做到了心中有数。

1.3 资源保障情况分析

图书馆的学科资源是否能为读者提供充足的文献保障，最终要从读者的视角去衡量。学科馆员除了常规的读者调查和教师访谈外，还通过成果抽样调查法评估学科资源的保障情况。如物理学科馆员以北京大学物理学院理论物理专业2003—2009年的42篇博士论文为调查对象，对引文的数量、来源、文献类型、发表时间、语种等情况进行统计分析，讨论被引量最高的外文期刊的保障情况[3]。通过成果抽样调查法，学科馆员可以更深入地了解图书馆现阶段的馆藏是否为科研提供了良好的文献保障，更客观地调查本学科读者的潜在需求，为图书馆文献资源建设提供参考。化学、经济学等学科的学科馆员也做过类似的工作，今后将继续扩大评估的文献类型和学科范围，从整体上把握北大图书馆的学科资源保障情况。

1.4 资源组织与揭示

通过上述几种途径，学科馆员基本熟悉了各个学科的资源情况，但是如何让这些资源更好地被读者利用，还需要对资源进行合理的组织与展示，通过便捷的发现与获取服务及时满足读者获取学科资源的需求。北大图书馆的学科馆员一直积极参与学科资源的组织与展示，除了图书馆主页上读者经常使用的学科导航外，还积极通过学科博客、LibGuides等为读者整理并提供不宜在图书馆主页上展示的零散资源。例如，历史学科博客除了中西文数据库、古籍数据库、中西文期刊、缩微资料、学术网站、多媒体等资源外，还包括新书通报、好书介绍、试用数据库、馆际互借优惠活动等信息，环境学科的LibGuides平台则包括网络公开课视频、遥感数据等最新资源的介绍。学科博客、LibGuides等平台比较灵活易用，学科馆员可以随时为读者提供最新信息的导航，有利于读者及时获取新颖的学科资源。

此外，如何把各种类型的资源集成在一起，一站式地提供给读者也是学科馆员关注的重要内容。北大图书馆2011年底推出了资源发现平台"未名学术搜索（SUMMON）"，学科馆员与系统部一起进行多方测试，并从读者感受和学科分面检索角度为系统的本地化提供了建议，使检索系统更符合读者的专业需求，更利于组织和揭示各种学科资源。

2 由点及面的学科资源建设

目前，各高校的学科馆员参与资源建设主要是以学科资源的采选为主[4]，但大多数高校图书馆通常仅有十几名学科馆员，面对学科却有几十个甚至上百个，有限的学科馆员难以承担全校的资源建设任务[5]。北大图书馆与很多高校图书馆一样，学科馆员以兼职为主，除了院系联络、用户教育、科研支持等学科服务工作外，还要从事论文查收查引、科技查新、日常值班等参考咨询工作，真正用于学科资源建设的时间和精力非常有限。有限的学科馆员面对无限的资源建设需求，必须寻找合适的切入点，因此，北大图书馆尝试将学科资源建设渗透到学科服务的各环节中，通过以下服务寻找资源建设的切入点，发挥学科馆员的专业优势，以点带面，逐步推进学科资源建设。

2.1 借助专业课程需求组织、建设资源

北大图书馆的学科馆员积极利用为教学提供服务的契机，借助专业课程的需求进行资源建设。北京大学有不少外籍教师开设的短期课程，这类课程的资源需求与常规的资源需求往往有一定差异，而且时效性很强。针对这种情况，学科馆员决定提供专项服务，即按照课程为院系师生提供资源支撑。例如2011年，城市与环境学院聘请一位外国教授在秋季学期开设一门新课，环境学科馆员在6月份便请教授列出课程所需书单，先将有馆藏的资料及其使用方式通过邮件通知该教授，然后与资源建设部合作优先采购和加工缺藏的外文资源，在秋季学期开课时保证了所有课程资料到馆。通过这种按专业课程采购的方式，学科馆员协助资源建设部逐步加强了不同学科方向的资源建设。

从面向外聘教师的课程专项服务中，北大图书馆得到了启示，逐步将这种围绕专业建设资源的思路延伸。学科馆员进一步通过"北大教学网"、学科博客等平台为课程提供服务，并借此机会整合课程资源。例如，心理系学科馆员在重点课程《普通心理学》上提供嵌入式支撑服务，为授课老师的课件提供参考书目、图片信息等资源；凡是教授推荐而尚无馆藏的参考资料，学科馆员都会积极联系资源建设部进行优先采购，或者通过馆际互借、网上搜寻等方式保证师生的使用。学科馆员从课程角度搜集的学科资源不仅包括常规的图书、期刊和论文，还会涉及视频、录音、图片、网页等多种形式的资料，比单纯参与资源采购涉及的内容更加广泛。通过嵌入课程，学科馆员真正从读者角度为其提供资源，使学科资源建设更加深入和个性化。

2.2 通过评估或专家访谈，保证资源建设的质量

北大图书馆是CALIS引进数据库项目的牵头馆，而学科馆员在进行学科资源的梳理与调研后，对所负责学科的资源比较熟悉，具备了从专业角度评估学科资源的能力。因此，学科馆员积极参与了2011年CALIS引进数据库资源评估，每人负责2-4个与本学科密切相关的数据库。学科馆员借鉴当前数

据库的评价标准和指标[6]，全面分析数据库的内容、质量、检索系统、售后服务、使用统计及成本、存档情况等，并与相似数据库进行了详细查重和比较，最后完成了40余个高质量的评估报告，为本馆乃至全国的学科资源建设提供了有力支持。

北大图书馆的学科馆员还参与到学科电子资源采购流程中，在新引进数据库之前的试用期，由学科馆员通过邮件、博客、BBS等多种方式通知相关院系，解决试用期间的各种问题，并收集院系师生的意见；如果院系建议购买此数据库，学科馆员则对院系师生进行更深入的试用调研。例如，近年来经济金融方面的统计、数值类专业性很强的数据库逐渐增多，图书馆经常收到相关院系师生的荐购要求，但经费有限，究竟购买哪个数据库，图书馆必须做出选择。为此，2009年11月由主管馆长牵头、分馆办公室组织、部分学科馆员参与举办了经济金融电子资源采购协调会议，在会前学科馆员广泛搜集了光华管理学院、国家发展研究院、经济学院师生对沃顿服务研究系统（WRDS）、全球市场信息数据库（GMID）、国际货币基金组织（IMF）数据库、世界银行（World Bank）数据库、美国全球财务分析资料库标准普尔数据库（SouceOECD、Compstat）、证券价格研究中心（ThonmsonReuter SDC、GRSP）等数据库的意见，这些意见为相关数据库的采购提供了良好的决策信息；在协调会上分馆、资源建设部和学科馆员一起与教师进行了深入的沟通，在多方达成共识的前提下对数据库的采购做出最后定夺。拟购进的新数据库一旦选定，学科馆员便整理资源介绍、使用说明等资料，向相关学科师生进行广泛宣传，并将其嵌入到深入院系的信息素养教育中，指导院系师生使用新购进的学科资源。

2.3 发掘免费学术资源补充馆藏

数字时代，资源建设已经从"拥有"模式向"可获得"模式转变[7]，除了本馆收藏的资源外，还有大量分布在网络上的免费资源或开放获取资源可以利用。特别是某些开放获取资源，如arXiv、PubMed等内容丰富，学术价值高，已经成为学者治学研究不可或缺的资源。因为读者使用学科资源时不会区分其是否为图书馆所有，为读者提供各类免费资源在一定程度上可以达到馆藏资源建设的效果——北大图书馆的学科馆员将有价值的开放获取学术资源进行搜集和整合，使其成为图书馆馆藏资源的有益补充。

除了开放获取期刊、图书、论文等，学科馆员还将分布在网络上的其他各种免费的参考资料，如一些国内外政府机构提供的统计或管理数据、某些专业机构发布的研究报告、有些科研单位的机构库、国内外著名大学网上共享的视频课程以及用户通过 Wikipedia、Blogger、Facebook 等 Web2.0 工具创造的内容提供给读者使用[8]；近年来，还有很多科研人员建立了影响力较大的学术论坛，如国内著名的科学网、小木虫等综合性科研论坛。学科馆员整理这些资源并系统地推荐给读者，将极大丰富读者了解和获取专业资源的途径。

3　为学科资源建设提供前瞻性建议

读者的需求是不断增长的，学科也会逐步向深度和广度发展，现有的资源不能永远满足读者的需要。因此，学科资源采购不应仅限于邀请教授勾选书单或零散推荐资源，而是应该从用户的角度出发进行资源建设整体规划，为整个学科的发展提供支撑。因此，学科馆员必须保持对本学科资源的敏感度，在熟悉本馆可获取资源的基础上，对整个学科资源的发展趋势进行跟踪。例如，北大图书馆的学科馆员根据基本科学指标数据库（ESI）挑选出某领域研究国内外领先的高校和科研人员，调查这些机构的图书馆拥有哪些资源，这些科研人员发表和推荐了哪些文献；或根据师生文献引用情况对学科资源的发展进行跟踪，因为读者科研成果中出现的参考文献往往与学科的研究方向比较契合。学科馆员通过多种方式跟踪学科资源的发展趋势，有利于提高资源建设的水平，保证学科资源建设的前瞻性。

学科馆员具有专业背景，而且熟悉学科资源和各种软件工具，可以为高校的学科建设提供一定的信息，促进本校潜力学科的发展，进而扩展学科资源建设的广度。例如，2011年5-10月北大图书馆信息咨询部受北大发展规划部的邀请，通过文献计量的分析方法对北京大学学术论文方面的科研竞争力进行了客观、严谨的量化评估，完成了《北京大学科研实力分析报告》。该报告尝试从院系层面对北京大学的科研实力、科研合作等进行分析评估，为学校的多学科交叉与跨院系合作提供了一个新的评估角度，为学校"十二五"规划中各院系的科研资源分配提供了信息支撑，也为图书馆相关学科资源的未来发展奠定了基础。同时，该报告以其高效性、客观性和科学化得到了学校发展规划部、科学研究部等管理部门的一致好评，提升了图书馆在学校的被认知度。

4　学科馆员参与资源建设的展望

随着用户获取信息资源方式的多样化，学科馆员参与资源建设的方式也发生了很大改变，传统的单一性的勾选图书模式已经不能适应用户广泛的信息需求，资源建设应该渗透到服务的每一个环节，成为一个动态的过程，即在用户服务中建设资源,在资源建设的基础上提供服务;另外,除了注重满足读者的现有需求外,学科资源建设将更注重规划,即学科资源的建设要具有前瞻性,只有这样才能提高教学和科研的效率。

在强调个性化和用户互动的时代,学科资源体系的建立将越来越需要读者的参与。学科馆员在熟悉本馆可获取资源和学科资源发展趋势的前提下,需要深入院系与教师、博士、硕士研究生交流,激励读者进一步为资源建设提供意见和建议。图书馆应利用推进学科服务的契机搭建一个资源推荐平台,鼓励读者互动交流,共享各种学科资源,帮助其他读者发掘比较稀缺的学术资源。学科馆员具有学科背景知识、敏感的信息意识和丰富的读者服务经验,应该成为连接资源和用户的桥梁,在服务中挖掘并凝聚读者的力量连接,与用户携手共同促进学科资源建设。

参考文献:

[1] 初景利,张冬荣.第二代学科馆员与学科化服务[J].图书情报工作,2008,52(2):6-10.

[2] 胡琳,刘倩,姚乐野.论馆藏资源建设是学科馆员制度的核心——学科馆员制度反思之一[J].图书情报工作,2011,55(5):19-22.

[3] 李峰.使用引文分析法考察图书馆文献保障情况[J].大学图书馆学报,2011(5):104-108.

[4] 韩立栋.基于学科化服务的高校图书馆资源建设优化[J].情报资料工作,2010(3):50-53.

[5] 韩丽风,张秋.图书馆资源建设学科化的实践与思考——以清华大学图书馆为例[J].图书情报工作,2011,55(7):63-67.

[6] 肖珑,张宇红.电子资源评价指标体系的建立初探[J].大学图书馆学报,2002(3):35-42.

[7] 图书馆2.0工作室.图书馆2.0:升级你的服务[M].北京:北京图书馆出版社,2008:223.

[8] 泰普斯科特.维基经济学:大规模协作如何改变一切[M].何帆,译.北京:中国青年出版社,2007:119-296.

作者简介

艾春艳,北京大学图书馆信息咨询部馆员,硕士,E-mail:aicy@ lib. pku. edu. cn;

刘素清,北京大学图书馆信息咨询部研究馆员,硕士。

专家点评(点评人：郭晶 上海交通大学图书馆副研究馆员)：

高校图书馆设立学科馆员或类似岗位来开展学科化服务，已经成为以读者为核心，组织并推送资源与服务的重要模式，在国内各种类型及规模的图书馆，都日渐呈现出蓬勃的发展趋势。学科化服务是动态发展的，因各个图书馆服务主体（图书馆）及服务客体（读者）的差异，很难界定一种单一的模式。对中小型院校图书馆来说，因资源和人力等条件的制约，如何有效开展学科化服务，更需要精心设计和用心组织。沈阳师范大学图书馆近年来从破冰、普及到开拓创新，对学科化服务所做的探索和实践，堪称同类型图书馆的典范，值得借鉴和推广。

学科服务的践行与创新*

——沈阳师范大学图书馆学科服务发展历程

王 宇

摘 要 沈阳师范大学图书馆瞄准国内外一流大学图书馆的发展目标，扎实开展学科服务工作。经过近10年的发展，经历破冰之旅、普及之路、创新之程等阶段，其学科服务工作取得良好的效果，得到广大师生的高度认可，也得到业界的充分肯定。

关键词 学科服务 学科馆员 服务创新 高校图书馆

分类号 G251

我国高校图书馆学科馆员制度于1998年由清华大学图书馆率先建立，其后在武汉大学、同济大学等近百所重点高校图书馆推行，至今已走过10余年的历程，并呈现出方兴未艾的蓬勃发展之势。沈阳师范大学图书馆（以下简称"沈师大图书馆"）近些年来在学科服务上也进行了积极而有益的探索，取得了良好的成效。沈师大图书馆是一所隶属于辽宁省的地方普通高校图书馆，多年来，瞄准国内外一流大学图书馆的发展水平，秉承以读者为中心的办馆

---

* 本文系CALIS三期建设项目"馆员素养培训与资质认证"（项目编号：03-4223，03-4224）研究成果之一。

理念，结合学校教学科研工作的实际需求，扎实开展学科馆服务工作。从 2003 年起经过近 10 年的发展，沈师大图书馆的学科服务工作已经在省内领先，并得到国内图书馆同行的充分肯定。

1 开展学科服务工作的背景

学科服务，强调无缝、动态、交互式融入用户过程，将服务目标延伸到所有用户存在的地方，实行嵌入式服务，是新信息环境下图书馆推出的一种新的信息服务模式[1]。这种新型服务模式一经诞生，便在图书馆业内迅速传播开来。2003 年，沈师大图书馆新馆大楼启用，学校本科教学水平评估结束，科学有效的管理机制也同步建立起来。毫无疑问，服务是图书馆工作经久不变的主旋律，而服务的重心就是学科服务。那么，如何通过深层次、个性化、学科化的服务来充分发挥图书馆信息资源中心的作用，提升图书馆在高校办学中的地位，创造一个利于教育事业发展的信息环境？沈师大图书馆把目光聚焦在教师读者这个在学校教学科研中担负重要使命的知识群体。总体而言，学生读者对图书馆的基本服务已经比较满意，但是教师读者却更多依赖院系的资料室，很少光顾图书馆，当然谈不上有效利用图书馆资源。图书馆在教师的心目中谈不上举足轻重或占有一席之地，而是无关紧要或可有可无。而图书馆人的惯性思维就是敞开库室，静等上门，可以说两者之间没能建立起有效沟通的渠道，无法实现良性互动。但随着社会信息环境的建立、信息资源的数字优先（e-first），教师读者的信息需求日趋复杂化与个性化，迫使图书馆服务必须变被动为主动，必须在与教师读者之间架起一座桥梁，以此为纽带与通途，为教师的教学科研提供信息帮助，让教师能够足不出户地随时满足信息需求。基于这种服务理念，沈师大图书馆启动了学科服务制度。

2 学科服务工作发展历程

一种新生事物或新型服务模式的诞生，往往要经历无数曲折才能得到发展与进步。沈师大图书馆的学科服务工作同样如此。其学科服务工作的发展历程，基本分为三个阶段。

2.1 破冰之旅（2003－2005 年）

沈师大图书馆尝试开展学科服务工作始于 2003 年，起步阶段也是最艰辛的一段历程。由于自身的服务能力和水平比较有限，起初没马上定位为学科馆员，而是称为"信息联络员"。谁能胜任此项工作？馆领导在图书馆内广泛培养，重点选拔了 22 名青年馆员充当信息联络员，兼职开展此项工作。为了在较短的时间内迅速打开工作局面，要求信息联络员走出图书馆的大门，深入到各院系宣传图书馆的资源与服务，每个月要结合岗位职责和服务效果进行一次汇报，根据工作业绩与实际效果逐步淘汰一大部分信息联络员。发展到2005年只留用8名，其中3名被聘为沈师大图书馆首批"学科馆员"，专职从事学科馆员工作。虽然名正言顺了，但仍是代借代还、代查代印、资源推送等一些简单服务内容，服务范围主要针对副教授以上人员。尽管如此，用户感受到了图书馆对他们的重视，从而增进了对图书馆的信任与情感。

2.2 普及之路（2006–2008年）

从2006年开始，学科服务进入了快速发展阶段。这一时期学科服务工作在全校范围全面展开，得到了越来越多教师的了解与肯定。2007年，图书馆适时召开了学科馆员工作研讨会，客观地分析了目前国内和本馆学科馆员工作的现状与未来发展趋势，明确了现阶段学科馆员的素质要求、职责定位。将中国科学院国家科学图书馆首创的"广泛知道你，首先想到你，方便找到你，高效用到你，满意评价你"的五原则作为服务工作目标[2]，极大地推动了图书馆学科服务工作的快速发展。学科馆员的服务对象从一线教师惠及到研究生、本科生，服务重点也由一般服务向学校的教、学、研服务转变，工作重心三年迈出三大步。

其一，多渠道沟通以实现与读者的良性互动。学科馆员每月必须下院系至少两次以上，发送相关书目、简报，走访院系老师，当面解答各种咨询和收集反馈信息；学科馆员公开手机、办公电话、E–Mail、QQ、MSN、博客等多渠道联系方式，为读者提供无障碍的信息通道和交流平台。同时，每年馆领导班子带领学科馆员开展"下院系拜访教授"活动，深入到全校20多个教学科研单位，拜访院长、二三级教授、教研室主任、学科带头人等，通过面对面的交流，宣传图书馆的资源与服务，收集其对学科馆员服务效果的反馈意见和对学科服务工作的意见与建议。

其二，多举措获取文献以保障读者的文献需求。由于沈师大图书馆经费有限，资源难以满足读者需求，图书馆与CALIS、CASHL、北京大学图书馆、清华大学图书馆、国家图书馆等建立了文献传递联系，同时制定了文献传递和查收查引资助政策，不同职称的教师可以每年享受不同额度的资助，其中二三级教授获全额资助。学科馆员面向全校师生开展课题分析与文献检索、原文传送、零采图书、视频下载、查收查引和科技查新等服务，以满足读者需求。

其三，多方式培训以提升读者的信息素质。让更多读者掌握文献检索方法与技巧、了解和熟练地使用电子资源已经成为各项工作的重中之重。沈师大图书馆每学期举办15次培训，每次培训从题目到内容都是精心设计，并通过校园电视台、主页、微博、BBS等进行广泛宣传，扩大受众面。同时，开展嵌入式教学，即在学校各专业教师的教学活动中，根据授课教师的要求，有针对性地开展与课程内容相关的资源推荐、文献检索、资料搜集等方面的教学，使学生掌握文献检索的方法和技巧。

2.3 创新之程（2009年至今）

2009年至今是沈师大图书馆学科服务工作开拓创新的阶段。经过几年的探索与改革，学科服务工作进入良性发展轨道。这时，沈师大图书馆开始思考探索如何对学科服务工作实现新的突破。2010年初，馆长亲自带队到上海交通大学图书馆进行学习考察，受IC^2学科服务活动的启发[3]，图书馆开展了一系列学科服务创新实践。

一是针对本科生读者，图书馆与宣传部、学生处、团委联合连续三年举办大学生读书文化节。通过开展主题沙龙、演讲大赛、读书嘉年华、专家讲坛、检索大赛、有奖征言、DV大赛、书画大赛、影书评比赛、教授学术成果展、漫画展、图书展销会、读者之星、书香学院评选等一系列活动，充分发挥了图书馆第二课堂的作用，让更多的学生走近图书馆，走近学科服务。丰富多彩的读书文化节活动已经成为校园文化建设的精品活动之一，并获得辽宁省高校校园文化建设优秀成果二等奖。此外，图书馆先后与5个学院合作设立了"创新服务示范基地"，通过这个平台开展活动，让读者更为真切地感受到个性化服务，提升图书馆的服务效能。学科馆员利用小学期，为学生开展"打开奇妙的资源宝库"主题讲座，量身定做信息检索培训、检索竞赛等多种活动，并担任各学院《科技文献检索》课外教师，为学生讲解信息检索知识。

二是针对研究生读者，图书馆与研究生处合作打造了研究生信息素养培养工程。该工程是一种过程教育，循序渐进，具有层次性——针对研究生不同阶段学习和研究过程中遇到的实际问题，为各年级研究生设计了不同内容的培训课程。同时，组织了研究生信息检索大赛，以考察其学习效果。上述措施为研究生的学习、科研提供了有力的文献保障。

三是针对教师读者，为更好地"助力于科研，服务于教师"，学科馆员创新地开展了微讲座和学科馆员日活动。微讲座就是利用学院召开全院教师大会的宝贵时机，为教师做"专题资源推荐"微讲座，"微"就是将每次培训尽量控制在10分钟之内，以介绍一个资源或推荐一个数据库为主。这种短时高效的培训方式深受教师喜爱，并作为常规坚持下来。学科馆员日就是学科馆员每月最后一周的周三来到院系现场解答教师的各种咨询,这种方式使教师觉得更方便、贴心,更有针对性。许多教师都带着事先准备的问题来咨询,包括移动阅读、远程访问、资源使用方式、文献传递政策等。

3 学科服务的成效与工作经验

3.1 高度重视学科服务工作

学科服务工作不是一个人的战斗,也不仅仅是学科馆员团队的战斗,它需要图书馆各个部门的通力合作,其中馆领导班子发挥着至关重要的作用。从2003年学科服务工作启动至今,领导班子成员和相关部门的主任一直坚持每月听取学科馆员的工作汇报。通过倾听,一方面予以排忧,另一方面予以鼓励。在馆长的协调下,现场解决学科馆员工作中遇到的一些具体问题,全面支持学科馆员的工作。尤其是起步阶段,20余个年轻馆员带着满腔热情上路了,一旦碰到钉子,受了委屈,信心便严重受挫,工作汇报会成了报委屈会。大家无不倾诉在深入院系与教师沟通过程中受到的种种怀疑与慢待,道出了满腹委屈与畏难情绪。每当这个时候,馆领导都认真倾听大家诉苦,充分肯定每个人的工作成绩,做耐心细致的思想工作,一起帮助分析状况,鼓励大家坚持工作不能动摇。期间,的确有人因吃不了这份苦而选择放弃,或因跟不上团队前进的脚步被淘汰,经过历练而留下的绝对是精英。

3.2 制定详细的学科服务计划

切实可行的学科服务计划是开展嵌入式学科服务工作的行动指南,必须在科学调研大量用户的服务需求、行为习惯等信息行为基础上,详细制定服务传递、服务推广、服务沟通等策略。沈师大图书馆将这项工作作为图书馆全部工作的重中之重。馆领导班子多次召开学科馆员工作会议,对全校学科状况进行分析、调研、计划、组织与分类,结合学科馆员所学专业,就近分科定量明确,选择重点需求用户,明确用户服务目标,确定服务方案与手段,在各自为战的基础上,提倡相关互助合作,开展针对用户信息需求的各项服务工作。在服务过程中全盘地规划与掌控,讲系统、有步骤地开展一系列工作,并讲究持之以恒,服务活动善始善终。畅通与用户交流的各种渠道是交互服务的重要保证,为此,学科馆员们与所负责的学科用户建立了多种联系方式与渠道,无论休息或放假,都保证联系畅通,有求必应,毫不怠慢,高效、持续、方便地让用户利用图书馆的泛在资源,维持用户的忠诚度,努力获得较高的满意度,实现图书馆的服务理念与目标价值。

3.3 着力打造学科服务精英团队

为打造一支高品质的学科服务团队，图书馆投入十几万元用于学科馆员学历层次的提高，全额资助所有学科馆员攻读图书馆学硕士学位，对优秀的学科馆员授予"特殊贡献奖"。全部学科馆员参加了科技查新的培训并取得查新员资格。馆里还多次邀请国内外知名专家学者到馆为学科馆员做专题讲座。每年都派学科馆员到重点大学图书馆学习取经，参加培训或学术会议，将学习内容与心得整理成文上传到自动化平台共享，与全体学科馆员讨论学习收获，并将创新点应用在工作中。学科馆员每周一次例会，解决工作中遇到的问题，分享工作经验。每年开展一次业务学习研讨交流活动，将自己研制的软件、摸索出的信息检索技巧、总结出的学术热点与工作随想等与大家分享和交流。学科馆员们在付出辛苦的同时也获得了比他人更多的机遇。几年来，学科馆员团队相互团结、彼此鼓励、和谐互助、默契配合，创新服务模式、钻研业务技能，创造性地开展学科服务工作，成为图书馆的骨干力量和全馆成长最快的精英团队。

3.4 健全学科馆员评价体系

虽然学科馆员工作进入了良性发展轨道，但服务过程中仍会遇到瓶颈，主要表现在服务深度与效果差距较大，缺少创新动力。于是，图书馆开始尝试建立一个详细的、具有导向作用的学科馆员服务质量评价体系，用来指导、激励与管理学科馆员工作。评价内容分为服务能力、服务过程、服务效果、服务评价4个大项。以服务过程为例，其分为计划总结、读者信息、读者培训、读者咨询、文献需求分析、资源宣传与推广、个性化服务7项。每项对具体的工作内容、工作要求、给分点和扣分点进行详细的描述，能量化的尽可能做到量化，不能量化的考核小组根据工作质量进行等级评定，并给出相应的分值。学科馆员在平时的工作中按照细则的要求，整理对口学院的专业设置、成果动态、服务对象等详细信息，完成每年的培训计划，撰写学科资源分析报告，拟定所负责院系资源的建设方案。同时，收集整理读者信息资源需求情况，定期向读者推荐重点学科资源导航，进行个性化服务。年终，馆考核小组进行各项工作检查、验收和数据量化评定工作。依据考核结果，将学科馆员评定为4个级别，不同级别对应不同的岗位津贴。此制度自2009年开始实施。实践证明，学科馆员绩效考核制度不仅是单纯考核学科馆员的工作，更重要的是对学科馆员工作起到了指导和规范作用，促进了学科馆员团队整体素质的提升。在激励机制中，学科馆员享有全馆最高的岗位津贴和每个月一定额度的电话补助等。

4 结　语

总之，沈师大图书馆的学科服务工程正在不断发展、开拓与创新。经过多年的探索实践，学科馆员能以学科服务为天职，每个学科馆员均能尊重读者需求，与读者互动，多方合作以专业的品质、超强的技能、快速的反应进行卓有成效的工作，为读者提供方便易用的学科资源，满足读者的多种诉求，践行了嵌入式服务理念。学科馆员以自己不倦的追求，辛勤的付出，完善的服务，赢得了全校读者的一致认可和高度赞誉。学科馆员团队已经成为沈师大图书馆的一张靓丽的名片，以他们为纽带，实现了图书馆与学校、读者之间的良性互动，树立了图书馆的新形象，奠定了图书馆在学校中的地位，实现了图书馆服务的优质价值，为图书馆赢得了声誉。沈师大图书馆连续多年被评为省市校先进集体、先进党支部、创先争优先进典型等，学科馆员团队被评为校三八红旗集体。

参考文献：

［1］ 张翔. 基于 SERVICE 的嵌入式学科服务营销——武汉大学图书馆学科服务探索［J］. 大学图书馆学报,2011(5):73-76.

［2］《图书情报工作》杂志社. 图书馆法与图书馆建设［G］. 北京:海洋出版社,2011:132.

［3］ 杨莉,兰小媛,陈进. 大学图书馆品牌经营与推广渠道——以上海交通大学图书馆 IC^2 创新型服务品牌实践为例［J］. 图书馆建设,2011(3):99-102.

作者简介

王宇,沈阳师范大学图书馆馆员,馆长,硕士研究生,E-mail:lib_wangyu@126.com。

面向国际化院系的嵌入式学科服务创新实践与特色[*]

——以上海交通大学图书馆机械动力学科服务为例

黄琴玲　李　丽　郑燕华　高　协　郭　晶　李贵凤　李亚军　周　焱

（上海交通大学图书馆　上海 200240）

摘　要　国际化办学已成为国家本科教育模式中的重要组成部分，如何有效地开展面向国际化院系的嵌入式学科服务需要学科服务团队深入思考。以上海交通大学图书馆机械动力学科服务团队的实践为例，从信息素养教育、基地值班、院系专刊策划、电子教参系统搭建、LibGuides 建设、学科博客维护和信息专员培养 7 个方面，全面解读该团队主动创新嵌入式学科服务工作、融入密西根联合学院国际化办学环境的系列举措，并分析其嵌入式学科服务创新实践的特色。

关键词　学科服务　服务创新　双语教学　高校图书馆　嵌入服务

分类号　G252

伴随着 2001 年中国入世，中外合作办学逐渐升温，现已初具规模并成为国家本科教育模式中不可忽视的组成部分。据教育部 2010 年的数据统计，全国共有 31 个省、市、自治区创建了 364 个本科教育中外合作办学院系与项目[1]，在 755 所经教育部批准成立的普通本科院校中所占比例较大。在创立中外合作办学机构或项目时，高校大都选取本校的优势学院进行国际合作，参照国际标准制定教学计划与培养方案，使用国外高校的原版教材，注重师资力量的投入，采用双语授课方式，如北京航空航天大学中法工程师学院、上海交通大学密西根联合学院（以下简称"密西根学院"）、同济大学中德工程学院、上海大学中欧工程技术学院、东北大学中荷生物医学与信息工程学院、吉林大学莱姆顿学院等。其中，密西根学院由上海交通大学（以下简称

---

[*] 本文系 2011 Emerald Chinese LIS Research Fund 资助的研究成果之一。

"上交大")和美国密西根大学共同建设,是国际合作办学的示范性机构。

随着学科服务给高校图书馆服务模式带来的深刻革命,学科服务团队下院系、开展支持不同院系教学与科研的嵌入式学科服务活动蔚然成风。同时,鉴于国际化办学在国家本科教育模式中的地位日益凸显,国际化院系将成为不可回避的学科服务对象。面对国际化学院的全英文办学环境、国际化教育模式,如何有效地开展嵌入式学科服务,以真正对接其国际化人才培养和科学研究的个性需求,需要学科服务团队深入思考。

1 嵌入式学科服务开展背景

1.1 嵌入式学科服务研究现状

由于学科服务工作的不断深化,学科服务团队与院系、科研团队、个人用户的合作和嵌入与日俱增,深入用户、开展嵌入式学科服务活动已成为当前高校图书馆学科服务活动的一大趋势,引起业界的广泛关注。刘颖、项英阐释了用户个人信息环境对学科服务的影响和要求,并从信源(资源)、信道(学科信息交流)和信宿(学科用户关系管理)三个角度提出了实施嵌入式学科服务的策略[2]。刘颖基于新经济社会学中的嵌入性理论,从社会网络的视角,提出嵌入物理空间、数字空间、社会关系和组织结构的4类嵌入式学科服务模式[3]。武汉大学图书馆学科服务队伍从营销管理的角度出发,提出以 SERVICE(S – Sincere 真诚,E – Expert 专业的素质,R – Rapid 快速的反应,V – Value 尊重用户需求,I – Interaction 与用户互动,C – Cooperate 多方合作,E – Easy 提供简便易用的学科服务与资源)为服务理念的嵌入式服务营销体系[4]。谢守美等研究了美国的嵌入式学科服务,指出嵌入课堂和网络教学平台的嵌入式教学与嵌入师生学习研究过程的嵌入式科学研究是其主要形式[5]。国内学者均从不同角度分析了嵌入式学科服务模式的客观规律,探索了学科服务的开展模式。笔者认为在固定组织模式的指导下,还要考虑嵌入式学科服务的特色化、针对性,以有效嵌入院系的教学过程与科研团队的研究过程,真正匹配具体用户的需求。同时应以学科化服务体系为指南,规范嵌入式学科服务活动的开展,提高对教学和科研的支撑程度和嵌入成效。

1.2 泛学科化服务体系与嵌入式学科服务

学科化服务是高校图书馆为更好地满足学校总体发展战略与学科建设的需要而对图书馆服务进行的一项创新,是图书馆作为高校学术交流中心、知识加工中心和文化传承中心的重要基石。围绕学校的院系与学科发展格局,上交大图书馆以学科为主线全面整合、优化图书馆的资源、服务与机制,针对不同类型的用户和需求确立学科服务体系，提出了由组织模式、服务内容、服务触点、服务对象、服务手段、服务环境、激励机制7大要素组成的泛学科化服务体系，具体包括1套服务理念、2种服务模式、3层支撑框架、4项战略举措、5项行动计划和6类服务内容，见表1。

上交大图书馆的嵌入式学科服务活动以泛学科化服务体系为指导，围绕"资料随手可得，信息共享空间；咨询无处不在，馆员走进学科；技术支撑服务，科研推进发展"的36字服务理念，以对口院系、科研团队和个人用户的具体需求为驱动，主动开展个性化、特色化、多样化的嵌入式学科服务，无所不在地融入院系教学和师生的学习研究过程。

表1 泛学科化服务体系（上交大版）

项目	具体内容
1套服务理念	资料随手可得，信息共享空间；咨询无处不在，馆员走进学科；技术支撑服务，科研推进发展
2种服务模式	重点服务，普遍推广
3层支撑框架	机制层，资源层，技术层
4大战略举措	特色突出，分层推进，整体规划、顶层设计
5项行动计划	融入教研，助力学科；学术资源，机制体系；信息素养，馆员培训；环境设施，技术平台；融入用户，了解需求
6类服务内容	院系联络，信息素养，资源建设，咨询网络，互动社区，个性化服务

嵌入式学科服务贴合国际化院系学习科研与人才培养的迫切需要。在培育国际化人才过程中，国外高校十分注重文献查找、获取、组织、评价、利用能力的培养以及自学、研究、创新能力的提高，例如美国高校就特别强调提升学生的信息处理能力，日本也尤其注重挖掘学生的科学研究潜力[6]。密西根学院等院系势必要以国际名校为标杆，以真正实现其国际化人才培养的目标。通过双语信息素养讲座、科研信息专员培育、学科信息推送、学科情报速递等嵌入式学科服务活动，图书馆助力学院师生科研能力的提高与国际化优秀人才的培养。

2 面向国际化院系的嵌入式学科服务创新举措

中外合作办学院系的超高起点、国际化视野和育人模式，要求嵌入式学科服务工作突破常规、敢辟新路，以真正对接学院用户的特殊需求。上交大图书馆机械动力（以下简称"机动"）学科服务团队（亦称"学科点"）因需制宜，不断走入院系，探索新型嵌入式学科化服务活动，深度融入密西根学院的国际化环境，有效开展嵌入学院的学科服务。

2.1 双语信息素养教育

密西根学院在课程设置、教材选用、教案设计、实践训练等教学环节上均与密西根大学相关专业完全同步[7]，不仅所有课程全部采用全英文授课，而且课堂组织上采取 teamwork、workshop、seminar 等小组研讨课的形式，注重启发式教学和学生实践能力的培养，因此，学院希望图书馆能开展全英文的信息素养教育课程，并且课堂教学中以学生为中心，提高学生的课堂参与度。对此，负责对口学科服务的机动学科服务团队对信息素养教育进行了从形式到内容的创新。授课语言上，由以汉语、外语共同使用的过渡式双语教学向全英文的浸润式授课转变[8]，在课程的初次讲解阶段选择性地采用过渡式授课方法，之后则运用全英文的浸润式双语教学方式。信息素养教育课件则由具有英语专业背景或较高英语水平的学科服务团队成员或阅览室管理员中的外围学科服务团队成员制作并担当主讲人，学科馆员负责课件内容的把关。

教学方法上，由传统的以教师为中心的灌输式教学方式向以学生为中心的小组研讨式授课模式转变。课前，将学生按照研究方向划分成若干小组。小组组员围绕精心设计的课前作业，利用图书馆各类资源与网络 OA 资源搜集资料，制作报告（presentation）。课上，小组成员全体上台汇报文献调研情况并回答其他小组和老师们提出的问题，图书馆老师和课程教师最后给予文献检索、参考文献著录和专业课程方面的点评。在此基础上，图书馆老师再根据学生的课堂表现，针对学生的薄弱环节，选取信息素养课件的部分内容进行重点讲解，激发学生的听课兴趣，提升课堂效果和教学效率。讲解中，特别关注学生的课堂反应，注重师生互动，以提高学生的课堂参与度。

教学环节设计上，实现由图书馆主讲老师单独决定向图书馆学科服务团队与学院授课教师共同商讨把握的转变。从课前作业的设计到课堂教学三部曲的规划（展示环节、讲授环节和实战环节）均由双方反复磋商决定，确保讲座培训符合学生的学习习惯和研究需求。

讲课内容覆盖面广，涵盖图书馆的资源与服务介绍、理工科文献检索策略、毕业设计文献调研策略、文献管理软件的使用技巧等。并且将文献检索策略与 EndNote 文献管理软件的使用培训组合起来，实行连贯性密集培训，见表2。迄今为止，已开展双语信息素养教育课程达 17 次之多，取得了良好的教学效果，获得了师生的充分肯定，其中，"Literature Search Strategies for

Science & Engineering Students"（理工科文献检索策略）讲座获得较大反响，学院教务老师向学科服务团队提出将其全面嵌入全院本科生的课堂，对此，团队成员进一步跟进需求，积极予以支持。

2.2 主题式基地值班

密西根学院基地成立于2011年，构成嵌入式学科服务的重要实体阵地。1年多来，学科服务团队多次深入基地一线，嵌入主题式值班活动。围绕资源建设、电子教参服务、双语信息素养教育、会议论文呈交等主题，拜访学院领导、教授、新教师、教务员和学生工作负责人等，在交流沟通中获知用户需求。围绕外文图书荐购等事项，拜访学院领导，向其呈送图书馆年度报告和交大密西根学院专刊，加深领导们对图书馆服务的了解；拜访已联络教授，听取其对图书馆资源与服务的意见与建议，并以分发图书馆资源建设调研表和荐购表的形式，了解教师对图书馆现有数据库资源和馆藏资源的满意情况，提供数据库、期刊和书籍等资源推荐的平台；拜访新进教师，了解其对外文图书资源的需求；拜访学院教务老师和学生工作负责人，商讨电子教参系统建设等工作。同时，在学院大厅等人流密集处设立基地值班易拉宝，搭建图书馆临时咨询台，安排馆员值班，在现场答疑中听取建议，将贴心实在的服务送到师生身边。

表2　上交大图书馆机动学科点双语信息素养教育开展情况

讲座名称	讲座类型	开展次数	培训对象	开设时间
Literature Search Strategies for the Capstone Design（本科生毕业设计文献调研策略）	中英文共同使用的过渡式双语课、全英文浸润式授课	2	本科生	2011-09，2012-04
Library Academic Resources and Subject Services（图书馆的学术资源与学科服务）	全英文浸润式授课	2	研究生、教师	2010-10，2011-10
EndNote - Bibliographies Made Easy（EndNote助力参考文献管理）	全英文浸润式授课	3	研究生、教师	2010-03，2011-11，2012-03
Literature Search Strategies for Science & Engineering Students（理工科文献检索策略）	全英文浸润式授课	10	本科生、研究生、新教师	2012-03至2012-04

2.3 三大虚拟服务阵地

注重虚实结合，为嵌入式学科服务构建 subject blog 学科博客、course e-reserves 电子教参服务系统与 LibGuides 学科服务平台三大虚拟阵地。

为提高学科服务的针对性与专业性，量身制作 UM-SJTU JI Subject Blog（密西根交大联合学院学科博客），打造全英文的虚拟学科信息平台。通过"Academic News"（学术新闻）、"Information Literacy Training Courseware"（信息素养教育课件）、"Book Recommendations"（图书荐购）、"Teachers' House"（教师之家）、"Freshmen Green Channel"（新生绿色通道）、"Students' Zone"（学生专区）、"Library IC[2] Innovation Support Program JI Base"（IC[2]创新支持计划之联合学院基地）、"Historical Review"（历史回顾）八大板块[9]，多角度、深层次地揭示学科资源和服务，传递学术科研信息，吸纳读者意见与建议，搭建学科馆员和院系师生间的互动交流平台。为保障学科信息传递的及时性，学科博文的撰写被纳入学科服务常规工作，每周至少更新一次，由团队成员齐心协力共同完成。

为帮助解决院系师生外文原版教材和教学参考书的获取问题，创建 course e-reserves 电子教参服务系统，挖掘密西根学院电子书籍的宝库。2012 年初，与学校教务处、网络信息中心联合建设密西根学院课程的外文电子教参系统、启动电子教参服务，将师生迫切需要的资料推送至其电脑桌面、手机屏幕等网络平台。同时努力推进适用于教参资料移动阅读的超星 Pad 试点，让资源随手可得。2012 年 6 月，通过课间十分钟介绍、小组现场体验的形式将超星 Pad 的使用向学院试点班学生推广，将图书资料移动阅读的试点工作提上日程。2012 年 10 月，30 多部超星 Pad 以签订协议、出租使用的形式在试点班正式推出。

在国内率先引进极具 Web 2.0 元素的 LibGuides 学科服务平台，搭建 Course Resources for UM-SJTU JI LibGuide，充分利用其全球共享性与网络互动交流性，整合双语信息素养教育课程、学科博客和电子教参系统，先将信息素养课件上传至学科博客，再将其链接放置于有访问权限限制的 LibGuides 平台，既保护了知识产权，也提高了学科博客的关注度，达到了"双赢"的效果。同时，通过链接到数据库教参下载页面、在线阅读页面或电子教参系统主页，将电子图书资源恰当融入 LibGuides 平台、有效地避免了版权问题。此外，JI LibGuide 平台还整合了图书馆各类学术资源与服务、揭示了名校公开课程、免费专业图书下载网站，为用户提供学科门户信息，构成了学科电子资源信息的集成系统。

2.4 学院工作动态专刊

组织学科点人员和外围学科服务团队成员,设计、编写和制作双语版密西根学院专刊,构建总结、汇报与自检学科点学科服务工作的特色平台。学院专刊以报道学科点嵌入式学科服务工作的开展为主,围绕学科资源建设、学科咨询、信息素养教育、院系基地活动、信息专员培养、学科博客、学科信息导报、学科服务平台建设等内容进行报道,每学年或每学期编制一期,现已成功发行两期(见表3),取得了良好的效果。在基地值班、拜访教授的过程中,赠送英文版学院专刊,既可恰当地展示学科点嵌入学院教学、支持科学研究的系列活动,打开院系了解学科点学科服务的窗口,同时也可积极有效地宣传学科服务团队,利于日后学科化服务工作的推进。通过学院专刊,学科点也能实时地自查学科服务工作的开展情况,以查漏补缺与进一步提高。

表3 交大密西根学院双语专刊

期号	栏目设计	发行日期
1	"UM – SJTU JI Base" opening ceremony(交大密西根学院基地启动仪式), Bilingual series of information literacy lectures(双语系列信息素养教育), Collection development(资源建设), Project support(项目支持), Academic lectures support(学术讲座支持), "Volunteer librarian" Cultivation(信息专员培训), Subject blog(学科博客), Subject information review(学科信息导报), Subject information wall(学科信息墙), Subject reference(学科咨询), Other activities support(其他活动支持)	2011年3月31日
2	Base maintenance activities(基地值班活动), Bilingual & English training series(双语和全英文系列培训), Collection development(资源建设), Project support(项目支持), Teaching support(教学支持), Academic support(学术支持), "Volunteer librarian" cultivation(信息专员培训), Subject blog(学科博客), Subject information review(学科信息导报), Subject information wall(学科信息墙), Subject reference(学科咨询)	2012年5月28日

2.5 信息专员

为提高对院系科研团队的支撑程度,上交大图书馆推出了"科研信息专员培训计划",每年由科研团队自愿推选1–2名团队成员,作为图书馆和相应科研团队的信息专员,图书馆为其颁发信息专员聘书,并根据表现和业绩评选优秀信息专员[10]。该项培训计划于2009年推出,目前已成功举办两期。

2011年11月，第三期信息专员培训启动，并已于2012年6月20日顺利举办信息专员中期交流沙龙。

学科点现已为交大密西根学院培养信息专员3名。经过对信息专员进行模块化培训和学科部专题辅导，包括信息检索基础知识、查证查引、科技查新、个性化信息订阅和服务利用、学科发展追踪、分析和评价、文献管理软件使用培训、国际期刊投稿与评审经验谈等，使之提高文献检索、获取、利用、评价、管理与期刊投稿等技能，为其向所在科研团队提供服务打好基础。通过免费为师生提供各类信息检索及资源推荐服务，信息专员搭起了学院科研团队、学科点与图书馆之间沟通的桥梁。

3 嵌入国际化院系的学科服务实践之特色

3.1 契合学院用户需求和办学特色

上海交大图书馆机动学科服务团队反对闭门造车，主张适合用户的才是最好的，注重嵌入式学科服务活动与学院师生需求和办学环境的契合度。通过基地值班、拜访教授、学科咨询、信息专员交流等形式，广泛了解学院师生的需求。然后根据需求嵌入学科服务活动，举办双语信息素养教育系列讲座，搭建学院course e - reserves电子教参系统，撰写全英文subject blog学科博客，打造全英文LibGuides学科服务平台，编制双语版学院工作专刊，培养科研团队信息专员。国际化贴心服务符合学院办学特色和读者需求，受到了师生们的认可与欢迎。

3.2 坚持服务内容和形式的创新

嵌入形式灵活多样的学科服务，促动服务内容推陈出新、有声有色。开展特色双语信息素养教育，摈弃嵌入式信息素养教学的传统模式，采用小组研讨课的方式设计教学过程，注重学生的实践体验与能力培养；创办双语版学院工作动态专刊，以别出心裁的形式汇报、展现和宣传学科点的服务；跟进学院师生对外文教参的迫切需要，推出course e - reserves电子教参服务系统，并将之与超量Pad移动阅读器出租、LibGuides学科服务平台、subject blog学科博客三者结合，实现优势互补；带着各种各样的主题定期深入院系基地，联系学院师生，获知用户需求；首推"科研信息专员培训计划"，提高面向科研团队开展学科服务的匹配度和广泛性。

3.3 寻求多角度与深层次的嵌入

角度和层次是嵌入式学科服务活动的双翼，助力学科服务工作的腾飞。通过开展全方位、多层次的嵌入式学科服务，实现讲台、展台、咨询台、网络交流平台与虚拟学习平台五台联动，实体和虚拟阵地两者结合。借助双语信息素养教育的生动讲台、学院专刊的特色展台、基地值班的立体咨询台、学科博客与 LibGuides 的网络互动平台、电子教参系统的虚拟学习平台，确保嵌入式学科服务范围的广度。此外，不仅支持本科生和研究生等学生层次用户的技能提升，而且助力教师队伍和科研团队层次的教学和科研，以开展深层次服务，保证嵌入式学科服务的深度。

3.4 重视图书馆营销与宣传

服务好还要宣传好，美国信息营销专家休·鲁格曾鲜明地指出："在任何行业，没有销售和营销就什么也不会发生"[11]。在图书馆界更是如此。面对图书馆读者群的流失和图书馆地位的边缘化，大学图书馆员要树立营销与宣传的服务意识，提升图书馆的能见度与吸引力。

机动学科服务团队历来重视图书馆营销，竭尽全力宣传与推广学科服务。精心打造密西根学院专刊，打开推销学科服务的窗口；拜访教授之际，呈送学科服务团队名片与学院专刊，宣传学科服务团队及其工作；基地值班过程中，制作介绍学科服务的易拉宝，展览新上架的专业外文新书，并放置于学院大厅等人流较多的醒目位置，在有师生驻足停留时，予以解释和宣传，吸引用户的关注；院系联络中，有重点地介绍图书馆的相关政策和服务；精心设计信息素养培训课件模板，课件首尾放置图书馆宣传语、学科服务团队联系方式等内容，每张幻灯片边角位置则设置图书馆品牌标志，达到过目难忘的效果；参加学院教师会议，在会议发言与交流过程中随时宣传图书馆；新年、春节等重大节日送去温馨祝福，制作全英文电子贺卡，以邮件的形式赠送给学院老师，拉近彼此距离，增强良好印象。

3.5 发挥团队优势和协作精神

充分发挥服务团队"学科馆员—学科咨询馆员—阅览室咨询馆员"的三级梯队优势，将宏观调控与微观放开有效结合。工作开展前，以头脑风暴的形式集思广益。每月召开一次学科点例会，群策群力规划学院基地值班、学科信息墙制作等常规工作，集中讨论信息素养讲座嵌入、学科情报"快参"制作、学科信息推送等深层次学科服务，最后由学科馆员统筹把握、确定总体方案。工作开展中，则注重发挥队员各自的专业优势，将工作的具体实施细节交给个人构思，有效地提升了学科服务活动开展的成效。鉴于团队成员具有图书馆学、计算机学、机械动力学、外语等不同的专业背景，因此基地值班活动的安排以具备图书馆学、机械动力学等专业背景的馆员为核心，文献管理软件的使用由具有计算机专业背景的馆员主讲，双语信息素养讲座则由具有外语专业特长的馆员主讲。

此外,强调团队协作。嵌入式学科服务活动往往由团队成员同心合力共同完成,无论是学院专刊的编辑和院系基地值班,还是学科服务平台的搭建与学科博客的维护,抑或是学科情报"快参"的编辑和美工,皆是团队智慧的结晶。

4 结 语

由于院系的办学环境和用户需求不尽相同,故而各学科点在面向院系开展嵌入式学科服务活动时都会带有各自不同的特点,国际化学院与众不同的办学模式和师生的国际化个性需求,更是图书馆嵌入式学科服务挖掘特色、不断创新的内驱力。自2008年以来,上交大图书馆机动学科服务团队已多次将各类创新型学科化服务活动成功嵌入密西根学院,目前,双语信息素养教育、主题式基地值班、密西根学院专刊(英文)、信息专员培训、LibGuides(英文)建设与维护、学科博客(英文)更新等活动已日趋常态化、系列化,在师生当中的认可度与知名度亦日渐提高。创新则生,守旧则死,创新构筑了嵌入式学科服务的灵魂,只有不断审时度势,将学科服务真正根植于院系师生的需求,才能永葆嵌入式学科服务的生命力和吸引力。

参考文献:

[1] 教育部公布中外合作办学机构和项目名单[EB/OL].[2012-07-20].http://www.edu.cn/jyzl_zhzl_8561/20100720/t20100720_498193_1.shtml.

[2] 刘颖,项英.个人信息环境与嵌入式学科服务[J].情报杂志,2010,29(5):188-191.

[3] 刘颖.嵌入式学科服务创新模式研究——基于嵌入性理论的思考[J].图书情报工作,2012,56(1):18-22.

[4] 张翔.基于 SERVICE 的嵌入式学科服务营销——武汉大学图书馆学科服务探索[J].大学图书馆学报,2011(5):73-76.

[5] 谢守美,赵文军.美国嵌入式学科服务实践及其启示[J].图书馆建设,2011(5):60-62.

[6] 刘正良.发达国家国际化人才培养模式的改革与启示[J].现代教育科学,2009(1):18-22.

[7] 上海交通大学密西根学院概况[EB/OL].[2012-07-20].http://umji.sjtu.edu.cn/cn/? basic_type=107.

[8] 赵文慧,陈永喜,李淑霞.研究生信息检索课双语教学的探索与实践[J].兰州交通大学学报(社会科学版),2007,26(5):121-123.

[9] 上海交通大学密西根联合学院学科博客[EB/OL].[2012-07-20].http://blog.lib.

sjtu. edu. cn/umji/.
[10] 宋海艳,郭晶,潘卫. 面向科研团队的嵌入式学科服务实践探索[J]. 图书情报工作,2012,56(1):27-30.
[11] 鲁格. 信息经纪人手册[M]. 北京:中信出版社,2000.

作者简介

黄琴玲,女,1981 年生,助理馆员,发表论文数篇;

李　丽,女,1977 年生,馆员,读者服务总部工学部副主任,发表论文 10 余篇;

郑燕华,女,1963 年生,副研究馆员,发表论文 6 篇;

高　协,女,1985 年生,助理馆员,发表论文 2 篇;

郭　晶,女,1975 年生,副研究馆员,副馆长,发表论文 40 余篇;

李贵凤,女,1975 年生,助理馆员,发表论文数篇;

李亚军,女,1975 年生,助理馆员,发表论文数篇;

周　焱,女,1980 年生,馆员,发表论文数篇。

高校图书馆嵌入式学科服务模式的实践与思考
——以厦门大学图书馆为例

陈全松

（厦门大学图书馆　厦门　361005）

摘　要　随着信息环境和用户信息需求日新月异的变化，嵌入式服务成为学科服务发展的新趋势。基于厦门大学图书馆的实践，对嵌入式学科服务的内容、方式和运行机制进行分析，并提出相应的对策与建议，以期能为其他高校图书馆的嵌入式学科服务提供参考。
关键词　嵌入式学科服务　高校图书馆　学科馆员
分类号　G252

1　嵌入式学科服务的涵义

"Embed（嵌入）"的概念源于美伊战争时各国派驻伊拉克的战地记者（embedded journalist），他们为了完成实时新闻任务，必须嵌入到军队中，进行跟踪报道。而在学科服务实践中，人们发现采用嵌入式可以更主动、更有效地提供信息服务，于是，嵌入式学科服务模式便渐渐被推广开来。所谓嵌入式学科服务，就是打破时间和空间的局限，以用户为中心，有机融入用户物理空间和虚拟空间，将图书馆学科服务融入用户的教学、科研和学习活动过程中，为用户构建一个适应其多元化多层次信息需求的信息保障环境，采用知识化组织模式采集、加工、重组、开发和利用信息资源，并以学科为单元提供嵌入式学科服务，在此基础上通过机构重组、资源组织和服务体系构架等形成全新的运行机制[1]。

相比以信息资源为中心，注重信息资源的收集、整理、收藏和推广的传统学科服务模式，嵌入式学科服务模式更加强调以用户和用户需求为中心，从用户的利益和需求出发，协调全馆和各方面的力量，重组学科服务模式，再造学科服务流程，创新学科服务机制，设计学科服务内容，优化学科服务策略。它强调融入一线，嵌入过程，为教学、科研和学习提供个性化、泛在化和交叉融合的知识服务，建立与之相适应的信息资源保障体系，全面提升用户的信息素养和能力。

2 厦门大学图书馆的实践

2.1 嵌入式学科服务的内容

2.1.1 嵌入教学过程，开展信息素养教育

信息素养教育是一个以信息意识、信息获取能力、信息分析能力和信息道德等为主要内容的综合教育体系。传统的信息素养教育通常采用信息检索课和用户培训等方式，偏重于教授检索技巧、检索工具和具体数据库的检索方法，内容单一，方式刻板，无法充分调动用户的积极性和主动性，使用户的信息素养往往停留在浅层次上而无法适应信息技术和信息环境的变化。

在嵌入式学科服务过程中，厦门大学图书馆多管齐下，努力嵌入教学过程，对用户开展卓有成效的信息素养教育。主要方式有：①与教务处合作，将信息素养教育课程嵌入全校研究生和本科生的公共选修课体系，每学期都开设4-5个班次，方便感兴趣的学生进行系统学习，在通过严格考核后获取学分。②嵌入教师的教学课程。根据课任教师的要求，结合教学进度安排，以临时课堂、专题座谈会、小组讨论会等方式嵌入教师的教学过程中，在主动、开放和交互的课堂氛围中开展信息素养教育。学科馆员根据教师的要求和课程特征，采用多种方式嵌入教学过程中。有的配合课程的需要向教师提供咨询和支持；有的直接嵌入课堂，随堂讲授；有的以编外身份参与教学团队，与教师共同编写教学大纲，设计课程内容，准备素材，开发课件，直至授课、布置作业和考核。③教师布置作业或研究主题，由学科馆员负责引导学生查找、评价和合理利用与之相关的各种信息，指导他们撰写研究报告。④根据教师需求，整合图书馆以及网上开放获取等各种信息资源和在线教程提供给用户使用。

嵌入教学课程的信息素养教育打破了传统用户教育由图书馆唱独角戏的局面，把信息素养教育纳入学科课程体系，真正将信息素养教育融入到课程教学中，并使两者相互交叉、融合，在学科教学中落实信息素养教育的目标，培养学生的信息意识、利用信息解决实际问题的能力和创新精神，并与专业课程学习相辅相成，取得了良好的教学效果。

2.1.2 嵌入科研过程，开展知识服务

随着科研信息环境的变化，科研人员对学科服务的需求层次也大大提高，

希望能够追踪国内外学科发展的前沿信息，能够从与学科相关的领域以及新兴领域获取信息并予以提炼和加工，在分析、利用和再创新的过程中进行创造性的工作。这就要求学科服务能够嵌入科研过程。

厦门大学图书馆要求学科馆员除了推介国内外常用的科技搜索工具、专业学术信息门户、专业学术网站、开放存取资源、科技信息服务平台等外，还要嵌入科研过程，根据科研流程不同阶段的信息需求提供信息增殖服务，力争成为科研人员科研活动中的核心支持力量和重要合作伙伴。这些服务包括：①科研立项阶段帮助用户确定课题的切入点和创新点的科技查新；②推荐和指导用户使用各种方便、高效的信息工具如文献管理软件、统计分析软件等，切实提高工作效率；③利用 Web of Knowledge 等工具分析学科研究的发展脉络、趋势、重要的研究机构、核心的研究人员、核心研究成果的分布等，帮助科研人员站在学科的前沿，提高科研效率，加快科研创新的速度；④在科研过程中进行学术追踪，定期或不定期提供同行的最新研究进展与学术动态信息；⑤在项目完成后帮助用户进行成果展示，指导他们向国内外期刊投稿，使研究成果能够以最快的速度在最好的阵地发表出来；⑥为国家重点实验室等科研机构和团队提供学科建设、科研绩效和科研评价及其国内外竞争对象的研发实力、研发产出、发展趋势等方面的分析与评估专题调研报告等。

此外，对于已经具备了相当的专业能力的学科馆员，也鼓励其直接参与科研过程。如人文历史学科馆员利用自己的专业优势，在做好学科服务的同时，积极嵌入地方史的科研过程，参与历史学院相关学术活动和课题研究，先后应邀参加省内外各种学术讨论会20余次，撰写并发表论文30余篇。此外，还参与编写《新中国五十年的厦门》、《严复年谱新编》等著作。学科馆员直接参与科研过程，有利于更好地领会用户需求，实现与用户的良性互动和互助。

2.1.3 嵌入学习过程，指导用户学习

研究生的学习过程既不同于纯粹的教学过程，也不同于纯粹的科研过程，而是两者兼而有之。所以在嵌入教学和科研过程的同时，厦门大学图书馆学科馆员还注意嵌入学生特别是研究生的学习过程中，为用户应对信息环境的变化和更好地驾驭信息环境提供指导和帮助。厦门大学图书馆为了嵌入学生的学习过程而采取的服务方式多种多样：①为各学科建立学科服务网页，提供详细的学科导航；②在研究生参加研究课题而急需了解目前该研究领域国内外研究现状时，引导他们制订合适的检索策略，推荐检索思路和检索平台；③指导学生使用各种信息工具如文献管理软件、统计分析软件等；④利用学

科网络导航平台，根据研究生不同的研究方向，编制各种专题目录，提供最新的期刊信息通报并通过 Email 等予以及时推送；⑤研究生论文开题前指导他们进行文献检索，推荐本学科领域的重要文摘和全文数据库以及权威的检索工具。为学生进行学习交流提供必要的物理空间，并配备必需的设备。

2.1.4 嵌入馆藏资源建设，构建资源保障体系

资源是一切服务的基础。厦门大学图书馆将学科馆员嵌入馆藏资源建设过程中，积极构建"学科馆员—选书专家组"协作的资源建设模式。选书专家组的成员来自于学科服务的主要目标群体中的核心和权威力量，他们基于对本学科的了解和对本专业资源的甄别能力，所荐资源与学科专业设置及科研方向能够最大程度地匹配，从而体现本学科的发展动态和本专业读者的资源需求，专业针对性强，学术价值高，能够确保学科资源建设的良性发展和实现文献资源利用效益的最大化。学科馆员则统筹掌控该学科的整体资源建设情况，同时根据不断变化的情况进行必要的统筹与规划，制定目标，革新机制，对学科资源建设中的其他要素进行合理配置、调控和管理，密切配合选书专家，从教学和科研的实际需求出发，详细分析各种荐购信息，构建适应学科专业需要的立体化资源建设保障体系。该体系由高质量的商业资源、相关的网络免费资源以及本馆自建特色资源组成，覆盖了科研、教学和学习等各个层面的用户需求，并定期对馆藏信息资源的利用情况进行系统的调查和分析，评估信息资源配置和满足状况，科学合理地分配采访经费，最大限度地满足师生的文献信息需求。

2.2 嵌入式学科服务的方式

厦门大学图书馆主要通过嵌入物理空间和虚拟空间的方式提供嵌入式学科服务。在物理空间方面，馆内空间的嵌入主要采用建设人文社科实验室、学术研讨室、休闲咖啡室等方式，营造集自主学习、协作研究、学术沙龙、讲座交流、社会交际为一体的现代复合式多元化空间，在增强对读者的吸引力的同时，也使图书馆能够更好地嵌入用户的学习、教学、科研和生活过程中，密切彼此的交流和联系。而馆外空间的嵌入主要通过深入院系建立学科分馆或学科服务基地的方式，与用户保持零距离接触，把学科服务送到院系师生的教室、办公室和实验室，其典型代表便是厦门大学图书馆生命科学学科服务基地。它以图书馆丰富的信息资源为依托，在生命科学学院设立专门的服务基地，由学科馆员面对面地为师生的教学和科研提供深层次的、针对性的学科服务，方式灵活，功能齐全，内容丰富，很好地嵌入了该学院师生的教学、科研和学习过程以及生命科学学科的信息资源建设中，深受该院师

生的好评。

同时，学科服务还积极嵌入到用户的虚拟空间。首先，在各院系主页上的显著位置设置了厦门大学图书馆学科服务的链接，方便用户随时随地访问图书馆资源，同时利用 BBS、主页、微博客等校内师生常用的网站进行宣传，从而使学科资源和服务能够在虚拟空间中得到更多的展示和推广；其次，利用基于 Web2.0 的社交软件，开发移动图书馆，打造学术互动社区，进行信息推送工作；再次，在图书馆主页突出学科资源导航、学科服务介绍、最新学术动态等栏目，让用户可以在工作、学习甚至休闲娱乐的同时，方便地享受图书馆的服务。此外，还通过 Google Scholar 和豆瓣网等一些开放性的网站实现到图书馆资源和服务的链接，引导游离于图书馆之外的用户重新回到图书馆。

2.3 嵌入式学科服务的运行机制

2.3.1 对内——团队协作

随着信息环境的复杂化以及用户对专业化服务要求的不断提高，单打独斗的学科馆员模式很难满足用户的需求，组建基于功能化协作的学科服务团队就变得十分必要。学科服务团队可以集合和发挥集体的智慧和力量，弥补单个学科馆员在素质、精力和经验等方面的不足，扩大服务范围，深化服务层次，提高服务效率，巩固服务效果[2]。

厦门大学图书馆目前组建了两支主要的学科服务团队，分别是经管团队和生化团队。两支学科团队的组建方式并不完全相同，其成员也并非一成不变，而是随着主客观条件和环境的变化而变化。像经管团队，就是依托经济与管理学科分馆，以学科馆员和学科采访馆员为核心，再加上具有相关学科背景或学习兴趣的学科助理组成。而生化团队主要是依托生命科学学科馆员服务基地来开展相关工作。此外，这些团队的外围成员还包括其他与学科服务工作密切相关的人员，如查新馆员、文献传递馆员、学科分馆成员、学科采访馆员等，甚至有时连联盟图书馆馆员和数据库出版商等也参与进来。学科团队的工作方式按照用户的需求灵活多变。同时，在学科馆员团队内部及团队之间也建立了一套完善的运行管理机制，通过团队内部成员之间和团队之间的协调配合，取长补短，扬长避短，集思广益，不断挖掘馆员自身的潜能，通过严格的绩效评估体系和激励机制加强管理，营造氛围，从而形成一支高效互补、分工协作，团结合作、竞争向上的优秀团队，并带动整个学科馆员队伍的发展和学科服务质量的飞跃。

2.3.2 对外——互动协同

图书馆学科服务工作的开展既得益于图书馆学科服务机制的建立，也得益于用户的积极互动和协同配合。所谓"互动"，是指交互双方互相配合行动，通过信息的传递而发生相互作用、相互影响并不断自我调整以适应对方的动态过程。所谓"协同"，是指协调两个或者两个以上的不同资源或者个体，协同一致地完成某一目标的过程或能力[3]。

厦门大学图书馆在嵌入式学科服务中注重应用"互动"和"协同"理念，采取的互动协同方式主要有：①招聘对应学科研究生作为学生助理，与院系或课题组的科研秘书建立一对一联系等方式，通过他们的桥梁作用，与院系的教师包括博、硕士研究生等保持紧密联系，提供个性化服务；②借助学校行政的力量，参与院系的科研会议、职工大会和其他活动，面对面地了解用户需求并提供信息服务；③每年定期召开图书馆与相关院系的交流会，通过馆院高层座谈的方式加强了解和协作；④与任课教师合作，到课堂上进行与该课程相关的信息素质教育，比如法学学科馆员就采用该种方式直接嵌入教师的教学过程，并获得了师生的高度评价；⑤通过网络互动平台和虚拟参考咨询等方式多管齐下，最大化地保证和实现互动协同的效果；⑥直接参与研究课题组，为课题组成员提供最新的相关信息和服务；⑦举办学科服务宣传月，通过各种专题宣传和讲座活动，开展用户知识竞赛和学科服务质量检查，建立反馈机制，积极引导用户参与互动。

通过与用户的各种互动协同，厦门大学图书馆将学科服务有效地融入了校园生活环境和用户的教学、科研和学习过程中，增加了用户参与的兴趣和积极性，同时也增强了学科服务的主动性、针对性和目的性，促进了学科服务工作的良性循环。

3 深化嵌入式学科服务的几点建议

3.1 加强用户研究，把握用户需求

用户是图书馆生存的基石和发展的最大动力，图书馆的价值最终必须也只能通过用户来实现。嵌入式学科服务必须以用户为中心，形成"用户驱动"的服务理念，加强用户研究，关注用户需求变化，把握需求动向，收集需求信息，分析需求规律，剖析需求特点，从而根据用户的需求，进行战略、策略、人员及组织流程的系列变革，完善信息资源布局，构建学科服务平台，优化学科服务策略，畅通学科服务渠道，采用多种方式融入用户的教学、科研和学习过程之中，向用户提供优质、高效、快捷的知识化、个性化、深层

次学科服务。而在嵌入过程中还应注重培养和提高用户自身的信息素养,"授人以鱼不如授人以渔",同时又能提高用户对图书馆学科服务的信任度和忠诚度。

3.2 整合信息资源,夯实服务基础

在现有的信息环境和科研环境中,用户对信息资源的需求数量之大、范围之广、内容之新、时效之快已经远远超出了空间和时间的界限。高校图书馆推行嵌入式学科服务必须审时度势,充分利用先进的信息技术整合、挖掘各种信息资源,实现信息与知识的分类与整合。既要进行传统纸质资源与数字资源的建设,还应加强非传统资源如开放存取资源和机构知识库等的收集与建设[4]。同时,还要与其他信息服务机构开展广泛而深入的合作,实现资源共建共享,如图书馆与本校独立于图书馆而存在的院系资料室之间,图书馆与图书馆之间,图书馆与国内外其他信息服务机构之间,必须进行跨部门、跨行业、跨地区甚至国际间的协调合作。通过合作,达成会员或伙伴关系以实现网络科技文献资源与科技服务的共享,实现资源建设的互补,解决资源重复建设、人员与技术实力欠缺、馆藏空间不足、购置经费短缺等诸多问题,最终实现有效的资源积累,为嵌入式学科服务的推行提供扎实的资源保障。

3.3 建设交流平台,注重互动与合作

嵌入式学科服务以用户和用户需求为中心,必须在用户与馆员之间建立起高效、便捷、开放而私密的交流平台,通过交流平台展开馆员与用户、馆员与馆员、用户与用户之间的互动和合作。通过交流平台,既可以使每个人都可以成为信息的提供者和组织者,保持信息的畅通和流动,又可以增进馆员和用户之间的相互了解,提高学科服务的针对性和目的性。在嵌入式学科服务模式下,交流平台的构建应该更多地利用已经相当成熟了的Web2.0技术,通过使用Blog、RSS、Wiki、Ajax等Web核心技术以及E-mail、BBS、QQ、MSN、IM、视频会议软件等交流工具,依据学科服务的宗旨、目的、流程和范围构建交流平台,从而使学科服务更加系统化、实时化。

3.4 依托先进技术,丰富服务手段

嵌入式学科服务的推行必须借助图书馆现有的技术手段和技术支持能力。嵌入式学科服务的关键应该是图书馆具有对知识资源的挖掘、整理、存储和发布的能力,因此图书馆必须改进与完善图书馆的服务技术,提高知识挖掘与整合能力,实现图书馆的服务功能[5]。可从下述方面着手实施:利用信息通信技术建设基本的计算机与网络操作环境;利用数据挖掘技术,拓展高校图书馆知识资源的深层价值;使用知识整合策略,提升高校图书馆知识整合水平。对异构的数据库资源进行整合，提供集成信息检索服务。读者可以根据学科、行业或者文献类型来选择单库、全库或部分库进行多种算法的检索。利用移动技术支持用户通过移动设备访问和使用图书馆的资源和服务，提高图书馆资源与服务的可获得性和易用性。有条件的高校图书馆应该建立 Digilab 或者 Scholars' lab 等馆内空间，然后通过该空间提供嵌入式学科服务。

3.5 加强队伍建设，提高学科馆员素质

嵌入式学科服务对高校图书馆的人才队伍建设提出了更高的要求，提供嵌入式学科服务的学科馆员必须具有相应的素质与能力，如较高的思想素质、强烈的事业心和责任感以及"用户第一，服务至上"的服务意识等；此外，还必须具备对口学科专业的背景知识，熟悉学科建设和发展方向，了解本学科相关领域的研究前沿和进展，熟悉本学科专业信息资源的分布，具备较强的信息检索、获取、挖掘、分析和利用能力，能够熟练地进行学科资源的选择、组织、发布、导航、检索和获取利用；具有较强的人际交流技能和语言沟通表达能力，等等。这些要求对目前各高校图书馆中的学科馆员来说还是有很大难度的，所以各图书馆应该采用多种形式加强学科馆员队伍的建设，比如继续教育、在职培训、资深馆员的指导、馆际间同侪的交流、旁听所服务学科领域的核心课程或者参加该学科的学术会议等[6]。同时，还必须从制度上保证和强化学科馆员的终身学习，唯其如此，才能进行知识积累和更新，掌握国内外最先进的服务理念和服务方式，从而不断成长和进步。

3.6 健全管理运行机制

实行嵌入式学科服务必须建立一套行之有效的运行和管理机制，以保证其正常运转并取得预期效果。首先，学科服务工作要有明确的管理部门和管理者，并在学科馆员团队中选拔业绩优秀、效益突出的馆员作为核心和带头人，通过他们的事迹、经验来带动和督促其他人。其次，要建立一套严格而公正的学科馆员选拔标准，这个标准要依据嵌入式学科服务的服务内容来制定，按需设岗，按岗选人，杜绝因人设岗的陋习。学科馆员队伍最好能够保持一定的流动性，能上能下、能进能出，"活水养鱼"，这样才能保证队伍的生机和活力。再次，对嵌入式学科服务工作要制订明确规范的目标、服务宗旨和具体细致的职责要求。最后，还应该加强对学科馆员工作的评估与考核，并建立规范、快速的常态化反馈机制，通过多种渠道收集用户的反馈意见，并及时予以答复和改善，以此来保证学科服务的质量和效益，吸引用户的参与，从而促进学科服务的健康发展。

4 结 语

随着信息环境和用户信息需求的不断变化,学科服务也亟需创新和变革,嵌入式学科服务作为一种以用户和用户需求为中心的新型服务方式尤其值得重视和发展。作为新信息环境下学科服务的新方向和新出路,它能为学科服务赋予新的生机和活力,为图书馆的生存和发展找到新的生长点和着力点。本文基于厦门大学图书馆的实践经验,介绍了嵌入式服务的内容、方式和运行机制,并对嵌入式学科服务的优化策略进行了思考,提出了建议,以期能为其他高校图书馆采用嵌入式学科服务提供参考和借鉴。

参考文献:

[1] 刘颖,黄传惠.嵌入用户环境:图书馆学科服务新方向[J].图书情报知识,2010(1):52-59.
[2] 陈新艳.研究型大学图书馆学科馆员服务创新研究[J].图书馆论坛,2010(1):117-119.
[3] 陈永平.论学科馆员协同互动服务模式的构建[J].图书馆理论与实践,2008(6):11-13.
[4] 李名洋,鄢小燕.面向科研的图书馆服务创新研究[J].国家图书馆学刊,2010(1):54-58.
[5] 徐丽晓.国内图书馆知识服务典型案例研究[J].情报理论与实践,2010(11):80-82.
[6] 生修雯.学科化背景下图书馆核心用户服务策略研究[J].国家图书馆学刊,2010(4):60-63.

作者简介

陈全松,男,1976年生,馆员,东部分馆主任,发表论文数篇。

高校图书馆学科化知识服务模式探究*

徐 璟 郭 晶

(上海交通大学图书馆 上海 200240)

摘 要 总结和探索深化高校图书馆学科化知识服务内涵的策略途径,根据其内在机理及发展规律,从宏观上提出一套可行性的高校图书馆学科化知识服务优化模式框架,进而为规范高校图书馆学科化知识服务、细化服务绩效考核标准提供参考。
关键词 高校图书馆 学科服务 知识服务 服务模式 服务框架
分类号 G252

随着图书馆信息服务的发展和延伸,开展学科化知识服务已成为高校用户深层次和专业化信息需求的必然选择。学科化知识服务是一种深层次服务,它强调服务的主动性、个性化、专业化和智能化,强调知识和服务增值,能够有效支持知识应用和科研创新,充分提升图书馆服务水平。

国内高校图书馆界从1998年开始探索以"学科馆员"为代表形式的学科服务实践与研究,但多探讨"学科馆员"制度及具体工作内容,或介绍个案实践,真正彻底将学科化知识服务进行深化和延伸的却为数不多,高校图书馆学科化知识服务的整体服务框架和执行标准更是从未提出。其实,从大量个案的实践中,可以挖掘出学科化知识服务在高校图书馆开展的共同点,并探索深化学科化知识服务内涵的策略途径,了解其内在机理及发展规律,进而构建一个宏观的模式框架。

1 学科化知识服务是一个系统工程

根据美国研究图书馆协会2007年对63个研究图书馆的调研,94%的图书馆都提供学科服务[1]。近年来,国内高校图书馆界虽然围绕"学科馆员"制度对学科服务进行了大量研究,但一些学科服务的开展带有部分盲目性,

---

* 本文系国家社会科学基金资助项目"高校图书馆学科化知识服务实证研究与发展对策"(项目编号:08CTQ001)研究成果之一。

形成设立"学科馆员"就是开展学科服务的误区。事实上,学科馆员只是学科服务或者学科化知识服务的一部分。学科化知识服务是一个系统工程,需要进行的服务规划和运行模式设计,需要整体图书馆各个部门协同完成,是图书馆自上而下的系统服务过程。同时它也是需要用户积极参与、与用户不断互动的过程,在对用户需求的不断分析及互动反馈中,对服务进行动态调整和不断修正,最终使服务提升为用户的信息支撑能力。

基于以上分析,本文总结出学科化知识服务这一系统工程开展的工作流程(见图1)。需要说明的是,工作流程图只是从宏观整体上体现学科化知识服务的系统性和有序性,并不代表学科化知识服务是按照业务流程的规定动作进行机械化的操作。它最终还是要融入用户解决具体问题的过程和环境开展服务,并在知识和用户之间建立起有效链接,在支持知识传播、学术发展与科研创新中发挥重要的作用。

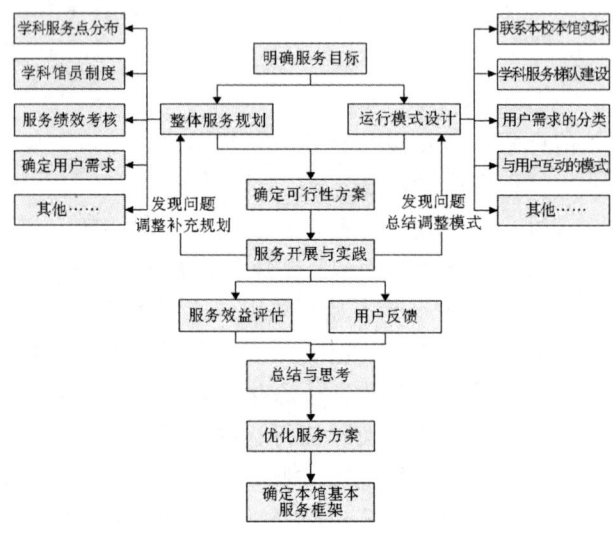

图1 学科化知识服务开展流程

2 学科化知识服务模式框架

服务平台建设、学科点分布、用户群分类、学科馆员制度、服务内容确定是构成整个学科化知识服务模式框架的五大要素,贯穿于学科化知识服务开展的全过程中(见图2)。只有将这五大要素紧密结合,才能构建稳定和优化的服务模式框架,使服务有序系统地开展。

2.1 服务平台建设：深入用户心中

Web2.0时代在信息交流、知识生产和传播模式上的变革，意味着原有信息和知识高度集中化的生产传播模式正在向分布式、个体化的生产和传播模式转变。这些变化对当前高校图书馆开展学科化知识服务的信息交流环境带来挑战，图书馆必须利用各种信息资源揭示工具来全面加强图书馆网络服务平台的建设，从而满足当前用户信息交流、知识共享的需求变化。例如，高校图书馆利用Metalib/SFX、Primo等系统进行资源整合；利用Blog、Tag、RSS、Mashup、Ajax、IM、手机短信、E-mail定制等众多Web2.0技术来提高信息传递速度，加强与用户的互动。近期，上海交通大学图书馆正在进一步整合学科服务平台，将各系统服务无缝地集成于一个平台之上，倾力打造学科服务的LibGuides平台（LibGuides平台已在哈佛大学、华盛顿大学、新加坡国立大学等高校图书馆使用）。

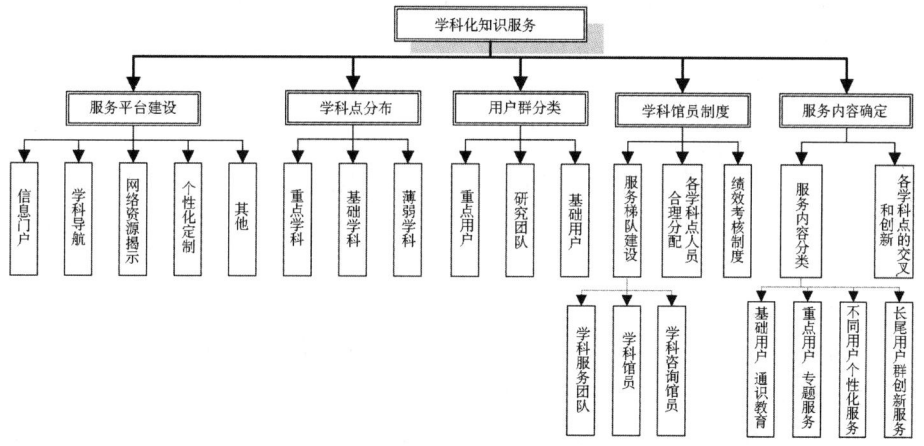

图2 学科化知识服务模式框架

在网络平台日益完善的同时，要在图书馆内部主动建设加强与用户沟通互动的大平台，营造服务至上的氛围，使馆员树立主动服务的意识，以用户需求为中心，从而树立图书馆在用户心中不可或缺的大服务平台地位。

2.2 学科点设立：平衡学科发展

图书馆应紧密结合高校整体的教学科研及学科建设发展规划，结合本馆在人力物力投入的实际，对学科点的设立进行合理的部署。例如上海交通大学图书馆于2008年设立机械动力学科、理学学科、生医农学科、化学化工学科、电子信息学科、法学与经管类学科和人文学科七大学科点，为全校24个学院/直属系服务。经过两年学科化服务的深入与实践，根据不同学科点的特色和用户需求，及时调整了学科点的设置，将原有的七大学科点，新增到十个。这种动态调整也是以学校的学科发展为依据的，既保证了本校强势理工学科的服务，又辅助和推动文科建设的发展，配合了学校综合性、研究型学科建设发展的方向。

在按照学科专业领域组织人力和资源提供专业化、学科化服务的同时，一定要避免在人力物力等方面平均分配，尤其对重点学科、基础学科和薄弱学科的合理规划和投入平衡，应根据学科需求，按需分配，才能保证各学科点工作服务质量的平衡。另外，对于重点学科（当然是重点服务的对象），可以采用一对一的服务方式，而基础学科和薄弱学科可以根据学科的交叉性设立综合学科点，以保证图书馆人力物力的足够分配力。

需要强调的是，本校的薄弱学科更应该是图书馆学科服务的重点对象。因为服务的目的就是辅助提升高校学科建设的水平，从而使图书馆成为学校教学科研不可缺少的辅助战略资产。

2.3 用户群分类：知己知彼方能因人施教

要构建"以用户为中心"、适应用户需求变化的高校图书馆学科化知识服务模式，必须以"学校教学科研服务"为核心提供需求主导型服务。在学科化知识服务中，对校内的用户群进行细化分类是强化服务质量、渗透服务力度的重要途径。

不同层次的用户对于学科化知识服务的需求也是不同的。只有根据不同用户群的特点，制定不同层次的服务方案，才能满足庞大师生用户在科研和教学中的不同需求。

图书馆可根据学校的实际情况自行划分高校中的用户群。例如，一些院士博导以及重点学科可作为重点对象；院系的科研团队和实验室也是非常重要的服务对象；研究生读者需要在数据库检索、课题追踪与分析等方面得到辅助；广大的本科生读者则需要在信息素养方面进行培训，可作为基础用户群；还有很多读者需要在图书馆获得更多的艺术人文类文化熏陶，充实校园文化生活，这一长尾用户群的数量也不可小视。

2.4 学科馆员制度构建：工欲善其事，必先利其器

目前，国内开展学科服务的高校图书馆均建立了学科馆员制度，可以说学科馆员是实施学科化知识服务的核心动力和联系用户与图书馆的桥梁纽带，能使知识服务的提供更为有效，而且为整个学术信息交流体系的重构提供了一定的组织基础，更容易满足用户个性化的专业信息需要。构建完善的学科

馆员制度是学科化知识服务模式框架中的核心基础内容。

2.4.1 建立专职的学科服务团队

图书学科馆员不仅仅是一个业务岗位，学科化知识服务也不仅仅只需要某些学科馆员独立完成，它需要有一个分工明确的团队完成联络、宣传、培训、跟踪服务、反馈等一系列的互动式工作，所以以打造学科服务团队的形式开展服务，有利于服务的深入和可持续性发展。

这种团队可以是图书馆内部组建，也可以吸收用户成为其中一员。北京交通大学图书馆提出学科咨询员制度模式，即图书馆学科馆员＋学院学科咨询员[2]。上海交通大学图书馆则为各个科研团队培养具有高端信息能力的"信息专员"，为科研团队承担建设文献资源、检索科研信息、分析研究前沿、管理项目文件等任务[3]。这些模式都可根据图书馆自身的人力资源建设而定。无论用户是否参与到学科服务团队中，都不能否认学科化知识服务始终以"用户需求"为中心的服务宗旨。

实践表明，学科化知识服务工作的系统性、复杂性和持续性，要求学科馆员服务团队的岗位工作必须是专职的，只有这样才能保证馆员有足够的精力投入到持续和长期的工作中。香港大学图书馆于2003年设立全职学科馆员，并于2007年将学科馆员更名为学科馆长[4]，更加强调学科馆员工作的专职性。

学科服务团队的人才建设必须是阶梯式的梯队建设，对不同层次的工作有明确的分工。这样不仅有利于馆员的职业规划，也有利于各个学科点学科馆员的人才储备，保证工作的持续长远发展。北京大学图书馆学科服务团队由咨询、资源建设、分馆等部门联合创建[1]；复旦大学图书馆的学科服务小组由学科馆员、咨询馆员、采访馆员、期刊馆员和学科服务协调人组成[5]。

2.4.2 学科馆员需要的不仅仅是业务能力

目前图书馆对学科馆员的发展定位是学科文献信息专家，所以在学科馆员的选拔上往往只注重单一的业务能力或学科背景。其实良好的沟通能力、推广能力和团队协作能力也是学科馆员必备的能力。学科馆员除了具备对学科信息资源的评估能力外，还必须对图书馆所有部门工作有所了解。此外，学科馆员最好接受过图书馆学教育，因为这样可以培养其对图书馆职业的认同与热情，不仅仅将学科馆员作为一个职业，更是作为一项事业来奉献。

由此看来，对学科馆员的综合素质要求确实很高，但作为学科服务团队中的领军人物，这些能力是不容或缺的。所以，在学科馆员岗位聘任时提倡宁缺毋滥，任人唯贤。这样才能推动馆员自身不断努力和学习，吸引更多优秀人才充实到图书馆的人才队伍中来。

当然,目前国内高校图书馆的学科馆员人才储备还略显不足,还不能完全满足学科化知识服务的需求。但随着图书馆人员素质的不断提高,学科馆员这一职业得到用户的认可,这一问题会逐渐得到解决。

2.4.3 建立激励竞争机制

学科化知识服务作为一个动态发展的系统工程,要能跟得上教学科研的步伐,并提供前瞻性的分析跟踪服务,这对学科馆员的学习能力、应变能力和适应能力要求更高。要刺激学科馆员队伍自我潜力的挖掘,就必须培养良性的竞争环境,实行资格认定、竞聘上岗、优胜劣汰的公平、公开、透明的动态竞争机制。有竞争才有压力,才能促进学科馆员素质和服务质量的不断提高,才能有利于学科馆员制度的完善。

此外,图书馆也必须采取全方位的激励措施激发员工的积极性,包括物质上和精神上的激励,帮助学科服务团队进行职业生涯规划,提供例如沟通技巧、报告技巧、人际关系技巧、拓展训练等各种培训,充实学科知识,并鼓励创新、允许失败。

2.4.4 建立科学的绩效考核体系

学科馆员制度要建立科学、规范、可操作性强的评估机制和绩效考核体系,制定相应的评价指标、评估范围等,建立用户考评、学科馆员自评互评、学科馆员团队测评等相对完善的绩效考核体系。同时也不能忽视对服务过程的动态跟踪和考核,在服务过程中嵌入有效的绩效评价模型。只有融入对服务过程和内容的记录和评价,从用户体验、操作细节等多个角度进行综合测评,才能客观反映出服务团队和用户之间的交互作用,调动和发挥人的主观能动性,保证学科化知识服务的可持续发展。

总之,科学的绩效考核体系不是单一的硬性定量指标,其最终目的是为提高学科服务水平提供保障,从而达到提高学科馆员服务认知、树立学科馆员在用户心中良好形象的目的。

2.5 服务内容确定:服务实施的"利器"

2.5.1 服务内容的分类

对服务对象用户群进行分类后,可根据不同用户群的特点构建服务内容的框架,将传统的资源建设、用户培训、参考咨询和院系延伸服务整合细化和归类,从用户的体验出发,找到服务内容与用户需求的契合点。例如,对于基础用户以开展信息素养培训为主,同时将培训有针对性地嵌入教学;对重点用户实施量身定制的个性跟踪服务,融入科研;对于兴趣广泛的长尾用户群,则可通过生动新颖活泼的活动寓教于乐。

2.5.2　各学科点的交叉和创新

各学科点可根据服务内容的整体框架逐一开展个性化服务,同时注重交叉学科及各学科间的联系,共享图书馆资源。这样可以减少各学科点的重复性工作,树立图书馆整体服务理念和形象。

2.5.3　长尾效应不容忽视

在学科化知识服务中,长尾用户群带来的长尾效应不容忽视,它对图书馆服务的推广具有一定的普遍意义。上海交通大学图书馆在学科服务中推出阅读积分奖励计划、寻迹图书馆活动、鲜悦 Living Library 等活动[6],其中鲜悦 Living Library 在学科服务过程中,形成创新交流环节,达到重聚整合用户共性需求微内容的目的,从而弥补传统学科服务模式无法满足长尾读者群的需求缝隙,使图书馆作为学科服务与社会交流系统中的重要核心,承担起真正的知识服务、交流和信息共享空间的职能。

3　学科化知识服务的实践重点

在学科化知识服务的框架体系下,如何基于用户研究制订服务深化策略,基于信息分析视角优化服务策略,避免各学科点服务的重复建设,加强与用户的互动,提高图书馆整体学科化知识服务的质量,从而提高用户对图书馆的认知度和肯定度,确定图书馆在信息传播中不可替代的地位,是非常值得思考的重要问题。这些都需要通过实践来寻找答案。

在服务的实践中,图书馆常常遇到一些尴尬的处境,如学科服务只是图书馆一厢情愿的推送,来自用户的认可度并不是很高,用户却还是抱怨服务不到位;用户对学科服务采取敷衍态度,馆员缺乏耐力和毅力,使得服务流于形式,服务进展停滞不前直至暂停。对于这些现状,本提出学科化知识服务的实践需要注意四个重点。

3.1　树立学科化知识服务的品牌

众所周知,品牌效应带来的影响和利润是空前的。图书馆的"利润"就是赢得用户的肯定,得到用户的利用。图书馆的服务品牌不是噱头,而是能代表图书馆服务职能的口号,容易给人留下深刻印象的代号,能够让人对其产生兴趣并愿意了解尝试的形象。图书馆为何不尝试引入品牌机制,将学科服务打造成校园品牌,树立口碑呢?上海交通大学图书馆通过近两年的努力,已经成功地将学科服务 IC² 品牌在校园中打响。复旦大学图书馆也确定了以学科资源为主线的学科服务[5]，也是树立主打项目推出品牌的形式。

3.2 加大用户参与，重视用户体验

建立用户对图书馆的信任，就要激发用户智慧，参与图书馆服务。同时通过与用户的双向交流，将服务渗透到用户的体验中。加大用户的参与能使用户感到他们的需求得到了发现和满足；重视用户的体验能从细节中得到用户的认可。如通过参加院系会议、在院系设立咨询台等方式，更加直接深入和贴近用户；通过与院系科研团队联手，从中选拔设立信息专员，发扬他们的特长，提高他们的信息素养能力，使他们成为助推学科服务的能手；在学院中设立学科联络人或图情教授，都是促进用户参与的方式。

3.3 注重服务开展过程的宣传

学科化知识服务是一项持续化的工作，需要在校内的各种网络和新闻平台中通过预热宣传、跟踪宣传和总结报道等系列手段来对服务的全过程进行宣传。这种方式既是加大宣传力度、凸显服务有始有终的方式，也是主动接受用户监督服务过程的方法，久而久之，就可以建立用户对服务的认知度和熟悉度。

3.4 动态调整服务策略，走可持续发展的道路

通过调研和实践发现，服务没有真正落到实处，只是虚张声势，或者服务行动只是走走过场，没有长期为用户服务的迹象，是造成用户不信任或抱怨的根源。学科化知识服务是系统化的工程，不是通过一两次培训或院系联络就能达到效果的，它需要与用户建立长期的沟通与协作，并在服务中不断总结经验，调整服务策略，与用户磨合以达到长期合作的效果。所以学科化知识服务必须有长期的阶梯式发展规划，让用户看到并感受到对科研或教学的助益。

学科化知识服务的整体模式其实对各个图书馆而言是大同小异的，关键在于如何在服务细节和服务创新上下功夫。服务模式框架的确立有利于把握高校图书馆学科化知识服务的整体方向和策略规划，也能为服务的进一步深入开展提供依据。

参考文献：

[1] 刘素清,郭晶. 高校图书馆学科服务突破瓶颈的理性思考. [2009 - 12 - 20]. http://cflms.lib.sjtu.edu.cn/.

[2] 韩宝明. 一种新型的学科服务体系的探索. [2009 - 12 - 20]. http://cflms.lib.sjtu.

edu. cn/.
[3] 图书馆首批科研信息专员培训结业. [2009-12-15]. http://www.sjtu.edu.cn/news/shownews.php? id=23478.
[4] 杨涛. 香港大学图书馆学科服务发展现状. [2009-12-20]. http://cflms.lib.sjtu.edu.cn/.
[5] 应峻. 以学科资源为主线,深入推进学科服务——复旦大学学科服务实践. [2009-12-20]. http://cflms.lib.sjtu.edu.cn/.
[6] IC2 创新支持计划第 2 期. [2009-12-15]. http://www.lib.sjtu.edu.cn/list.do? articleType_id=178&type=142.

作者简介

徐 璟,女,1981 年生,馆员,副主任,硕士,发表论文 10 余篇。

郭 晶,女,1975 年生,副研究馆员,主任,博士,发表论文近 40 篇。